Jonas Nesselhauf,
Markus Schleich (Hg.)

Quality-Television

MEDIEN
Forschung und Wissenschaft

Band 33

LIT

Jonas Nesselhauf, Markus Schleich (Hg.)

Quality-Television

Die narrative Spielwiese
des 21. Jahrhunderts?!

LIT

James Joseph Gandolfini
(1961–2013)

Umschlagbild: Jonas Nesselhauf & Markus Schleich

Innere Illustrationen: Loraine Landau

Gedruckt auf alterungsbeständigem Werkdruckpapier entsprechend
ANSI Z3948   DIN ISO 9706

Bibliografische Information der Deutschen Nationalbibliothek
Die Deutsche Nationalbibliothek verzeichnet diese Publikation in der
Deutschen Nationalbibliografie; detaillierte bibliografische Daten sind
im Internet über http://dnb.d-nb.de abrufbar.

ISBN 978-3-643-12411-1

© LIT VERLAG Dr. W. Hopf Berlin 2014
Verlagskontakt:
Fresnostr. 2   D-48159 Münster
Tel. +49 (0) 2 51-62 03 20   Fax +49 (0) 2 51-23 19 72
E-Mail: lit@lit-verlag.de   http://www.lit-verlag.de

Auslieferung:
Deutschland: LIT Verlag Fresnostr. 2, D-48159 Münster
Tel. +49 (0) 2 51-620 32 22, Fax +49 (0) 2 51-922 60 99, E-Mail: vertrieb@lit-verlag.de
Österreich: Medienlogistik Pichler-ÖBZ, E-Mail: mlo@medien-logistik.at
E-Books sind erhältlich unter www.litwebshop.de

Inhalt

Jonas Nesselhauf & Markus Schleich
„Watching too much television" — 21 Überlegungen zum Quality-TV im
21. Jahrhundert 9

I. Synchrone und diachrone Perspektiven

Torsten Voß
Liebe und Intrige intermedial: Vom bürgerlichen Trauerspiel zur *Soap Opera* 27

Thomas Boyken
Funktionspotentiale komplexer Erzählsituationen in neueren Fernsehserien 51

Ruth Knepel
‚Thinking Quality, Quality Thinking' — Über das produktive Verhältnis von
Philosophie und Populärkultur 65

II. Serial Frame: Text im Kontext

Julian Gärtner
Zur Unzuverlässigkeit des Serien-Intros am Beispiel von *Dexter* 81

Solange Landau
„How I Met Your Barney". Das Intro als metafiktionales Spiel 93

III. Quality-TV: Zwischen Traumfabrik und Ausverkauf

Ivo Ritzer
Charisma und Ideologie: Zur Rückkehr des Autors im Quality-TV 105

Kai Fischer
Von *Seinfeld* zu *Louie* — Sitcoms und Quality-TV 121

Sandra Danneil
Lachen ohne Ende... Die *Simpsons* als transgressive Selbstüberbietung 133

IV. „All in the Game": Ausgewählte Fallbeispiele

Frederik Dressel
Der ‚Mob' und seine Eskapismen — Drogenkonsum in *The Sopranos* 149

Selina Semeraro
The Following — POEtik eines Serienkillers und -erzählers 159

V. There Will Be Plot: Narratologie der TV-Serie

Nils Neusüß
Fokalisierung und Distanz in einem audio-visuellen Medium am Beispiel der
TV-Serie *Lost* 173

Vera Cuntz-Leng
Tot erzählen, vom Tod erzählen: Erzählstrategien in *Desperate Housewives, Dead
Like Me* und *Pushing Daisies* 181

Maren Scheurer
Erzähler in Analyse, Therapie in Serie: Zur produktiven Verbindung von
Fernsehserie und Psychotherapie 195

INHALT

VI. Eine Frage der Rezeption: Serien vor und hinter der Mattscheibe

Vincent Fröhlich
Filling In. rezeptionsästhetische Gedanken zur seriellen Narration 213

Julien Bobineau
SaveWalterWhite.Com — *Audience Engagement* als Erweiterung der Diegese
in *Breaking Bad* 227

Kathrin Kazmaier & Annemarie Opp
Sherlocked. Zur Konkurrenz medialer Wahrnehmungs- und Vertrauensordnungen
in der BBC-Serie *Sherlock* 241

VII. Zwischen Anziehung und Unbehagen: Überlegungen zu den Produktionsbedingungen im Quality-TV

Heiko Martens
„Die totale Erinnerung" — Progressives Erzählen als Denkwürdiges aus Fern... und
Nah 267

Sönke Hahn
Zwischen Stagnation und Progression: Die Miniserie 281

VIII. Anhang

Die Autorinnen und Autoren 295

Register behandelter Fernsehserien 299

Jonas Nesselhauf & Markus Schleich

„Watching Too Much Television" — 21 Überlegungen zum Quality-TV im 21. Jahrhundert

Der Satz „Watching Too Much Television" — dem Titel der 46. Episode der *Sopranos* entnommen — verweist auf einen interessanten Paradigmenwechsel. So markiert eben diese Serie, die wahrscheinlich mehr akademische Aufmerksamkeit für das Medium Fernsehen generiert hat, als irgendein anderes Format, einen Übergang vom Konsum ‚seichter Fernsehunterhaltung' zur Rezeption ernstzunehmender Narrative und (meta-)kommentiert dies durch sich selbst. Plötzlich wurden im Fernsehen komplexe und episch ausufernde Geschichten erzählt, die vorher nur Medien wie Romanen oder Kinofilmen entsprangen.
Zwar setzt zeitgleich und doch scheinbar unzusammenhängend im Jahr 1999 — also dem Erscheinungsjahr von David Chases hochgelobtem „morality play" (Douthat) — eine unter anderem prominent von Nikolaus Förster proklamierte „Wiederkehr des Erzählens" ein, die neben Literatur und Film auch Kunst, Musik oder gar Architektur als Vehikel besagten Phänomens ins Rennen führt; die Fernsehserie findet hier jedoch keine Erwähnung. Würde Försters Monographie heute erscheinen, wäre eine Abstinenz der Fernsehserie als fahrlässig, wenn nicht als unverzeihlich zu werten.
Denn seit den *Sopranos* ist viel passiert; in den letzten 15 Jahren ging ein stetes Rauschen durch den Blätterwald der Feuilletons und wissenschaftlichen Publikationen, häufig mit dem Tenor, dass sich hinter dem wirkmächtigen Label des „Quality-TV" und seinen prominenten Vertretern eine neue „epische Großform" (Kämmerlings) verbirgt, die sich von dem Vorwurf, ein rechtens mit Argwohn betrachtetes Produkt der Kulturindustrie zu sein und dem damit verbundenen

Universalverdacht, eine die Massen ansprechende Simplizität in sich zu tragen, gelöst hat und die wahrscheinlich am besten ausgebaute narrative Spielwiese des 21. Jahrhunderts darstellt.
Diesen und ähnlichen Überlegungen folgend, wurde vor zwei Jahren am Lehrstuhl für Allgemeine und Vergleichende Literaturwissenschaft der Universität des Saarlandes das interdisziplinäre Forschungsprojekt „Serial Narration on Television" gegründet, welches diese Thesen in Theorie und Praxis zu prüfen sucht. Ein erster Meilenstein dieses Projekts war eben jene Tagung, die Ende September 2013 auf dem Campus Saarbrücken Forscher verschiedener Fachrichtungen zum angeregten Austausch einlud, und welcher der vorliegende Sammelband seinen Namen verdankt.
Was liegt ergo näher, als sich im Zuge einer Einführung zu diesem Tagungsband — frei nach Italo Calvinos *Sei proposte per il prossimo millennio* — intensiver mit dem Wesen des Qualitätsfernsehens, also seinen narrativen Strukturen und gestalterischen Möglichkeiten, auseinanderzusetzen. Anstelle von Calvinos „Sechs Vorschlägen für das neue Jahrtausend" erscheint es uns angebracht, an dieser Stelle einleitend 21 Überlegungen über das Qualitätsfernsehen im 21. Jahrhundert anzustellen.
(1) Was ist es also, das sogenannte „**Qualitätsfernsehen**"? Zumeist beruft man sich auf Robert J. Thompson, der bereits 1996 *Television's Second Golden Age* proklamiert und dort zwölf Kriterien für „Quality-TV" vorgelegt hat. Diese umfassende Liste mit Distinktionsmerkmalen hat sich etabliert, obwohl die meisten Serien, auf die man diese definitorische Rahmung in aktuellen Diskursen appliziert, erst nach dem Erscheinen von Thompsons Werk überhaupt produziert wurden. Keineswegs soll damit impliziert werden, es hätte seit 1996 keine Versuche gegeben, den Terminus des QTV zu aktualisieren: Mittels COMPLEX TV, Kristin Thompsons ART TELEVISION, Logan Hills PRESTIGE TV oder der Ausdruck AUTORENSERIE, der sich seit 2010 im deutschsprachigen Raum profiliert hat, bauen mehr oder minder explizit auf Thompsons Studie auf und besagen im Kern dasselbe: Es gibt *Fernsehen* und *Fernsehen*, wobei diese beiden Entitäten kaum weiter voneinander entfernt liegen könnten. Denn wie schon die Namensgebung oder inhaltlichen Kriterien der meisten Termini suggerieren, wird diese Form des Fernsehens durch die Nähe etablierter Kunstformen — wie *Auteur-* bzw. *Art Cinema*, oder Romanen bzw. Literatur im allgemeinen — mit einer kulturellen Wertigkeit versehen, die dem normalen Fernsehen bis auf weiteres

vorenthalten bleibt.¹ Diese Legitimationsstrategie, so pragmatisch funktional sie auch sein mag, wirkt fast zynisch, wenn man bedenkt, dass auch der Roman und gerade der Film erst durch ähnliche Vergleiche aufgewertet werden mussten, um sich vom Vorwurf der kulturellen Bedeutungslosigkeit zu lösen. Wenig verwunderlich erscheint also, dass gerade der Sender, der in Bezug auf Quality-TV mehr symbolisches Kapital angehäuft hat, als seine Konkurrenten, mit dem Slogan wirbt „It's NOT TV, it's HBO". Durch diese Taktik lassen sich aus wissenschaftlicher Perspektive unangenehme Fragen nach Trivialität und Popularität — die im akademischen Alltag trotz neuerer Tendenzen keineswegs obsolet geworden sind — des Forschungsgegenstandes umgehen, beschäftigt man sich doch ausschließlich mit Quality-TV, also mit Kunst (!), und nicht mit massenkompatiblen Produktionen des „low brow"-Mediums Fernsehen.²
Ergo ist die Aussage Mittells — „American television of the past twenty years will be remembered as an era of narrative experimentation and innovation, challenging the norms of what the medium can do." (Mittell 2006: 29) — zu hinterfragen, da Labels wie QTV und andere viel zur Etablierung nur einiger Serien beitragen, keineswegs aber das Medium in seiner Gänze veredeln.

(2) Es verwundert daher nicht, dass sich ein **stark reduktionistischer Kanon** um einige wenige Serien und Genres gebildet hat. *The Sopranos*, *The Wire*, *Mad Men* oder *Breaking Bad* sind obligatorischer Kern dieses Kanons, um den herum sich andere Produktionen wie *Boardwalk Empire*, *Homeland*, *Six Feet Under* oder *Dexter* anordnen lassen. Alle diese Serien lassen sich als große Erzählungen im weitesten Sinne auffassen, aber was die genauen Kriterien sind, die Zugang in den erlesenen Kreis der kanonisierten Klassiker gewähren, bleibt oftmals vage. Tanja Weber konstatiert in ihrer Rezension des von Stephan Dreher herausgegebenen Bandes *Autorenserien/Auteur Series*: „[W]as die Zuschreibung Autorenserie genau bedeutet oder welches Spektrum an Serienautoren es geben könnte, wird leider nicht systematisiert." (Weber: 117) Auch der Bezug auf Thompson ist nicht unproblematisch, schließlich musste dieser in einem Vorwort für den von Kim Akass und Janet McCabe herausgebenden Band zum *Contemporary American Television and Beyond: Reading Contemporary Television* eingestehen:

---

1) Wie TV-Sender versuchen, aus etablierten Kinoregisseuren symbolisches Kapital zu schlagen, ist Gegenstand von Ivo Ritzers Beitrag in diesem Band.
2) Wie z.B. Philosophie die Popularität von TV-Serien nutzt, um in ihrem Windschatten ein bisschen Aufmerksamkeit zu erhaschen, lässt sich in Ruth Knepels Beitrag detailreich nachlesen.

Over 10 years ago, I wrote a book about ‚quality television'. It was a very short book, There weren't that many shows to write about. A lot has happened since then. [...] ‚Quality TV' has become a super genre, a formula unto itself. (Thompson 2007: xvii) Doch dieses Super-Genre bleibt zutiefst mysteriös. Eklatant ist zum Beispiel, dass es Serien mit humoristischem Hintergrund sehr viel schwerer haben, sich das Gütesiegel „Quality Television" zu verdienen, als Kriminal- und Dramaserien.[3] Was sind sie aber genau, die Qualitäten des Quality-TV? Unterliegt dieser Kanon gegebenenfalls einer gewissen Willkür? Den Kanon klein und überschaubar zu gestalten, macht es jedenfalls leichter, die Grenzen zum regulären TV zu ziehen und die dort zu lokalisierenden Serien als formalistische Reproduktion einer Erfolgsformel zu betrachten.

(3) Ließe sich somit auch behaupten, die **‚goldene Ära des Fernsehens'** sei bereits vorbei? Andy Greenwald stellt in seinem Artikel „TV Eats Itself – Welcome to the end of the Golden Era" fest, dass 2013 die ‚großen Vier', also der oben genannte Kern des Kanons, entweder zu Ende erzählt oder in die Zielgerade eingebogen sind: „In 2011, *The Sopranos* had been off the air for four years, *The Wire* for three. Yet *Breaking Bad* and *Mad Men* were still going." (Greenwald 2013) Diese Produktionen sind seiner Ansicht nach ‚liebenswert' und unterscheiden sich von den Serien, die höchstens eine gewisse Anerkennung verdienen und die trotz Kritikerlob nicht mehr sind als „time-killing dramas" — das rezente Qualitätsfernsehen im „Zombie Age": „Corpses are picked over. Ideas, once devoured, are regurgitated and feasted on again." (Ebd.)

Dieses Argument ist keineswegs neu, so finden sich etwa vergleichbare Gedankengänge bereits 1953 in Dwight MacDonalds Aufsatz „A Theory of Mass Culture":

> Since Mass Culture is not an art form but a manufactured commodity, it tends always downwards, towards cheapness of production, as T.W. Adorno has noted, in his brilliant essay ‚On Popular Music' [...]. The only time Mass Culture is good is at the very beginning before the ‚formula' has hardened. (MacDonald: 16)

Somit ließe sich, konservativ betrachtet, Pandoras Büchse schließen, bevor die formalistisch-mediokren Serien im Schlepptau des Quality-TV über die Flure der Universität geistern. Nach *Mad Men* einen Schlussstrich zu ziehen wäre eine taktische Maßname, um die klare Dichotomie zwischen Kunst und Unterhaltung weitestgehend aufrecht zu erhalten. Ob das im 21. Jahrhundert zielführend ist,

---

[3] Wie sich dieses Genre durchaus als Vertreter des Quality-TV verstehen lassen, wird in Kai Fischers Aufsatz eindrücklich vorgeführt.

ist allerdings eine andere Frage.

(4) Ein **Blick in die Feuilletons** der letzten Jahre lässt vermuten, dass die goldene Ära noch nicht vorbei ist und die Fernsehserien die Grenzen zwischen U- und E-Kunst immer weiter aufweichen. So beschäftigen sich doch zunehmend die Literaturkritiker mit den Fernsehserien, die sie oftmals als die ‚Romane des 21. Jahrhunderts' bezeichnen (Vgl. Kämmerlings; Huber & Schiffer). Und auch wissenschaftliche Publikationen würdigen diese „eigentümliche Rückkehr zu großen Erzählungen, zum Epischen und Romanhaften" (Haupts: 95).

(5) Dies birgt natürlich ein gewisses **Bedrohungspotential für die Literatur**, zeugt diese Entwicklung doch von einer Aufmerksamkeitsabwanderung in Gefilde, die man aus dem viel zitierten Elfenbeinturm nicht sehen konnte oder wollte. Die alteingesessenen Bewohner dieses Turms sind es nun, die sich durch die Populärkultur im Allgemeinen und Fernsehserien im Speziellen bedroht fühlen. Alvin Kernan skizziert die Bedrohlichkeit des Fernsehens in *The Death of Literature* so:

> Literature's ability to coexist with television [...] seems less likely when we consider that as readers turn into viewers, as the skill of reading diminishes, and as the world as seen through television screen feels and looks more pictorial and immediate, belief in a word-based literature will diminish. (Kernan: 151)

Gleichzeitig fügt Kernan eine Entwarnung hinzu, um die Literaturschaffenden vor einer globalen Panik zu bewahren, schließlich sei Fernsehen schlicht zu trivial und stupide, um als Bedrohung ernst genommen zu werden:

> The television spectacle is seen once in a flash and then [...] gone forever. Those who work in TV are quite aware that their medium does not favour complex meanings, and they adjust their material accordingly. Story and plot are minimal or non-existent. (Ebd.: 150)

Nun ist Kernans Beitrag einer Zeit zuzuordnen, die nicht derart reich an hochwertigen Fernsehproduktionen war wie die heutige. Dennoch werden bereits hier Serien mit ausgefeiltem Plot und umfangreicher Story wie *Hill Street Blues* or *St. Elsewhere* in die gleiche Waagschale geworfen, wie Formate, die die Beschreibung ‚unterkomplex' durchaus verdient haben. Aber auch simultan zu *The Sopranos* lassen sich Stimmen im Wissenschaftsbetrieb finden, welche die Beschäftigung mit Fernsehserien als „dumbing down of the academy" bezeichnen (Vgl. Vincent), die der Literatur die wohlverdiente Aufmerksamkeit stiehlt. Es lassen sich auch in rezenten Artikeln weniger mit Polemik beladene Ansätze finden. So bescheinigt Richard Kämmerlings Fernsehserien nüchtern das Potential, den Roman abzulösen, schließlich sei die TV-Serie „längst an die Seite des

Romans getreten, sie könnte einst an seine Stelle treten" (Kämmerlings). Dabei darf nicht vergessen werden, dass auch der Literatur im 20. Jahrhundert in regelmäßigen Abständen der Totenschein ausgestellt wurde und sie sich — davon unbeeindruckt — stets gegen die eigene Abschaffung gewehrt hat. Literatur gibt, wenn es um Fertigkeiten des Erzählens[4] geht, nach wie vor Impulse, nimmt aber — und das ist entscheidend — selber auch (neue) Tendenzen auf.[5] Sie ist adaptiver und robuster als ihre Verteidiger es ihr zutrauen. Spannend ist nun zu beobachten, ob sie nicht auch auf TV-Serien reagieren wird.

(6) Ein anderes Medium, das sich mehr Sorgen um das eigene Fortbestehen machen sollte, dürfte der **Hollywood-Blockbuster** sein. Frank Kelleter hat völlig recht, wenn er über die TV-Serie schreibt: „Längst hat sich das Stiefkind [...] aus dem Schatten seiner übermächtigen Konkurrenten Kino und Fernsehfilm [...] gelöst." (Kelleter: 7) Andernorts wird dies radikaler formuliert, so hieß es im Kontext der Emmy-Verleihung:

> [D]as amerikanische Fernsehen ist derzeit eine einzige Therapiestunde. Im Kino dagegen ist die Welt so schwer in Ordnung, dass die Künstler davonrennen. [...] Hollywood ist am Ende, was Filme angeht. Und Regisseure wie Oliver Stone haben wirklich keine Lust *Iron Man 5* zu drehen. Nur das Fernsehen rettet sie. (Philippi)

Ein Blick auf die rezente Fernsehlandschaft gibt Philippi Recht. Martin Scorsese (*Boardwalk Empire*), David Fincher (*House of Cards*), Michael Mann (*Luck*) und viele andere Filmschaffende genießen die Freiheiten, die das Fernsehen ihnen bietet. Eine Aufstellung mit A-Listern, die die große Leinwand gegen Rollen im TV getauscht haben, erscheint schier endlos. Die Kinoästhetik braucht das Kino nicht mehr, denn wenn es ums Geld geht, muss man sich bei HBO und Co. keine Sorgen machen. Selbst wohlwollende Betrachter werden Schwierigkeiten damit haben, Hollywood mit dem Adjektiv „wagemutig" zu versehen — und für den Moment scheint es so zu sein, als würden die risikoreichen Geschichten im Fernsehen erzählt.[6]

(7) Während sich Fernsehserien also (scheinbar) langsam zum **Platzhirsch unter den erzählenden Medien** aufschwingen,[7] sollte nicht verschwiegen werden, dass

---

4) Wie gut es aber um diese Fertigkeit des Erzählens in der TV-Serie bestellt ist, analysiert Thomas Boyken in seinem Beitrag.
5) Ein ganz konkreter Impuls steht Pate für Selina Semeraros Untersuchung in diesem Band.
6) Wie wenig man sich hier vor Kontroversen scheut, untersucht Frederik Dressel am Fallbeispiel der *Sopranos*.
7) Die Beiträge sowohl von Vera Cuntz-Leng als auch Nils Neusüß oder Maren Scheurer beschäftigen sich intensiv mit narrativen Extremsituationen und Sonderfällen in Fernsehserien.

andernorts bereits über Artefakte spekuliert wird, die ihnen diese Position streitig machen könnten:

> There has been a particular theory going round for the last year or so, that ‚box set' TV has replaced movies as the preferred form of mass, culturally meaningful entertainment. It is the likes of *Breaking Bad*, *The Wire* and *Homeland* that are telling us about modern life now, rather than Hollywood's simplified three-act confections. *Grand Theft Auto V*, however, hints at a future in which that role is taken by games — or at the very least actively sought by them. (Stuart)

Interessant ist dabei auch eines der aktuellen Kritikerlieblinge unter den Videospielen, das als Paradebeispiel für eine neue Generation komplexen, narrativen *Gameplays* gelobt wird. *The Walking Dead* erzählt wie die TV-Produktion in serieller Form mit „Previosly On..." und „Sneak Previews" (Vgl. Colbus: 49). Es darf zumindest vermutet werden, dass einigen Innovationen im Computerspielsektor durch die TV-Serie der Weg bereitet wurde.

(8) Aber worin liegt nun der **kometenhafte Aufstieg der Fernsehserie** in den letzten Jahren begründet? Es ist keineswegs so, dass Kreative wie David Chase oder David Simon nicht schon lange vor dem neuen Millennium aktiv Serien kreiert hätten. So hat Chase bereits in den 1970ern an *The Rockford Files* (1974-1980) und in den 1990ern an *Northern Exposure* (1990-1995) mitgewirkt. David Simon hingegen war aktiv an *Homicide: Life on the Street* (1993-1999) beteiligt, welches aus seinem Buch *Homicide: A Year on the Killing Streets* (1991) hervorging. Interessant ist, dass all diese Produktionen auf US-amerikanischen *Free to Air*-Kanälen ausgestrahlt wurden und nicht wie die späteren Serien von Chase und Simon auf Premium-Kabelsendern liefen. Auf die Frage, wie sich diese Segmente voneinander unterscheiden, gab David Simon bereits 2004 zu Protokoll:

> HBO's a lot smarter than NBC. They can afford to be. They don't care if you're watching every show on HBO. If you're a subscriber and you're only getting it for two shows out of 10, they've still got your $17.95. And therein lies all the difference. That's a model that can't exist in network TV because of the need to present the maximum number of viewers to advertisers. That leads to decisions about story, character, and theme on network TV that are just destructive. They were destructive on *Homicide*. Compromises had to be made. (Walker)

Und vielleicht, so wird immer wieder argumentiert, ist die radikale Evolution der Fernsehserien ja vor allem auch dem Aufkommen des Pay-TV zu verdanken — gutes TV für die „lautstarke Minderheit" (Röscheisen). Schließlich bestach etwa *The Wire* nie mit eindrucksvollen Quoten: „*The Wire* has seen its numbers dip below one million this season — sometimes so far below that they barely registered on the ratings scale." (Bianco) Hier handelt es sich nicht um Massenware; eine überspitzte These könnte lauten, dass selbst Theodor Adorno an *The Wire* seine Freude gehabt hätte, auch wenn er dem Medium, dem diese Serie entspringt, wenig positives abgewinnen könnte.

(9) So ideal die Zustände jenseits des Atlantiks sein mögen, so trist gebiert sich die **Fernsehlandschaft in Deutschland**[8] — und das nicht nur im Vergleich mit US-amerikanischen Serien. Auch mit den europäischen Nachbarn[9] vermag man sich kaum zu messen, so dass Stuart Jeffreys im Guardian kritisch bemerkt:

> Your next box set might well be in Danish but nobody's will be in German. [...] Why is there no German rival to Denmark's *The Killing*, Sweden's *Wallander*, Italy's *Inspector Montalbano* or France's *Spiral*? (Jeffries)

Schuld sind sicherlich strukturelle Probleme des deutschen Fernsehmarktes. Das Privatfernsehen ist komplett werbefinanziert und daher auf gute Quoten angewiesen, während das Öffentlich-Rechtliche nicht im Ruf steht, Qualität ihrer Inhalte unabhängig von quantitativen Einschaltquoten zu produzieren (Vgl. Röscheisen). Das Verhältnis von Quote und Inhalten gestaltet sich bei ARD und ZDF etwas schwieriger, da es (abgesehen vom Vorabendprogramm) nicht um Werbeeinnahmen geht. Eine häufig vernommene Kritik stellt die These auf, es ginge vor allem darum, Zuschauer mit populären Programmen vor den Fernseher zu locken. Jens Jessen argumentiert in seinem Artikel „Vom Volk bezahlte Verblödung", dass Politiker gute Quoten fordern, „weil sie damit über ein Instrument zur Beeinflussung der Wähler verfügen, das sie ihrerseits beeinflussen können" (Jessen). Konkret: Wenn von den durchschnittlich 12 Millionen Zuschauern eines *Tatorts* am Sonntag abend nur 20 Prozent um 21:45 Uhr nicht umschalten, landen immerhin 2,5 Millionen beim Polit-Talk von Günther Jauch (Vgl. Nesselhauf/Schleich: 58).

Da der deutsche Markt auf diese Probleme bisher keine Antwort gefunden hat, kämpfen interessante Formate wie *Im Angesicht des Verbrechens* oder *Tatortreiniger* regelmäßig ums Überleben, obwohl sie ebenso regelmäßig von Kritikern als Beispiele dafür angeführt werden, was im deutschen Fernsehen möglich ist, wenn die Gebühren sinnvoll eingesetzt werden. „Es fehlt der Mut für gute deutsche Serien, „aber immerhin: Es gibt sie" (Huber/Schiffer).[10]

---

8) Einen interessanten Blick aus der Perspektive eines aktiv Filmschaffenden auf die Zustände hierzulande wirft Heiko Martens in seinem Beitrag.

9) Zu welch komplexen Werken man zum Beispiel in England fähig ist, wird im Beitrag von Kathrin Kazmaier und Annemarie Opp deutlich.

(10) Wahrscheinlich ist es dieser suboptimale Zustand des hiesigen Fernsehens, der zu einer durchaus **verklärten Idealisierung** des stets als Vorbild gehandelten US-amerikanischen Systems geführt hat. Denn auch dort wird nicht alles frei von wirtschaftlichen Erwartungen und ohne Restriktionen produziert. Die erste wirkliche Erfolgsserie und Prototyp des Quality-TV, *The Sopranos*, ist daran nicht ganz unschuldig. So gestand David Simon in einem Interview, dass er durchaus darum fürchte, *The Wire* nicht zu Ende erzählen zu können:

> The overwhelming success of *The Sopranos* has changed the climate at HBO. ‚Because of *The Sopranos* breakout hit status,' said Simon, ‚expectations have changed.' The days when a dark prison drama like *Oz* could survive several seasons may be coming to a close [...]. ‚There was no angst about [*Oz*] ratings,' said Simon. ‚It was what it was. There was a commitment to storytelling, even if it was idiosyncratic storytelling. Now I'm going up against *Desperate Housewives*.' (Guthrie)

Das US-amerikanische Pay-TV kann Serien auch bei mauer Quote über mehrere Staffeln halten, aber das sollte nicht mit bedingungsloser Hingabe verwechselt werden. Wenn selbst ein Flaggschiff des Quality-TV wie *The Wire* mehrmals vor dem Aus stand, darf nicht verwundern, wenn Serien wie *Enlightened*, *Bored to Death* oder *Brotherhood* abgesetzt werden und Serien wie *Breaking Bad* oder *Mad Men* mit erheblicher Verspätung in die nächste Runde gehen, weil man sich bei der Finanzierung uneins ist. Die Zustände sind nicht paradiesisch, auch wenn es sich aus unserer Perspektive so anfühlen mag.

(11) Der hohe Stellenwert, den sich Serien im US-amerikanischen Raum mittlerweile erarbeitet haben, lässt sich auch an der Verleihung von **Fernsehpreisen wie des Emmys** ablesen. Diese ‚Währung des Erfolgs' kann durchaus mit der Verleihung der Oscars konkurrieren. Das mediale Interesse ist so groß wie nie zuvor, und wie hoch der Einfluss relevanter Produktionen tatsächlich ist, kann man Aussagen wie der Joe Kleins, einem Journalisten der New York Times, entnehmen, der einst lautstark forderte, *The Wire* „deserves the Nobel Prize for Literature" (Cormier: 205). Deutsche Pendants wie der Grimmepreis wirken dagegen eher wie ein Trostpflaster, das man Serien auf die Wunde drückt, denen aufgrund mauer Quote der ‚Tod durch Absetzung' droht.

(12) Zurück zu den Serien selbst: Um Erfolg zu haben, braucht es — wenn auch nicht unbedingt viele — **Zuschauer**. Und wie das Pay-TV-Modell es vormacht, sollten diese am besten passioniert und aktiv in das serielle Material involviert

---

10) Dass der deutsche Markt eine Sonderform des Erzählens in Form der Miniserie parat hat, die sich im Seriendiskurs bisher selten wieder findet, wird im Beitrag von Sönke Hahn erörtert.

sein.[11] Nicht ohne Grund spricht man von „Serienjunkies", die einer ‚ansteckenden Sucht' anheim gefallen sind. Matthew Weiner, der Mann hinter *Mad Men*, formulierte die Erfolgsformel einst so:

> [W]ir [haben] mit einer eisernen Fernsehregel gebrochen [...]: Deine Hauptfigur darf sich nicht entwickeln, sie darf nichts dazulernen, sie darf sich nicht ändern. Der durchschnittliche Serienzuschauer einer eher konventionellen Serie wie *Friends* schaltet sechsmal pro Jahr ein. Dieser Zuschauer will sich sofort orientieren können, sich zu Hause fühlen, deshalb muss alles sein wie immer, wenn er auf die Fernbedienung tippt. Bei den *Sopranos* aber wird plötzlich jemand ermordet, den die Zuschauer liebgewonnen haben, und auch sonst ist alles im Fluss. Automatisch entsteht so eine romanhafte Struktur. Und dadurch verändert sich auch das Zuschauerverhalten: Nicht sechsmal pro Jahr wird eingeschaltet, sondern bei jeder Folge. (Hüetlin)

Aber muss es immer eine „romanhafte Struktur" à la *The Wire* oder *The Sopranos* sein, um den Zuschauer in das serielle Universum zu locken, oder sollte eine Typologie möglicher Qualitätsserien nicht etwas differenzierter ausfallen?

(13) Sicherlich, diese progressiven Formate, die in ihrer Erzähl- und Distributionsart an **Romane des 19. Jahrhunderts** erinnern, sind die prominentesten Vertreter des Quality-TV, also die ‚großen kanonischen Vier', sind diesem Typus zuzuschreiben. Es geht hier mitnichten darum, Fernsehserien mit Literatur gleichzusetzen, also Quality-TV als Nachfolger oder nächste Stufe literarischer Werke aufzubauen. Von Bedeutung ist vielmehr, dass TV-Serien von Literatur lernen und etablierte narrative Muster für ihr Medium anpassen.[12] David Simon betont diese Nähe zur Literatur, wenn er die Herangehensweise an *The Wire* — oftmals auch als „visual novel" tituliert — beschreibt:

> Our model when we started doing *The Wire* wasn't other television shows. The standard we were looking at was Balzac's Paris, or Dickens's London, or Tolstoy's Moscow. (Gordon)

Jesse Pearson kommt zu einem ähnlichen Schluss:

> [*The Wire*] is the most intricate web of character, motivation, insight, action, repercussion, and emotion that's ever been on TV, and it rivals the grand novels of the late 19th century, when novels actually, regularly, had scope. (Pearson)

Die Staffeln folgen komplexen *Story Arcs*, die Figuren reifen und entwickeln sich (Vgl. Nesselhauf/Schleich: 55) und ziehen den Zuschauer so in ihren Bann. Diese Form des *Serials* (Bignell: 96) funktioniert nur in seiner Gänze; einzelne Folgen auszulassen, hat verheerende Konsequenzen für das Verständnis der komplexen

---

11) Nicht umsonst spricht Vincent Fröhlich in seinem Aufsatz vom „süchtigen Rezipienten".
12) Einige interessante Beispiele für diesen Vorgang lassen sich in Torsten Voß' Beitrag finden.

Zusammenhänge — der Zuschauer muss sich an bisherige Ereignisse erinnern, um der Serie folgen zu können. So verliert schließlich auch die einzelne Folge an Bedeutung: „*The Sopranos* opened up what was possible on television. But it also limited it." (McGee) Ryan McGee schlussfolgert, dass die einzelnen Episoden nur Teil eines ‚Installments' sind und die Hierarchie klar zu Gunsten dieses epischen Handlungsverlaufes geordnet ist. Diese Form der Serie erfüllt wohl die meisten Punkte auf Thompsons Liste, aber ist dies die einzig mögliche Form von Quality-TV?

(14) Gerade wenn man sich die *Sopranos* etwas genauer betrachtet, stellt man fest, dass diese kontroverse Einschätzung allerdings nur bedingt zutrifft. Stattdessen führt Jason Mittell in seinem Artikel „No, *The Sopranos* Didn't Ruin Television" zur Verteidigung der Serie an:

> *The Sopranos* is actually the least novelistic show, as individual episodes were (as David Chase has said a number of times) structured more **like short stories** in a thematic collection rather than chapters in a single novel. [...] Two of the show's most acclaimed episodes, „College" and „Pine Barrens," are highly stand-alone entries, and as a whole, the show is far less serialized than most other acclaimed 21st century dramas. (Mittell 2011)

Andere prominente Serien wie *House M.D.* oder *How I Met Your Mother* nutzen eine Kombination aus Rahmen- und Binnenhandlung, so dass jede einzelne Episode in sich Geschichten tragen kann, die nicht zwangsläufig den *Main Plot* bedienen. So ist die Charakterentwicklung von Gregory House oder Ted Mosbys Suche nach seiner zukünftigen Frau für die Serie genauso entscheidend, wie die medizinischen Fälle auf der einen oder Barney Stinsons Eskapaden auf der anderen Seite. Diese Form der „flexi narrative" führt fortlaufende wie auch stagnative Elemente zu einer progressiv-kompletten Form zusammen und macht sich dabei den Umstand zunutze, dass der Zuschauer durch die Binnenhandlung einen leichteren Zugang zur Serie findet und durch die Rahmenhandlung genug Anreize geschaffen werden, der Serie loyal zu folgen.

(15) Am anderen Ende dieses Spektrums finden sich Serien, die stets den **Status Quo** wieder herstellen, also am Ende jeder Folge wieder in den Ursprungszustand zurückfallen. Ob Homer Simpson als Astronaut, Prediger, Entrepreneur oder anderen abwegigen Berufen folgend die einzelnen Folgen durchlebt, hat (pauschal) keinen bleibenden Einfluss: Am Ende jeder Folge bzw. zum Anfang der nächsten ist er wieder artig im Atomkraftwerk tätig. Diese Serien, bzw. *Series* (Vgl. Bignell: 96), leben von der schier ungebremsten (binnenepisodischen) Erzählfreude. Gerade Zeichentrickserien eignen sich für dieses Format, da sie nicht mit unangenehmen Begleiterscheinungen alternden ‚Humanmaterials' zu kämpfen haben; so ist die *Cosby Show* durch das Heranreifen der kindlichen Darsteller dazu gezwungen, eine Rahmenhandlung zu kreieren, einfach weil ein 22-jähriger Theo Huxtable dem Zuschauer wohl kaum noch als Grundschüler zu verkaufen ist. Auch wenn die *Simpsons* im Zuge des Quality-TV am Rande Beachtung finden, ist doch zu konstatieren, dass diese Form der Serie nicht wirklich zum Kern dieses Phänomens gezählt wird. Allein wegen der *Simpsons*[13] darf hinterfragt werden, ob die definitorische Spannbreite des Begriffs Quality-TV nicht zumindest einer Erweiterung bedarf.

(16) Neben diesen eindeutigen und der Typologie entsprechenden Programmen gibt es natürlich interessante **Sonderfälle**, wie z.B. *Skins* oder *American Horror Story*. Diese Serien tauschen nach einer bzw. zwei Staffeln ihren gesamten Cast aus oder lassen die Schauspieler in neue Rollen schlüpfen. Sie erweisen sich damit als komplexe Grenzgänger, die Staffeln als Anthologien begreifen und die trotzdem ein serielles Universum schaffen. Zudem sind die angeführten Kategorien keineswegs als statisch zu verstehen, Serien vermögen sich durchaus dynamisch zu wandeln und erschweren somit eine eindeutige Zuordnung. Diese und andere Sondertypen sind bisher wenig beachtet worden und bedürfen sicherlich noch einiger akademischer Aufmerksamkeit.

(17) Ein anderer Aspekt, der zunehmend in den Fokus der Forschung rückt, ist die Vielzahl möglicher **Rezeptionsarten** von TV-Serien. Neben der ‚klassischen Form' (von Woche zu Woche im Fernsehen), lassen DVD-Boxsets und ein stetig wachsendes *Video on Demand*-Angebot den Zuschauern die Wahl, wann und vor allem wie sie die Serien ‚konsumieren'. Ob eine, zwei oder alle Folgen auf einmal — in Form des *Binge Watching* (Vgl. Hahn: 14) —, hier bestimmt der Zuschauer den „Flow" selbst.

(18) Zu einer regelrecht eigenständigen Kunstform haben sich aber auch **transmediale Spin-Offs** entwickelt, die den *Serial Frame* jeder Serie bilden. Neben aufwendig produzierten Intros[14], die sich geradezu als ästhetisch anspruchsvolle Kurzfilme deuten lassen[15], gibt es mittlerweile ein reiches Angebot an Para-

---

13) Welche reichhaltigen Rezeptionsangebote diese Serie seinen Zuschauern macht, ist Thema von Sandra Danneils Beitrag.
14) Vgl. dazu die von Solange Landau in ihrem Beitrag entworfene Typologie von Serien-Intros.
15) Die Potentiale eben dieser Form des ‚Kurzfilms' untersucht Julian Gärtner in seinem Aufsatz.

texten, die die eigentliche Narration erweitern. Henry Jenkins beschreibt diese transmediale Form des *Story Telling* als

> [...] a process where integral elements of a fiction get dispersed systematically across multiple delivery channels for the purpose of creating a unified and coordinated entertainment experience. Ideally, each medium makes it own unique contribution to the unfolding of the story. (Jenkins)

Somit lassen sich die Serien nicht nur auf der horizontalen Ebene der in der Zeit fortschreitenden Handlung interessant, sondern auch auf einer vertikalen Ebene, dem *Transmedial Space*, komplex gestalten. Apps, Webseiten, Minisodes, interaktive Web-Games und andere Erweiterungen laden den Zuschauer ein, tiefer in das Franchise der jeweiligen Serie einzutauchen und z.B. die Zeit zwischen zwei Folgen oder zwei Staffeln zu überbrücken.[16]

(19) Diese Entwicklung wird sicher noch dadurch vorangetrieben, dass immer mehr Serien direkt für digitale — oft mobile — Endgeräte produziert werden. *House of Cards*, *Orange Is the New Black* von Netflix aber auch *Alpha House* von Amazon werden direkt als **Video on Demand-Serien** produziert und emanzipieren sich zunehmend von dem Medium, das sie eigentlich hervorgebracht hat. Der ‚Second Screen' wird langsam zum ‚First Screen'. Eine wahrscheinlich kontroverse Frage für die Zukunft muss wohl lauten, ob es sich dabei überhaupt noch um *Fernseh*serien handelt?

(20) Mit dieser globalen Verfügbarkeit von TV-Serien geht auch ein interessantes philologisches Phänomen einher, denn Serien, so der Tenor, schaut man in der **Originalsprache**: So betitelt Mark Jones seinen Artikel über *Les Revenants* im englischen Guardian sehr treffend mit „how British TV viewers came to lose their fear of subtitles" (Jones). Und auch hierzulande scheint eine der letzten Bastionen deutscher Beharrlichkeit (die stete Synchronisation ausländischer Formate) ins Wanken zu geraten, denn die TV-Sender reagieren auf dieses neue Bedürfnis ihrer Zuschauer. Inzwischen bieten Spartensender wie ProSieben Maxx Serien auch im Original an — eine kleine Revolution:

> Endlich traut sich ein deutscher frei empfangbarer TV-Sender, eine US-Serie im Original zu zeigen. [...] Wenn ich ein Werk in der Originalsprache rezipiere, bekomme ich es so, wie der Erschaffer es gewollt hat. Und kann es selbst deuten, ohne Mittelsmann. (Klode)

Wie weit diese Entwicklung gehen wird, bleibt abzuwarten. In jedem Fall ist es ein Schritt in eine interessante Richtung.

---

16) Der Beitrag Julian Bobineaus widmet sich dieser Thematik auf anschauliche Art und Weise.

(21) Die Geschichte der Fernsehserie ist **noch nicht zu Ende** erzählt, so vielleicht die eindeutigste Erkenntnis eben jener Konferenz, aus welcher dieser Tagungsband hervorgeht. Die Forschergemeinde ist (noch) nicht übersättigt, das Gefühl, zu viel ‚Fern' gesehen zu haben, hat sich noch nicht eingestellt, und es sind noch viele Fragen unbeantwortet... Aber das ist gut so, denn offene Enden regen zum Nachdenken an.

Jeder, der das Finale der *Sopranos* gesehen hat, weiß um die Wahrheit dieser Worte.

Bevor es jetzt zu den Texten, quasi den nächsten Episoden nach dieser Pilotfolge, geht, würden wir gerne die Gelegenheit nutzen, kurz die *Credits* durch den Band laufen zu lassen. Wir sind Christiane Solte-Gresser und Claudia Schmitt vom Lehrstuhl für Allgemeine und Vergleichende Literaturwissenschaft der Universität des Saarlandes zu großem Dank verpflichtet, die dieses Projekt stets und nachhaltig unterstützt haben. Ebenfalls danken wir Johannes Birgfeld, Sönke Hahn, Patricia Jantschewski, Marco Klüh, Loraine Landau, Nils Neusüß, Johanna Seibert, Selina Semeraro und besonders Solange Landau für die organisatorische Hilfe bei der Vorbereitung und Realisierung der Tagung.

Wir sind froh, dass die Vorträge sich in derart lesenswerte Beiträge haben übersetzen lassen. Nun möchten wir diese Artikel ohne weitere Erklärungen mit den wirkmächtigen Worten eines prominenten Serienmachers einleiten:

It's all there.

Bibliographie

Bianco, Robert: „Too few were plugged in, but HBO's ‚The Wire' was electric." *USAToday.* <http://usatoday30.usatoday.com/life/television/news/2008-03-05-the-wire_N.htm> (Abgerufen am 31. März 2014).

Bignell, Jonathan: *An Introduction to Television Studies.* London 2012.

Colbus, Julian: „Serial Narration in Video Games." In: *Journal of Serial Narration on Television* 3 (2013), S. 45-50.

Cormier, Harvey: „Bringing Omar Back to Life." In: *The Journal of Speculative Philosophy* 22.3 (2008), S. 205-213.

Douthat, Ross: „Good and Evil on Cable." *Ross Douthat.* <dout-hat.blogs.nytimes.com/2011/07/28/good-and-evil-on-cable> (Abgerufen am 31. März 2014).

Gordon, Devin: „Why TV Is Better Than The Movies." *Newsweek.* <www.newsweek.com/why-tv-better-movies-105071> (Abgerufen am 31. März 2014).

Greenwald, Andy: „TV Eats Itself." *Grantland.* <http://grantland.com/features/the-sopranos-walking-dead-end-tv-golden-age> (Abgerufen am 31. März 2014).

Guthrie, Marisa: „,The Wire' fests HBO may snip it." *NY Daily News.* <http://www.nydailynews.com/archives/entertainment/wire-fears-hbo-snip-article-1.608149> (Abgerufen am 31. März 2014).

Hahn, Sönke: „Von Flow zu Flow Konvergenzen und (TV-)Serien." In: *Journal of Serial Narration on Television* 3 (2013), S. 9-27.

Haupts, Tobias: „Die neuen Großen Erzählungen. *Spacecenter Babylon 5* und die Science Fiction im Fernsehen." In: Meteling, Arno, Gabriele Schabacher und Isabell Otto (Hgg.): *‚Previously on...' Zur Ästhetik der Zeitlichkeit neuerer TV-Serien.* München 2010, S. 95-109.

Huber, Katja und Christian Schiffer: „Balzac in Boston." *DeutschlandradioKultur.* <http://www.deutschlandradiokultur.de/balzac-in-boston-pdf.download.b726a9abec886fc6aecff93bd303d188.pdf> (Abgerufen am 31. März 2014).

Hüetlin, Thomas: „Schatz, was kann ich tun?" *Spiegel Online.* <http://www.spiegel.de/spiegel/print/d-89470587.html> (Abgerufen am 31. März 2014).

Jeffries, Stuart: „Is Germany Too Powerful for Europe?" *The Guardian.* <http://www.theguardian.com/world/2013/mar/31/is-germany-too-powerful-for-europe> (Abgerufen am 31. März 2014).

Jenkins, Henry: „Transmedial Storytelling." *HJ Weblog.* <www.henryjenkins.org/2007/03/transmedia_storytelling_101.html> (Abgerufen am 31. März 2014).

Jessen, Jens: „Vom Volk bezahlte Verblödung." *Die Zeit.* <http://zeit.de/2010/31/Oeffentliche-Anstalten> (Abgerufen am 31. März 2014).

Jones, Mark: „The Returned: How British TV Viewers Came to Lose Their Fear of Subtitles." *The Guardian.* <http://www.theguardian.com/tv-and-radio/2013/jun/07/british-television-subitlies> (Abgerufen am 31. März 2014).

Kämmerlings, Richard: „,The Wire.' Ein Balzac für unsere Zeit." *FAZ.net.* <http://www.faz.net/aktuell/feuilleton/buecher/the-wire-ein-balzac-fuer-unsere-zeit-1581949.html> (Abgerufen am 31. März 2014).

Kelleter, Frank: „Populäre Serialität – Eine Einführung." In: Ders. (Hg): *Populäre Serialität: Narration – Evolution – Distinktion: Zum seriellen Erzählen seit*

dem 19. Jahrhundert. Bielefeld, 2012. S. 11-48.
Kernan, Alvin B: *The Death of Literature.* New Haven 1992.
MacDonald, Dwight: „A Theory of Mass Culture." *Diogenes* 1.3 (1953), S. 1-17.
McGee, Ryan. „Did ‚The Sopranos' do more harm than good?: HBO and the decline of the episode." *AV Club.* <www.avclub.com/article/did-the-sopranos-do-more-harm-than-good-hbo-and--69596> (Abgerufen am 31. März 2014).
Mittell, Jason (2006): „Narrative Complexity in Contemporary American Television." *The Velvet Light Trap* 58 (2006), S. 29-40.
— (2011): „No, ‚The Sopranos' Didn't Ruin Television." *Just TV.* <http://justtv.wordpress.com/2012/02/21/no-the-sopranos-didnt-ruin-television/> (Abgerufen am 31. März 2014).
Nesselhauf, Jonas und Markus Schleich: „Of U.S. American Apples and German Oranges: A Case Study in Comparability of Quality Television Environments." In: *Journal of Serial Narration on Television* 3 (2013), S. 53-67.
Pearson, Jesse: „David Simon." *Vice.com.* <http://www.vice.com/read/david-simon-280-v16n12> (Abgerufen am 31.03.2014).
Philippi, Anne: „Vor den Emmy Awards 2013." *Sueddeutsche.de.* <http://www.sueddeutsche.de/medien/vor-den-emmy-awards-wenn-amerika-sich-auskotzt-1.1776491> (Abgerufen am 31. März 2014).
Röscheisen, Thilo: „‚Breaking Bad', die Dänen und wir." *Drama Blog.* <http://drama-blog.de/breaking-bad-die-danen-und-wir/> (Abgerufen am 31. März 2014).
Stuart, Keith: „‚GTA 5' Review: A Dazzling but Monstrous Parody of Modern Life." *The Guardian.* <http://www.theguardian.com/technology/2013/sep/16/gta-5-review-grand-theft-auto-v> (Abgerufen am 31. März 2014).
Thompson, Robert J. (1996): *Television's Second Golden Age: From Hill Street Blues to ER.* New York.
— (2007): „Preface." In: Akass, Kim und Janet McCabe (Hgg.): *Quality TV: Contemporary American Television and Beyond.* London.
Vincent, Nora: „Hop on Pop." *Village Voice.* <http://www.villagevoice.com/2000-02-01/nyc-life/hop-on-pop/full/> (Abgerufen am 31. März 2014).
Walker, Jesse: „David Simon Says." Reason. <http://reason.com/archives/2004/10/01/david-simon-says> (Abgerufen am 31. März 2014).
Weber, Tanja: „Autorenserien. Die Neuerfindung des Fernsehens." In: *MEDIENwissenschaft* 1 (2012), S. 117.

Synchrone und diachrone Perspektiven

Torsten Voß

Liebe und Intrige intermedial
Vom bürgerlichen Trauerspiel zur Soap Opera

In der Medienlandschaft der achtziger Jahre war Alexis Carrington in der US-Fernseh-Soap *Dynasty* (USA 1981-1989) als rachsüchtiges Biest der *upper class* bekannt. Intrigen, Klatsch und Tratschereien bestimmten ihr Handeln und gefährdeten die Harmonie im Hause der großbürgerlichen Ölmagnaten-Familie Carrington in Denver/Colorado, während das Agieren, Lavieren und Palavern der machthungrigen Matriarchin Angela Channing auf dem kalifornischen Weingut Falcon Crest in der gleichnamigen Serie (USA 1981-1990) so giftig war, dass nicht nur die Weine dadurch Essig wurden, sondern auch die Gemüter ihrer Mitmenschen und direkten Verwandten. Derlei fesselte Mitte der 1980er Jahre regelmäßig eine große Fangemeinde vor den Bildschirm, zumal die Resultate eines solchen Verhaltens mitunter erst nach dem nächsten *Cliffhanger* präsentiert wurden und insofern einem plottechnischen bzw. dramaturgischen Zweck (und der Gewährleitung hoher Einschaltquoten) dienten. Die literaturwissenschaftliche Relevanz eines solchen Rezipientenverhaltens für zeitgenössische Kulturpraktiken dokumentiert sich unter anderem auch in der Göttinger DFG-Forschergruppe „Ästhetik und Praxis populärer Serialität" und in dem innerhalb der Erzähl- und Medientheorie noch relativ neuen Parameter des „seriellen Erzählens", unter anderem in den Arbeiten Sascha Seilers und Frank Kelleters.[1]

---

1) Vgl. dazu die Sammelbände von Sascha Seiler (Hg.): *Was bisher geschah? Serielles Erzählen im zeitgenössischen amerikanischen Fernsehen.* Köln 2008; Frank Kelleter (Hg.): *Populäre Serialität. Narration – Evolution – Distinktion. Zum seriellen Erzählen seit dem 19. Jahrhundert.* Bielefeld 2012.

Die Entwicklung von Intrigen und deren Folgen zählt zu den Konstituierungsformen von Serialität, Spannung und Dramaturgie und das nicht nur in der vielfach geschmähten und zum Stoffwechselendprodukt der Kulturindustrie erklärten *Prime Time Soap*.
Denn bereits zweihundert Jahre zuvor, im späten 18. Jahrhundert, existiert dieser Konflikt- und Spannungskatalysator in der Kulturszene. Die Figur der Orsina oder des Marinelli in Lessings *Emilia Galotti* (1772), der durchtriebene Spiegelberg in Schillers *Die Räuber* (1781), der schon bildhaft in seiner Heimtücke geoffenbarte Sekretär Wurm (im Apfel einer Präsidentenfamilie) in *Kabale und Liebe* (1784) und der Einflüsterer und Briefeschreiber Leutnant von Hasenpoth in H. L. Wagners *Die Kindermörderin* (1776) erfüllen ganz ähnliche Funktionen. Sie konzipieren Intrigen und Verleumdungen und üben damit Einfluss auf die Geschicke ihrer Umgebung (zumeist die Familie) aus, in Gestalt des Hausvaters, des Hofmanns oder des Kaufmanns, wie es Peter Szondi in seinen 1968 gehaltenen Vorlesungen über das bürgerliche Trauerspiel dargestellt hat.[2] Nicht mehr unbedingt aristokratisch, aber durchaus patriarchalisch errichten sich diese Figuren über die Intrige ihr Machtpotential. Grund genug also, den Stellenwert von Intrige und Intriganten im Kontext der Dramaturgie, des Plots und der Figureninszenierungen, ausgehend vom bürgerlichem Trauerspiel, in der amerikanischen *Soap Opera* gebührende Aufmerksamkeit zu schenken. Letztere könnte dabei als moderne und populäre Nachfolgerin des klassischen Trauerspiels rezipiert werden. Im intermedialen Vergleich sollen Figuren-

---

2) Peter Szondi: *Die Theorie des bürgerlichen Trauerspiels im 18. Jahrhundert. Der Kaufmann, der Hausvater und der Hofmeister.* Herausgegeben von Gert Mattenklott. Mit einem Anhang über Molière von Wolfgang Fietkau. Frankfurt 1973, bes. 148-187. Peter Szondis literar-, stoff-, und gattungshistorische Berliner Vorlesung zum bürgerlichen Trauerspiel aus dem Jahr 1968 dokumentiert das Anliegen des allzu früh verstorbenen Germanisten und Komparatisten, Literatursoziologie mit einer Formgeschichte der Literatur in Verbindung zu bringen. Die Verknüpfung zwischen Formalismus und sozialgeschichtlicher Kontextualisierung (auch zur Aufschlüsselung der Wirkungsbedingungen von Literatur) wurde beinahe zeitgleich — sozusagen auf rezeptionsästhetischer Seite — bereits durch den Konstanzer Romanisten Hans Robert Jauß in seinem Vortrag *Literaturgeschichte als Provokation der Literaturwissenschaft* von 1967 als alternativer Vorschlag gegenüber einer rein werkimmanent oder orthodox marxistisch argumentierenden Literaturinterpretation ins Feld geführt. Die notwendige werk- und auch produktionsästhetische Kehrseite zur wirkungshistorischen Epistemologie kann durchaus mit dem Namen des vergleichenden Literaturwissenschaftlers Peter Szondi in Verbindung gebracht werden, welcher darüber hinaus auch immer die gesellschaftliche und kritische Funktion der Literatur betonte, auch hinsichtlich ihrer Funktion bezüglich der Konstituierung und Evolution moderner Subjektivität, so auch in seiner Vorlesung *Die Theorie des bürgerlichen Trauerspiels im 18. Jahrhundert*.

konstellationen, Konfliktpotentiale, Akt- und Episodeneinteilung über das viel beschworene Stichwort Cliffhanger genauer analysiert werden. Ebenso soll der Stellenwert der (groß-)bürgerlichen Familie als zentraler Handlungsträger im Spiel von Liebe, Intrige und Hiebe bzw. von *Sex and Crime* erörtert und vor dem Hintergrund dramen- und medientheoretischer Überlegungen und ihrer sozialhistorischen Kontextualisierung diskutiert werden.

Schließlich sollen die Folgen und Funktionen von Intrige und Klatsch in gesellschaftlichen Einheiten wie der Familie oder auch dem Freundeskreis[3] und schlussendlich deren formalästhetische bzw. rhetorische Inszenierung in Drama und Serie erkennbar werden. Daran anschließend könnten auch rezeptionstheoretische Vermutungen aufgestellt werden für den dauerhaften Erfolg von Trauerspiel, Familiendrama und ihrem modernen Korrelat als Straßenfeger: Der *Soap Opera*.

Für die Besprechung sind daher vorgesehen: Erstens: Als Hintergrundfolie Dramen von Lessing, Wagner und Schiller, sowie zweitens: Ausgewählte Sequenzen aus der Serie *Falcon Crest* und dem Film *In inniger Feindschaft* von Claude Farraldo (1989), welcher wiederum dramaturgisch stark an die Genres des bürgerlichen Trauerspiels und des filmischen Melodrams (Douglas Sirk etc.) anschließt, die ebenfalls mit den Modi von Sequenzialität und Serialität arbeiten. Zunähst aber soll der Stellenwert der Intrige in der Soap diskutiert werden.

Die Soap Opera als serielles Intrigen-Drama und seine verborgenen Qualitäten?

Die *Soap Opera* selbst wurde als eigenständiges Genre bisher selten unter dramaturgischen und ästhetischen Gesichtspunkten untersucht. Ein Großteil der Forschung (Geragthy, Luchting, Wiegand) interessierte sich eher für ein rezipientenspezifisches Verhalten gegenüber diesem Genre und versuchte sogar teilweise milieu- oder gar gendertheoretische Plausibilisierungen für den Erfolg bestimmter Serien, ihrer Handlungen und ihrer Figuren zu ermitteln.[4] Letzteres

---

3) Vgl. Jörg Bergmann: *Klatsch. Zur Sozialform der diskreten Indiskretion*. Berlin 1987; Gustave Adolf Pourroy: *Das Prinzip Intrige. Über die gesellschaftliche Funktion eines Übels*. Zürich 1986.

4) Hier sind zu nennen die Monographien von: Christine Geraghty: *Women and Soap Opera. A study of Prime Time Soaps*. Cambridge 1991; Anne-Kathrin Luchting: *Leidenschaft am Nachmittag. Eine Untersuchung zur Textualität und Intertextualität amerikanischer Seifenopern im deutschen Fernsehen und ihrer Fankultur*. München: Diss. 1995; Daniela Wiegand: *Die ‚Soap Opera' im Spiegel wissenschaftlicher Auseinandersetzung*. Marburg 1999. Trotz des intertextuellen Ansatzes der Arbeit von Luchting, bleibt diese vor allem an einer wirkungsästhetischen Epistemologie interessiert.

hätte durchaus auch interessante Analogien zu den Gattungen des bürgerlichen Trauerspiels, des Familienromans und auch des Fortsetzungs- oder Zeitungsromans ergeben können — gerade, wenn es um Popularität, emotionale Appellstrukturen und Identifikationspotentiale mit diversen Figuren gehen sollte —, aber dieser frühen Forschung wohnte mitunter noch ein kultur- und medienkritischer Impetus in der Gefolgschaft von Adornos und Horkheimers Medienschelte in der *Dialektik der Aufklärung* (1947) inne, also ein Impetus, welcher die Soap zu den schmutzigsten und abgefeimtesten Exponaten einer Kulturindustrie erklären wollte, denen die Wissenschaft mit aufklärerischer Ideologiekritik begegnen sollte. Dabei lässt sich über die Themen „Intrige" und „Familie" ein deutlicher Bezug zu den eben genannten Hochkulturen konstruieren.[5]
Verbunden werden soll der Zugriff mit der These, dass die dramaturgische Genese einer Intrige stark an das serielle Erzählen, welches sich sowohl im Drama als auch in der *Soap Opera* findet, gebunden ist. Ausgehend von den morphologischen und terminologischen Elementen des Intrigenmodells, wie sie Peter von Matt in seiner großen und vielbeachteten Monographie zur Intrige[6] zusammengestellt hat, lassen sich nämlich die unterschiedlichen Abläufe des Intrigenverlaufs mit den Verfahren des seriellen Erzählens in Verbindung bringen. So ist die Planung einer Intrige oft gegen Ende eines Aktes oder einer Episode eines bürgerlichen Trauerspiels oder einer Familienserie zu konstatieren. Die Spannungskurve und Erwartungshaltung bei der Rezipientengemeinde wird dadurch evoziert, dass sie nun auf die Auswirkungen der Intrige auf das sogenannte Intrigenopfer, die Zielperson des intriganten Plans zu warten hat. Das Ablaufmodell der Intrige, versuchsweise gekoppelt an das serielle Erzählen, fügt sich zum Beispiel aus der Notsituation einer spezifischen Person zusammen. Diese hat wiederum eine Zielphantasie, welche dann in einen konkreten Plan transformiert wird. Alle drei Komponenten werden vom sogenannten „Intrigensubjekt" getragen.[7] Daraus könnten sich quasi schon drei Aufzüge, drei Akte (beim Drama), drei Szenen oder auch drei Folgen (bei der *Soap Opera*) ergeben, nach der jeweiligen Tragweite und dem variierenden Umfang der Intrige.
Die *Soap Opera* der Achtziger Jahre selbst, mit ihren zumeist großbürgerlichen

---

5) Zumal der Themenkomplex bereits im Theater der Antike eine Rolle spielte. Vgl. Arnulf Dieterle: *Die Strukturelemente der Intrige in der griechisch-römischen Komödie*. Amsterdam 1980.
6) Peter von Matt: *Die Intrige. Theorie und Praxis der Hinterlist*. München 2013, dritte Auflage.
7) Ebd. S. 118.

Tycoon-Familien aus Denver oder San Francisco, ließe sich als eine Vermengung von bürgerlichem Trauerspiel, Fortsetzungsroman aber auch der höfischen Tragödie charakterisieren. Überspitzt könnte man sagen, wenn man an einem so interessanten Phänomen wie der Spatialisierung der Intrige arbeiten möchte: An die Stelle der spanischen, italienischen oder englischen Höfe tritt nun die großbürgerliche Villa im noblen Viertel oder in den malerischen Tälern der Weinberge, von denen aus die Patriarchen und Matriarchinnen ihre Imperien beherrschen und nicht von ungefähr an die aristokratische Figur des Großgrundbesitzers alteuropäischer Prägung erinnern.[8] Was Peter von Matt anhand der Parisromane Balzacs für die modernen Großstadt als Intrigenszenario festgemacht hat[9] und dort vor allem wirtschaftlich-pekuniäre Motivationen für das intrigante Handeln attestiert hat, gilt nur insofern für die Soap Opera, als dass auch ihre Akteure die typischen Kommunikationsstrategien (zum Beispiel Verstellung und Täuschung) der höfischen Gesellschaft bedient haben, jedoch ihre Interessen auch außerhalb des Wirtschaftsfaktors angelegt sein können. Während dem Adel die Intrige auch als Selbst- und Machterhalt und als Praxis der Distinktion diente, während Balzacs Schurkenfigur Vautrin stark kapitalistisch orientiert ist, sind die Clanmitglieder der Soap Opera vielseitiger interessiert. Die monetär ausgerichtete Intrigenhandlung kann sich durchaus vereinen mit der Erfüllung erotischer Begehrlichkeit und der Befriedigung von Rachegelüsten, sei es aus Stolz, Ehre oder einfach auch aus der reinen Freude an Bedürfnisbefriedigung, was ja Peter von Matt bekanntlich als *Intrigengenuss* bezeichnet, und von Friedrich Schlegel in den *Literarischen Notizen* (1797-1801) zum Kennzeichen einer sogenannten diabolischen Literatur gezählt wird. Auf diese Weise wird die Soap Opera vielschichtig, der Rezipient erhellt Einblicke in die Beweggründe der Aktanten innerhalb einer großen Familie und die Vielseitigkeit und Verwoben-

---

8) So entstammt der Gioberti-Clan in der aus neun Staffeln und 227 Folgen bestehenden Serie *Falcon Crest* aus der Toskana, stellt also eine der berühmten Einwandererfamilien dar, die es mit Fleiß, Ausdauer und Gemeinheit zu erheblichem Wohlstand gebracht haben und untereinander um ein Weingut kämpfen, welches auf vier Generationen zurückblicken kann. Obgleich an die Stelle des Adels tretend, wird hier — ähnlich wie beim bürgerlichen Trauerspiel — deutlich, wie sehr die großbürgerliche Familie auch auf dynastisches Bewusstsein setzt, um ein eigenes Selbstverständnis zu kultivieren und eine Praxis der Repräsentation zu vollziehen. Die Übernahme aristokratischer Verhaltensweisen durch das gehobene Bürgertum ist für das 19. Jahrhundert unter anderem durch Philippe Ariès und Georges Dubys *Geschichte des privaten Lebens* rekonstruiert und zu einem eigenen klassenbewussten Verfahren der Distinktion erklärt worden.
9) Vgl. Peter von Matt: *Ästhetik der Hinterlist. Zu Theorie und Praxis der Intrige in der Literatur.* München 2002, S. 44-47.

heit der unterschiedlichen Motivationen und Katalysatoren für Intrigen, und diese bieten wiederum genug Stoff für ausgedehnte Handlungsbögen und gesplittete Plotstrukturen, was das serielle Erzählen zum Teil erst möglich macht. Das wiederum verbindet eine Soap wie *Falcon Crest*[10] mit dem bürgerlichen

---

10) Diese Serie, unter anderem aus der Feder von Earl Hamner jr. (*The Waltons*) sowie unter der Regie von Reza Badiyi, der Firma Lorimar Productions bildete in den achtziger Jahren eine Art Dreiergespann mit *Dallas* und *Dynasty* (dt. *Der Denver-Clan*) und fesselte ganze Fernsehgemeinden an den Schirm. Die Mischung aus Wirtschaftskrimi, Familiendrama und Love Story war ausgesprochen erfolgreich. Ähnlich wie bei den anderen Serien, die in und um Texas bzw. Colorado spielten, war auch *Falcon Crest* typisch für die unendliche Ausdehnung familiärer und finanzieller Streitigkeiten über mehrere Generationen hinweg und bildete dabei ebenso eine triviale Umsetzung der Gattung des Familien- und Generationenromans unter den Bedingungen der Massenmedien und der Unterhaltung wie die Geschichten um die Öl-Dynastien Ewing und Carrington. Nur steht bei *Falcon Crest* die Situation italo-amerikanischer Einwanderer- und Weinbauernfamilien (Gioberti-Channing) im kalifornischen Nappa Valley bei San Francisco im Vordergrund, also der berühmtesten Weinbaugegend in den USA. Durch die Immigrantenthematik wird auch eine Verbindung zum alten Europa hergestellt. Der Mythos vom Einwanderer spielt dabei ebenso die Rolle wie der des *American Dream*, verbunden mit dem Konzept der traditionsreichen Dynastie, über welche die alternde Matriarchin Angela Channing-Gioberti (Jane Wyman) herrscht, die sich permanent im Kampf mit ihrem ungeliebten Neffen Chase Gioberti (Robert Foxworth) und ihrem vermeintlichen Stiefsohn und Chases Halbbruder Richard Channing (David Selby) um die Vorherrschaft des prächtigen Weinguts befindet, in den auch die übrigen Familienmitglieder und deren sämtliche Liebschaften miteinbezogen werden. Grund genug also für Regisseur und Drehbuchautor dieses Panorama als Ausgangsort für Intrigen, Machtkämpfe und letztendlich Beziehungskonflikte auszubauen, wie es eigentlich auch schon in den großen Familienepen Thomas Manns, John Galsworthys, Roger Martin du Gards, Tomasi de Lampedusas, Eca de Queiroz' oder Mario Puzos der Fall ist. Nur, während sich bei Thomas Manns *Buddenbrooks*, Lampedusas *Il Gattopardo* und deren Kollegen ein Beziehungsdrama oder eine geschäftliche Intrige, die ein ganzes Geschlecht zum Einsturz bringt, über hunderte von Seiten und im Laufe der Historie über mehrere Generationen langsam entwickelt, geschehen, dank der spezifischen Narratologie des Mediums Film, speziell in den auf viele Sensationen in möglichst kurzer Zeit ausgerichteten Fernsehserien, hunderte solcher Konflikte auf engem Raum und zwar meistens synchron und zeitgleich innerhalb eines Geschehens und bedingen sich mitunter sogar gegenseitig. Dabei bewirken sie mitunter sogar ein sich-Verlieren des Rezipienten in den Vermischungen der Auseinandersetzungen, betrieben von unzähligen Charakteren und mediokren Nebenfiguren auf den unterschiedlichsten Schauplätzen. Durch die hohe Anzahl und gleichzeitige inhaltlich-thematische Parallelität der Konflikte — vor allem im zwischenmenschlichen und intergeschlechtlichen Bereich — entstehen für den Zuschauer, wie so oft im trivialen Bereich, Identifikationsangebote. Letzteres rührt aber auch von einem Überleben tragischer Erzählsituationen innerhalb der Intrigen und Beziehungskonflikte in der Soap Opera, die sich trotz der inflationären Häufigkeit ihres Auftretens erhalten haben und menschliche Existentialien und ihrer gender-codierte lebenspraktisch bedingte Umsetzung erfahren. Eifersucht, Rivalität, Schmerz, Sehnsucht, Rachsucht, Betrug bestimmen die zwischenmenschlichen Auseinandersetzungen und damit auch das Leben des Gioberti-Channing-Clans und ihrer Freunde und Bekannten. Alte Rechnungen werden beglichen und dabei männliches und weibliches Verhalten mit bisweilen sehr traditionellen Geschlechter-Imaginationen in Szene gesetzt. Letzteres gilt es ebenso zu erfassen wie bei den literarischen Modellen, um dabei auch Analogien und Differenzen hinsichtlich ihrer (medial und gattungs-, bzw. genretechnisch bedingten) Umsetzung zu erarbeiten.

Trauerspiel aber auch einigen Historiendramen des 18. und 19. Jahrhunderts. Unter Einbezug von Friedrich Schillers *Maria Stuart* soll — in Form eines ersten Zugriffs — auf eine wesentliche Figurenkonstellation und ein kardinales Handlungselement innerhalb von Soap Opera und Drama hingewiesen werden, um einen ersten Anhaltspunkt für Vergleiche zu finden. Sie erfahren ihre Kulmination im sogenannten „Catfight". Die Gegenüberstellung rivalisierender Frauen, sei es im verbalen Gefecht oder auch in tätigen Auseinandersetzungen, prägen die Soap Opera der achtziger Jahre zur Genüge. Man denke nur an die Schlägereien zwischen Alexia Carrington und ihrer Intimfeindin Krystle in *Dynasty*, die rüde genug waren, um die Schauspielerinnen teilweise durch Doubles ersetzen zu müssen.

Zickenkriege in Friedrich Schillers *Maria Stuart* (1801) und im Napa Valley

Der sogenannte *Catfight*, oder auch Zickenkrieg, gehört bekanntlich zu den beliebtesten und häufigsten Auseinandersetzungen zwischen zwei (weiblichen) Figuren innerhalb einer Soap Opera. Er wird sowohl verbal als auch körperlich ausgetragen und hat nur ein Ziel: Schmähung auf Schmähung bzw. Verletzung auf Verletzung zu häufen und damit den Gegner zu übertreffen, zu überbieten. Das hat in der Kultur- und Mediengeschichte eine lange Tradition, vor allem weil deren kardinale Artefakte sich auch immer darum bemüht haben, über den Frauenkampf spezifische Weiblichkeitsimaginationen zu erzeugen, zu propagieren und zu verbreiten. Aber auch unterschiedliche Vorstellungen von Weiblichkeit können im Disput zweier Frauen aufeinandertreffen, im sogenannten *Catfight*.
In Friedrich Schillers Historiendrama *Maria Stuart* von 1801[11] sind es die Königinnen von England und Schottland, ein wenig klischeehaft, aber dafür um-

---

11) Vgl. als Textausgabe: Friedrich Schiller: „Maria Stuart", in: Ders.: *Sämtliche Werke in fünf Bänden*. Auf der Grundlage der Textedition von Herbert G. Göpfert herausgegeben von Peter-André Alt, Albert Meier und Wolfgang Riedel, München/Wien 2004, Band II, S. 549-686. Der eigentliche Disput zwischen den beiden Königinnen im Park von Fotheringhayschloß findet sich im vierten Auftritt des Dritten Akts, also auf S. 621-630 der benutzten Ausgabe. Zitate werden mit Seiten- und Versangaben in Klammern im obigen Haupttext belegt. Vgl. als eine erste Gesamtinterpretation den lesenswerten Artikel von Gert Vonhoff: „Maria Stuart. Trauerspiel in fünf Aufzügen (1801)." In: Matthias Luserke-Jaqui (Hg.): *Schiller-Handbuch. Leben – Werk – Wirkung*. Stuttgart 2005, S. 153-168. Vgl. auch: Reinhard Leipert: *Friedrich Schiller: Maria Stuart. Interpretationen*. München 2000, und als ältere Interpretation: Adolf Beck: „Schiller: Maria Stuart." In: Benno von Wiese (Hg.): *Das deutsche Drama*. Düsseldorf 1968, Band 1, S. 305-321.

so wirkungsvoller unterteilt, in die von der Staatsräson gelenkte Regentin Elisabeth Tudor und die dem erotischen Begehren nicht abgeneigte Konkurrentin Maria Stuart. Vielleicht repräsentieren beide auch den für Schillers Dramen, Ethik und Anthropologie so typischen Konflikt von Neigung und Pflicht. Doch bevor die Motivationen für den klassischen Zickenkrieg ermittelt werden können, gilt es zunächst den Stellenwert des Frauenstreits in der Literaturgeschichte unter verschiedenen dramaturgischen, ästhetischen, inszenatorischen und geschlechtertheoretischen Gesichtspunkten zu erörtern, und zwar im Drama und in der *Soap Opera* als seiner trivial-modernen Äquivalenz. Wichtig ist in beiden Medien der Stellenwert der Macht, den beide Frauenkonstellationen repräsentieren. Politische Macht im Drama, finanzielle Macht in der Serie, verbunden mit Gier, Eifersucht und Hass auf das vermeintliche Glück und die Ansprüche des Gegenübers. Da derlei auch mit erotischen und amourösen Begebenheiten verknüpft wird, erhöht sich die Möglichkeit zur persönlichen Demütigung des Gegenübers.

Ebenso ist eine gewisse Vertrautheit mit den Stärken und vor allem Schwächen der jeweiligen Gegnerin zu konstatieren, die geschickt für die Argumentation und das sich gegenseitige Hochschaukeln von Anwürfen und Vorwürfen genutzt werden kann, die nur ein Ziel kennen: Verletzung über das Wort. Hervorgerufen wird — vor allem in der *Soap Opera* — der Streit zwischen den beiden Matriarchinnen durch die Ansicht, aufgrund der Schuld der Gegnerin (mit der auch noch verwandtschaftliche Beziehungen bestehen) im Leben und in der Liebe zu kurz gekommen zu sein.

In Schillers Theaterstück steht zwar der Primat der Politik und des jeweiligen Herrschaftsanspruchs der beiden Königinnen im Zentrum des Dialogs im Park von Fotheringhay, aber der Autor ist (wie eigentlich auch schon Shakespeare mit seinen großen Königsdramen) Anthropologe genug, um die politischen Differenzen zwischen Elisabeth und Maria nur als Facetten einer persönlichen und fraulichen Abneigung, eines tieferen emotionalen Konfliktes miteinander, erscheinen zu lassen. Die Politik ist bei den beiden — ebenfalls durch familiäre Verhältnisse miteinander verbundenen — Frauen nur eine Ausdrucksmöglichkeit tieferer Disparitäten. Da aber beide Frauen auch Herrscherinnen sind, kann der *Catfight* von einer simplen Streiterei auf eine höhere Ebene verlagert werden. Er kann quasi abstrahiert werden, was beispielsweise auch durch den Krieg zwischen zwei Herrscherhäusern vollzogen werden kann. Die hegemonialen

Ansprüche zweier Cousins, zum Beispiel in Shakespeares Darstellung der sogenannten Rosenkriege in *Richard III*, sind nur die Vehikel einer Familienfehde und einer persönlichen Auseinandersetzung. Man kämpft mit den Mitteln, die man hat. Und da zwei Herrscher über mehr verfügen, als über ein Paar Fäuste, können sie auch mehr und vor allem andere Mittel einsetzen, was sich bis zum Mythos vom Trojanischen Krieg zurückverfolgen ließe, der ja auch aufgrund der Liebe zur schönen Helena zwischen Menelaos und Paris geführt wurde.
Auch bei den Streitereien zwischen Elisabeth von England und Maria von Schottland, wie auch bei der in *Falcon Crest* stattfindenden Fehde zwischen Angela Channing und ihrer ehemaligen Schwägerin Jacqueline Perrault in der Episode „Family Reunion" (S1.12), weicht die zunächst sachliche und Politik affine Argumentation schnell persönlichen Verletzungen, die ersteres dann nur noch als Mittel zum Zweck erscheinen lassen, als die entscheidende Waffe. Dies entspricht auch der bei Schiller beliebten dialektischen Verzahnung von Kabale und Liebe bzw. von Liebe und Intrige. Beides bedingt und benutzt sich gegenseitig. Hier ist die Vermengung von Emotion, Konkurrenz und Macht, die zudem allesamt mit historischen Vorstellungen von Weiblichkeit in Bezug gesetzt werden. Im Gegensatz zu Schillers Drama kommt in der *Soap Opera Falcon Crest* die Tatsache hinzu, dass beide Kontrahentinnen ältere Damen sind, dass sie also ihre amourösen Beziehungen bereits hinter sich gelassen haben und ihren Streit vor allem aus ihren Erinnerungen kultivieren.[12] Das ist ein beliebtes Thema bei einem sogenannten „Senior Cat Fight", welcher auf körperliche Gewalt weitgehend verzichtet. Die gezielt gesetzte Pointe ist hier das Medium der Verletzung. Davon leben die zur Diskussion stehenden Dialoge in Schillers *Maria Stuart*, aber auch in der Episode „Family Reunion" der Serie *Falcon Crest*.

---

12) Andere berühmte *Catfights* bzw. Zickenkriege innerhalb der Literaturgeschichte wären unter anderem der Streit zwischen Kriemhild und Brunhild vor dem Portal des Wormser Doms im *Nibelungenlied* oder die tödlich endende Auseinandersetzung zwischen der Gotenkönigin Gothelindis und ihrer Vorgängerin Amalaswintha (der Tochter Theoderichs des Großen) in Felix Dahns megalomanen Historienroman *Der Kampf um Rom*, welche auf eine seit der Kindheit bestehende Rivalität zurückgeht. Vor allem die von Hass erfüllten Worte, der sich an der Todesangst ihrer Konkurrentin weidenden und zuvor stets gedemütigten Gothelindis sind bezeichnend für die Rhetorik des *Catfights* und die Beeinflussung der Gegenwart durch vergangene Ereignisse, die das Leben der Kombattantinnen völlig determinieren. Behandelt habe ich das — unter der Vorgabe einer verlogenen Gastlichkeit als Modus von Täuschung und Feindschaft — in dem Essay: Torsten Voß: „Das Gastmahl und die Rezepte der Rache. Inszenierungsformen eines Missbrauchs des Gastrechts bei Seneca, Shakespeare und Felix Dahn." In: Peter Friedrich/Rolf Parr (Hgg.): *Der Gast in der Moderne. Typen und Formen erzählter Gastlichkeit*. Tübingen 2009, S. 215-237.

Zusätzlich sind — neben den Verbalinjurien und der Streitrhetorik — auch die geographischen und vestimentären Modalitäten zu inkludieren. Ortschaften, Interieur und Kleidung spielen auch eine zentrale Rolle.
So ist es kein Zufall, dass Regisseur und Drehbuchautor der Episode „Family Reunion" die beiden Disputantinnen Angela und Jacqueline in einer parkähnlichen Landschaft nach dreißig Jahren wieder aufeinandertreffen lassen. Hier ist es der Familienfriedhof des Gioberti-Clans und genauer gesagt das Grab von Ex-Gatte (ad Jacqueline) und Bruder (ad Angela) Jason Gioberti. Auf diese Weise wird der Einfluss einer (schmerzhaften) Vergangenheit auf das gegenwärtige Geschehen nicht nur verbal, sondern auch geographisch bzw. symbolisch vollzogen. Außerdem erinnert diese Outdoor-Szene auch stark an die Auseinandersetzung zwischen Elisabeth und Maria in Park von Fotheringhay. Bei Schiller stehen auf den ersten Blick die Thronansprüche im Fokus. Trotz aller Staatsräson und anerzogener aristokratischer Contenance ist jedoch das Gespräch zwischen der englischen Königin und der inhaftierten Maria letztendlich doch nicht von Sachlichkeit geprägt, sondern bedient gerade im performativen Vollzug einer Streitkultur disparate Vorstellungen von Weiblichkeit, ähnlich wie später auch in *Falcon Crest*.
Angela Channing und Elisabeth von England treten als die unermüdlichen Arbeiterinnen auf, die nur für ihre Güter leben. Maria Stuart und Jacqueline bergen auch das verführerische Element in sich. Beide lassen sich mit Männern ein, denen sich auch ihre Gegnerinnen verbunden fühlten und führen damit eine Demütigung eben dieser durch. Letztendlich liegt aber der Erfolg eines *Catfights* in der perfekten Handhabung der Argumente, also im Beherrschen einer Rhetorik, welche das Gegenüber quasi überbietet. Die Konfrontation mit vergangenen Ereignissen oder plötzlich präsentiertem Herrschaftswissen, also der Offenbarung eines Wissensvorsprungs im Sinne der auch von Peter von Matt referierten *Anagnórisis*, leistet dazu einen wesentlichen Beitrag. Zusätzlich lässt die Farbgrammatik der Kleidung Jacqueline in ihrem Weiß als vermeintliche Unschuld, mehr aber als große Dame von Welt erscheinen, während die rotgewandete Angela in *Falcon Crest* als blutige Rächerin auftritt, die aber mit der Farbe des Blutes auch an die Dynastie der Giobertis erinnern soll, von welcher die eingeheiratete Jacqueline Perrault exkludiert ist. Beide Kontrahentinnen wollen eigentlich nicht miteinander sprechen, da zu viel an Vergangenheit zu bewältigen ist. Ganz ähnlich scheuen auch Elisabeth und Maria

zunächst die Begegnung miteinander im Park von Fotheringhay, bevor sie in den eigentlichen Disput doch noch einsteigen. So konstatiert Elisabeth ihre Gegnerin als *Eine Stolze, die vom Unglück keineswegs geschmiedigt* ist (S. 622, Vs. 2444-2445).
Dieser Eindruck antizipiert bereits den Ausgang dieser ersten Konfrontation, welcher Maria zunächst als triumphale Siegerin über Elisabeth erscheinen lässt. Ähnlich schafft es auch Jacqueline Angela von der familiären Tafel zu verscheuchen, was jedoch nur die Ursache für weitere Auseinandersetzungen bietet, da keine der Parteien aufhören kann. Vor allem stellt der erste Eindruck Elisabeth über Maria einen Widerspruch zu ihrer Erwartungshaltung da. Sie hat mit einer im Gram gebeugten Inhaftierten gerechnet und fühlt sich bereits vor Anbeginn des Dialogs allein durch Marias Auftreten provoziert. Ganz ähnlich wird es Angela Channing ergehen, als sie ihre Rivalin und einstige Schwägerin Jacqueline auf dem Familienfriedhof der Giobertis antrifft, noch dazu am Grabe von Angelas Bruder, Jacquelines Ex-Gatten Jason. Beide Frauen machen sich auch gegenseitig für dessen Verfall und Tod verantwortlich, so dass auch hier ein privater Konflikt die Ursache für spätere geschäftliche Differenzen darstellt.
In Schillers Drama setzt sich der Dialog auf folgende Weise fort: Nach einer explikativen Darstellung der politischen Verhältnisse und des Grundes für Marias Festsetzung in Schloss Fotheringhay — sie plante ein Attentat auf Königin Elisabeth — werden vom Autor relativ rasch erotisch-amouröse Begehrlichkeiten und Rivalitäten als eigentlicher Motivationsfaktor dekuvriert. Elisabeth brandmarkt Maria als eine männermordende *Femme Fatale*, die ihren Trieben verpflichtet ist. Ihre Schönheit erfüllt sie mit Neid und Verachtung (Vgl. S. 626f., Vs. 2403-2411; S. 627, Vs. 2414-2417). Die Ursache für Elisabeths Argwohn findet sich in ihrem auch politischen Kalkül der Jungfräulichkeit, welches sie im zweiten Aufzug des zweiten Akts erläutert und damit ihren eigenen inneren Kampf, die berühmte Schiller'sche Auseinandersetzung zwischen Neigung und Pflicht abstrahiert (Vgl. S. 587, Vs. 1155-1184).
Auch Angela Channing hat — im Gegensatz zu Jaqueline Perrault — auf ein Leben in Glamour, angefüllt mit leidenschaftlichen Amourösitäten, verzichtet, zu Gunsten der Bewirtschaftung des Weinguts Falcon Crest. Bei Elisabeth ist es England, während Maria durchaus die erotische Verfallenheit Mortimers ihr gegenüber zu nutzen versteht. Genau dieses Spiel mit der Macht des Eros macht auch Elisabeth der Lady Stuart zum Vorwurf, wenn sie diese höhnisch fragt: *Will*

kein Abenteurer / Für Euch die traurge Ritterschaft mehr wagen? / – Ja, es ist aus, Lady Maria. Ihr verführt / Mir keinen mehr. Die Welt hat andre Sorgen. / Es lüstet keinen, Euer – vierter Mann / Zu werden, denn Ihr tötet Eure Freier / Wie Eure Männer (S. 6236f., Vs. 2404-2411).

Der edle Minnedienst wird auf diese Weise zum Meuchelmord degradiert und Maria wird als ihres erotischen Verführungspotentials enthoben bzw. verlustig gegangen dargestellt. Doch auch sie greift unterhalb der Gürtellinie an, indem sie Elisabeths Herkunft in Zweifel zieht und mit dem Makel des Bastards desklassifiziert, ihr also damit die Herrscherwürde abspricht. Letzteres wird von ihrer Umgebung ihr als Triumph zugestanden. Der Zickenkrieg ruft also durchaus auch Reaktionen hervor. Die unmittelbaren Untergebenen können auf diese Weise auch den Eindruck des Publikums angesichts eines solchen Schlagabtauschs widerspiegeln, wie es teilweise auch die Familienmitglieder der Giobertis bei *Falcon Crest* tun, einer Serie, die auch noch in späteren Staffeln und Episoden sich des — aus dem klassischen Drama und dem bürgerlichen Trauerspiel entstammenden — mehr oder weniger spektakulären *Catfights* bedient, welcher insofern den Schemata der Intrigen (im Sinne Peter von Matts) nicht ganz unähnlich ist, da er auch mit den Modi der *Anagnórisis* arbeitet, der Bloßlegung von Herrschaftswissen als Akt der Demütigung und der Verletzung im Wettstreit. Für einen Vergleich der beiden Medialisierungsformen der Intrige existieren jedoch noch weitere Möglichkeiten, die im Folgenden ausgeführt werden sollen.

Soap Opera und klassisches Drama — Menschenstudien — Menschentheater?
Dank einer zunehmenden Anthropologisierung der Literatur, unter anderem durch Schiller, war es nun möglich, jenseits von rein moralisierenden und metaphysischen Kriterien, Figuren, deren Herkunft und Genese und deren Beweggründe genauer zu durchleuchten, was auch das Intrigenmotiv vielschichtiger mache als in simplen Schwarz-Weiß-Färbereien. Genauer erläutert wird es von einem seiner Meister, dem Hofsekretär Wurm in Friedrich Schillers *Kabale und Liebe* in der ersten Szene des dritten Akts, als er den Präsidenten von Walter gegen dessen Sohn, Major Ferdinand, aufhetzt: *Sie sagen mir, der Herr Major habe immer den Kopf zu ihrer Regierung geschüttelt. Ich glaubs. Die Grundsätze, die er aus Akademien hierher brachte, wollten mir gleich nicht mehr einleuchten. Was sollten auch die phantastischen Träumereien von Seelengröße*

und persönlichem Adel an einem Hof, wo die größte Weisheit diejenige ist, im rechten Tempo, auf eine geschickte Art, groß und klein zu sein. [...] Einen solchen Charakter — erlauben Sie — hätte man entweder nie zum Vertrauten, oder niemals zum Feind machen sollen. Er verabscheut das Mittel, wodurch sie gestiegen sind. Vielleicht war es bis jetzt nur der Sohn, der die Zunge des Verräters band.[13]

Dieser Monolog erfüllt drei Funktionen des Intriganten, wie sie sich später auch noch in den Fernsehserien aufspüren lassen: Zum Einen erläutert er Intrige und Verstellung als höfische und notwendige Verhaltenspraktiken unter dem Vorzeichen der Taktik. In der *Soap Opera* wird es die auf die neuen Mächtigen transformierte Überlebensstrategie der großbürgerlichen Herrenhäuser oder Unternehmen sein. Zum anderen dient er der Selbstcharakterisierung des Sekretärs Wurm als Vertreter dieser Lehren. Desweiteren soll sie den Sohn und Major in ein schlechteres Licht rücken und als einem dem Hofleben entfremdeten Schwärmer diskreditieren. Außerdem wird Wurm hier sowohl als kühler Taktiker aber zugleich als ein vom eigenen intriganten Spieltrieb fasziniertet Typ deutlich gemacht, was erneut Schillers sozial-anthropologische Motivationen bestätigt.[14]

Der Machiavellismus, bekannt als einer der wesentlichen Anwendungsmöglichkeiten und Entfaltungsformen für Intrigen als sogenannte höfische Praxis bzw. Verhaltenslehre, paarte sich nun mit Begehren, mit Liebe, mit Hass, mit Gier, mit Hoffnungen und Enttäuschungen, mit Gefühlen und auch der Entwicklung von Menschen, woraus sich wiederum strukturelle und narrative Aspekte für das serielle Erzählen gewinnen lassen. Peter von Matt bemüht in diesem Zusammenhang Begriffe, wenn er schreibt: „Zu den charakteristischen seelischen Erfahrungen des Intriganten gehören die Intrigengeduld und der Intrigengenuß."[15] Die Intrigengeduld ist geradezu ein perfekter Modus für serielles Erzählen in Drama

---

13) Friedrich Schiller: „Kabale und Liebe." In: Ders.: *Sämtliche Werke in fünf Bänden*. Auf der Grundlage der Textedition von Herbert G. Göpfert herausgegeben von Peter-André Alt, Albert Meier und Wolfgang Riedel. München 2004, Band 1, S. 755-858, hier S. 799.
14) Des Präsidenten Hilflosigkeit gegenüber und zugleich Abhängigkeit vom Einfluss Wurms wird von diesem sogar hellsichtig erkannt, wenn er antwortet: „Wurm — Wurm – Er führt mich da vor einen entsetzlichen Abgrund." Schiller: a.a.O., S. 799. Konsequenzen werden daraus jedoch nicht gezogen und der Souverän vertraut sich — vollkommen unsouverän — der Führung durch den Sekretär an und wird dadurch zum Vehikel der Intrigen.
15) Peter von Matt: *Die Intrige. Theorie und Praxis der Hinterlist*. München 2013, dritte Auflage. S. 119.

und *Soap*, da er an Entwicklung gebunden ist, bzw. das Intrigensubjekt dazu zwingt, eben diese Entwicklung nicht nur in Gang zu setzen, sondern auch ihre einzelnen Schritte abzuwarten, zu kontrollieren und geduldig auf ein Ziel hin zu steuern. Der Intrigengenuss ist dagegen nicht nur an die Handlungsevolution oder Plotgenese, sondern an die Psyche und das Verhalten des Intriganten selbst gebunden, der gegenüber dem Intrigenopfer über einen Wissensvorsprung verfügt, welcher innerhalb des Figurenarrangements ein Machtpotential impliziert, synchron aber eben auch weiteren Stoff für die Entwicklung narrativer Stränge bedeutet. Die Freude an der eigenen Geschicklichkeit und Intelligenz, das Streben nach einem Erfolg und der Genuss der eigenen Dämonologie und den des Planes, was nach Friedrich Schlegel eben auch zu den Charakteristika romantischer Literatur im Sinne einer diabolischen Literatur gehört, würden sich hier nennen lassen und der Durchdringung von Charakteren wie Shakespeares Jago, Lessings Marinello, Schillers Wurm oder auch Earl Hamners Angela Channing aus dem Achtziger Jahre-Renner *Falcon Crest* dienen. Auch letzteres bietet bekanntlich genug Stoff für fünf Akte eines Dramas und auch für 227 Episoden einer Serie, um damit auf das filmische Applikationsbeispiel sprechen zu kommen, nämlich *Falcon Crest*.

Dabei und auch bei dem anderen Filmbeispiel, der am Drama orientierten Literaturverfilmung *Champs clos – In inniger Feindschaft* von Claude Farraldo (1990) nach dem gleichnamigen Roman des französischen Kriminalautorenduos Boileau-Narcejac[16], wird jedoch die serielle Erzählstruktur mit einem großen Begriff der von Mattschen Intrigentheorie brechen bzw. diese ein wenig erweitern müssen, nämlich den der *Anagnórisis*, also der großen Aufdeckung der Intrige und der Entlarvung ihres Planers am Ende einer Tragödie. Letzteres impliziert ein noch stark auf eine absolute Finalität hin ausgerichtetes Erzählmodell, was unter den Gesetzmäßigkeiten der modernen und mehrgleisigen Narration, gerade bei den vielfältigen Figuren einer *Soap Opera* und ihren zahlreichen Verstrickungen in Nebenstränge der Handlung nicht mehr vollständig gegeben ist. Um wirken zu können, gibt es nicht mehr die eine *Anagnórisis*, sondern zahlreiche, die mitunter nicht nur die Entlarvung des Intriganten evozieren. Von Szene zu Szene, von Episode zu Episode ist vielmehr zu konstatieren: Die Enthüllung einer Information wird oft vom Intriganten selbst

---

16) Vgl. Boileau-Narcejac: *In inniger Feindschaft*. Reinbek 1985.

betrieben, um geradezu pointenhaft das Gegenüber zu überraschen und ihm mit diesem Modus der faktischen Plötzlichkeit schaden zu können, was sich bei den zahlreichen Dialogen dieser Genres sogar zu einem Ping-Pong-Spiel entwickeln könnte. Auch Peter von Matt erkennt für das moderne Erzählen bei Max Frisch und anderen Autoren: „Während sonst die Intrige auf den einmaligen Moment der Wahrheit ausgerichtet ist, zusammen mit der Zuschauererwartung, der Spannung im handfesten Sinn, ereignet sich [...] der einmalige Moment immer wieder. Gemäß dem grundsätzlich erkenntnisstiftenden Charakter der *Anagnórisis* aber verläuft auch hier keine Variante ohne die Manifestation einer Wahrheit."[17] Hier muss zweierlei ergänzt werden: Erstens ist die Stiftung von Erkenntnissen durch das Intrigensubjekt gegenüber dem Intrigenopfer selten von Vorteilen für Letzteres. Sein Wissen hilft ihm oft nicht weiter. Zweitens offerieren die großen Machiavellisten der *Soap Operas* mitunter nur die halbe Wahrheit und behalten den Rest (Mitunter für den gesamten weiteren Serienverlauf) teilweise sardonisch lächelnd für sich, was wiederum die Möglichkeit zur Gestaltung von *Cliffhangern* bietet. Mit anderen Worten: Die Information wird zurückgehalten, das Thema wird nicht mehr diskutiert. Intrigensubjekt und Zuschauer werden zu Komplizen aufgrund des dem Intrigenopfers nur teilweise dargebotenen Wissens. So verhält es sich auch bei der ersten zu besprechenden Filmszene aus der Primetime-*Soap Falcon Crest*. Sie stammt aus der elften Folge der ersten von neun Staffeln und trägt in der deutschen Fassung den Titel „Liebe und Geld" (S1.11).

Nachdem Angelas Neffe Chase Gioberti wesentliche deprimierende Details über das Leben seines verstorbenen Vaters Jason erfahren hat, bittet er seine Tante und Konkurrentin um das prachtvolle Weingut um Aufklärung. Im Bewusstsein des Wissensvorsprungs und der vernichtenden Auswirkung von dessen — zumindest teilweiser — Entblößung bzw. *Anagnórisis*, spielt sie Chase ein Tonbanddokument ihres verstorbenen Bruders, seines Vaters vor, in welchem dieser seine lang gehütete Meinung über seinen Sohn darlegt, welcher ihn vor vielen Jahren verlassen hat, um Offizier bei der Air Force zu werden.

Das Tonband ist hier das Medium zur Vergangenheit, die jedoch von der Intrigantin Angela durch den Vorenthalt finaler Informationen bewusst verfälscht wird, um beim ungeliebten Neffen den falschen Eindruck zu hinterlassen, sein

---

17) Von Matt a.a.O.: 125.

Vater habe ihn gehasst und verflucht, und ihn dadurch als Konkurrenten psychisch zu beeinflussen. Verbunden wird diese Halbwahrheit mit der Aussicht auf weitere Intrigen, die von möglichen Informationen Angelas über Chases Ehefrau Maggie herrühren. In diesem Zusammenhang finden sich nun Anknüpfungspunkte sowohl für Elemente des bürgerlichen Trauerspiels als auch für Möglichkeiten des seriellen Erzählens und der Konstruktion von Spannungs- und Erwartungshorizonten auf der Rezipientenebene. Die Fragen, die sich ergeben, sind nun: Wie reagiert Chase Gioberti auf die Informationen? Wie beeinflussen sie sein weiteres Handeln im Kampf um das Weingut? Wird eine Möglichkeit bestehen, um doch noch an die von Angela vorenthaltenen Informationen zu kommen? Was plant Angela wiederum mit Chases Gattin Maggie? Wie wird diese zum Bestandteil weiterer Intrigen? Gibt es eine defensive Strategie durch Chase?

Mit diesen Fragen wird ein klassischer *Cliffhanger* gebildet. Ein *Cliffhanger*, der genug Varianten und Handlungsoptionen für spätere Episoden liefert und zugleich den Rezipienten selber Postulate konstruieren lässt. Die Dramaturgie der Szene, sowohl für Chases Person als auch für den fortzusetzenden Generationenkonflikt mit seiner habgierigen Tante, wird durch bestimmte formale Merkmale emphatisiert. Die tragisch anmutende Orchestralmusik im Hintergrund ist hier ebenso zu nennen, wie die massive und ihren Traditionalismus und matriachiale Macht symbolisierende Eichenholzschiebetür von Angelas Büro, durch die der erschütterte Chase kopfschüttelnd — als Ausdrucksform seiner Irritation verwendet — schreitet, sie dann aber zuschiebt und eine selbstzufriedene (vom Intrigengenuss dominierte) Angela zurücklässt, die immer noch — als Kennzeichen des Intrigensubjekts — über Wissensvorsprünge gegenüber dem Intrigenopfer verfügt. Das Tonband enthält nämlich auch eine Revidierung der Hasstiraden des Vaters durch eben diesen selbst, nur wird Chase womöglich davon nie etwas erfahren. Die *Anagnórisis* war nur unvollständig und lässt auf weitere Entwicklungen hoffen, obgleich das Öffnen und Zuschieben der schweren Tür auch einen gewissen Finalitätscharakter mit sich bringt und zu suggerieren scheint: Die Fronten sind geklärt! Wir sind Feinde! Dafür gibt es eine formale, dramaturgische und funktionale Äquivalenz in Farraldos Literaturadaption von 1990.

In dieser Boileau-Narcejac-Verfilmung des Romans *Champs clos* treffen Inge Meysel und Micheline Presle in der Rolle der Mayeul-Schwestern Julie und

Gloria aufeinander. Beide waren einst große Virtuosinnen klassischer Musik, verteilt auf Klavier und Geige. Großes aber vergessenes Talent bei Julie und rauschender Erfolg bei Gloria haben beide Frauen im Alter hart und verbittert werden lassen. Vorwürfe, Intrigen und verletzende Enthüllungen, also negative *Anagnórisis* beherrschen die Beziehung der beiden Schwestern, ganz ähnlich wie in Robert Aldrichs Klassiker *What Ever Happened to Baby Jane?* (1962) mit Bette Davis und Joan Crawford.[18]

Im Falle der Mayeul-Schwestern ist es die Erinnerung an einen gemeinsamen Geliebten, der als französischer Offizier um 1917 vor Verdun fiel. Auch hier spielt — ähnlich wie bei *Falcon Crest* — wieder ein Aufzeichnungsmedium eine Rolle. War es bei Angelas Intrige akustisch-technischer Natur, ist es bei Farraldo ein Liebesbrief, wodurch die Intrige auch noch mit den Medialisierungsformen von Intimität verknüpft wird und dadurch umso destruktiver ausfällt. Der diskutierte Brief wird zum Medium der Manipulation.

Die Enthüllung von jahrzehntelanger Täuschung Julies durch Gloria — beide haben die Neunzig inzwischen hinter sich gelassen und lassen in ihrem späten Hass das Feuer einstiger Rivalinnen wieder aufblühen — schafft eine erste Klimax im dramaturgischen Gefüge, verursacht dadurch einen *Cliffhanger* bzw. das Ende eines Aktes, denn sowohl der Roman als auch der melodramatische Film orientierten sich an der Akteinteilung des klassischen Dramas. Nach der ersten Klimax erfolgt die Reaktion Julies, welche in die Katastrophe ihrer Schwester Gloria führt. Entsetzlich allein gelassen mit ihrem neuen Wissen über ihren von Gloria verführten Geliebten, verflucht sie die ältere Schwester — in beinahe Shakespeareschen Ausmaßen — und es erfolgt eine Abblende. Der nächste Akt kann beginnen, und bei einer *Soap Opera* wäre es die folgende Episode.

Folgen der Intrige, der *Anagnórisis* und die Reaktion auf beides werden Teil der Fortsetzung. Nun könnte man die These aufstellen, derlei Entwicklungen sind an

---

18) Nach dem gleichnamigen Roman von Henry Farrell aus dem Jahr 1960, verdeutlicht auch dieser Film die These von Jörg Bergmann und Gustave Pourroy, dass Intrigen und Klatsch auch die Funktion oder zumindest die Wirkung haben, soziale Systeme und gesellschaftliche Ordnungen durch die den Intrigen inhärenten kommunikativen Parameter zu stabilisieren. Solange die Intrige einer Gegenintrige als Katalysator dient, bleiben kommunikative Strukturen erhalten, auch wenn sie im permanenten Antagonismus erstarren. Auf jeden Fall bewirkt die Stabilisierung der Sozialgemeinschaft auf einer formalen und narrativen Ebene auch den Erhalt und den Fortgang der Serie. Die soziale Einheit und das mediale Narrativ entsprechen einander, verhalten sich untereinander funktional äquivalent. Kurz gesagt: Die Familie wird zum Narrativ!

ein relativ lineares und konventionelles Erzählen gebunden und die Intrige sei ein altertümlicher Plot, womit auch schon von Matt seine Monographie einleitete, als er darauf verwies, dass das Intrigenthema lange Zeit von einer poststrukturalistischen Literaturwissenschaft ausgeblendet wurde. Dabei bricht auch die von der Intrige dominierte *Soap Opera* in zahlreiche Handlungsstränge auf, die sich teilweise untereinander rhizomartig (Deleuze/Guattari) verästeln und sich gegenseitig beeinflussen und vom Zuschauer eine erhöhte Aufmerksamkeit fordern, um in ihrer Ursache, ihrer Wirkung oder ganz einfach in ihrem Verlauf wahrgenommen werden zu können. Das differenziert die *Soap* wiederum stark vom Drama oder vom Roman à la Boileau-Narcejac.

Während bei den zuletzt genannten Gattungen sich eine Intrige innerhalb von fünf Akten bis zur Katastrophe entwickelt, finden sich bei so mancher *Soap Opera* innerhalb einer einzelnen Episode von 45 Minuten, überspitzt gesagt, 45 Intrigen, die alle zusammen parallel verlaufende Handlungsstränge einleiten, welche nicht immer aufgelöst werden oder Konsequenzen ergeben, sei es aus Faulheit oder Ignoranz von Drehbuchautoren und Produzenten, sei es aus Versehen, sei es aus einer plötzlich auftauchenden Irrelevanz eines Plotsegments für den weiteren Verlauf des *Soap*-Dramas. Somit konvergieren die Intrigen- und Familiensujets mit dem seriellen Erzählen, bereiten aber teilweise auch schon eine postdramatische Ästhetik der Unüberschaubarkeit, Unzuverlässigkeit und seriellen Synchronizität vor, wie sie in späteren Medienexponaten Legion werden sollen.

Dass die Seifenoper und das bürgerliche Trauerspiel des 18. Jahrhunderts Parallelen aufweisen, ist nicht nur anhand von Plotstrukturen, Motiven und Figurenkonstellationen zu verdeutlichen, sondern auch unter Hinzunahme des Umgangs der Kritik mit diesen Genres. Ich komme in diesem Zusammenhang noch einmal abschließend auf Peter Szondis Vorlesungen zum bürgerlichen Trauerspiel zurück, wo er den Sentimentalismus und die Appellstrukturen der Rührung und des Mitleids einer ähnlichen kritischen Betrachtung unterzieht, wie es später die Kultur- und Medienkritik mit der *Soap Opera* vollziehen wird und als Rezeptionshaltung Passivität, Kompensation, Ablenkung und übersteigerte Emotionalität pejorativ attestieren wird.[19] Ein sich Wohlfühlen in der eigenen Emotionalität wird dabei als ein dem kritisch-subversiven Potential gegenüber abträglich befunden.

---

19) Vgl. auch Susanne Frentz (Hg.): *Staying Tuned: Contemporary Soap Opera Criticism*. Ohio 1992.

Schlussbemerkung: Das bürgerliche Trauerspiel als *Soap Opera*?

Relativ resignativ — bezüglich einer politischen, sozial- und ideologiekritischen Wirkung — erkennt Peter Szondi mit Blick auf das bürgerliche Trauerspiel: „Solange der Bürger als Zuschauer im Theater Mitleiden praktizieren will, wird das bürgerliche Trauerspiel seinen paradigmatischen Helden in dem ohnmächtigen Opfer absolutistischer Willkür haben, dessen Wirkungskreis sich auf seine Familie beschränkt."[20] Derlei impliziert aber noch keine Veränderung der Verhältnisse, jedenfalls nicht bei Lessing, und auch bei Schillers *Kabale und Liebe* (1784) sind es bekanntlich die Intrigen der Adligen, die deterministisch über dem ständeübergreifenden Liebesglück wachen und es zerstören.

Letztendlich gefällt sich auch der Zuschauer eher im Weinen und sucht darin Selbstbestätigung bzw. Zerstreuung, als dass er eine Revolution anstrebt. Insofern nähert Szondi das bürgerliche Trauerspiel unbewusst beinahe der kompensatorisch angelegten Kulturindustrie an, die ebenfalls über Modi der Rührung kritisches Potential unterläuft, womit auch signifikante Parallelen zum modernen und populären Genre des Melodrams und der *Soap Opera* gegeben sind.

Für Adorno war der Kitsch bekanntlich die triviale Variante der *Katharsis* und das Verstricken in eine arg emotionale Rezeption kultureller Artefakte bewirkt eventuell auch eine Reduktion des kritischen Bewusstseins. Auch Szondi schreibt über das Mitleid erzeugende bürgerliche Trauerspiel im 18. Jahrhundert: „Solange das Bürgertum gegen den Absolutismus nicht aufbegehrt und seinen Machtanspruch anmeldet, lebt es in seinen Empfindungen, beweint es im Theater ohnmächtig die eigene Misere, die ihm — nach dem Wort von Diderot — ebenso von Menschen bereitet wird wie den Helden der attischen Tragödie vom Schicksal."[21] Diese Passage ist in mehrfacher Hinsicht höchst aufschlussreich und stellt meines Erachtens die Quintessenz der Lektüre Szondis von Lessings Dramaturgie dar, die jedoch nicht unkritisch verfasst ist. Rührung und Mitleid werden von Szondi mit Blick auf Lessing als Selbstgenuss bzw. selbstidentifikatorische Rezeption apostrophiert, die an sich schon einen diametralen Befund zur kritisch-analytischen Auseinandersetzung bildet. Zugleich findet aber eine Säkularisierung des Schicksals statt. Zwar ist der Leidende immer noch deterministisch den Mächtigen unterworfen. Diese sind jedoch keine Götter

---
20) Szondi a.a.O.: S. 167.
21) Ebd.

mehr, sondern haben menschliche Gestalt angenommen. Dennoch bilden und konzipieren sie die Geschicke, denen der Einzelne ausgeliefert ist. Im Naturalismus Zolas und Hauptmanns werden das später soziale Verhältnisse, Milieus und biologische Grundlagen sein, welche den Menschen bestimmen. Dies wird durch den Einfluss aristokratischer Netzwerke, zu deren Modi eben auch die Intrige gehört, auf bürgerliche Emanzipationsbestrebungen im Trauerspiel Lessings ausgedrückt. Diese Bürger bleiben jedoch passiv, mutieren nicht zu engagierten Aktivisten, und auch der Rezipient bekommt keine Alternative gegenüber dem Ausgeliefertsein geboten und bleibt in Reaktionen wie Rührung und Mitleid mehr oder weniger gefangen. Ethische und ästhetische Prinzipien scheinen sich miteinander zu vermengen, wobei die Präponderanz bei Lessing — trotz der moralisierenden Instrumentalisierung von Aristoteles Theater-Anthropologie — wohl doch beim Ästhetischen zu liegen scheint. Daraus folgert Peter Szondi: „Der Bürger findet sich mit seiner Ohnmacht im Absolutismus ab, indem er sich in eine Privatheit zurückzieht, auf welche die gesellschaftlichen und politischen Verhältnisse keine Macht auszuüben scheinen. Das Aufbegehren des Bürgers bedeutet für das Drama das Ende der Empfindsamkeit, das Ende von Mitleid und Rührung als Intention des Trauerspiels. Der Staat mag — wie Lessing sagt — ein viel zu abstrakter Begriff für die Empfindungen sein, aber daraus läßt sich auch der Schluß ziehen, daß es im Drama nicht auf die Empfindungen ankommen soll."[22]

Bevor nun an dieser Stelle bereits das episch-didaktisch-politische Theater Bertolt Brechts und seiner Genossen genannt werden könnte, muss unter Hinzunahme von Szondi darauf hingewiesen werden, dass derlei schon vorher praktiziert wurde, auch in der Epoche des bürgerlichen Trauerspiels. Neben den sozialkritischen Dramenentwürfen von Jakob Michael Reinhold Lenz (*Der Hofmeister*, *Die Soldaten*) und Heinrich Leopold Wagner (*Die Kindermörderin*) aus der Sturm-und-Drang-Epoche, auf beide beruft sich ja auch Brecht sehr gerne, wäre als Antizipation die Dramentheorie des aufklärerischen und revolutionären Pariser Schriftstellers Louis-Sébastien Mercier[23] zu nennen, also Merciers *Neuer Versuch über die Schauspielkunst* von 1773 bzw. 1776 (in der Wagnerschen Übersetzung), wo der Bourgeois zum Citoyen wird, was ja einen Zuwachs an

---

22) Ebd.
23) Vor allem auch bedeutend durch seinen utopischen Roman *L'an 2440* (1771) und das Großstadtporträt *Paris am Vorabend der Revolution/Tableau Paris* [1781/1782].

Politisierung und Aktion impliziert. Diese Veränderungen diagnostiziert auch Szondi, wenn er schreibt: „Diderot spricht vom Menschen, Mercier vom Staatsbürger, Diderot hätte es bei der wahren Moral bewenden lassen, Mercier fügt ihr die gesunde Politik hinzu."[24] Wie sieht das nun aus und wie wird es vollzogen? Indem „das bürgerliche Intérieur nicht mehr der Zufluchtsort ist, der es bei Diderot war, er wird selbst zum Schauplatz der Auseinandersetzung zwischen Bürgertum und Adel. [...] Aus dem Bourgeois ist der Citoyen geworden, dem es nicht mehr genügt, seine soziale Unterdrückung im Schoß seiner Familie verlassen zu können, an deren Harmonie und Tugendhaftigkeit er sich empfindsam aufrichtet."[25] Das bedeutet keinen direkten Bruch mit der Emotionalität als möglicher Rezeptionsform, nur darf diese nicht für sich stehen, sondern hat als Katalysator politischer Bewusstseinsbildung zu funktionieren. Merciers Theater ist also „nicht so sehr gegen die empfindsame Dramaturgie [...], als daß sie deren zentralen Kategorien eine andere Funktion zuweist".[26] Das ist ein großer Unterschied zur „wirkungsästhetischen Kalkulation"[27] des Mitleids bei Lessing und fordert stattdessen „ein politisches Theater im Dienst der bürgerlichen Emanzipation".[28]

Mehr als in der Empfindsamkeit wird dieser Anspruch die Bühnen des Sturm und Drang beherrschen. Das bürgerliche Trauerspiel dagegen zeigt eher die tragischen Folgen von Intrigen und nähert sich bereits 200 Jahre zuvor mit der Evokation von Rührung und Affektion den Wirkungen und Appellstrukturen neuerer *Soap Operas* auf der dramaturgischen und rezeptiven Ebene an. Vielleicht ist die *Soap Opera* noch kein „Quality-TV", aber dann wäre das bürgerliche Trauerspiel in der Perspektive Szondis auch kein „Quality Drama"!

---

24) Szondi: a.a.O., S. 170.
25) Ebd. S. 172f.
26) Ebd. S. 175.
27) Ebd. S. 179.
28) Ebd. S. 181.

Bibliographie

Beck, Adolf: „Schiller: Maria Stuart." In: Benno von Wiese (Hg.): *Das deutsche Drama.* Zwei Bände. Düsseldorf 1968. Band 1, S. 305-321.

Bergmann, Jörg: *Klatsch. Zur Sozialform der diskreten Indiskretion.* Berlin 1987.

Boileau-Narcejac: *In inniger Feindschaft.* Reinbek 1985.

Dieterle, Arnulf: *Die Strukturelemente der Intrige in der griechisch-römischen Komödie.* Amsterdam 1980.

Frentz, Susanne (Hg.): *Staying Tuned: Contemporary Soap Opera Criticism.* Ohio 1992.

Geraghty, Christine: *Women and Soap Opera. A study of prime time soaps.* Cambridge 1991.

Kelleter, Frank (Hg.): *Populäre Serialität. Narration – Evolution – Distinktion. Zum seriellen Erzählen seit dem 19. Jahrhundert.* Bielefeld 2012.

Leipert, Reinhard: *Friedrich Schiller: Maria Stuart. Interpretationen.* München 2000.

Luchting, Anne-Kathrin: *Leidenschaft am Nachmittag. Eine Untersuchung zur Textualität und Intertextualität amerikanischer Seifenopern im deutschen Fernsehen und ihrer Fankultur.* München: Diss 1995.

Pourroy, Gustave Adolf: *Das Prinzip Intrige. Über die gesellschaftliche Funktion eines Übels.* Zürich 1986.

Schiller, Friedrich (2004a): „Kabale und Liebe." In: Ders.: *Sämtliche Werke in fünf Bänden.* Auf der Grundlage der Textedition von Herbert G. Göpfert herausgegeben von Peter-André Alt, Albert Meier und Wolfgang Riedel. München. Band 1, S. 755-858.

— (2004b): „Maria Stuart." In: Ders.: *Sämtliche Werke in fünf Bänden.* Auf der Grundlage der Textedition von Herbert G. Göpfert herausgegeben von Peter-André Alt, Albert Meier und Wolfgang Riedel. München. Band II, S. 549-686.

Seiler, Sascha (Hg.): *Was bisher geschah. Serielles Erzählen im zeitgenössischen amerikanischen Fernsehen.* Köln 2008.

Szondi, Peter: *Die Theorie des bürgerlichen Trauerspiels im 18. Jahrhundert. Der Kaufmann, der Hausvater und der Hofmeister.* Herausgegeben von Gert Mattenklott. Mit einem Anhang über Molière von Wolfgang Fietkau. Frankfurt 1973, bes. S. 148-187.

Vonhoff, Gert: „Maria Stuart. Trauerspiel in fünf Aufzügen (1801)." In: Matthias Luserke-Jaqui (Hg.): *Schiller-Handbuch. Leben – Werk – Wirkung.* Stuttgart

2005, S. 153-168.

Matt, Peter von (2002): *Ästhetik der Hinterlist. Zu Theorie und Praxis der Intrige in der Literatur.* München.

— (2013): *Die Intrige. Theorie und Praxis der Hinterlist.* München.

Voß, Torsten: „Das Gastmahl und die Rezepte der Rache. Inszenierungsformen eines Missbrauchs des Gastrechts bei Seneca, Shakespeare und Felix Dahn." In: Peter Friedrich und Rolf Parr (Hgg.): *Der Gast in der Moderne. Typen und Formen erzählter Gastlichkeit.* Tübingen 2009, S. 215-237.

Wiegand, Daniela: *Die ‚Soap Opera' im Spiegel wissenschaftlicher Auseinandersetzung.* Marburg 1999.

Thomas Boyken

Funktionspotentiale komplexer Erzählsituationen in neueren Fernsehserien

Im Juni 2012 hat die Filmkritikerin Sabine Horst in der Wochenzeitung *Die Zeit* einen Artikel über die neuen US-Serien veröffentlicht. Die Autorin geht unter anderem auf *Breaking Bad, Mad Men, The Wire, The Sopranos* oder *Lost* ein (Vgl. Horst 2012). Sie attestiert diesen Fernsehformaten eine Qualität, die frühere Fernsehserien nicht erreichen würden. Dies liege laut Horst vor allem an zwei Merkmalen, die sie als typisch für diese Formate erkennt.

Das erste Merkmal ist die „erzählerische Dichte" (Horst 2012) der genannten Fernsehserien. Gegenüber früheren Serien werden in den neueren US-Formaten mehrere Handlungsstränge und komplexe Konflikte, die über eine oder gar mehrere Staffeln hinausgehen, dargestellt. Horst führt diesen Qualitätssprung auf die seriellen Erzählmöglichkeiten zurück.[1] Die Serie erlaube es, im Gegensatz zum zeitlich begrenzten Abendfilm oder auch zum Roman, Figuren detailliert zu entwickeln und Milieus in atemberaubender Genauigkeit darzustellen. Und im Gegensatz zu den älteren Formaten nutzen die neueren Serien nun die Möglichkeiten, Erzählzeit und erzählte Zeit voll auszunutzen. Während dieses Kriterium vor allem struktureller Art ist, ist das zweite Charakteristikum, das die Filmkritikerin anführt, eher inhaltlich orientiert.

Denn typisch für die neueren Fernsehserien sei ferner die Neigung zur Explizitheit und zur Transgression. Tabuisierte Themen, wie Drogenherstellung, Serienmord oder drastische Darstellung von Sexualität bis hin zur Pornographie,

---

1) Vgl. zum seriellen Erzählen: Seiler (Hg.) 2008.

würden so zum Gegenstand, dass man den Verdacht der gegenseitigen Überbietung hegen könne. Ob dies wirklich für alle Fernsehserien gilt, sei dahingestellt. Die Pointe ihres Beitrags ist dann jedoch streitbar, denn laut Horst sei nicht künstlerischer Anspruch das Hauptinteresse dieser Serien, sondern ihr ökonomischer Erfolg:

> Vielmehr legen die neuen Serien mit ihrer akribischen Ausstattung, ihren ausgesuchten Sets und den erbarmungslos orchestrierten Geschichten den Gedanken nahe, dass es ihnen vor allem auf Atmosphäre und ‚Style' ankommt, um die Erschaffung von Markenuniversen, die so komplett und zugleich so grenzenlos sind, dass sich der Zuschauer in ihnen verliert — möglichst auf Dauer und auf Kosten anderer Unternehmen. (Horst)

Man kann gegenüber dieser kapitalismuskritischen Lesart, denke ich, geteilter Meinung sein. Horst unterstellt den neueren US-Serien nämlich nicht nur pauschal eine Intention, sondern führt diese (unterstellte) Intention zudem rein auf den ökonomischen Profit zurück. Susanne Eichner, Lothar Mikos und Rainer Winter machen in ihrer Einleitung zu einem Sammelband über *transnationale Serienkultur* eine ähnliche Beobachtung wie Horst, die sie jedoch positiv wenden. Die „komplexen Erzählwelten" der neueren US-Serien böten Sicherheit in einer sich fragmentarisierenden Moderne.[2]

Auffällig an Sabine Horsts Fazit ist aber doch, dass die zuvor noch goutierte erzählerische Komplexität hier auf Atmosphäre und Style reduziert wird. Während die weniger ausgefeilten Folgen der 1960er-Jahre um Captain Kirk und Commander Spock die Imagination des Zuschauers reizen würden, eben weil sie logisch teilweise krude seien, bilden die Erzählwelten aus *Mad Men* und anderen Serien leerstellenfreie Diegesen. Die von Horst (zugegeben) polemisch gemeinte Rückwendung und Glorifizierung des Vergangenen in Form der alten und ‚simpleren' Serien hat zudem einen kulturpessimistischen Impetus. Der folgende Rekurs auf die westliche Höhenkammliteratur ist daher wohl ironisch zu ver-

---

[2] „Komplexe Erzählwelten, vielschichtige Figurenensembles und vielfältige Bezüge zur aktuellen sozialen und kulturellen Situation machen Serien zu polysemen Texten, die faszinieren und begeistern. Sie werden zu Begleitern, Sinn- und Ratgebern in einer sich dynamisch verändernden globalen Gesellschaft, die durch ein Zuviel an Arbeit, verschärfte Konkurrenz, Verlust an Sicherheit und vielfältige Risiken geprägt ist. [...] Die Selbst- und Welterfahrung des Einzelnen wird zunehmend fragmentarisiert, individualisiert und inkohärent. Serien bieten Parallelwelten an, die leicht zugänglich, multidimensional und scheinbar unendlich sind. Sie handeln von Intimität, Liebe, Angst, Verzweiflung, der Suche nach einem gelungenen Familienleben, Krankheit oder Tod. [...] Die Fans tauchen in die Welten der Serien ein, leben in ihnen, möchten sich kompetent in ihnen zurechtfinden und nicht mehr ohne sie sein" (Eichner/Mikos/Winter: 10).

stehen:

> Wenn Sie heute in den DVD-Player eine von den einstündigen, dramatischen, aufwändig produzierten Premiumserien aus den USA einschieben — dann räumen Sie gefälligst das Bügelbrett weg! Nebentätigkeiten sind bei den Serien unserer Zeit nicht mehr drin, denn wir haben es hier mit dem erzählerischen Erbe von Dickens und Balzac zu tun, wenn nicht gar mit dem Äquivalent zur griechischen Tragödie [...]. (Horst)

Ohne entscheiden zu wollen, ob der Filmkritikerin in ihrer Interpretation Recht zu geben ist, scheint mir ihre Ausgangsbeobachtung doch zutreffend: Fernsehserien wie *Breaking Bad* zeichnen sich durch eine ‚erzählerische Dichte' aus. Aber was meint ‚erzählerische Dichte' und bezieht es sich tatsächlich nur auf die Erzähl*breite*? — ‚Räumen wir das Bügelbrett also weg.'

Ich denke, dass das, was Horst und andere recht vage als ‚erzählerische Dichte' bezeichnen, filmnarratologisch untersucht werden muss, um plausibel zu machen, wie die neuen US-Serienformate erzählerisch funktionieren. Vielleicht kann ich so der Gefahr entgehen, in den Tenor derjenigen einzustimmen, die den US-Serien pauschal eine narrative Komplexität attestieren. Auffällig ist nämlich, dass diese Wertung immer wieder in Anschlag gebracht wird. Was darunter aber genau zu verstehen ist, wird selten diskutiert. Zudem sind die normativen Implikationen, die mit diesem Begriff verbunden sind, nicht unproblematisch.[3] Plausible Überlegungen stellen hierzu Andreas Jahn-Sudmann und Alexander Starre in ihrem Beitrag zu Innovation und Metamedialität in US-Serien an (Vgl. Jahn-Sudmann/Starre: 103-119).

Im Folgenden möchte ich auf die sowohl in Forschungsarbeiten als auch in journalistischen Texten vielfach behauptete innovative Erzählkunst näher eingehen.[4] Dass ich dabei nicht auf ein so breites und differenziert zu betrachtendes Gebiet wie Erzählkunst vollständig eingehen kann, versteht sich wohl von selbst. Ich möchte mich vielmehr auf die Erzählsituation konzentrieren. Die Fernseh-

---

3) Dies liegt einerseits an der bereits erwähnten Undifferenziertheit, was eigentlich mit dieser Wertung gemeint ist. Andererseits fungiert die Zuschreibung, dass die neueren US-Serien erzählerisch komplex seien, häufig als Bewertung ihrer Qualität. Narrative Komplexität und Qualität werden so Synonyme.

4) Gerade die Konjunktur film- und kulturwissenschaftlicher Arbeiten zur ‚Erzählkunst', ‚Dramaturgie' oder ‚Ästhetik' der neuen US-Serien zeigt, dass sich hierbei um ein Forschungsfeld handelt, das einen großen Reiz auszuüben scheint. Vgl. exemplarisch Blanchet/Köhler/Smid/Zutavern (Hgg.) 2010, Ritzer 2011, Grawe 2010, Eschke/Bohne 2010, Meteling/Otto/Schabacher (Hgg.) 2010 oder Eichner/Mikos/Winter (Hgg.) 2013.

serie verstehe ich in meinen Ausführungen dabei als Text. Genauer: Fernsehserien sind im Sinne von Marie-Laure Ryan ‚narrativ' (Vgl. Ryan).[5] Oder anders ausgedrückt: Film und Serie ‚erzählen' eine Geschichte.[6] Ich gehe dabei von der These aus, dass die neueren US-Serien über die spezifisch filmische Form des Erzählens eine mehrschichtige Erzählsituation erzeugen.[7] Es wird mir im Folgenden also vor allem um die Art des Erzählens gehen: Wie wird eine Geschichte innerhalb einer Fernsehserie erzählt? Mit dieser Spezifizierung rückt vor allem die Erzählinstanz (also das, was Gérard Genette als ‚Stimme' fasst) in den Blick. Von hier ausgehend wird dann die Frage im Zentrum stehen, welche Funktionspotentiale diese komplexen Erzählsituationen in neueren Fernsehserien besitzen.[8] Dabei möchte ich vor allem drei Wirkeffekte in den Blick nehmen: Komik, Spannung und Herstellung von Sympathie beziehungsweise Empathie. An ausgewählten Beispielen möchte ich diese Funktionspotentiale erläutern. Um dies leisten zu können, beziehe ich mich methodisch auf Markus Kuhns Vorschlag einer Filmnarratologie, die er in seiner Dissertation konturiert.

Film als Erzählung: Erzähltheoretische Begriffe für die Filmanalyse
Kuhn modifiziert die erzähltheoretischen Begriffe Gérard Genettes für den Film. In seiner ambitionierten und sehr theoriereichen Studie macht Kuhn zwei maßgebliche Differenzierungen, auf die ich mich im Folgenden stützen möchte. Erstens unterteilt Kuhn die Erzählinstanz im Film in zwei ‚Ausdruckskanäle', in eine visuelle und eine sprachliche Erzählinstanz. Zweitens differenziert er

---

5) Vgl. auch den Sammelband von Nünning/Nünning (Hgg.) 2002.
6) Laut Gérard Genette ist die Geschichte das konstitutive Element der Erzählung: „Geschichte und Narration existieren nur vermittelt durch die Erzählung. Umgekehrt aber ist der narrative Diskurs oder die Erzählung nur was sie ist, sofern sie eine Geschichte erzählt, da sie sonst nicht narrativ wäre" (Genette: 17). Genettes Argumentation ließe sich genauso für den Film oder die Fernsehserie produktiv machen. Bei diesen Überlegungen folge ich Markus Kuhn.
7) Mehrschichtig und komplex kann eine Erzählsituation unter anderem dann werden, wenn ihre Narrativität thematisiert oder reflektiert wird. Dies kann zum Beispiel über die Einführung einer intradiegetischen Erzählinstanz erfolgen. Wenn hier der Ort oder der Zeitpunkt des Erzählens, die Ordnung und Frequenz des Erzählten oder die Stellung der Erzählinstanz zum Erzählten (lange) ungeklärt oder enigmatisch bleiben, dann möchte ich von einer komplexen Erzählsituation sprechen.
8) Ich ziehe den Begriff ‚Funktionspotential' dem Begriff ‚Funktion' vor, weil letzterer „häufig synonym mit Wirkung oder Autorintention verwendet" wird (Gymnich/Nünning: 3). ‚Funktionspotential' meint hingegen die mögliche Wirkung oder Leistung, die erzählerische Techniken besitzen können. Gleichwohl muss das Funktionspotential im Text strukturell oder inhaltlich angelegt sein.

Genettes Konzept der ‚Fokalisierung' für das filmische Erzählen. Ich gehe zunächst auf die Erzählinstanzen im Film ein.

(1) Visuelle und sprachliche Erzählinstanz
Kuhn differenziert die Stimme im filmischen Erzählprozess in eine visuelle und eine sprachliche Erzählinstanz. Die visuelle Erzählinstanz definiert er als das Zusammenspiel von *Mise-en-Scène*, Kamera und Montage. Das, was gezeigt wird, wie es gezeigt wird und in welcher Reihenfolge es gezeigt wird, präsentiert eine visuelle Erzählinstanz, die in der Regel nicht Teil der erzählten Welt ist. Laut Kuhn ist die visuelle Erzählinstanz obligatorisch, denn ohne sie, gebe es keinen Film: „Die visuelle Erzählinstanz erzählt durch das (Vor-)Zeigen von aneinandergereihten Einstellungen und ihren Relationen zueinander und vermittelt so die Ereignisse und Handlungen der diegetischen Welt." (Kuhn: 92)
Neben dieser technisch-apparativen Erzählinstanz können im filmischen Erzählen aber auch eine oder mehrere sprachliche Erzählinstanzen auftreten. Hierbei kann es sich um eine Off-Stimme, eine Figur oder Texteinblendungen (mit narrativer Funktion) handeln. Diese sprachlichen Erzählinstanzen sind fakultativ (Vgl. ebd.: 95). Auch wenn Kuhn davon ausgeht, dass zwischen visueller und sprachlicher Erzählinstanz „kein zwangsläufig hierarchisch feststehendes Verhältnis" (Ebd.: 86) besteht, so scheint es mir doch wahrscheinlich, dass die visuelle Erzählinstanz gegenüber der sprachlichen in der Regel privilegiert ist.[9]
Zwar bestimmt Kuhn die visuelle Erzählinstanz recht vage als das Zusammenspiel der drei genannten Aspekte, doch scheint mir seine Unterscheidung vor allem aus zwei Gründen produktiv. Zum einen unterläuft Kuhns Vorschlag die gängige Auffassung einer Opposition von ‚Zeigen' und ‚Erzählen' im Film. Zum anderen ermöglicht sie die angemessene Analyse filmischen Erzählens, das gerade durch seinen hybridmedialen Charakter gekennzeichnet ist.

(2) Fokalisierung
Fokalisierung umfasst bei Genette sowohl Fragen des Wissens als auch der Wahrnehmung (Vgl. ebd.: 122). Diese Unschärfe ist durchaus problematisch, denn Wahrnehmung und Wissen sind zwei unterschiedliche Analyseaspekte.

---

9) Kuhn geht eigentlich auch von einem logischen Privileg der visuellen Erzählinstanz aus (Vgl. Kuhn: 94).

Um diese Unbestimmtheit zu differenzieren, versteht Kuhn Fokalisierung als „Relation des Wissens zwischen Erzählinstanz und Figur", um die Fokalisierung „von Fragen der Wahrnehmung im engeren Sinne ab[zu]koppel[n]" (Ebd.: 122). Ich denke, diese Entkoppelung ist eine sehr glückliche Entscheidung. Denn so kann die Kategorie der Informationsvergabe, die aus meiner Sicht in Erzählungen eminent bedeutsam ist, für die Analyse fruchtbar gemacht werden. Dabei möchte ich mich im Gegensatz zu Kuhn in meinen Ausführungen nur auf das Wissensverhältnis von visueller Erzählinstanz und Figuren konzentrieren. Bei einer internen Fokalisierung würde die Erzählinstanz in etwa so viel zeigen, wie die Figur weiß. Wenn die Erzählinstanz hingegen weniger zeigt, als die Figur weiß, dann würde eine externe Fokalisierung vorliegen. Und wenn die Erzählinstanz mehr zeigt, als eine Figur weiß, dann liegt eine Nullfokalisierung vor (Vgl. ebd.: 123).

Ich denke, dass die Wirkeffekte komplexer Erzählsituationen in den neueren US-Serien mit diesen beiden Analyseaspekten angemessen untersucht werden können. An zwei US-Serienformaten möchte ich meine Thesen nun prüfen: Einerseits werde ich auf *How I Met Your Mother* eingehen, um hieran zu zeigen, wie Komik als Wirkeffekt einer komplexen Erzählsituation entsteht. Spannung und die Erzeugung von Empathie möchte ich andererseits an der Serie *Breaking Bad* aufzeigen. Ich habe diese beiden Formate gewählt, weil sie meines Erachtens das durchaus disparate Feld repräsentieren, das als Quality-TV bezeichnet wird.

Komik
Nur kurz zur Ausgangssituation von *How I Met Your Mother*: Im Jahr 2030 erzählt der Vater Ted Mosby seinen Kindern, wie er vor 25 Jahren ihre Mutter kennengelernt hat. Damit eröffnet die Serie eine Rahmen- und eine Binnenhandlung, wobei die Binnenhandlung den eigentlichen Teil der Serie ausmacht. Der Vater Ted Mosby ist dabei als Off-Stimme auch in den Teilen der Serie zu hören, die im narratologischen Sinn als Rückblende gezeigt werden; also: den Kindern erzählt werden. Der Vater ist dabei die sprachliche Erzählinstanz der Binnenhandlung. Unter einer narratologischen Sicht ist bemerkenswert, dass sich in *How I Met Your Mother* die visuelle der sprachlichen Erzählinstanz unterordnet. Sie zeigt in der Regel das, was der Vater erzählt. *How I Met Your Mother*

ist also grundsätzlich intern fokalisiert. Dies führt zu einigen durchaus humoristischen Wendungen. Konkret möchte ich auf die Folge „Ted Mosby: Architect" (S2.04)[10] eingehen.

Innerhalb der Binnenhandlung führt Ted mit Robin eine Beziehung. Beide streiten sich, woraufhin sich Robin mit ihrer Freundin Lily und Ted sich mit seinen Freunden Barney und Marshall bespricht. Die drei Männer sind in einer Bar. Bereits hier wird über Parallelmontage Humor erzeugt. Um Ted von seinem Liebeskummer abzulenken, wollen die beiden Ted zu einer Party mitnehmen. Zudem schlägt Barney vor, Ted „should use the architect angle with the ladies" (S2.04: 04:42 min.). Ted ist insgesamt wenig begeistert und lässt seine beiden Freunde alleine ziehen. Schließlich fragt Ted dann aber doch eine Frau an der Bar, wie sie Architekten findet. Die Frau reagiert begeistert. Hier endet die Sequenz und die folgende beginnt in derselben Bar, wo Robin und Lily ankommen. Offenbar ist Zeit vergangen, wie die Zwischensequenz und die Tonspur anzeigen. Zudem erzählt eine andere Frau, dass Ted in weiblicher Begleitung zu einer Party gegangen sei (Vgl. ebd.: 06:20-07:00 min.).

Neben dem Zeitsprung erfolgt hier auch ein Fokalisierungswechsel. Die visuelle Erzählinstanz zeigt von nun an nicht mehr das, was Ted weiß und erlebt, sondern das, was Robin und Lily wissen und erleben bzw. das, was andere ihnen erzählen. Dieses Strukturprinzip ist fortan für die gesamte Folge bestimmend. Auf der Suche nach Ted begegnen die beiden verschiedenen Personen, die ihnen immer wieder erzählen, was sie mit Ted erlebt haben.

Diese Figuren werden ihrerseits zu sprachlichen Erzählinstanzen, wobei sie recht schnell von der visuellen Erzählinstanz abgelöst werden. Dabei zeigt die visuelle Erzählinstanz das, was sich Robin und Lily (und mit ihnen der Rezipient) unter den Erzählungen der verschiedenen Personen vorstellen. Markiert wird dieser Wechsel durch einen Schnitt und einen ‚Zisch'-Laut. Die Serie eröffnet so eine sprachliche *und* visuelle Meta-Metadiegese. Oder anders ausgedrückt: Ted erzählt seinen Kindern (Diegese), dass er und Robin sich gestritten und Lily und Robin ihn gesucht haben (Metadiegese) und wie andere Personen kurze Episoden über Ted erzählen, die am selben Abend geschehen sind (Meta-Metadiegese). Die erzählerische Verschachtelung führt dann zu zahlreichen Rückblenden, in denen die privilegierte Rede nicht mehr eindeutig zu erkennen

---

10) „Ted Mosby, Architect" (S2.04). *How I Met Your Mother.* CBS, 2008. DVD.

ist. Hat sich das alles so zugetragen? Ist alles intradiegetisch wahr? Kann der erzählende Ted über all das, was gezeigt wird, in dieser Form informiert sein? Was die Fernsehserie an dieser Stelle macht, ist einerseits eine Verkomplizierung der Erzählsituation durch Verschachtelung der Erzählebenen und andererseits eine Irritation der Filmkonventionen. Denn das Dargestellte stellt sich — eben aufgrund der Bindung der visuellen an die sprachlichen Erzählinstanzen — als falsch heraus: Es war nicht Ted, dem Robin und Lily durch das nächtliche New York gefolgt sind, sondern Barney, der sich als Ted ausgegeben hat. Dies wird jedoch erst am Ende der Folge aufgelöst, was durchaus als Pointe der Folge bezeichnet werden kann (Vgl. ebd.: 14:40-16:12 min.). Entwirrung und Revidierung des Erzählten entfalten ein komisches Wirkpotential.

Die sprachlich und visuell erzählte Rückblende stellt sich als intradiegetisch unwahr heraus. Dies ist ein wiederkehrendes Erzählprinzip von *How I Met Your Mother*. Dass es gezielt zur Herstellung von komischen Effekten eingesetzt wird, hat Bernd Leiendecker bereits herausgestellt. Leiendecker spricht hier von „unzuverlässigen Rückblenden" (Leiendecker: 234f.).

Es scheint mir allerdings ungenau, hier von Unzuverlässigkeit zu sprechen, denn im engeren Sinne unzuverlässig ist die visuelle Erzählinstanz ja nicht; sie zeigt lediglich das, was sich Robin und Lily auf Grundlage der intradiegetischen Erzählungen vorstellen, weswegen es zur Potenzierung und Verschachtelung der Erzählebenen kommt. Die Komik resultiert also eher aus dieser Verschachtelung paralleler und hierarchischer Erzählebenen. Mit Blick auf die eigentliche Diegese — nämlich Ted, der seinen Kindern erzählt, wie er ihre Mutter kennenlernt — gehen die einzelnen Folgen ironisch und metareferentiell mit dieser Erzählsituation um. Die Serie macht das Erzählen, die Unsicherheit bezüglich des Wahrheitsgehalts und die Perspektivengebundenheit des Erzählens selbst zum Thema. Ihr erzählerisches Verfahren wird ausgestellt.[11]

Auch bei der Herstellung von Spannung scheinen die visuelle Erzählinstanz und die Frage, was von der visuellen Erzählinstanz wie gezeigt wird, entscheidend zu

---

11) Dieses Phänomen, das typisch für das US-Qualitätsfernsehen sei, bezeichnen Jahn-Sudmann und Starre als „Metamedialität". Die Autoren konturieren ihr Konzept am Beispiel der Fernsehserie *The Sopranos*, wo fortwährend Fernsehgeräte oder DVD-Player intradiegetisch von Bedeutung sind: „Keine dieser Szenen ist im Sinne des in der Erzählforschung verbreiteten Konzepts der Metafiktion selbstreflexiv. *The Sopranos* ist kaum offen antimimetisch; die ästhetische Illusion ist zu wenigen Zeitpunkten explizit in Gefahr. So fördert die referenzielle Rückkopplung zwischen Fernsehtext und Fernsehapparat einen Typus der Metamedialität, der ganz eigene ästhetische Effekte erzielt." (Jahn-Sudmann/Starre 2013: 112)

sein.

Spannung

Bereits im Pilotfilm zur Serie *Breaking Bad* wird über eine achronische Darstellung Spannung erzeugt. Die Serie beginnt damit, dass ein Mann, der eine Gasmaske trägt, in rasanter Fahrt mit einem Wohnmobil, in dem sich hinten zwei leblose Personen und vorne ein weiterer bewusstloser Mann befinden, von der Straße abkommt, danach aussteigt, in eine Handkamera eine Abschiedsbotschaft spricht und sich dann mit einer Pistole auf die Straße stellt. Im Hintergrund sind bereits Sirenen zu hören (Vgl. S1.01: 00:00-03:40 min.). Mit diesem Anfang *in medias res* wird Spannung erzeugt, da zahlreiche Fragen aufgeworfen werden: Wer sind die leblosen Personen? Warum ist der Mann auf der Flucht? Was hat es mit den Gasmasken auf sich? Und warum hat er nur eine Unterhose an?
Tatsächlich werden alle diese Fragen noch in der ersten Folge beantwortet. Diese Art des inversiven Anfangs findet sich in weiteren Folgen der Serie. Dies kann sich auch über eine ganze Staffel erstrecken, wenn zu Beginn einiger Folgen in der zweiten Staffel Walter Whites Pool und ein darin schwimmender Teddybär gezeigt werden. Erst in der letzten Folgen der Staffel wird die notwendige Information vergeben, dass es sich hierbei um die Folgen eines Flugzeugabsturzes handelt, an dem Walter zumindest indirekt Schuld trägt (Vgl. S2.13: 44:00-44:55 min.).
Die visuelle Erzählinstanz vergibt über das Gezeigte oder den Zeitpunkt des Zeigens dosierte Informationen und erzeugt so Spannung. Dabei wird ein Spannungsbogen entwickelt, der sich sowohl über eine Folge als auch eine Staffel erstrecken kann. Dieses Erzählverfahren hat schon Alfred Hitchcock in den berühmten Interviews mit François Truffaut als Weg zur Herstellung von *Suspense* thematisiert (Vgl. Truffaut: 233-262). Bemerkenswert ist meines Erachtens, dass diese Informationen nicht verbal vergeben werden. Gleichwohl stellen sie das in einer Folge oder Staffel Erzählte in einen gänzlich neuen Kontext. Dieser *Final Twist* lässt sich recht gut an der Folge „Face Off"[12] veranschaulichen.
Walter White ist von Gustavo Fring so weit in die Enge getrieben, dass Walter beschließt, ihn umzubringen. Das ist allerdings nicht so leicht. Sein Kompagnon

---
12) „Face Off" (S4.13). *Breaking Bad*. AMC, 2011. DVD.

Jesse ist mittlerweile eher auf der Seite von Fring. Dies ändert sich allerdings schlagartig, als der Sohn von Jesses Freundin Vergiftungsanzeichen zeigt. Jesse mutmaßt — auch auf Betreiben Walters —, dass Fring den Jungen vergiftet haben könnte. Jesse und Walter finden so wieder zusammen und ihnen gelingt es, Fring zu töten. Wie genau der Mord geplant und durchgeführt wird, ist für mich an dieser Stelle nur zweitrangig. Nach dem geglückten Mord erfährt Jesse, dass die Vergiftung des Jungen von Maiglöckchen herrührt. Er mutmaßt, dass der Junge die Maiglöckchen versehentlich gegessen hat. In der letzten Sequenz der Folge ist allerdings Walter Whites Pool zu sehen. Nun setzt eine langsame Kamerafahrt ein, die den Blick auf einen Blumentopf fokussiert, der am Pool steht. In diesem Blumentopf befinden sich Maiglöckchen. Das letzte Bild ist eine Nahaufnahme der Maiglöckchen (Vgl. S4.13: 47:41 min.). Die Kamerafahrt und der gezeigte Bildausschnitt legen nahe, dass Walter den Jungen vergiftet hat. Erst jetzt wird klar, dass es sich um eine externe Fokalisierung handelte; Walter wusste bis zum letzten Bild der Folge mehr als Zuschauer.

Empathie und Sympathie
Mit dem dritten Funktionspotential wage ich mich auf recht unsicheres Terrain. Denn die Frage, wie Filme, Serien oder Texte Sympathie, Empathie oder Antipathie herstellen, scheint mir eher eine Domäne der Psychologie zu sein. Dennoch möchte ich ein paar vorsichtige Gedanken dazu anstellen, inwieweit textuelle, filmische oder erzählerische Strukturen zu diesen emotionalen Regungen führen könnten.
Thomas Anz zeigt, wie literarische Texte Antipathie und Sympathie beim Leser lenken: „Literarische Texte evozieren Antipathien gegenüber einer Figur, wenn sie diese mit Merkmalen kennzeichnen, die von den unter Autoren und ihren Adressaten geteilten ethischen Werten deutlich abweichen." (Anz: 232) Sympathie wird hingegen hergestellt, „[w]enn ein Autor [...] eine Figur, die er zum Sympathieträger gemacht hat, ein Unglück erleiden lässt" (Ebd.: 232). Dann „[i]ntendiert er [der Autor] bei seinen Lesern emotionale Reaktionen des Mitleids und/oder der Traurigkeit und/oder der Empörung über diejenigen, die in seinem Text für das Unglück verantwortlich erscheinen" (Ebd.: 232).
Wenn eine Figur also als Opfer, als potentiell Leidender oder als jemand, der sich gegen Ungerechtigkeiten zu erwehren hat, erscheint, dann — so könnte man an Anz anschließen — entstehen Sympathie und Empathie. Für den Film zeigt Jens

Eder, wie über bestimmte filmische Techniken Empathie und Mitleid beim Zuschauer hervorgerufen werden können (Vgl. Eder: 667).[13] Kompliziert wird es, wenn die Figur moralisch fragwürdig handelt, dennoch aber als ungerecht Leidender auftritt. Die Verwischung von schuldig und unschuldig, moralisch und unmoralisch könnte ein Effekt des spezifisches Erzählverfahrens von Quality-TV sein.

Als Beispiel möchte ich erneut Walter White aus *Breaking Bad* heranziehen. Im Pilotfilm wird Walter als ungerecht Leidender gezeigt: Durch unglückliche Umstände ist er ein schlecht bezahlter Chemielehrer geworden, sein Sohn hat eine körperliche Beeinträchtigung und auf seinem Haus lastet eine hohe Hypothek. Die prekäre finanzielle Situation wird zudem durch die Schwangerschaft seiner Frau verstärkt. In diese angespannte Lage bricht die Krebsdiagnose, die Walter zu den folgenden Taten erst veranlasst. Die Serie ist dabei geradezu auf die moralische Frage ausgerichtet: ‚Heiligt der Zweck die Mittel?' Darf ich Böses tun, um Gutes zu schaffen?

Der Rezipient, so möchte ich mutmaßen, hat mit Walter Mitleid, sein Handeln wird dem Zuschauer nachvollziehbar, und man hofft vielleicht bis zum Schluss, dass Walter mit seinen illegalen und mörderischen Taten durchkommt. Ähnliches ließe sich auch für den Protagonisten aus *Mad Men*, Donald Draper, sagen, der bereits in der ersten Folge als notorischer Ehebrecher und ‚moralisch flexibler' Werbetexter auftritt (Vgl. S1.01: 05:18 min.).

Noch deutlicher gilt dies sicherlich für den Protagonisten aus *Dexter*. Aber wieso ist der Zuschauer auf Seiten dieser Figuren? Reicht es, dass man weiß, warum jemand Böses oder moralisch Fragwürdiges tut? Reicht es, wenn es sich um die Hauptfigur handelt?[14]

Fazit

In meinem Beitrag bin ich davon ausgegangen, dass die spezifische Form des filmischen Erzählens auch für die US-Serienformate wichtig ist und dass darin ein wesentlicher Reiz dieser Serien liegen könnte. Damit möchte ich nicht sagen, dass die Figurendarstellung, die in vielen Serien eine beeindruckende psycho-

---

13) Eder unterscheidet darüber hinaus zwischen Identifikation, Empathie und Sympathie. Ob diese klare Trennung faktisch möglich ist, würde ich bezweifeln (Vgl. Eder: 677).
14) Auch Christine Lang und Christoph Dreher können diese Fragen für *Breaking Bad* nicht wirklich angemessen beantworten (Vgl. Lang/Dreher: 47-59).

logische Tiefe eröffnet, die spezifische Serienästhetik oder die cross-medialen Vermarktungsstrategien unwichtig seien. Das, was in journalistischen und wissenschaftlichen Arbeiten als erzählerische Komplexität oder erzählerische Dichte bezeichnet wird, habe ich versucht mit Begriffen wie visuelle und sprachliche Erzählinstanz, Fokalisierung oder Informationsvergabe genauer zu beschreiben. Ob die neueren US-Serien erzählerisch innovativ oder gar Erzählexperimente sind, möchte ich hingegen nicht entscheiden. Stattdessen habe ich drei mögliche Funktionspotentiale komplexer filmischer Erzählsituationen an ausgewählten Beispielen konturiert: (1) Über das disparate Verhältnis von visueller und sprachlicher Erzählinstanz wird Komik erzeugt. Dabei kommt es über die temporäre Unentscheidbarkeit des erzählerischen Privilegs zu einer Pointe. (2) Über achronisches Erzählen und/oder dosierte Informationsvergabe wird Spannung erzeugt. Damit kommt es zu einer Art *final twist*, der dem Zuschauer am Ende einer Folge oder einer Staffel eine unerwartete Lesart des Geschehens nahelegt, die der bis dahin suggerierten Lesart entgegensteht. Dies funktioniert nicht über die Verschachtelung von Erzählebenen. Die achronische Erzählung und eine dosierte Informationsvergabe der visuellen Erzählinstanz scheinen die wesentlichen erzählerischen Stilmittel zu sein, die zur Spannungserzeugung eingesetzt werden. (3) An die Art und Weise der Informationsvergabe ist möglicherweise auch die Herstellung von Empathie, Sympathie und Identifikation beim Zuschauer gebunden. Wenn, wie ich kurz am Beispiel der Figur Walter White versucht habe zu erläutern, eine Figur als ungerecht leidend dargestellt wird, dann scheint dies Empathie hervorzurufen. Diese dritte These führt meines Erachtens aber auf ein neues Feld, auch wenn über eine narratologische Analyse Aussagen über Sympathielenkung getroffen werden können. — Ob der Rezipient aber Mitleid mit Walter White hat oder ob er sich doch lieber seiner Bügelwäsche zuwenden möchte, müsste dann doch empirisch untersucht werden.

Serien
Breaking Bad. Vince Gilligan (Cr.). AMC, 2008-2013.
Dexter. Jeff Lindsey, Lauren Gussis, Timothy Schlattmann (Crs.). Showtime, 2006-2013.
How I Met Your Mother. Carter Bays, Craig Thomas (Crs.). CBS, 2005-2014.
Mad Men. Matthew Weiner (Cr.). AMC, seit 2007.

Monographien

Eder, Jens: *Die Figur im Film*. Marburg 2002.

Eschke, Gunther und Rudolf Bohne: *Bleiben Sie dran! Dramaturgie von TV-Serien*. Konstanz 2010.

Genette, Gérard: *Die Erzählung*. Aus dem Französischen von Andreas Knop, mit einem Nachwort herausgegeben von Jochen Vogt. München 1998.

Grawe, Tina: *Neue Erzählstrategien in US-amerikanischen Fernsehserien. Von der Prime-Time-Soap zum Quality TV*. München 2010.

Kuhn, Markus: *Filmnarratologie. Ein erzähltheoretisches Analysemodell*. Berlin 2011.

Lang, Christine und Christoph Dreher: *Breaking Down Breaking Bad. Dramaturgie und Ästhetik einer Fernsehserie*. München 2013.

Ritzer, Ivo: *Fernsehen wider die Tabus. Sex, Gewalt, Zensur und die neuen US-Serien*. Berlin 2011.

Ryan, Marie-Laure: *Narrative across Media. The Language of Storytelling*. Lincoln 2004.

Truffaut, François: *Mr. Hitchcock, wie haben Sie das gemacht?* Hg. v. Robert Fischer. Aus dem Französischen von Frieda Grafe und Enno Patalas. München 2003.

Sammelbände

Blanchet, Robert, Kristina Köhler, Tereza Smid und Julia Zutavern (Hgg.): *Serielle Formen. Von den frühen Film-Serials zu aktuellen Quality TV- und Onlineserien*. Marburg 2010.

Eichner, Susanne, Lothar Mikos und Rainer Winter (Hgg.): *Transnationale Serienkultur. Theorie, Ästhetik, Narration und Rezeption neuer Fernsehserien*. Wiesbaden 2013.

Gymnich, Marion und Ansgar Nünning (Hgg.): *Funktionen von Literatur. Theoretische Grundlagen und Modellinterpretationen*. Trier 2005.

Meteling, Arno, Isabell Otto und Gabriele Schabacher (Hgg.): *„Previously on..." Zur Ästhetik der Zeitlichkeit neuerer TV-Serien*. München 2010.

Nünning, Ansgar und Vera Nünning (Hgg.): *Erzähltheorie transgenerisch, intermedial, interdisziplinär*. Trier 2002.

Seiler, Sascha (Hg.): *Was bisher geschah. Serielles Erzählen im zeitgenössischen amerikanischen Fernsehen*. Köln 2008.

Aufsätze

Anz, Thomas: „Kulturtechniken der Emotionalisierung. Beobachtungen, Reflexionen und Vorschläge zur literaturwissenschaftlichen Gefühlsforschung." In: Karl Eibl, Katja Mellmann und Rüdiger Zymner (Hgg.): *Poetogenesis. Im Rücken der Kulturen.* Paderborn 2007, S. 207-239.

Eichner, Susanne, Lothar Mikos und Rainer Winter: „Einleitung." In: Dies. (Hgg.): *Transnationale Serienkultur. Theorie, Ästhetik, Narration und Rezeption neuer Fernsehserien.* Wiesbaden 2013, S. 9-20.

Gymnich, Marion und Ansgar Nünning: „Funktionsgeschichtliche Ansätze: terminologische Grundlagen und Funktionsbestimmungen von Literatur". In: Dies. (Hgg.): *Funktionen von Literatur. Theoretische Grundlagen und Modellinterpretationen.* Trier 2005, S. 3-27.

Jahn-Sudmann, Andreas und Alexander Starre: „Die Experimente des ‚Quality TV' – Innovation und Metamedialität in neueren amerikanischen Serien." In: Susanne Eichner, Lothar Mikos und Rainer Winter (Hgg.): *Transnationale Serienkultur: Theorie, Ästhetik, Narration und Rezeption neuer Fernsehserien.* Wiesbaden 2013, S. 103-119.

Leiendecker, Bernd: „Unzuverlässiges Erzählen als Mittel der Komik in *How I Met Your Mother.*" In: Susanne Eichner, Lothar Mikos und Rainer Winter (Hgg.): *Transnationale Serienkultur. Theorie, Ästhetik, Narration und Rezeption neuer Fernsehserien.* Wiesbaden 2013, S. 233-246.

Onlineressourcen

Horst, Sabine: „Bügeln geht nicht mehr". *www.zeit.de.* <http://www.zeit.de/2012/27/Fernsehen-Amerikanische-Serien> (Abgerufen am: 29.07.2013).

Palmier, Jean-Pierre: „Von Stimmen und Bildern. Ein erzähltheoretisches Analysemodell für bestimmte Filme". *iaslonline.* <http://www.iaslonline.lmu.de/index.php?vorgang_id=3455> (Abgerufen am: 12.08.2013).

Ruth Knepel

‚Thinking Quality, Quality Thinking' — Über das produktive Verhältnis von Philosophie und Populärkultur

In den letzten Jahren haben Fernsehserien, die hauptsächlich US-amerikanischen Ursprungs sind und die, vielleicht in Ermangelung eines treffenderen Genrebegriffs, als Qualitätsfernsehen bezeichnet werden, zunehmend interdisziplinäre Forschung angeregt.[1] Gerade zwischen der Philosophie, der *Highbrow*-Geisteswissenschaft schlechthin, und dem Qualitätsmedium auf der Mattscheibe gibt es offenbar interessante Anknüpfungspunkte. Die Buchreihe mit dem Titel *The Blackwell Philosophy and Pop Culture Series* hat sich fast jeder Fernsehserie angenommen, die auch nur annähernd einmal als Qualitätsfernsehen bezeichnet worden ist. „Clear[ing] the cobwebs from Kant" (And Philosophy-Homepage) lautet das erklärte Ziel der Herausgeber, die außerdem den Zugang zu komplexen philosophischen Überlegungen vereinfachen wollen. Die Reihe bewegt sich dabei auf einer Grenze zwischen Fan-Objekt und Forschungsliteratur.

Dieser allgemeine Beitrag zur Diskussion um Qualitätsfernsehen untersucht, ob die philosophische Auseinandersetzung mit bestimmten Fernsehserien auch zur Legitimierung und Gattungseingrenzung der vielbesprochenen Qualitätsserien einen Beitrag leisten kann.

Hierfür werden mehrere Buchserien betrachtet, die sich mit der Schnittstelle von einzelnen Fernsehserien und Philosophie beschäftigen, um zu ermitteln, wie

---

1) David Simons insbesondere von Soziologen gefeierte Serie *The Wire* ist nur ein Beispiel. Das Centre for Research on Socio-Cultural Change der Universität Leeds veranstaltete gar eine ganze Tagung zum Thema „*The Wire* as social science fiction?", deren Ergebnisse sich u.a. in der Zeitschrift *Sociology* nachlesen lassen (Vgl. Beer/Burrows/Penfold-Mounce).

Philosophie in diesen Buchreihen verstanden und wie mit dem Forschungsgegenstand des *Quality-TV* verfahren wird. Interessant ist dabei schließlich die Frage, wer von der Zusammenarbeit profitiert. Sind Philosophie und Fernsehen am Ende mehr als nur Freunde mit gewissen Vorzügen?

And Philosophy...
Die Übersetzung einzelner Bände aus der Reihe *And Philosophy...* ins Deutsche unter dem Titel *Die Philosophie bei...* (Vgl. Wiley-VCH Verlag-Homepage) deutet bereits an, dass es sich bei den Aufsatzsammlungen weniger um interdisziplinäre Projekte handelt, als vielmehr um die Anwendung philosophischer Fragestellungen auf populäre Objekte. Die Idee, Populärkultur unter philosophischen Gesichtspunkten zu untersuchen, entstand mit der Reihe *Open Court's Popular Culture and Philosophy®*, welche seit der Veröffentlichung von *Seinfeld and Philosophy* im Jahr 2000 und *The Simpsons and Philosophy* 2001 eine enorme Masse an Publikationen zu Filmen, Videospielen, Romanen, aber natürlich auch zu TV-Serien und allgemeinen Trends auf dem Markt für Unterhaltungsmedien produziert hat. Bislang existieren 72 Bände der Reihe mit klangvollen Titeln wie *The Atkins Diet and Philosophy*, *Chewing the Fat with Kant and Nietzsche* oder *Baseball and Philosophy. Thinking Outside the Batter's Box* (Vgl. Open Court Publishing-Homepage). Der Herausgeber George Reisch erklärt das Konzept hinter der Buchreihe wie folgt:
> [W]hen most fans think the movie or rock band in question is misunderstood or underappreciated, PCP volumes are just the thing — especially when the philosophers writing about the concepts and arguments are fans themselves. (Reisch)

Hinter dieser Aussage verbirgt sich auch eine Zielgruppendefinition, die an das von Henry Jenkins beschriebene Phänomen des Aca-Fan (Vgl. z.B. Jenkins: 6ff.), mit dem damit verbundenen Problem der Doppelrolle Fan/Wissenschaftler erinnert.[2] Blackwells ambitioniertes Ziel, die Kant'schen Spinnweben zu entfernen, lässt sich hingegen eher als Versuch deuten, philosophische Fragen und Problemstellungen für ein interessiertes, aber nicht zwingend philosophisch ausgebildetes Publikum zugänglich zu machen. William Irwin, Herausgeber der

---

2) Die Zielgruppe der Serien-Zuschauer wird bei Thompson wie folgt definiert: „Quality TV attracts an audience with blue chip demographics. The upscale, well-educated, urban-dwelling, young viewers advertisers so desire to reach tend to make up a much larger percentage of the audience of these shows than of other kinds of programs." (Thompson: 14)

Blackwell Philosophy and Pop Culture Series, unterstellt der Philosophie, sie habe seit mehreren Jahrhunderten ein Problem mit der eigenen Öffentlichkeitsarbeit und werde von der breiten Masse als trockene und völlig irrelevante Wissenschaft betrachtet (Vgl. Irwin 2007), sie sei, um es mit Nietzsche zu sagen, jenseits von Gut und Böse.

Der Versuch, die Philosophie aus dem Elfenbeinturm der Wissenschaften zu holen und mithilfe der Strahlkraft aktueller Medienerzeugnisse zum Leuchtturm[3] zu erheben, erklärt Irwin lakonisch mit der Weisheit, dass „a spoonful of sugar helps the medicine go down" (Irwin 2007: 47). Der Anspruch ist die Untersuchung von „smart popular culture for serious fans" (Irwin 2013). Auch dieser Ausspruch zeugt vom großen Zielgruppenpotential, das intellektuelle Fans und Geisteswissenschaftler auf der Suche nach neuen Forschungsgegenständen bergen. Die Blackwell Reihe begann 2006 mit dem Band *South Park and Philosophy* und umfasst insgesamt 34 Bände zu Fernsehserien wie *24*, *Lost*, *The Office*, *House M.D.*, *Heroes*, *True Blood* oder *Mad Men*, die manchmal nur wenige Monate nach dem Sendestart einer Serie auf den Markt kommen (Vgl. And Philosophy-Homepage).

Es scheint, als sei jeder erdenkliche Aspekt der Gegenwartskultur philosophisch beackert worden.[4] Die merkwürdigen Umstände, die zu diesem produktiven *Joint Venture* geführt haben, sollen im Folgenden genauer beleuchtet werden.

Populärphilosophie?

Nicht nur die Philosophie hat ein Imageproblem. Über den Wert der Populärkultur, zumindest in ihrer Rolle als Beschäftigungsfeld der Kultur- und Geisteswissenschaften, wird kontrovers diskutiert.[5] Kritische Stimmen verweigerten der Fernsehserie lange den Status eines seriösen wissenschaftlichen

---

3) „Leuchttürme der Wissenschaft" versprach sich der damalige Bundeskanzler Gerhard Schröder 2005 von der so genannten Exzellenzinitiative (Vgl. Schwägerl). Hier zeigt sich, dass offenbar der Konflikt von Wissenschaft und öffentlicher Wahrnehmung nicht allein auf die Philosophie beschränkt ist.

4) Die University of Kentucky Press gibt eine weitere Reihe mit dem Titel *The Philosophy of Popular Culture* heraus, die bislang aus 27 Bänden besteht und Titel mit einem sportlichen Schwerpunkt wie *Tennis and Philosophy* und *The Olympics and Philosophy* oder mit Aufsätzen zu Filmregisseuren wie David Lynch, Ang Lee, Steven Soderbergh oder den Coen Brüdern enthält (Vgl. University Press of Kentucky-Homepage).

5) Kelleter fasst die unterschiedlichen Standpunkte knapp und pointiert zusammen und nimmt zugleich eine Perspektive ein, die sich einer allzu einfachen Wertung sinnvoll entzieht (Vgl. Kelleter: 13ff.).

Untersuchungsgegenstands. Norah Vincent sah in der Veröffentlichung des ersten Bandes aus der Open Court-Reihe gar den „Triumph der Popkultur" (Vincent, meine Übersetzung) und reagierte verstört auf diese Entwicklung im Wissenschaftsbetrieb:

> From the Sex Pistols to *The Simpsons*, from hip-hop to porn, from cyborgs to sex toys, low culture is infiltrating the scholarly world, a curriculum of aptly ‚higher' learning in which shallow amusements have no place. [...] This dumbing down of the academy is the ultimate capitulation to the MTV mind. (Vincent)

Natürlich wird die Beschreibung ‚oberflächliche Unterhaltung' hochgepriesenen und ausgiebig erforschten Qualitätsserien wie *The Wire* oder *Deadwood* bei weitem nicht mehr gerecht. Deren Potential als legitime Nachfolger der Romane von Dickens oder Balzac wird in zahlreichen Publikationen erwähnt und zum Teil hinterfragt (Vgl. z.B. Eschkötter: 18f.).

William Irwin definiert Populärkultur in seinem Manifest *Philosophy as/and/of Popular Culture* als „artefacts and subjects of mass interest and appreciation" (Irwin 2007: 47). Dabei sei zwar die Philosophie selbst nicht als Teil der Populärkultur zu begreifen — sie erfährt in der Tat auch nicht Interesse und Wertschätzung einer breiten Masse —, aber der Erfolg von Romanen wie *Wittgenstein's Poker* (Edmonds/Eidinow) oder *Sophies Welt* (Gaarder), das zu einem der meistverkauften Bücher überhaupt zählt, zeigten doch deutlich, dass der Wunsch besteht, Philosophie zumindest im Ansatz zu verstehen. Und wenn schon Philosophie nicht der Popkultur zugerechnet werden kann, dann kann man sie zumindest populärer machen und so nicht unwesentlich ihre Vermarktbarkeit erhöhen.

Es gibt verschiedene Möglichkeiten, wie eine Kooperation zwischen Popkultur und Philosophie aussehen kann. So kann man etwa eine Fernsehserie zur Illustrierung einer bestimmten philosophischen Idee einsetzen oder aber den philosophischen Hintergrund einer ganzen Serie ergründen, um so ein tieferes Verständnis der Entstehung von popkulturellen Phänomenen zu erlangen (Vgl. Austin/Bassham: 6). Wie dieses pop-philosophische Unterfangen aussehen kann, zeigen folgende Beispiele.

Philosophie in Serie

Der Band zu *The Sopranos and Philosophy*, untertitelt *I Kill Therefore I Am*, erschien 2004 als siebter Band der Open Court Reihe (Vgl. Greene/Vernezze). Das

Inhaltsverzeichnis liest sich wie eine Speisekarte in Artie Buccos Restaurant: Als Prolegomenon oder „Antipasti" dient der Aufsatz mit dem launigen Titel „Bada-Being and Nothingness. Murderous Melodrama or Morality Play?", in welchem der Autor Al Gini die HBO-Serie als modernes bürgerliches Trauerspiel liest und Tony Soprano somit in der Tradition der amerikanischen Volkshelden Billy the Kidd oder Jesse James interpretiert (Vgl. Gini: 9). Da der durchschnittliche Amerikaner sein Wissen über Benehmen und Moral vornehmlich aus der *Sesamstraße* bezogen habe, seien die *Sopranos* als ein Fortgeschrittenenkurs in Sachen Pflicht, Ehre oder *omertà* zu betrachten, die Qualitätsserie werde so zu einem Nachfolger des bürgerlichen Trauerspiels (Vgl. Gini: 8).[6]

Weiter im ‚Menü' begegnen dem Leser des Bandes im Teil „Primo Piatto" die alten Philosophen und ihre Sicht auf Tony Sopranos nihilistisches Weltbild, im Teil „Secondo Piatto" Fragen von Ethik und Moral. Ethik spielt in der Aufarbeitung einer Serie, die einen kaltblütigen Mafiakiller als Familienvater inszeniert, naturgemäß eine übergeordnete Rolle, z.B. in Lisa Cassidys Beitrag „Is Carmela Soprano a Feminist? Carmela's Care Ethics". Sheila Lintott löst das Problem in ihrem Aufsatz „*The Sopranos* and Subjectivist Ethics", indem sie sich auf Humes *Treatise of Human Nature* beruft, um den Ursprung von Wert- und Moralvorstellungen in leidenschaftlichen Emotionen zu verorten, und erklärt somit Moral zu einem subjektiven Gegenstand. Im „Contorno" wird die Ästhetik der Serie (Beispielweise in Mike Lippmans „‚Know Thyself, Asshole.' Tony Soprano as an Aristotelian Tragic Hero") und im Teil „Dolce" Fragen nach Sprache und Wissen behandelt. Zwei Essays am Schluss (In der Rubrik „Vino") widmen sich der Religion in den *Sopranos*.[7]

Ein weiteres Beispiel für die Arbeitsweise der philosophischen Medienbeobachtung ist *Mad Men and Philosophy*. Dieser Band mit dem Untertitel *Nothing Is as*

---

6) Über den Zusammenhang zwischen dem bürgerlichen Trauerspiel (*Morality Play*) und der *Soap Opera* wurde bereits ausführlich geschrieben, z.B. 1983 von Cantor und Pingree (Vgl. Cantor/Pingree: 22). Torsten Voß schlägt in seinem (in diesem Sammelband integrierten) Aufsatz „Liebe und Intrige intermedial" vor, „Figurenkonstellationen, Konfliktpotentiale, Akt- und Episodeneinteilung" sowie den „Stellenwert der (groß-)bürgerlichen Familie als zentraler Handlungsträger im Spiel von Liebe, Intrige und Hiebe bzw. von *Sex und Crime*" als Parameter für einen Vergleich zu nutzen (Voß: 28f.).

7) Etwas enttäuschend ist, dass der Bezug zwischen der Speisenfolge und den jeweils behandelten Themen bloße Spielerei in der Tradition der *TV Show-Themed Cookbooks* zu sein scheint. Mögen Religion und „Vino" noch recht harmonisch zu vereinen sein, zeugt doch spätestens die Einordnung der Ästhetik in die Kategorie ‚Beilage' (So die Übersetzung von „Contorno") vom mangelndem Feingefühl der Herausgeber.

It Seems, erschien 2010 bei Blackwell (Carveth/South). Behandelt werden hier u.a. Fragestellungen zu Wissen und Freiheit sowie Probleme der Semiotik, Ethik und Sozialphilosophie. Es liegt nahe, in einer Serie über Werbung, Marktmacht und hegemoniale Männlichkeit Fragen von Konsumkritik und Ethik des Kapitalmarktes zu verhandeln, wie es beispielsweise der Artikel „‚You're looking in the wrong direction. *Mad Men* and the Ethics of Advertising'" (Barkman) versucht. Der *And Philosophy...*-Band über *Mad Men* stellt auch das promiske, sexistische, teils homophobe und rassistische Verhalten der Protagonisten der Fernsehserie unter Beobachtung, was sich in Aufsatztiteln wie „Is Don Draper a Good Man?" (Terjesen) oder „‚We've Got Bigger Problems to Worry about Than TV, Okay?' *Mad Men* and Race" (Carveth) zeigt.

George Dunn nimmt sich in seinem Essay mit dem etwas sperrigen Titel „‚People Want to Be Told What to Do So Badly That They'll Listen to Anyone.' Mimetic Madness at Sterling Cooper" der fälschlicherweise unterstellten Authentizität der Serie an, deren aufwändig gestaltete Kulissen oft als besonders realistisch gepriesen werden. Dunn stellt fest, dass diese Fehlinterpretation viel über das Fernsehverhalten der Rezensenten aussagt. Die Fernsehserie verfolgt das Prinzip der Mimesis und liefert so einen Beleg für das Zutreffen von Platons Befürchtung, die „mimetische Perfektion" der populären Kultur zerstöre die Fähigkeit des Publikums, Illusion und Realität zu unterscheiden (Vgl. Dunn: 21). Die Tatsache, dass Zuschauer als leidenschaftliche Fans einer Serie diese ohnehin weniger kritisch als vielmehr von Emotionen geleitet betrachteten, verschärfe das Problem nur. Dunn erinnert jedoch auch daran, dass bereits Platons Schüler Aristoteles auf die positive moralische Beeinflussung der menschlichen Seele durch mimetische Effekte des Dramas hinwies (Vgl. Dunn: 28).

Die Beobachtung, dass Logik schärfer schneidet als Schwerter wird im Band zur Fernsehserie *Game of Thrones* gemacht. *Game of Thrones and Philosophy. Logic Cuts Deeper Than Swords* (Jacoby) erschien im Jahr 2012 als 30. Band der Blackwell-Reihe. Der literarischen Vorlage von George R. R. Martins *A Song of Ice and Fire* folgend, verzichtet die HBO-Serie weitgehend auf die Darstellung klarer Antagonisten und setzt bewusst auf eine Verzerrung von Gut und Böse. Da die Serie aber größtenteils von den dynastischen Konflikten zwischen den sieben Königreichen von Westeros handelt, wird in der philosophischen Auseinandersetzung auch politische Philosophie berücksichtigt. *Game of Thrones and Philosophy* besteht aus fünf Teilen, die sich u.a. mit Spieltheorie und der Theorie des

gerechten Krieges, Idealismus und dem Glück als höchstem Gut sowie Metaphysik und der Frage nach der Wahrheit beschäftigen. Auch hier stehen wieder moralische Werte und die philosophische Ethik im Vordergrund, wie z.B. in Daniel Haas' Aufsatz „Why Should Joffrey Be Moral If He Has Already Won the Game of Thrones?". Der Kampf um *virtù* und *fortuna* zwischen den Häusern Targaryen, Baratheon und Stark gleicht dem Kampf um Macht im Italien der Renaissance und lädt dazu ein, das unablässig von Kriegen und politischen Ränkespielen zerrüttete Westeros mit Machiavelli zu interpretieren (wie in Marcus Schulzkes „Playing the Game of Thrones. Some Lessons from Macchiavelli").
Die angeführten Beispiele zeigen deutlich, wie Philosophie in den *And Philosophy*-Bänden verstanden wird. Die besprochenen Fernsehserien werden als hochkomplexe Forschungsobjekte präsentiert, die mit nicht minder komplexen philosophischen Konzepten ausgelegt werden. Die wenigsten Aufsätze nehmen sich jedoch der analytischen Philosophie an und verharren stattdessen vor allem bei ‚lebensnahen' Bereichen wie Ethik. Dabei sollen die Bände durchweg unterhalten, wie die zahlreichen Wortspiele und Zitate aus den Serien sowie intertextuelle Verweise auf andere Serien und populäre Kulturprodukte zeigen. Dass dieses Konzept auf die meisten Fernsehserien angewendet werden kann, zeigt die reichhaltige Publikationsliste von Blackwell und anderen. Der Beweis für die Eignung des philosophischen Rahmens als Forschungsmatrix kann aber auch erbracht werden, indem man eine beliebige Serie dem *And Philosophy*-Schema entsprechend aufzubereiten versucht. Das funktioniert auch mit Serien, die nicht zwingend als „Qualitätsserie" gehandelt werden, wie folgendes Gedankenexperiment verdeutlicht.

Fringe Philosophy
Um zu prüfen, ob die Qualität einer TV-Serie anhand der ihr zugrunde liegenden philosophischen Haltung festgestellt werden kann, soll die Science Fiction-Serie *Fringe* als Beispiel dienen. Bislang ist die Serie, die von J. J. Abrams, Alex Kurtzman und Roberto Orci für Fox Broadcasting produziert wurde und die zwischen 2008 und 2013 in 100 Folgen und fünf Staffeln lief, noch nicht in den *And Philosophy*-Kanon aufgenommen worden. Sieht man sich die in der Serie verhandelten Themen genauer an, erweisen sie sich als überraschend komplex. Rankt sich die Narration in den ersten Staffeln noch hauptsächlich um einen *Mystery of the Week*-Plot, wird die Erzählung in späteren Staffeln dichter und weniger epi-

sodenhaft, langfristiger angelegte Handlungsverläufe rücken in den Vordergrund. Die Struktur der Erzählung erinnert an eine Versuchsanordnung, in der die ganze Welt unter dem Mikroskop betrachtet wird und man unterschiedliche Szenarien mit verschiedenen Parametern *ceteris paribus* durchspielen kann. Zu diesem Zweck operiert die Serie dann mit zwei parallelen Universen, die einander gegenübergestellt werden. Eindringliche visuelle Merkmale verdeutlichen, in welchem der Universen man sich gerade befindet. So ist beispielsweise im Paralleluniversum die kupferne Hülle der Freiheitsstaue in New York nicht von Grünspan angegriffen; die Zwillingstürme des World Trade Center stehen unberührt im Financial District. Solche Visualisierungen laden den Zuschauer zu ‚Was wäre wenn'-Überlegungen ein und regen so einen philosophischen Diskurs an.

Interessanterweise wird die Handlung mit der Entwicklung von der *Series* hin zum *Serial* auch philosophisch anspruchsvoller. Das zeigt sich in den *Opening Credits* der Serie, die mit eingeblendeten Schlagworten auf die wichtigsten Bereiche der *Fringe Science* hinweisen, die in den jeweiligen Staffeln erörtert werden. Während in der ersten Staffel noch eher traditionelle Science Fiction-Themen wie künstliche Intelligenz, Nanotechnologie und Psychokinese behandelt werden, thematisiert die zweite Staffel die bereits erwähnten Paralleluniversen und damit verbundene Probleme wie Quantenverschränkung oder Zeitparadoxe, aber auch astrale Projektion und Gentechnologie, also Bereiche der ‚Naturwissenschaften', die ethische und moralische Fragen nachgerade herausfordern. In den darauffolgenden Staffeln geht es dann immer mehr um Probleme wie menschliche Einzigartigkeit und Transzendenz. Interessant — oder beruhigend — ist die Tatsache, dass man sich offensichtlich im erzählten Paralleluniversum mit denselben Fragen befasst, wie in der Welt, die in der Serie ‚our world' heißt. Anders ist der Fall in den weiteren inszenierten Welten gelagert, die sich aber nicht räumlich, sondern zeitlich von der unsrigen unterscheiden. Die dritte Staffel spielt in einer dystopischen Zukunft im Jahr 2026, in der Themen wie Zellerneuerung und Chaostheorie, im Speziellen aber klassisch dystopische Probleme wie Wassermangel dominieren. Die letzte Staffel handelt schließlich von einer noch weiter entfernten Zukunft im Jahre 2036. Die Helden der Serie sehen sich hier mit einem faschistischen Regime von außerirdischen Invasoren konfrontiert, eine Wandlung des Plots, die dem *Trash*-Charakter der Serie durchaus gerecht wird. In dieser Staffel kann man nun eine klare Entwicklung von eher physischen hin zu metaphysischen Angelegenheiten erkennen, es geht z.B. um Gemeinschaft, Individualität, und den freien Willen. Diese thematischen Schwerpunktsetzungen wirken beinahe wie eine Einladung zum Philosophieren, fast so, als habe man sich beim Schreiben der *Screen Plays* überlegt, welche philosophischen Überlegungen ein *And Philosophy*-Band zu der Serie anstellen könnte.

In der Tat kann man also *Fringe* als philosophisches Material behandeln. Die im Science Fiction-Genre beliebte Metapher des ‚Gehirns im Tank' wird in vielen Folgen der Serie abgerufen, um Probleme von virtueller Realität und Bewusstsein zu beleuchten. In der Zukunft, wie Abrams et al. sie sich vorstellen, stellen sich die Charaktere jedoch auch grundsätzlichen Fragen der menschlichen Existenz. Der zentrale Konflikt entsteht in der Serie aus dem Versuch eines Vaters seinen Sohn zu retten. Der Wissenschaftler verändert den natürlichen Lauf der Dinge, was in der Koexistenz zweier paralleler Universen resultiert und in der Konsequenz die gesamte Menschheit ins Verderben zu stürzen droht. Im Endeffekt dreht sich also die ganze Serie um ein bekanntes ethisches Experiment, das so genannte Trolley-Problem, in welchem der Fahrer einer Straßenbahn zwischen der Möglichkeit wählen muss, entweder fünf Menschen, die auf den Schienen festgebunden sind, zu überfahren oder auszuweichen und einen Mann zu töten, der sich auf den alternativen Schienen befindet. Es existieren Variationen dieses Problems, die an die Ausgangssituation in *Fringe* erinnern, in denen beispielsweise die Mutter oder Frau des Straßenbahnführers auf den Ausweichschienen liegt (Vgl. Bleske-Rechek: 116).

Es fällt in diesem Fall leicht, sich einen Band mit dem Titel *Fringe and Philosophy* vorzustellen. Entsprechende Essays sollten sich u.a. mit ethischen Problemen der Gentechnologie, Menschenversuchen oder Hybris und dem Frankenstein-Komplex beschäftigen. Ergänzt um kreative Überschriften mit Zitaten aus der Serie und einem reißerischen Untertitel (wie wäre es mit *Universes Collide*?) könnte man mit einem solchen Projekt bei Blackwell vorstellig werden.

Quality Thinking and Thinking Quality

Anhand der vorangegangenen Beispiele kann man die *And Philosophy*-Formel gut nachvollziehen. Eine knackige Überschrift leitet einen eher konservativen Zugriff auf klassische Denkmodelle ein. Die Aufsätze in den Bänden decken ein breites Spektrum an philosophischen Themen wie Ästhetik, Werttheorie, Metaphysik, Epistemologie, Sprachphilosophie, Feministische Kritik, Politik und Religion ab. Bleibt die Frage, wer von dieser Liaison am meisten profitiert: Die Philosophie oder die jeweils als Untersuchungsgegenstand dienenden TV-Serien. William Irwin jedenfalls spricht sich klar für das *And Philosophy*-Konzept und gegen eine „philosophy of popular culture" aus. Er warnt:

> [A] ‚philosophy of' is not for the public but for the academic. The surest way to lose a comedy fan's attention is to discuss the philosophy of comedy. So too the surest way to lose the general populace's attention is to talk about philosophy of popular culture, if there even is such a thing. (Irwin 2007: 57)

Bei aller Liebe fordert Irwin, die Philosophie solle die populären Texte weiterhin nur zu Erklärungszwecken heranziehen, auf Populärkultur wie Fernsehserien die gleichen methodologischen Parameter ansetzen wie auf alle anderen ästhetischen Phänomene (Vgl. ebd.: 56). Ähnlich wie Bassham und Austin sieht auch Carolyn Korsmeyer den offensichtlichsten Nutzen der Verbindung Philosophie/Populärkultur in ihrem pädagogischen Potential (Vgl. Korsmeyer: 27). Sie attestiert der Fernsehserie, dass sie Probleme komplexer illustriert, als es in philosophischen Erläuterungen üblich ist:

> Indeed, considered simply as illustrations that illuminate standard philosophical issues, story lines are usually superior to the examples commonly introduced into philosophical texts, such as familiar farfetched thought experiments about brains in vats, twin earths and runaway trolleys. (Korsmeyer: 27)

Diese Aussage ist einerseits natürlich erstaunlich, wenn man bedenkt, dass die Serie *Fringe*, wie gezeigt wurde, sich exakt dieser Probleme annimmt. Andererseits scheinen TV-Serien weit vielschichtiger zu sein, als die *And Philosophy*-Abhandlungen, in deren Mittelpunkt sie stehen.
Zeigt sich hier also eher ein Vorteil für die Philosophie, die das mimetische Potential der Fernsehserie für ‚lebensnahe' Beispiele zur Veranschaulichung abstrakter Ideen nutzt, oder kann im Gegenzug philosophisches Interesse als Kriterium für die Zuschreibung des Begriffs Quality auf Fernsehserien nützlich sein? Richard Greene und Peter Vernezze konstatieren in ihrer Einführung in den Band *The Sopranos and Philosophy* genau dieses wechselseitige Nutzenverhältnis: „Pop culture provides a rich background for philosophical investigation, while important philosophical concepts serve to make-up part of the complex tapestry that is pop culture." (Greene/Vernezze: 2)
Literarische Texte werden schon lange für das Theoretisieren philosophischer Fragen nutzbar gemacht. Fernsehserien, wie serielle Narration überhaupt, haben

aber den Vorteil, dass über die Erzähllänge Raum für komplexe Handlungsstränge, Erzählmuster und dementsprechend auch kniffelige Themen entsteht. Die detaillierte und dennoch punktgenaue Analyse aktueller gesellschaftlicher Entwicklungen ist ein herausstechendes Merkmal vieler Serien. Ebenso die liebevolle Entwicklung der Charaktere sowie Präzision im Hinblick auf Sprache, Setting und Erzählperspektive (Vgl. Thompson: 14f.). Auch hier zeigt sich wieder, dass die Fernsehserie zu Recht als legitimer Nachfolger des Romans gilt. So nehmen sich viele Qualitätsserien die Zeit, unangenehme Themen bis zur Schmerzgrenze auszuerzählen, die Welt als ein Laboratorium zu betrachten und verschiedene Perspektiven auszuprobieren. Diese Experimentierfreudigkeit haben sie durchaus mit der Philosophie gemein. Auch ist davon auszugehen, dass die Schöpfer komplexer Serien sich des teils akademischen, immer jedoch kritischen Publikums durchaus bewusst sind. Nicht zuletzt deshalb spielen Serien wie *Fringe* mit philosophischen Konzepten oder entleihen wie *Lost* gar die Namen der Protagonisten aus dem *Who's who* der Philosophiegeschichte (Vgl. Parker) und erlangen so eine zusätzliche Qualität.

Der Versuch, durch philosophische Auseinandersetzung Qualität zu prädizieren gelingt also schon. Da sich jedoch auch in als minderwertig belächelten Formaten wie *Fringe* nachweislich genug Material für eine entsprechende Lesart findet, ist dies wohl kein Garant für die Zuschreibung des Begriffs ‚Qualität'. Überhaupt scheint es sich bei der Verbindung von Populärkultur und Philosophie nicht wirklich um eine Liebesbeziehung, sondern eher um eine Geschäftsbeziehung, ein gegenseitiges Stichwortgeben zu handeln. Solange Fernsehserien sich also mit den großen philosophischen Fragen der Gesellschaft beschäftigen, erhalten Philosophen neues Anschauungsmaterial, und solange Philosophen in den Untiefen des Denkbaren schürfen, werden Fernsehmacher Stoffe für neue Serien finden.

Serien
Deadwood. David Milch (Cr.). HBO, 2004-2006.
Fringe [*- Grenzfälle des FBI*]. J.J. Abrams, Alex Kurtzman, Roberto Orci (Crs.). Fox, 2008-2013.
Lost. J.J. Abrams, Jeffrey Lieber, Damon Lindelof (Crs.). ABC, 2004-2010.
The Wire. David Simon (Cr.). HBO, 2002-2008.

Sekundärliteratur

And Philosophy-Homepage. <http://andphilosophy.com/> (Abgerufen am 11.12. 2013).

Austin, Michael W. und Gregory Bassham: „Popular Culture in the Philosophy Classroom. A Modest Defense." In: *APA Newsletter* 8.1 (2008), S. 6-9.

Barkman, Adam: „,You're looking in the wrong direction.' ‚Mad Men' and the Ethics of Advertising." In: Carveth, Rod und James B. South (Hgg.): *Mad Men and Philosophy. Nothing Is as It Seems.* Hoboken 2010, S. 141-153.

Beer, David, Roger Burrows und Ruth Penfold-Mounce: „,The Wire' as Social Science-fiction?" In: *Sociology* 45 (2011), S. 152-167.

Bleske-Rechek, April et al.: „Evolution and the Trolley Problem." In: *Journal of Social, Evolutionary, and Cultural Psychology* 4.3 (2010), S. 115-127.

Cantor, Muriel G. und Suzanne Pingree: *The Soap Opera.* Beverly Hills 1983.

Carveth, Rod und James B. South (Hg.): *‚Mad Men' and Philosophy. Nothing Is as It Seems.* Hoboken 2010.

Carveth, Rod: „,We've Got Bigger Problems to Worry about Than TV, Okay?' Mad Men and Race." In: Ders. und James B. South (Hgg.): *‚Mad Men' and Philosophy. Nothing Is as It Seems.* Hoboken 2010, S. 217-227.

Cassidy, Lisa: „Is Carmela Soprano a Feminist? Carmela's Care Ethics." In: Greene, Richard und Peter Vernezze (Hgg.): *‚The Sopranos' and Philosophy. I Kill Therefore I Am.* Chicago, S. 97-107.

Dunn, George A.: „,People Want to Be Told What to Do So Badly That They'll Listen to Anyone.' Mimetic Madness at Sterling Cooper." In: Carveth, Rod und James B. South (Hgg.): *‚Mad Men' and Philosophy. Nothing Is as It Seems.* Hoboken 2010, S. 20-33.

Edmonds, David und John Eidinow: *Wittgenstein's Poker. The Story of a Ten-Minute Argument Between Two Great Philosophers.* London 2001.

Eschkötter, Daniel: *‚The Wire'.* Zürich 2012.

Gaarder, Jostein: *Sophies Welt.* München 1998.

Greene, Richard und Peter Vernezze (Hgg.): *‚The Sopranos' and Philosophy. I Kill Therefore I Am.* Chicago 2004.

Gini, Al: „Bada-Being and Nothingness. Murderous Melodrama or Morality Play?" In: Greene, Richard und Peter Vernezze (Hgg.): *‚The Sopranos' and Philosophy. I Kill Therefore I Am.* Chicago 2004, S. 7-14.

Haas, Daniel: „Why Should Joffrey Be Moral If He Has Already Won the Game of

Thrones?" In: Jacoby, Henry (Hg.): ‚*Game of Thrones' and Philosophy. Logic Cuts Deeper Than Swords*. Hoboken 2012, S. 169-182.

Irwin, William (2007): „Philosophy as/and/of Popular Culture." In: Ders. und Jorge J.E. Gracia (Hgg.): *Philosophy and the Interpretation of Pop Culture.* Lanham, S. 41-63.

— (2013): „Letter From the Series Editor." *And Philosophy Homepage.* <http://andphilosophy.com/the-series/> (Abgerufen am 11.12.2013).

Jacoby, Henry (Hg.): ‚*Game of Thrones' and Philosophy. Logic Cuts Deeper Than Swords*. Hoboken 2012.

Jenkins, Henry: *Textual Poachers. Television Fans and Participatory Culture.* New York 1992.

Kelleter, Frank: „Populäre Serialität. Eine Einführung." In: Ders. (Hg.) *Populäre Serialität: Narration – Evolution – Distinktion.* Bielefeld 2012, S. 11-46.

Korsmeyer, Carolyn: „Philosophy and the Probable Impossible." In: Irwin, William und Jorge J.E. Gracia (Hgg.): *Philosophy and the Interpretation of Pop Culture.* Lanham 2007, S. 21-40.

Lintott, Sheila: „Tony Soprano's Moral Sympathy (Or Lack Thereof). ‚The Sopranos' and Subjectivist Ethics." In: Greene, Richard und Peter Vernezze (Hgg.): ‚*The Sopranos' and Philosophy. I Kill Therefore I Am.* Chicago 2004, S. 72-80.

Lippman, Mike: „‚Know Thyself, Asshole.' Tony Soprano as an Aristotelian Tragic Hero". In: Greene, Richard und Peter Vernezze (Hgg.): ‚*The Sopranos' and Philosophy. I Kill Therefore I Am.* Chicago 2004, S. 147-156.

Open Court Publishing-Homepage. <http://www.opencourtbooks.com> (Abgerufen am 11.12.2013).

Parker, Scott F.: Appendix „Who Are Locke, Hume, and Rousseau?" In: Kaye, Sharon: *The Ultimate Lost and Philosophy.* Hoboken 2011, S. 321-339.

Reisch, George: „A Message From the Series Editor." *Open Court Publishing Homepage.* <http://www.opencourtbooks.com/categories/pcp.htm> (Abgerufen am 11.12.2013).

Schulzke, Marcus: „Playing the Game of Thrones. Some Lessons from Macchiavelli". In: Jacoby, Henry (Hg.): ‚*Game of Thrones' and Philosophy. Logic Cuts Deeper Than Swords*. Hoboken 2012, S. 33-48.

Schwägerl, Christian: „Schröder verspricht ‚Leuchttürme der Wissenschaft'." *FAZ Online.* <http://www.faz.net/aktuell/politik/elite-universitaeten-schroeder-verspricht-leuchttuerme-der-wissenschaft-1229515.html> (Abgerufen am

10.12.2013).

Terjesen, Andrew: „Is Don Draper a Good Man?" In: Carveth, Rod und James B. South (Hgg.): *‚Mad Men' and Philosophy. Nothing Is as It Seems.* Hoboken 2010, S. 154-167.

Thompson, Robert J.: *Television's Second Golden Age. From ‚Hill Street Blues' to ‚ER'.* New York 1996.

University Press of Kentucky-Homepage. <http://www.kentuckypress.com/live/series_detail.php?seriesID=PPCS> (Abgerufen am 12.12.2013).

Vincent, Norah: „Hop on Pop. Lear, ‚Seinfeld', and the Dumbing Down of the Academy". *The Village Voice Online.* <http://www.villagevoice.com/2000-02-01/nyc-life/hop-on-pop/> (Abgerufen am 10.12.2013).

Voß, Torsten: „Liebe und Intrige intermedial. Vom bürgerlichen Trauerspiel zur Soap Opera." In: Nesselhauf, Jonas und Markus Schleich (Hgg.): *Quality-TV. Die narrative Spielwiese des 21. Jahrhunderts?!* Münster 2014, S. 27-49.

Wiley-VCH Verlag-Homepage. <http://www.wiley-vch.de/publish/dt/books/highlights/?sID=1kt91r2feev3ijjofrkdgdppd5#PL00> (Abgerufen am 29.12.2013).

Serial Frame: Text im Kontext

Julian Gärtner

Zur Unzuverlässigkeit des Serien-Intros am Beispiel von *Dexter*

Parallel zur Entwicklung der Serien sind auch die dazugehörigen Serien-Intros seit geraumer Zeit mit mehr und mehr Aufwand produziert worden. Immer häufiger loten sie ihre Mittel als Paratext im *Serial Frame* aus und kokettieren mit den Erwartungen des Zuschauers. So ist etwa auch die „Unzuverlässigkeit" des Serien-Intros Teil dieses neuen Phänomens. Trotzdem möchte der Beitrag das Intro nicht vorschnell als *Trompe-l'Œil*, als trügerisches Beiwerk der Serie, herabsetzen, sondern sich in zwei Teilen kritisch damit beschäftigen, inwieweit sich mit „Unzuverlässigkeit" über Kunst, insbesondere über ein Intro, sprechen lässt.
Zunächst ist die Frage offen, was „unzuverlässiges Erzählen" in der Literatur- und Filmwissenschaft bedeutet und ob ein entsprechendes Konzept auch auf das Serien-Intro anwendbar ist. Anschließend soll am Beispiel der TV-Serie *Dexter* geklärt werden, ob und wie sich dort von „unzuverlässigem Erzählen" sprechen lässt. Auf den ersten Blick zeigt die „Morning Routine"-Sequenz den Hauptprotagonisten lediglich bei seiner allmorgendlichen Routine, doch bereits hier lassen sich bei genauerem Hinsehen wichtige Indikatoren für „unzuverlässiges Erzählen" finden. Dazu soll das Serien-Intro analysiert werden: Was ist dort zu sehen und welche Mittel setzt es zum Erzählen ein?

Gegen Unzuverlässigkeit

„Unzuverlässigkeit" liegt schwer im Magen, es ist ein Wort mit *haut goût*: Die einen sagen, dass von ihm ein Geruch beißender Fäule ausgehe, die anderen schätzen ihn seines besonderen Aromas wegen. In ihrem Essay *Gegen Interpreta-

tion von 1966 hat Susan Sontag hilfreiche Gedanken formuliert, unter deren Zuhilfenahme sich kritisch mit „Unzuverlässigkeit" und ihrer Erforschung umgehen lässt: Interessanterweise fällt in die gleiche Zeit, in der Wayne Booth das Konzept des „unzuverlässigen Erzählens" prägt, Susan Sontags Essay, in dem sie ihrem Unbehagen am gegenwärtigen Umgang mit Kunst Ausdruck verleiht. Bei Booth ist „Unzuverlässigkeit" vor allem ein der Ironie verwandtes, textinternes Phänomen, das, um mit Sontag zu sprechen, der Kunst eine Rechtfertigung abverlangt (Vgl. Sontag: 11). Der Erzähler[1] verstößt dabei gegen die Normen des Werks bzw. des *Implied Authors*, einer von Booth eingeführten Instanz, die zwar keine eigene Stimme im Text hat, aber für Design des Werks verantwortlich ist. Dem Leser kommen so Zusatzinformationen zu, mit denen er den Erzähler als „unzuverlässig" hinsichtlich seiner Moral oder Erkenntnisfähigkeit entlarven kann. Booths Konzept des „Unzuverlässigen Erzählens" lässt sich also insoweit als mimetisch verstehen, als dass es den Abgleich mit der Wirklichkeit des Lesers sucht und somit den Wert der Kunst an sich in Frage stellt, in dem es sie unter Verdacht stellt, weder wahr noch nützlich zu sein (Vgl. ebd.). Gleiches meint Solbach, der den *Implied Author* als eine beruhigende Instanz karikiert, durch die der Erzähler machen könne, was er wolle, da der *Implied Author* ohnehin für einen sozial und kognitiv affirmativen Sinn aufkäme (Vgl. Solbach: 60). Auch Koebner bemängelt, dass dem „unzuverlässigen" Erzähler ein Realismus-Konzept des 19. Jahrhunderts zugrunde liege (Vgl. Koebner: 20).[2]

Durch den Begriff der „Unzuverlässigkeit", wie ihn Booth versteht, wird Kunst verteidigungsbedürftig: Ihm liegt die strikte Trennung von Inhalt und Form zugrunde. Sontag argumentiert, dass dadurch ein Bedürfnis nach einer Interpretation ausgelöst würde, die in einer Art Übersetzungsarbeit den Text selbst umformt (Vgl. Sontag: 13f.). Wenn man über einen Text als „unzuverlässig" spricht, schwingt bereits die Grundannahme der Zuverlässigkeit mit, oder anders gesagt, eine Interpretation, die zumeist feindlich und pejorativ ist. Auch Nünning geht in seinem hilfreichen Beitrag von der Annahme der Zuverlässigkeit aus, jedoch weist er den *Implied Author* zurück und versteht „Unzuverlässigkeit" als subjek-

---

1) Bei Booth sind damit zuvörderst homodiegetische, offen-explizite Erzählsituationen gemeint, in denen es Kommentare, Bewertungen und Interpretation, sowie Personen mit auffälligem Verhalten gibt (Vgl. Booth: 261).
2) Interessant wäre zu erfahren, welche Konnotation WissenschaftlerInnen aus dem „Unzuverlässigen Erzählen" im Einzelnen herauslesen und wie sie diese begründen. Koebner zeigt z.B. eine kritische Distanz zur „Unzuverlässigkeit" bereits durch die Guillemets im Titel seines Beitrags an.

tive Projektion des Lesers, mit der er Ambiguitäten und Inkonsistenzen auflöst (Vgl. Nünning: 54). Nünning nimmt an, dass eine einseitige Beschreibung des Textes auf werkinterner Ebene nicht mehr hinreichend ist. Stattdessen nimmt er bspw. das Weltwissen, die historischen Wirklichkeitsmodelle, Persönlichkeitstheorien, gesellschaftlich anerkannte Theorien zur psychologischen Normalität, sowie gesellschaftliche und persönliche Wert- und Normsysteme mit in seine Anschauung auf, die beim Leser dazu führen können einen Erzähler als „unzuverlässig" einzustufen (Vgl. ebd.: 67f.). Allerdings konstatiert Solbach, dass Nünning hier „im Kern mit inhaltlichen Fragen operiert" (Solbach: 62). Susan Sontag zufolge geht mit der Überbetonung des Inhalts stets das nie erlahmende Streben nach Interpretation einher, das von der Diskrepanz zwischen der offensichtlichen Bedeutung des Textes und den Ansprüchen des Lesers herrührt (Vgl. Sontag: 13f.). Lässt sich die Beschäftigung der Wissenschaft mit der „Unzuverlässigkeit" also als „Rache des Intellekts" (Ebd.: 15) an der Kunst verstehen?[3]

Interpretation ist laut Sontag auch eine „radikale Taktik der Konservierung" (Ebd.: 14), mit der sich die offensichtliche, aber unannehmbar gewordene Bedeutung eines Textes bewahren lässt, der nicht mehr fallen gelassen werden kann (Ebd.). Bezeichnenderweise hat sich auch die Filmforschung der „Unzuverlässigkeit" angenommen: Man könnte sagen, dass sie damit — im übertragenen Sinne — gewaltsam an der Lasche einer Blechkonserve reißt, auf deren Etikett das Eingelegte bekömmlicher zu sein verspricht, als der ölige Inhalt letztlich ist. Hier entsteht der *haut goût*. Ferenz etwa sieht diese Problematik. Er macht bislang vier Felder in der Filmforschung aus und unterscheidet Beiträge, die sich auf das Verhältnis von *Sound-* und *Image-Track* spezialisieren, sich auf homodiegetische Erzähler, Adaptionen oder den *Cinematic Narrator* konzentrieren (Vgl. Ferenz: 35). Ferenz hält lediglich den pseudo-diegetischen Charaktererzähler für ausreichend als „unzuverlässig" beschreibbar. Im Gegensatz zum *Cinematic Narrator*, der unpersönlichen Erzählinstanz im Film, könne man ihn als einen persönlichen Erzähler für die Erzählung verantwortlich machen. In allen weiteren Fällen seien kontextuelle Erklärungsmöglichkeiten, wie etwa das Genre

---

3) Auffällig ist, dass es Nünning im hier zitierten Beitrag gelingt, über „Unzuverlässigkeit" zu sprechen, ohne je einmal über ein literarisches Werk o.Ä. konkret zu sprechen. Nichtsdestotrotz schafft Nünning den theoretischen Rahmen, mit dem sich die impliziten und expliziten Annahmen des Lesers entschlüsseln lassen.

oder das Unheimliche hinreichend (Vgl. Ferenz: 46). Mit Susan Sontag lässt sich auf zwei Ebenen argumentieren, dass die Filmwissenschaft versucht, sich „aggressiv" und „respektlos" hinter den Text zu graben (Vgl. Sontag: 14f.): Einerseits will sie das Phänomen der „Unzuverlässigkeit" neu für sich formulieren und versucht andererseits gleichzeitig, einen neuen Untertext ihres Repertoires aufzuzeigen, um ihn damit weiterhin interessant zu halten.

Kiefer sieht das ähnlich; er deutet das vermehrte Sprechen über „Unzuverlässigkeit" als eine Verunsicherung im Akt der Rezeption selbst (Vgl. Kiefer: 72), oder, mit Sontag gesprochen, als eine Möglichkeit, den Zuschauer nervös zu machen. Sontags Kritik, nach der sich „Unzuverlässigkeit" als Strategie verstehen lässt, ein Kunstwerk zu zähmen, es manipulierbar und bequem zu machen (Vgl. Sontag: 16), mag noch für Booth gelten, jedoch nicht für Kiefer. Nach Kiefer erfährt der Zuschauer die eigene Rezeption als rätselhaft und hypothetisch (Vgl. Kiefer: 73f.). Eine puritanische Vertragssicherheit lässt sich nicht mehr aufrechterhalten. Es ist unentscheidbar, ob nun das Kunstwerk oder der Zuschauer selbst „unzuverlässig" im Sinne der Anklage ist: „Unzuverlässigkeit" oszilliert zwischen beiden Positionen. Kiefer löst die Frage danach, ob sich „Unzuverlässigkeit" denn dann überhaupt noch wahrnehmen ließe, im Rekurs auf Wolfgang Isers „Anschauungsbegehren", dem Verlagen des Zuschauers danach herauszufinden, was die Erfahrung der ganzen Welt unmöglich macht (Vgl. ebd.: 77). Vielleicht lässt sich in Bezug auf die TV-Serie besonders hiervon ausgehen. Diederichsen etwa behauptet, dass es beim Schauen einer TV-Serie um den Widerstreit von Ähnlichkeit und Unterbrechung des Alltags gehe: „Man will sich das viel zu schnell den ganzen Tag vorbeirauschende Leben noch einmal in Ruhe anschauen. [...] Halt ein, bewegtes Bild! Halt ein, bewegtes Leben!" (Diederichsen: 54) Dementsprechend sagt Susan Sontag, dass Interpretationen, die zwanghaft von einem Konzept ausgehen, der Kunst Gewalt antäten und letztlich auf die Unzufriedenheit des Zuschauers zurückverweisen (Vgl. Sontag: 18).[4]

In Anlehnung an Nünning und Wall stellt Kiefer die These auf, dass sich von „Unzuverlässigkeit" sprechen lässt, wenn einerseits Indizien bezeichenbar sind, die beim Zuschauer seines Wissens wegen den begründeten Eindruck der „Un-

---

[4] Sontag behauptet, dass Interpretationen dieser Art Kunst zum Gebrauchsgegenstand machen, der sich in feste, geistige Kategorien einordnen lasse (Vgl. Sontag: 18). Ist vielleicht in der Wandlung der TV-Serie zur Serien-Box ebensolches passiert? Sind die vermehrten Beiträge zur Serie dadurch zu erklären, dass die Serie (gebrauchs-)gegenständlich geworden ist?

zuverlässigkeit" entsteht lässt[5] und andererseits, wenn das Verhältnis von narrativer Realität und dem Subjekt außer Balance gerät, etwa wenn die Individuen angezweifelt werden (Vgl. Kiefer: 76). Mit Sontag ließe sich die Überlegung anstellen, ob das Werk dadurch, dass es ebensolche Indizien gar zu offensichtlich präsentiert, versucht, sich der Interpretation der „Unzuverlässigkeit" zu entziehen, indem es deren Mittel parodiert (Vgl. Sontag: 18). Zu den Kunstwerken, die die Möglichkeit haben, ihren Interpreten durch ihre Eindeutigkeit, sprich mit Hilfe ihrer geschlossenen Oberfläche und ihrer Klarheit, zu entgehen, zählt Sontag besonders den Film (Vgl. ebd.: 19). Ist es an dieser Stelle vielleicht also möglich, dass sich gewisse Serien bislang eben dieses Effekts bedienen?[6] Susan Sontags Forderung nach einer „Erotik der Kunst" (Ebd.: 22), lässt sich also mit Kiefers obigen Thesen vereinen. Beherzigt man Sontags Vorschläge, lässt sich über „Unzuverlässigkeit" in der Serie wie folgt sprechen: Es muss sich um ein beschreibendes Vokabular bemüht werden, das „Unzuverlässigkeit" zunächst als ein die Form betreffendes und erst dann als ein inhaltliches Phänomen versteht. Dieser Eindruck der „Unzuverlässigkeit" kann durch die Verschmelzung beider begründet werden, aber dennoch muss eine „präzise, scharfsichtige und liebevolle" Betrachtung (Ebd.: 21) auch ihre eigenen Annahmen offenlegen, d.h. einsichtig machen, weshalb sich in Rückbezug auf Weltwissen o.Ä. eine Stelle als „unzuverlässig" verstehen lässt.

Serial Killer
Dexter ist eine US-amerikanische TV-Serie von 2006, die seit 2008 auch in Deutschland zu sehen ist. Der Titel von Eric Andersons Intro von *Dexter* lautet „Morning Routine". Wenn man noch nicht weiß, dass es sich bei Dexter um einen Serienmörder handelt, lässt sich wörtlich genommen nicht darauf schließen, dass es sich um mehr, als um die allmorgendlichen Abläufe einer Person handeln könnte. Die lateinische Wurzel des Namens Dexter bedeutet soviel wie rechtsseitig oder recht, aber auch geschickt und vom Glück begünstigt. Man könnte

---
5) Kiefer versteht hierunter vor allem historisches, kulturelles, linguistisches, psychologisches und film- bzw literarhistorisches Wissen (Kiefer: 76).
6) In Bezug auf den Film macht Sontag die Feststellung, dass sich bislang wenige Interpretationen angeschlossen haben. Sie führt das zum einen auf die relative Neuheit des Films und zum anderen auf dessen Geringschätzung zurück. Eine ähnliche Feststellung lässt sich auch für die Serie machen. Ist deren verspäteter Einzug immer noch hinreichend mit den Vorbehalten der „Hoch-" gegenüber der „Massenkultur" deutbar (Vgl. Sontag: 20)? Kiefer versteht die Vermischung beider Ebenen als Dekonstruktion tradierter Arten der Welterzeugung (Vgl. Kiefer: 72).

daraus ablesen, dass es sich dabei wohl um den Protagonisten der Serie handeln muss. Aber liest man im Namen vielleicht auch schon eine Nebenbedeutung, eine Tugendhaftigkeit oder einen Tugendkonflikt des Protagonisten? Dem Serien-Intro jedenfalls hat sich das Produktionsteam von Digital Kitchen angenommen und auch darin, dass dem Intro ein eigener Titel zukommt, besteht eine paratextuelle Besonderheit, die ihm eine gewisse Eigenständigkeit zuerkennt.[7] Es ist sogar so, dass bereits hier in einer raschen Abfolge von Szenen die Zuverlässigkeit des Protagonisten Morgan Dexter unterminiert wird.

In der ersten einer Vielzahl von Detailaufnahmen (00:00-00:13 min.) ist ein Moskito zu sehen, der auf einem Arm sitzt und sich vollsaugt. Zur Instrumentalmusik fährt die Kamera danach in Großaufnahme langsam die Längsseite des Unterarmes hinauf. Das Gesicht einer Person wird im Hintergrund sichtbar, bleibt jedoch unscharf. Von außerhalb des Bildes erschlägt eine Hand blitzschnell den Moskito, der auf dem Arm einen roten Blutfleck hinterlässt. Erst jetzt wird das Gesicht des Hauptprotagonisten im Hintergrund scharf: Er lächelt. Anschließend wird das Serien-Logo von *Dexter* in roter Schrift mit Blutstropfen eingeblendet. Es ist auffällig, dass in der horizontalen Bildkompositon Dexters Gesicht nicht sofort zu sehen ist, sondern erst scharf gestellt wird und selbst dann nicht vollständig zu sehen ist. Es ist also durchaus anfechtbar, ob man hier schon genau weiß, dass Dexter gezeigt wird. Hinzu kommt noch, dass Dexter übergroß zu sein scheint und seine Hand als Quelle des Schlages von außerhalb des Bildes kommt. In „Why do we love Dexter Morgan in the Morning?" schlägt Catalin Brylia vor, dass dem Zuschauer hier ein „object of identity" (Brylia: 2) vorgestellt würde, doch vielmehr wird Dexters Identität zur Debatte gestellt: Der Kameraschwenk entspricht Dexters eingeschränkter Sicht, hier markiert durch den Bildausschnitt. Es zeigt sich darin bereits Dexters Mordtrieb, doch vor allem weist sich Dexter mit dem offensichtlichen Gefallen am Töten des Moskitos darüber hinaus als ethisch unzuverlässig aus, entgegen etwa der Tugendhaftigkeit, die man aus seinem Namen ablesen könnte.

Die beschriebene Szene ähnelt stark dem Film *Barton Fink* der Coen-Brüder von 1991, in dem Barton einen Moskito am Rücken seiner Geliebten zerschlägt und erschrocken feststellt, dass sie tot ist. Seeßeln deutet den Moment, in dem Barton den Moskito umbringt als „Moment der Selbsterkenntnis" (Seeßeln: 230),

---

[7] Davison führt lediglich auf, dass ein Intro Informationen, wie Serientitel, Schauspielernamen, Produzenten und Episodentitel beinhalten kann (Vgl. Davison: 147).

dem Versuch, mit den privaten Dämonen umzugehen: Er führt aus, dass das Böse bei den Coens in Form einer irrealen, mörderischen Projektion bestehe, die aus dem Widerstreit der Macht des einen mit der Angst des anderen konfrontiert (Vgl. ebd.). Im Gegensatz zu Barton, den die Polizei später als Mittäter zu enttarnen versucht, wirkt Dexter jedoch nicht wie die ängstliche, von Träumen geplagte Figur, sondern so, als wäre mit ihm ein griennender Dämon erwacht. Durch diesen Verweis erhält das Intro einen selbstreflexiven Rahmen, der Moment der Selbsterkenntnis und das Geschehen im Intro wird persifliert und dessen Zuverlässigkeit in Frage gestellt.

Die Szenen danach (00:13-00:30 min.) zeigen Dexter in einem *Over-the-Shoulder-Shot*, wie er sich vor einem Spiegel aufrichtet, sein Spiegelbild bleibt jedoch zunächst unscharf. Seine Finger streichen linksseitig über seine Bartstoppeln an Hals und Nacken, wobei die Detailaufnahme so stark ist, dass man die Finger zunächst kaum erkennen kann. Hier ist das entsprechende Geräusch zu hören. In Großaufnahme ist Dexter seitlich von Kinn bis Schulter zu sehen, während er sich mit der rechten Hand rasiert und mit der linken Hand die Haut strafft. Das Geräusch des Nassrasierers wird hörbar. In Detailaufnahme wird ein Gegenschuss präsentiert, in dem ein Blutstropfen am Hals herunterläuft. Man sieht nun die Materialansicht eines Waschbeckens, in das leicht verzögert Tropfen fallen. Die Kamera zoomt auf die Tropfen. Erneut ist der vorherige Gegenschuss zu sehen, doch diesmal wird das Blut mit einem Stück Toilettenpapier aufgesogen. In Ultra-Großaufnahme kann man sogar die einzelnen Fasern des Papierstücks sehen. Es saugt sich langsam mit Blut voll und löst sich auf. Hier werden auch die Namen der Mitwirkenden eingeblendet. Die Badezimmerszene ist eine Anspielung auf Martin Scorseses circa sechsminütigen Kurzfilm *The Big Shave* von 1968, in dem sich ein junger Mann, gespielt von Peter Bernuth, im Badezimmer solange rasiert, bis er im ganzen Gesicht blutet. Scorseses Kurzfilm wurde wiederholt als Protest gegen den Vietnamkrieg verstanden, doch es wäre vermutlich übertrieben, das Intro von *Dexter* etwa als Reaktion auf die Anschläge des Elften Septembers zu lesen. Anstatt politisch Stellung zu beziehen, spielt das Intro von *Dexter* eher mit den Genres des Antikriegs- und Kriminalfilms. Des Weiteren wird durch den Schuss über die Schulter erneut eine interne Fokalisierung durch Dexter angedeutet, die Zuverlässigkeit also relativiert. Auch diesmal bleibt der Blick in den Spiegel unbeantwortet; trüb und unscharf.

Anschließend ist in Großaufnahme (00:30-00:49 min.) zu sehen, wie mit einem Messer eine Plastikverpackung aufgeschnitten wird und das Fleisch darin zerteilt und herausgenommen wird. Das Zischen von Öl in der Bratpfanne ist zu hören, während in Detailaufnahme nur ein Teil der Bratpfanne zu sehen ist. Nahezu in Normalsicht sieht man, wie das Fleisch in die Pfanne fallen gelassen wird. Nach einem Zeitsprung ist das Fleisch fertig gebraten. Mit einem Messer wird es aufgespießt und aus der Pfanne gehoben. Nase und Mund Dexters sind in einer erneuten Detailaufnahme zu sehen, während er das Fleisch isst. Ebenso ist danach zu erkennen, wie an einer Kante ein Ei zerschlagen wird. In Zeitlupe ist zu sehen und zu hören, wie die Schale bricht. In der darauf folgenden Szene ist zu sehen, wie ein Spiegelei in der Pfanne brät. Aus Obersicht und in Detailaufnahme schwenkt die Kamera über das Ei und gibt nach und nach Teile des Spiegeleis preis. Es sind die Bratgeräusche zu hören. Wiederum in Detailaufnahme ist erkennbar, wie das Ei angeschnitten wird und danach ebenfalls aus Obersicht, wie die Pfanne vom Kochfeld genommen wird. Auf einem Teller sind Fetzen des Spiegeleis zu sehen. Es fallen zwei Tropfen des Eigelbs auf den Teller und man hört die Geräusche vom Essbesteck. Die nächste Einstellung zeigt das Eigelb in Obersicht und Detailaufnahme. Im Zeitraffer wird es erneut angeschnitten und zerteilt. Des Weiteren fallen diesmal geradlinige Spritzer auf den Teller. Das Messer wird hingelegt und es fällt ein einzelner Tropfen auf die Klinge. Brylia schreibt, dass die zeitliche Reihenfolge der Morgenroutine zugunsten einer narrativen und ästhetischen Logik aufgegeben würde (Vgl. Brylia: 8) und hat damit in zeitlicher Hinsicht recht. Es lässt sich noch anfügen, dass auch durch Zeitsprünge und -raffungen nur eine verzerrte Zeit gezeigt wird. Bedenkt man, dass *Dexter* vor allem im Abendprogramm zu sehen ist, wird deutlich, dass auch hier der Unterschied zum Zuschauer gesucht wird. Geht der Zuschauer allmählich ins Bett, wacht Dexter gerade erst auf. Die Tropfen, die auf den Teller fallen, gleichen zum einen Blutspuren, wie sie bei hoher Geschwindigkeit entstehen und geben Hinweis auf Dexters Beruf als Blutspurenanalyst. Sie korrespondieren aber auch mit der Zeitraffung und markieren damit ein metaleptisches Moment. Weitergehend ist auch die Logik der Handlung gebrochen, da erneut ein Ei angeschnitten wird, obwohl überhaupt nur eins zu sehen war.

Aus extremer Untersicht (00:49-01:06 min.) ist durch den gläsernen Unterboden einer Kaffeemühle in starker Raffung zu sehen, wie Kaffeebohnen zermahlen werden. Auch das Schreddern ist zu hören. Kontrastiert wird diese Einstellung durch eine Detailaufnahme auf eine Hand, die einen Drücker einer Kaffeepresse umschließt. Die Kamera fährt die Kaffeepresse ein stückweit von oben nach unten ab. Anschließend sieht man, wie Blasen im Kaffee aufsteigen. Zunächst in Froschperspektive und stark gerafft sieht man, wie eine Orange auf einem Brett mit einem Messer halbiert wird. Es kommt noch eine Seitenansicht der Orange in Detailaufnahme hinzu. Anschließend wird in drei Einstellungen gezeigt, wie eine Orangenhälfte auf die Saftpresse gedrückt wird, das Fruchtfleisch samt Saft heraus läuft und die leere Schale liegen bleibt. Die Quetschgeräusche sind hörbar. In Detailaufnahme wird das zerdrückte Fruchtfleisch zunächst unscharf, dann scharf gezeigt. Während des gesamten Intros bricht sich die extradiegetische Instrumentalmusik von Rolfe Kent, die sich ähnlich anhört, wie die Titelmelodien bekannter Italo-Western, an den intradiegetischen Alltagsgeräuschen, beispielsweise dem Rasieren, dem Schreddern und dem Schneiden. Während die intradiegetischen Geräusche dabei auf Dexters Morgenroutine zurückgehen, variiert die visuelle Erzählinstanz zwischen Nullfokalisierung und interner Fokalisierung.

In den nächsten Einstellungen (01:06-01:36 min.) wird zunächst in Zeitlupe gezeigt, wie Zahnseide um zwei Finger gebunden wird. Ähnlich der Badezimmerszene zuvor, zeigt diese Einstellung in Obersicht im Hintergrund ein Waschbecken und im Vordergrund die zwischen den Händen gespannte Zahnseide. In Großaufnahme sind frontal die Schulter und der Hals von Dexter zu sehen, der sich beugt, um die Zahnseide zwischen seinen Zähnen hervorzuziehen. Diese Szene überblendet hell in eine Detailaufnahme, in der frontal gezeigt wird, wie er beide Hände zu Fäusten ballt und zwei Schnürsenkel zusammenzieht. Daraufhin ist aus Froschperspektive der Oberarm zu sehen und ein Schnürsenkel schnellt sirrend durch das Bild. In den zwei Szenen darauf wird im Schuss-Gegenschuss-Verfahren der Schuh von beiden Seiten in Detailaufnahme gezeigt. Ebenso ist die Öse des Schuhes zu sehen und ein letztes Mal, wie ein Schnürsenkel zugezogen wird. Auch hier wird wieder auf die Nebenbedeutungen des Namens zurückgegriffen und auf die Geschicklichkeit und Beflissenheit Dexters verwiesen.

In Großaufnahme wird gezeigt, wie ein weißes T-Shirt über den Kopf gezogen wird, den man schemenhaft darunter sieht, doch erst in der nächsten Nahaufnahme durch die Öffnung kommt. Es ist Dexter in einem dunklen Raum, der die Augen aufmacht und relativ lange in die Kamera schaut. In Obersicht sieht man daraufhin, wie ein Schlüssel aus einem Türschloss abgezogen wird. In der letzten Einstellung ist in einer halbnahen Außenaufnahme zu sehen, wie Dexter eine Ballustrade entlang schlendert und in Richtung Kamera nickt. Als die Musik fast ausgeklungen ist, wird der helle Klang einer Triangel hörbar. Die beiden Direktadressierungen, also Dexters Blicke in die Kamera, unterscheiden sich oberflächlich betrachtet dadurch, dass die erste Einstellung im dunklen Innenraum stattfindet und die zweite im hellen Außenraum. Brylia argumentiert, dass dies Teil sei, Dexters Charaktereigenschaften darzustellen. Sie erläutert, dass durch den Blick in die Kamera die Position des Zuschauers selbstreferentiell werde und die Macht vom Zuschauer auf die Figur bzw. den Autor übergehe (Vgl. Brylia: 9f.). Allerdings differenziert Brylia nicht zwischen beiden Momenten, in denen Dexter in die Kamera blickt. Beide Metalepsen finden nur durch Mimik und Gestik statt, einmal schaut Dexter verschwörerisch in Nahaufnahme in die Kamera und das andere Mal nickt er in Halbnahaufnahme freundlich, fast nachbarschaftlich. Der Zuschauer bekommt nicht schlichtweg die Macht entzogen, sondern die Spiegelszenen etablieren eine unzuverlässige Erzählinstanz und lenken die Rezeption des Zuschauers bewusst, womit sich auch der helle Triangel-Klang als „Aha-Erlebnis" seitens des Zuschauers verstehen lässt — der Groschen ist gefallen.

Fazit

In Bezug auf das Intro der TV-Serie *Dexter* ist es sinnvoll, von „Unzuverlässigkeit" zu sprechen: Trickhaft wirbt „Morning Routine" um das Anschauungsbegehren des Zuschauers noch vor Beginn der einzelnen Folge. Es pendelt zwischen Schärfe und Unschärfe, zwischen Musik und Geräusch. Es gibt dem Zuschauer gerade nicht die Gewissheit, dass jetzt der abendliche Krimi anfängt, sondern spielt mit den Genres und den Erwartungen. Es legt sich nicht fest, ob nun aus einer Innen- oder Außenperspektive erzählt werden soll und lässt sogar selbst den Groschen für den Zuschauer fallen. Auch zeitlich sucht das Intro den Kontrast zum Zuschauer und stellt die Logik der morgendlichen Abläufe eigenwillig um. Dexter scheint kein unbeschriebenes Blatt zu sein: Er wird nicht einfach als Serienmörder vorgestellt, sondern seine Identität bleibt zunächst unklar und wird selbst in Frage gestellt. Trotzdem werden bereits Häppchen serviert, die Dexter als „unzuverlässig" erkennen lassen, als Analyst und Mörder, aber auch als Schalk.

Filme und Serien
Barton Fink. Joel Coen, Ethan Coen (Dirs.). USA: Universal Pictures 1991. DVD.
Dexter. Jeff Lindsay (Cr.). CBS, 2006-2013. DVD.
The Big Shave. Martin Scorsese (Dir.). Online. <http://www.youtube.com/watch?v=otxlzSMcBTo> (Abgerufen am 09.12.2013).

Monographien
Booth, Wayne C.: *The Rhetoric of Fiction.* London 1983.
Diederichsen, Diedrich: ‚*The Sopranos'.* Zürich 2012.
Ferenz, Volker: *Don't Believe his Lies. The Unreliable Narrator in Contemporary American Cinema.* Trier 2008.

Aufsätze
Brylia, Catalin: „Why do we love Dexter Morgan in the Morning?" <http://cdn4.artofthetitle.com/assets/WhydoweloveDexterMorganintheMorningbyCatalinBrylla.pdf> (Abgerufen am 09.12.2013).
Davison, Annette: „Title Sequences for contemporary television serials." In: Richardson, John, Claudia Gorbman und Carol Vernallis (Hgg): *The Oxford Handbook of New Audiovisual Aesthetics.* Oxford 2013, S. 146-167.
Kiefer, Bernd: „Die Unzuverlässigkeit der Interpretation des Unzuverlässigen. Überlegungen zur Unreliable Narration in Literatur und Film." In: Liptay, Fabienne und Yvonne Wolf (Hgg.): *Was stimmt denn jetzt? Unzuverlässiges Erzählen in Literatur und Film.* München 2005, S. 72-88.
Koebner, Thomas: „Was stimmt denn jetzt? ‚Unzuverlässiges Erzählen' im Film." In: Liptay, Fabienne und Wolf, Yvonne (Hgg.): *Was stimmt denn jetzt? Unzuverlässiges Erzählen in Literatur und Film.* München 2005, S. 19-38.
Nünning, Ansgar: „Unreliable compared to what? Towards a Cognitive Theory of Unreliable Narration: Prolegomena and Hypotheses." In: Grünzweig, Walter und Andreas Solbach (Hgg.): *Grenzüberschreitungen: Narratologie im Kontext.* Tübingen 1999, S. 73-74.
Seeßlen, Georg: „Spiel. Regel. Verletzung. Auf Spurensuche in Coen County." In: Körte, Peter (Hg.): *Joel & Ethan Coen.* Berlin 1998, S. 209-275.
Solbach, Andreas: „Die Unzuverlässigkeit der Unzuverlässigkeit. Zuverlässigkeit als Erzählziel." In: Liptay, Fabienne und Yvonne Wolf (Hgg.): *Was stimmt denn jetzt? Unzuverlässiges Erzählen in Literatur und Film.* München 2005,

S. 60-71.

Sontag, Susan: „Gegen Interpretation." In: Dies.: *Kunst und Antikunst. 24 literarische Analysen.* Frankfurt 2009, S. 11-22.

Solange Landau

„How I Met Your Barney"
Das Intro als metafiktionales Spiel

Das Intro, hier synonym auch *Opening Credits* genannt, gehört zum paratextuellen Standartrepertoire einer Fernsehserie und ist als Teil des indirekten *Serial Frame* ein essentieller „Baustein des Seriellen" (Nesselhauf/Schleich: 25). Seine Funktion ist es, den Beginn einer neuen Folge zu markieren — entweder unmittelbar nach einem *Cold Opening* beziehungsweise einer vor dem Intro laufenden, in die Handlung einführenden Szene, oder nach einem „Previously on...". Zugleich fungiert es als Identitätsmarker und steigert durch das verwendete *Corporate Design* den Wiedererkennungswert einer Serie und deren *Spin-Offs* (Beispielsweise werden alle *CSI*-Intros mit Songs der britischen Band The Who untermalt). Neben einem serienspezifischen Layout greift diese Sequenz einzelne Handlungselemente auf, stellt unter Umständen die wichtigsten Charaktere vor und führt motivisch in die Grundthematik ein. Insgesamt können vier Großtypen unterschieden werden, die wiederum ineinandergreifen und so diverse Unterkategorien bilden (Vgl. Landau: 33).

Eine Typologie des Intros
Das ‚Ästhetische Intro' ist der am häufigsten gebrauchte Typus und findet sich auch in den *Opening Credits* der von Carter Bays und Craig Thomas kreierten und von CBS ausgestrahlten Sitcom *How I Met Your Mother* (2005-2014), die diesem Aufsatz zugrunde liegen. In aller Regel werden keine oder wenn, dann nicht direkt agierende Figuren der Handlung präsentiert; stattdessen wird der Betrachter metaphorisch mit Hauptmotiven der jeweiligen Serie konfrontiert, die er mit

zunehmender Rezeption treffender zu deuten lernt. Dies ist neben *How I Met Your Mother* zum Beispiel bei AMCs *The Walking Dead* (Seit 2010) oder Showtimes *Dexter* (2006-2013) der Fall — die Szenen der *Opening Credits* werden so nicht innerhalb der Serienhandlung aufgenommen und doch vermögen sie es, „rein ästhetisch eine (Vor-)Geschichte" (Landau: 34) darzubieten. Zugleich dienen sie der Einleitung in die Haupthandlung (Vgl. ebd.) und umrahmen diese narrativ. Häufig liegen allerdings Mischformen mit anderen Typen vor, sodass selten ein Typus in Reinform auftritt.

Bei einem ‚Mosaik-Intro' handelt es sich vorrangig um Zusammenschnitte mehrerer, der Serie direkt entnommener und daher nicht exklusiv für diese Eröffnung gedrehter Szenen (Vgl. ebd.: 35). In dieser Form werden durch den Zusammenschnitt der Sequenzen thematische und vor allem personelle Schwerpunkte gesetzt, da die Vorstellung des Hauptcast mit den für die jeweilige Person typischen Eigenschaften und Mimiken im Vordergrund steht. Nicht selten verändert sich die Figurenkonstellation im Laufe der Staffeln, weswegen es häufig zu neuen und dann längerfristigen Änderungen im Intro kommt. Oftmals beinhaltet es Sequenzen, die noch nicht in den bisherigen Folgen abgehandelt wurden, wodurch der aufmerksame Rezipient storytechnisch-relevante Informationen erfahren kann. Gerade Serien der 1980er und 1990er Jahre bedienen sich diesen Konzepts, so auch beispielsweise Universals *The A-Team* (1983-1987). In jenen *Opening Credits* werden die Protagonisten nacheinander in für sie typischen Szenen vorgestellt, um „den individuellen Charakter jedes Einzelnen herauszustellen" (Ebd.: 35).

Beim ‚Epischen Intro' wird das Intro durch eine Erzählinstanz übersprochen; dabei kann es sich um einen gesprochenen oder gesungenen Text handeln. Letzteres findet sich beispielsweise bei NBCs *The Fresh Prince of Bel-Air* (1990-1996) oder CBS' *Star Trek: Enterprise* (2001-2005). Der entsprechende Text übernimmt eine einleitende Funktion in die Serienhandlung und spricht Motive, wie auch Thematiken explizit an — darin liegt die elementare Funktion eines epischen Erzählers innerhalb der *Opening Credits*. Allerdings obliegt ihm damit auch die Möglichkeit, den Rezipienten dahingehend zu manipulieren, dass sich der Fokus auf bestimmte Aspekte hin und von anderen fort wendet (Vgl. ebd.: 36).

Das ‚Short Intro' ist eine auf das Wesentlichste reduzierte Form und besteht häufig nur aus einer mit kurzer Musik und dem Serienemblem unterlegten Titel-

Sequenz, wie es unter anderem bei der AMC-Produktion *Breaking Bad* (2008-2013), ABCs *Castle* (seit 2009) oder bisweilen bei CBS' *Two and a Half Men* (seit 2003) der Fall ist. Der Beginn einer neuen Episode wird auf diese Weise markiert, ohne ihr zu viel Zeit der Handlung (oder für Werbeeinblendungen) zu entnehmen; die Funktion des *Serial Frame* wird so in einer verringerten Form gewahrt.

Die genannten Formen stellen lediglich Großtypen da, die wiederum in zahlreichen Kombinationen vorliegen und sich so in kleinere Arrangements unterteilen können. Relevant für die vorliegende Abhandlung ist der Aspekt des Zusammenspiels von Intro und Seriendiegese, das sich in ‚Sonderformen' nicht selten metafiktional manifestiert.

Intro und Diegese

Im Folgenden beschränkt sich dieser Aufsatz auf das Intro der US-amerikanischen Sitcom *How I Met Your Mother* (2005-2014). Ein besonderes Merkmal dieser Serie ist die bis dato ungewöhnliche Häufung einer Vielzahl an narratologischen Kniffen und Spielereien, die die gegeben erzähltechnischen Mittel voll ausschöpfen und zugleich komödiantisch geradezu auf die Spitze treiben. Die (autodiegetische) Erzählinstanz ist einer der Hauptcharaktere namens Ted Mosby, der im Jahr 2030 seinen beiden Kindern in aller Ausführlichkeit darlegt, wie er ihre Mutter kennengelernt hat. Zahlreiche Rück- und Vorblenden, wie auch Unzuverlässigkeiten sind bei dieser zeitlichen Distanz geradezu vorprogrammiert. Angesichts des ereignisreichen Lebens der Clique um Ted, Lily, Marshall, Robin und Barney gerät das Suchen und Finden der Mutter nicht selten in den Hintergrund. Während Lily und Marshall heiraten, und auch die Bindungsneurotiker Robin und Barney zueinander finden, ist On-Off-Single Ted seit 2005 auf der Suche nach der *einen* Frau zum Heiraten und Kinderkriegen.

Das reguläre Intro besteht aus einer Collage an Fotografien, die den Eindruck von zufälligen Schnappschüssen vermitteln und das Motiv des Erinnerungsmoments unterstreichen, das der Serie als Motiv zugrunde liegt. Zudem werden dem Zuschauer zentrale Elemente der Serie dargelegt: Freundschaft, das Verleben einer ‚guten' Zeit und die Bedeutung aller fünf Charaktere als essentielle Teile der Gruppe. Zu den wesentlichen Strukturelementen des Intros gehören das Foto von der fotografierenden Lily, das Gruppenbild mit dem

Serienemblem, sowie das die *Opening*-Sequenz abschließende Gruppenbild. Dabei ist zu beachten, dass der Fokus gleichberechtigt auf allen Charakteren liegt — die Blitzlicht-suggerierende Einfärbung des Intros umfasst jede einzelne Person der Gruppe.

Diese *Opening Credits* leiten, in aller Regel nach einer ersten Szene mit einer ‚Punchline' (Vgl. Nesselhauf/Schleich: 27), in die Binnenhandlung mit den soeben vorgestellten Figuren über; der besondere Gruppenzusammenhalt wird hier bereits deutlich. Das reguläre Intro wird nur selten bei vereinzelten Episoden durch eine an die diegetischen Umstände angepasste und dabei exklusiv-bleibende Sequenz ersetzt: In der Episode „Hopeless" (S6.21) flunkert Barney seinem neu in sein Leben getretenen Vater vor, er und seine Freunde seien auch eine Band — prompt blendet die Pointe in das *Opening* über, in dem diesmal die Gruppe, im Wohnzimmer von Teds Wohnung stehend, die Titelmusik selbst einspielt und singt.

Die Folge „How Your Mother Met Me" (S9.16), zugleich die 200. Episode der Serie, unterstreicht wiederum die herausragende narrative Fokussierung durch eine Intro-Variation. Diesmal konzentriert sich die Handlung auf die Sicht der titelgebenden Mutter und aus diesem Grund würde es der Diegese nicht entsprechen, trotz diesem Sonderfall die Fotocollage der Ted-Gruppe zu zeigen. Stattdessen wird diese durch eine Abfolge von Fotografien ersetzt, die die bis dato namenlose Mutter allein oder in Interaktion mit ihrer Freundin und ehemaligen Mitbewohnerin Cindy beziehungsweise mit ihrem Partner Louis zeigen. Der Aufbau ähnelt dem des Original-Intros, so auch in den Körperhaltungen und Gesichtsausdrücken der agierenden Personen. Herausgestellt wird nur die Figur der zukünftigen Frau Teds, die zugunsten der darauffolgenden Binnenhandlung — die Geschichte fokussiert sich auf ihr bisheriges Leben — in akzentuierter Position gezeigt wird (Vgl. Abb. 1). Im Gegensatz zur Barney-Variation trägt die Folge selbst auch den hier den Seriennamen ersetzenden Titel als Episodentitel.

Gerade die Exklusivität dieser zugunsten der Diegese veränderten *Opening*-Sequenzen erzeugen sowohl eine veränderte Rezeptionshaltung (Hinsichtlich neuer Erwartungen und einer vertieften Spannungserzeugung), wie auch eine durch den Überraschungseffekt zusätzlich hervorgerufene Komik. Erst wenn das reguläre Intro als ‚selbstverständlich' angesehen wird, kann eine Variation die besagten Effekte hervorrufen. Dass dies zu einem metafiktionalen Spiel einlädt, zeigt vor allem die 150. Folge „46 Minutes" (S7.14).

Abb. 1: Intro-Variation „How Your Mother Met Me" aus der gleichnamigen Episode (S9.16)

Metafiktionales Spiel mit der eigenen Identität, oder: *How I Met Your Barney*
Die Serie *How I Met Your Mother* zieht, wie bereits erwähnt, ihre Komik vorrangig aus den erzähltechnisch bedingten Spielereien und Kniffen — in Anbetracht dessen erscheint das Heraustreten aus der eigentlichen Erzählebene hin zu einem metafiktionalen Deuten der eigenen Identität als geradezu prädestiniert. In der Folge „46 Minutes" hat die Gruppe mit dem Umstand zu kämpfen, dass Marshall und Lily in die Vorstadt gezogen und sie nun durch eine 46 Minuten andauernde Zugfahrt voneinander getrennt sind. Nachdem nun die übliche ‚moralische Instanz' der Clique entfällt, nutzt der Frauenheld Barney die Gunst der Stunde und erhebt sich zum „new leader of the gang" (S7.14: 01:14 min.). Diese Punchline blendet unmittelbar in ein neues Intro über, das das ursprüngliche für diese eine Episode ersetzt und auch den Titel der Serie parodistisch in *How I Met Your Barney* abändert — die Figur wird folglich im Fokus der restlichen Handlung stehen (Vgl. Abb. 2). Zugleich wird Barney als Anführer inszeniert: Die Kamera fokussiert nun hauptsächlich ihn, suggeriert durch das gelbe Blitzlicht, während seine beiden Freunde Ted und Robin deutlich in den Hintergrund geraten. Dass diese Neukonstellation der Verhältnisse nicht in

in ihrem Sinne ist, wird durch ihre Mimik unterstrichen.

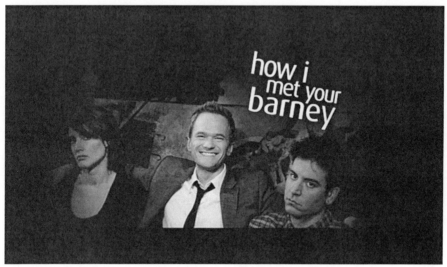

Abb. 2: Intro-Variation „How I Met Your Barney" aus der Episode „46 Minutes" (S7.14: 01:17 min.)

Die Eigeninszenierung Barneys wird somit durch das Intro mit dem veränderten Serientitel — nicht die Mutter, sondern er selbst steht im Vordergrund — aufgegriffen. Die negative Reaktion der beiden verbliebenen Gruppenmitglieder gegenüber den Plänen ihres Freundes ruft angesichts dieser offensichtlichen und ironischen Diskrepanz unter Kennern der Charaktere und ihrer sich gegenseitig bedingenden Eigenarten eine gewisse Komik hervor: So reagieren Barneys Freunde stets wenig begeistert auf seine doch sehr gewöhnungsbedürftigen Ideen und hedonistischen Eigenarten. Lilys Fehlen als ihn zurückhaltende Instanz lässt nun Ted und Robin mangels Alternativen zu Mitläufern werden. Die Variation innerhalb dieses Teils des *Serial Frame* vollzieht sich hier in erster Linie personell: Lily und Marshall fehlen auch auf den Fotos nun vollständig. Dafür schlüpft Barney zu Beginn in die Rolle des *fotografierten Fotografen*, während er auch in den neuen Gruppenfotos dominant in den Vordergrund rückt. Das Intro greift in diesem Fall nicht wie gewohnt die generelle Grundthematik der ganzen Serie auf, sondern bezieht sich konkret auf die Diegese dieser bestimmten Folge und fügt sich inhaltlich nahezu nahtlos in die Binnenhandlung ein. Dabei werden die *Opening Credits* zu einem hochgradig metafiktionalen Element erhoben.

Patricia Waugh definiert bereits 1984 Metafiktion als „a term given to fictional writing which self-consciously and systematically draws attention to its status as an artefact in order to pose questions about the relationship between fiction and reality" (Waugh: 2). Metafiktionalität begrenzt sich längst nicht mehr nur auf Erzählliteratur, sondern hat auch hinsichtlich filmischer Medien Eingang in die Forschungsliteratur gefunden. Da es sich nach der eingangs dargelegten These bei einem Intro sowohl um eine eigenständige Erzählform handelt, als auch um einen einleitenden Grundbestand einer jeden Serie (Zum Beispiel als Teil des *Serial Frame*), ergeben sich daraus Möglichkeiten zum selbstreflexiven Spiel mit der eigenen Identität.

Die Metafiktion wird jedoch — wie sich noch zeigen wird — nicht offen ausgesprochen, sondern erscheint in impliziter Form (Vgl. Spörl: 493). Bei *How I Met Your Mother* handelt es sich also um einen fiktionalen Erzähltext, der im Falle von „46 Minutes" zum Einen selbstreflexiv und zum Anderen implizit Bezug auf seine eigene Beschaffenheit nimmt. Diese Episode treibt das metafiktionale Spiel noch weiter und durchbricht „die strukturelle Einheit des fiktiven Geschehens" (Spörl: 493), in dem sie ein weiteres, zweites Intro in die laufende Handlung einbaut (Vgl. S7.14: 07:40-07:52 min.).

Nachdem Barney seine Freunde dazu überreden konnte, mit ihm sein Stamm-Striplokal zu besuchen, treffen sie dort — wie schon zwei Jahre zuvor in der Episode „Double Date" (S5.02) — auf eine Doppelgängerin ihrer Freundin Lily, bei der es sich um eine russische Stripperin handelt. Sie und ihr Partner werden, aufgrund der Abwesenheit der beiden fehlenden Freunde, kurzerhand von Barney in die Clique integriert. Sein Ausspruch „This is our gang now!" (S7.14: 07:39 min.) leitet unmittelbar in eine mit russischen Klischees arbeitende Version des regulären Intros über — die Titelmusik wird mit tieferer Stimme eingesungen, während der Serientitel in eine an das Kyrillische erinnernde Schriftart eingeblendet wird (Vgl. Abb. 3).

Im Gegensatz zur erstgenannten Barney-Variation haben wir es hier mit einer *In-Show Parody* der *Opening Credits* zu tun: Während auch jetzt wieder die Binnenhandlung fortgeführt wird (Man erkennt anhand dieser Schnappschuss-Collage, dass sich auch die neue Konstellation nicht gerade harmonisch gestaltet), findet an dieser Stelle ein Illusionsbruch zugunsten des parodistischen Elements statt. Alle kennzeichnenden Strukturelemente des *How I Met Your Mother*-Intros werden beibehalten, aber mit neuer Wirkungsintention umgearbeitet.

Abb. 3: ‚Russisch-anmutende' Intro-Variation aus der Episode „46 Minutes" (S7.14: 07:42 min.)

Wie schon im erstgenannten Beispiel verändern sich die einzelnen Schnappschüsse und parodieren dadurch das originale Intro: Statt Lily hantiert ‚Stripper-Lily' sichtlich fragend mit einer Kamera. Auf den Gruppenfotos posieren sie und ihr russischer Partner (statt der ‚echten' Lily und Marshall) neben Barney und den schlechtgelaunten Freunden Robin und Ted. Der Rezipient kann die bekannten Strukturen erkennen und wird anhand ihrer Variation auf die im späteren Verlauf scheiternden Ideen Barneys vorbereitet. Ein Teil der Handlung, der den Umgang der Charaktere untereinander und auch ihre gegenwärtige Stimmung beleuchtet, wird in die Form des Intros transformiert und infolgedessen auf 14 Sekunden herunter gekürzt; die Abfolge der Bilder agiert als narrative Instanz und setzt den Zuschauer in Kenntnis über den weiteren Verlauf — der komische Effekt ist gewollt und soll dadurch hervorgerufen werden. Nichtsdestotrotz wird die strukturelle Einheit des fiktiven Geschehens durchbrochen; durch das direkte Einbinden des (eigentlich paratextuellen) Intros in die Binnenhandlung erfolgt eine Offenlegung der Fiktionalität der erzählten Welt.

Da sich beide Intro-Variationen durch ihre narrative Funktion nahtlos in die Episodenhandlung einfügen, wird die Illusionsbildung des Zuschauers nicht zerstört, sondern schafft, um es mit den Worten von Uwe Spörl zu sagen, „ein Bewusstsein des Lesers [in unserem Fall des Zuschauers] für das fiktionale Als-ob-

Spiel" (Spörl: 493).

Ein weiteres, abschließendes Beispiel Ausnahme die das Intro von *How I Met Your Mother* beendende Fotografie, die ursprünglich kein Teil der für den Rezipienten sichtbaren Diegese war und doch in der letzten Staffel darin eingebunden wird. Diese wird in der Episode „The Locket" (S9.01) in die Binnenhandlung hineingearbeitet — und zwar als Ted Mosby seiner besten Freundin Robin eben jenes Foto gerahmt als Hochzeitsgeschenk überreicht.

Dies wird zu einem späten Zeitpunkt innerhalb der Fernsehserie einem erneuten metafiktionalen Element — damit wird unterstrichen, dass das Intro und die Handlung selbst eindeutig miteinander in Verbindung stehen und die Opening Credits einzelne Serienelemente in geraffter Form aufgreift. Zugleich wird wiederum der fiktionale Charakter der Sitcom thematisiert, da auf diese Weise ein expliziter Bezug zum außerhalb der eigentlichen Handlung stehenden *Serial Frame* genommen wird.

Fazit

Unzuverlässigkeit und Unglaubwürdigkeit sind charakteristische narrative Mittel dieser Fernsehserie, so verwundert es nicht, dass sie sich schließlich auch der Metafiktionalität bedient, um den Rezipienten aktiv an sich zu binden.

Was bleibt ist der parodistische Gag mit der eigenen Identität des Intros: Die Fiktionalität des Geschehens wird dabei nur den Zuschauern vor Augen geführt und offenbart — nicht aber den beteiligten Figuren des Serienuniversums. Wie schon bei den regulären *Opening Credits* der Serie erkennbar, erzählen die beiden Intro-Variationen des Charakters Barney eine eigene Fortführung der Geschichte in einer anderen Form als es normalerweise der Fall wäre. Zugleich wird die Binnenhandlung vorangetrieben.

Metafiktionale Parodien bieten, vor allem dank des narratologischen Potentials der Gattung des Intros, Raum für erzähltechnische Kniffe und spielerische Neudefinitionen der individuellen Serienidentität. Dass dies alles auch dazu dient, eine gewisse Komik hervorzurufen, liegt in der Natur von *How I Met Your Mother* als Sitcom begründet.

Serien und Episoden

„46 Minutes" (S7.14). *How I Met Your Mother.* CBS, 2012. DVD.
„Double Date" (S5.02). *How I Met Your Mother.* CBS, 2009. DVD.
„Hopeless" (S6.21). *How I Met Your Mother.* CBS, 2011. DVD.
How I Met Your Mother. Carter Bays, Craig Thomas (Crs.). CBS, 2005-2014.
„How Your Mother Met Me" (S9.16). *How I Met Your Mother.* CBS, 2014. Online.

Sekundärliteratur

Landau, Solange: „Das Intro als eigenständige Erzählform. Eine Typologie." In: *Journal of Serial Narration on Television* 1 (2013), S. 33-38.

Nesselhauf, Jonas und Markus Schleich: „Bausteine des Seriellen. TV-Serien und der ‚Serial Frame'." In: *Journal of Serial Narration on Television* 1 (2013), S. 25-31.

Spörl, Uwe: „Metafiktion." In: Burdorf, Dieter u.a. (Hg.): *Metzler Lexikon Literatur. Begriffe und Definitionen.* Stuttgart 2007, S. 493-494.

Waugh, Patricia: *Metafiction. The Theory and Practice of Self-Conscious Fiction.* London, 1984.

Quality-TV:
Zwischen Traumfabrik und Ausverkauf

Ivo Ritzer

Charisma und Ideologie:
Zur Rückkehr des Autors im Quality-TV

Es ist heute weitgehend in Vergessenheit geraten, dass viele der von französischen Cinéphilen enthusiastisch zu Autoren erklärten FilmregisseurInnen ihre Karriere mit der Inszenierung von Fernsehserien beendet haben. Ob Joseph H. Lewis oder Jacques Tourneur, ob Stuart Heisler oder Joseph Pevney, ob Gerd Oswald oder Ida Lupino: Sie alle zählen zu derjenigen Generation von Regisseuren, die in den 1950er Jahren mit dem Verschwinden der Double Features und der Auflösung der B-Film-Produktionseinheiten von den Hollywoodstudios an das US-Fernsehen ‚übergeben' worden ist. „[T]hough a difference in scale, ambition and framework separated large and small screens", schreiben Christopher Wicking und Tise Vahimagi zu dieser Transposition eines medienspezifischen Personals, „TV itself had become a valid extension of American cinema" (Vahimagi/Wicking: xii).
Während RegisseurInnen wie Lewis und Tourneur, Heisler und Pevney, Oswald und Lupino außerhalb cinéphiler Zirkel aber inzwischen vollkommen vergessen sind und keine ihrer Arbeiten für das Fernsehen mit einem spezifischen Stil assoziiert wird, nimmt heute der Regisseur als Autor dagegen eine zentrale Rolle im Diskurs um rezente Fernsehserien ein. Nicht erst der große Erfolg dieser Serien in der feuilletonistischen Rezeption zeugt von ihrer engen Verbindung zu etablierten Diskursen kultureller Legitimität (Vgl. Ritzer 2011). Eine zentrale Kategorie bildet hier die Kommerzialisierung von Autorschaft, die durch eine Förderung von ästhetischen Konstanten ihre eigene Form von transmedialer Serialität zwischen Fernsehen und Kino schafft: David Lynch konzipiert *Twin Peaks*

(1990-1991, CBS) im Stile des auch aus *Blue Velvet* (1986), *Lost Highway* (1997) und *Mulholland Drive* (2001) bekannten Neo-Surrealismus, Martin Scorsese entwirft *Boardwalk Empire* (seit 2010, HBO) als Gangsterepos mit starken Parallelen zu *Mean Streets* (1973), *Good Fellas* (1990) und *Casino* (1995), Michael Mann gestaltet *Luck* (2011-2012, HBO) eingedenk der großen Popularität von *Heat* (1995), *Collateral* (2004) und *Public Enemies* (2009).

Im Folgenden soll diese Rückkehr des Autors anhand der Serie *CSI: Crime Scene Investigation* (seit 2000, CBS) paradigmatisch analysiert werden. CSI bietet sich im besonderem Maße für eine solche Untersuchung an, weil die Serie — anders als etwa *Twin Peaks*, *Boardwalk Empire* oder *Luck* — nicht *sui generis* durch die Autorschaft individueller Kreativer als vielmehr durch generische Konventionen der Kriminalserie gekennzeichnet ist und vor dieser kontrastiven Folie idiosynkratische Einschreibungen verstärkt auffallen. Dabei ist neben einem Diskurs um den Begriff der Autorschaft besondere Aufmerksamkeit auf die komplexe Relation zwischen Fernsehindustrie und Kreativkräften aus dem Feld des Kinofilms gelegt. So ergibt sich einerseits eine konstruktive Perspektive auf das Außen des Fernsehens: Es wird deshalb nicht um die Autorschaft von ‚fernsehinternen' Drehbuchautoren wie David Simon, Allan Ball oder David Chase gehen, im Fokus stehen stattdessen transmediale Stilismen der für *CSI* tätigen Regisseure. Andererseits wird evident, wie serielle Parameter sich im Spannungsfeld von Wiederholung und Differenz situieren respektive wie Differenz im Sinne einer individuellen ‚Regiehandschrift' von der Industrie geschickt vermarktet wird.

Zum Diskurs der Autorschaft

Schon lange vor der akademischen Institutionalisierung von Film- und Medienwissenschaft wird der Autoren-Begriff zu Beginn der 1950er Jahre eingeführt, als cinéphile Kritiker des französischen Magazins *Cahiers du cinéma* ihn auf ihre favorisierten Filmemacher anwenden. Später selbst Regisseure, propagieren François Truffaut, Jean-Luc Godard oder Jacques Rivette dort in Anlehnung an Alexandre Astrucs Konzept eines *caméra-stylo* (1992), das die individuelle Persönlichkeit des Regisseurs ‚seinem' Film als immanent hypostasiert, eine *politique des auteurs*. Entscheidend dabei ist, dass sie sich nicht wie Astruc auf eine „neue Avantgarde" beziehen, sondern ganz explizit Filmemacher des kommerziellen Hollywood-Kinos adressieren. Ein gelungener Film, postuliert François Truffaut, müsse immer eine „Vorstellung von der Welt und eine Vorstellung vom

Kino" (Truffaut 1997: 16) vermitteln — ganz egal unter welchen Produktionsbedingungen. Weder eine Vorstellung von der Welt noch eine Vorstellung vom Kino sehen die Kritiker der *Cahiers* dagegen in jener „Tradition der Qualität" (Truffaut 1999), die sich literarisch legitimiere und damit das Kino nicht ernst nähme. Niemals gilt deshalb der Drehbuchautor, immer aber der Regisseur als ‚Schöpfer' eines Films. „Grundsätzlich", konstatiert François Truffaut, „kann man annehmen, dass der Autor eines Films der Regisseur ist und nur er allein, selbst wenn er keine Zeile des Drehbuchs geschrieben, den Schauspielern keine Anweisungen gegeben und keine einzige Kamerapositionen festgelegt hat" (Ebd.: 17). Wichtig sei vor allem, so Jacques Rivette: „Der Standpunkt eines Menschen [...] und die Haltung dieses Menschen zu dem, was er filmt, und folglich zur Welt und allen Dingen" (Rivette: 149). In jedem Fall geht es um eine Konstanz der Verfahren, eine serielle Struktur im Werk des Filmemachers, die als konstitutiv für seine Autorschaft gilt.

Kurz nach der französischen Nobilitation des Filmregisseurs etabliert Andrew Sarris, Herausgeber der englischsprachigen *Cahiers du Cinéma*, das Konzept des *auteur* auch in der amerikanischen Filmkritik. Sarris übersetzt den französischen Terminus *politique des auteurs* folgenschwer mit *author theory*. Den Kritikern der *Cahiers* aber ist freilich nie an der Ausarbeitung einer theoretischen Konzeption gelegen gewesen. Vielmehr meint der Begriff *politique des auteurs* lediglich ein bestimmtes Prinzip: Eine Polemik für Autoren des Kinos. In der Tat formulieren die Texte der *Cahiers* keine referierbare Theorie, kein Gedankengebäude auf Basis rationaler Methoden, das systematisch oder reproduzierbar wäre. Obwohl Sarris seine Ausführungen „less a manifesto than a credo" (Sarris 1985: 528) nennt, sind sie genau ersteres: Ein Manifest. Nach Sarris konstituiert sich die Autorschaft eines Filmemachers über drei Kategorien, „three concentric cycles": Erstens über die technische Kompetenz des Regisseurs („the outer circle as technique"), zweitens über die unterscheidbare Persönlichkeit des Filmemachers („the middle circle, personal style") und drittens über die innere Bedeutungsgenerierung des Artefakts, die hervorgeht aus der Spannung zwischen *auteur* und Apparat, d.h. Filmemacher und ökonomischen wie technologischen Produktionsbedingungen („the inner circle, interior meaning") (Ebd.: 538). Alle drei Kategorien stehen logischerweise in enger Relation zueinander. Die erste bildet eine Prädisposition, differente stilistische Variabeln überhaupt mobilisieren zu können, erstreckt sie sich doch auf handwerkliche Kompetenz. Wird das Handwerk auf eine individuelle Weise genutzt, entsteht Sarris' zweite Dimension: Der serielle Stil eines *auteur*. Dieser Stil setzt sich auf einer dritten Ebene dann gegen die serielle Struktur von generischen Mustern durch. Später wird Sarris darauf verweisen, sein Ansatz sei von jeher mehr Tendenz als Theorie, mehr kreative Inspiration als Analyseinstrument gewesen (Vgl. Sarris 1996: 278). Im Kontext des Epochalstils von *New Hollywood*, um Regisseure wie Dennis Hopper, Bob Rafelson, Peter Bogdanovich, Henry Jaglom oder Paul Mazursky, kommt es jedoch zu einer immensen Popularisierung von Sarris' *author theory*. Sie figuriert nicht länger als abstraktes filmtheoretisches Konzept, sondern wirkt vielmehr konkret auf die Praxis der Filmproduktion selbst zurück: „[F]or the first time American directors were making ‚personal' films *that were packaged as such* [Hervorhebung I.R.]." (Jacobs: 14) Die Serialität eines individuellen Stils wird erstmals zur gezielten Marketingstrategie im US-Industriekino.

Während die Thesen vom Tod und der Funktion des Autors bei Roland Barthes (1968/2000) und Michel Foucault (1969/2000) eine poststrukturalistische Kultur- und Filmtheorie inspirieren (Vgl. dazu die Essays in Caughie), wird der Autor simultan zum zentralen Instrument einer ehemals auf Konformität bedachten Ökonomie. Der *auteur* ist damit nicht länger nur legitimiert als eine evaluative Kategorie der Filmkritik, auch nicht mehr länger nur eine heuristische Kategorie der Filmwissenschaft. Timothy Corrigan hat auf diese Transformation der *politique des auteurs* zur kommerziellen Organisation der Rezeption nachhaltig aufmerksam gemacht. Für ihn übernimmt der Autor eine diskursive Funktion als auratisches Genie und charismatischer Star zugleich. Aus der cinéphilen Praxis der Filmkritik ist sowohl ein feuilletonistisches wie wissenschaftliches Dogma geworden, vor allem aber auch eine industrielle Größe, die nicht nur Hollywood geschickt für sich instrumentalisiert: „[W]ithin the commerce of contemporary culture [the *politique des auteurs*; I.R.] has become, as both a production and interpretive position, more critically central yet massively different from what it once may have been", konstatiert Corrigan. Er attackiert damit die putative Trivialisierung eines cinéphilen Konzepts, das hochgradig banal geworden sei: „Since the early 1970s, the commercial conditioning of this figure has successfully evacuated it of most of its expressive power and textual coherence." (Corrigan: 135) Im Zeitalter der Heimmedien fungiert der „Director's Cut" eines Films sowohl als rezeptionslenkende Größe wie auch als Kaufanreiz, mit dem die Industrie (nicht nur) cinéphile Konsumenten lockt.

Werbeslogans wie „From the director of..." zieren Plakate in Kinos und Hüllen auf DVDs gleichermaßen. Der Name über dem Titel dient als anthropoides Distinktionskriterium innerhalb industrieller Verwertungsstrategien. So sehr ist der Autor zum Fetisch geworden, dass die filmische Rezeption im institutionalisierten Rahmen ohne ihn nicht mehr möglich scheint. Presse und Promotion schaffen eine eigene Inszenierung, die die filmische *mise-en-scène* zusehends verdrängt. Der Tod des Textes geht so mit der Wiedergeburt eines *auteur* einher, dessen Leistung als Regisseur bedeutungslos wird, weil sein kommerzielles Imago der Inszenierungspraxis vorausgeht. Autorschaft entsteht demnach durch öffentliche Präsenz, nicht mehr durch ästhetische Spezifika in Filmen. Steht keine Instanz der Zuschreibung zur Disposition, behilft der legitimierende Diskurs sich mit Hilfskonstruktionen, schafft einen hypothetischen *auteur* — bis hin zu dem Punkt, an dem ein phantasmatisches Nicht-Subjekt wie Allen Smithee als „a necessity" (Braddock/Hock: 7) fungiert, um die Illusion des *auteur* zu prolongieren: „Smithee, the name that names the fetish of the Name" (English: 271). In diesem Fall garantiert die Funktion des *auteur* einen diskursiven Referenten, dessen Aufgabe es ist, Sinnpotentiale auf eine subjektive Entität zu limitieren. Der Autor sorgt so nicht mehr nur für die Produktion eines Films, er schreibt bereits auch dessen Interpretation fest. Es geht also darum, eine bestimmte Haltung an Erwartungen zu produzieren, die als extratextuelle Größe die Lektüre des Filmtexts zugleich animiert und abschließt. Das bedeutet demnach, dass die cinéphile Zuschreibung eines Films bereits *a priori* determiniert ist, indem die Mechanis-men der Appropriation institutionell präfiguriert werden (Es ist freilich nicht zu vergessen, dass Hollywood bereits auch schon früher das kreative Individuum zu Zwecken von Promotion genutzt hat: Von Cecil B. DeMille über Frank Capra bis hin zu Orson Welles. Was historisch jedoch als Ausnahme zu werten wäre, stellt heute den Regelfall dar.).

Mit der Entleerung der *politique des auteurs* zum Instrument der Warenproduktion, wie es speziell das US-amerikanische Kino nach dem Ende der fordistischen Studioära bestimmt, nicht zuletzt durch die aggressive Selbstvermarktung der Filmemacher als *auteurs* (etwa bei Francis Ford Coppola, Steven Spielberg oder George Lucas, David Lynch, Quentin Tarantino oder Robert Rodriguez) im Sinne eines „doing auteurism" (Bickerton: 143), hat sich eine fundamentale Neutralisierung der cinéphilen *politique* ereignet. Der *auteur* konstituiert sich nun in einem performativen Akt, er fungiert als Warenzeichen. Aus der mit dem kollabierenden Studiosystem entstandenen Utopie eines „New Hollywood" gegen Ende der 1960er ist so eine ökonomische Konstellation erwachsen, die den *auteur* zu einer weiteren ökonomischen Variable inmitten von *product placement* und Werbeclip-Ästhetik macht. Er ist nicht mehr durch einen Langzeitvertrag angestellt, sondern wird von Film zu Film engagiert, so dass er sich nicht mehr nur auf das Inszenieren verstehen, sondern auch betriebswirtschaftliche Kenntnisse besitzen muss. Das lässt eine Konstellation entstehen, in der er sich selbst zum *auteur* stilisiert, um Arbeit zu finden. Die Industrie wiederum verlängert dieses *Branding*, wenn sie auf einer solchen Basis einerseits den Marktwert des Filmemachers bestimmt und andererseits diesen Marktwert als Werbebotschaft an den Konsumenten kommuniziert. In Folge der Reduktion seiner ästhetischen Dimension auf einen ökonomischen Wert, so ließe sich damit argumentieren, verschwindet der Film zugunsten des Filmemachers, der Text zugunsten des Paratexts, der Gebrauchswert zugunsten des Tauschwerts. Der Name des *auteur* wird mobilisiert als figurative Struktur, die ästhetische Gratifikationen eines beworbenen Konsumguts signifiziert. Vom dadurch eingeholten kulturellen Prestige verspricht sich die Industrie einerseits eine Sicherung ihrer künstlerischen Integrität, die andererseits wieder zur Werbung mit Qualität taugt. Auch das Fernsehen hat diese Strategien mittlerweile übernommen. Für Serien des sog. „Quality-TV" (McCabe/Akass) wird dabei gerne Personal rekurriert, das bereits über positives Renommee in der Filmproduktion für das Kino verfügt.

Autorschaft und *CSI*

Dass rezente Fernsehserien mit ihrer komplexen Dramaturgie, aber auch ihren stilisierten Bild- und Tonwelten als innovatives „Experimentalsystem" (Engell: 45) auftreten, steht in enger Verbindung zu ihrem ökonomischen Textaußen. Im Handel sind TV-Serien, laut Industrie, „kein Trend mehr, sondern ein eigenes Marktsegment" (Rennefanz u.a.). Die Ausstrahlung einer neuen Serienstaffel wird immer öfter von der Veröffentlichung der vorangegangen Staffel auf DVD begleitet. Denn häufig bildet die Auswertung im TV nur noch eine erste Plattform, die für das Produkt sensibilisiert. Der eigentliche Gewinn erfolgt durch den Verkauf auf DVD, immer mehr auch durch ergänzende Informationen und eigene Episoden, die nur im Internet zu sehen sind oder auf das Mobiltelefon (iPhone, iPad, iPod etc.) geladen werden können. Im Gegenzug motiviert diese Medienkonvergenz wiederum potentielle Kunden, sich für eine Serie zu interessieren. Denn selbst wenn erfolgreiche Serien durch den Absatz auf DVD einen Großteil ihrer Produktionskosten einspielen können (Vgl. Edgerton: 17), ist es dennoch für viele Sender zu risikoreich, ausschließlich für den Heimmedien-Markt zu produzieren. Er muss in der Konzeption einer Serie aber bereits berücksichtigt werden, wodurch sich nicht nur die Tendenz zu narrativer Komplexität, sondern auch die produktionstechnische Sophistisierung erklärt: Es geht darum, den potentiellen Käufer zu wiederholter Rezeption der Produkte zu animieren, er soll bei der ersten Sichtung noch nicht alle dramaturgischen Verbindungen herstellen können und zugleich hinreichend sinnlich stimuliert werden, um nicht die Lust an der Serie zu verlieren.

Diese Gradwanderung zwischen Subtilität und Sensation haben für das Fernsehen immer mehr Filmemacher zu leisten, die auf Erfahrung in der Arbeit für das Kino zurückblicken können und ästhetische Verfahren transmedial importieren. Es wird versucht, ihnen optimale Rahmenbedingungen zu offerieren: Serien sind heute nicht selten teurer produziert als Spielfilme (Etwa 2,4 Millionen im Falle von *CSI* (Kuntz: 141), bei den HBO-Serien *Rome* (2005-2007) und *Boardwalk Empire* sogar zwischen zehn und zwanzig Millionen Dollar pro Episode (Hauser: 31; Anderson: 35)), besonderer Wert wird gelegt auf eine ‚filmische' Ästhetik, die sich möglichst weit von den berüchtigten ‚Talking Heads' früherer Fernsehprogramme entfernt und nicht länger dem Kino vorbehalten ist: Gedreht wird mit nur einer Kamera, meist auf 35mm, sowohl für Innen- als auch Außenaufnahmen, man setzt auf Breitbild, es dominiert eine kontrastreiche Lichtsetzung, fluide Kamerabewegungen öffnen den Raum, ein sorgfältiger Schnitt pointiert die dramatische Handlung. Die ästhetischen Strategien des postklassischen Kinos und seiner „intensified continuity" (Bordwell) etablieren sich im Fernsehen und stiften eine neue Form medienübergreifender Serialität. Was gefragt ist, das erschöpft sich aber nicht im bloßen Transfer handwerklicher Fähigkeiten zwischen den Medien. Gezielt werden für Fernsehserien immer öfter Kinoregisseure angeworben, die als idiosynkratische „Genre-Autoren" (Ritzer 2009) bekannt sind.

Exemplarisch dafür kann die CBS-Serie *CSI* stehen: Filmemacher wie William Friedkin, Rob Zombie und Quentin Tarantino haben inzwischen Folgen inszeniert. Dabei wird von ihnen nicht Anpassung erwartet, sondern, ganz im Gegenteil, signifikante Abweichung. Den betreffenden Fernsehepisoden soll gezielt die Kontinuität ihres Kinostils eingeschrieben werden, auch wenn (respektive gerade weil) dadurch Reibungsflächen zwischen der Serialität des Autorenstils auf der einen und der Serialität der Formatkonventionen auf der anderen Seite entstehen.

Friedkins „Cockroaches" (S8.09, 2007) beginnt bereits anders als jede *CSI*-Folge zuvor. Die Episode eröffnet mit einer spektakulären Autoverfolgungsjagd auf den Straßen von Las Vegas, die direkt *auf The French Connection* (1971), *To Live and Die in L.A.* (1985) und *Jade* (1995) verweist: Drei Kinoarbeiten von Friedkin, die alle ihre zentrale Sequenz in einer dynamisch inszenierten Verfolgungsjagd finden. Wie *The French Connection*, *To Live and Die in L.A.* und *Jade* lässt sich auch „Cockroaches" als Polizeifilm um einen obsessiven Ermittler charakterisieren, eine Rolle, die hier der amphetamin- und alkoholsüchtige Forensiker Warrick Brown übernimmt. Besessen davon, einen mafiösen Nachtclubbesitzer zu überführen, verstrickt er sich immer tiefer in den Fall und wird schließlich selbst des Mordes verdächtigt. Als Brown schwer narkotisiert mit einer Tänzerin aus dem Club intim wird, setzt Friedkin gar ein Subliminalbild der toten Stripperin, noch bevor ihre Leiche schließlich in Browns Wagen entdeckt wird. Auch dieses Montageprinzip, nach dem sekundenbruchteilkurze Einzelbilder in den Film geschnitten sind, findet sich bereits in Friedkins Kinoarbeiten, sowohl in *The Exorcist* (1973) als auch in *Cruising* (1980) und *To Live and Die in L.A.* Schließlich markiert „Cockroaches" noch ein weiteres Moment transmedialer Serialität zwischen Kino und Fernsehen: Nach *To Live and Die in L.A.*, der ersten Kooperation zwischen Friedkin und dem damaligen Hauptrollendebütanten William Petersen, setzt „Cockroaches" die Zusammenarbeit von Friedkin mit dem heutigen *CSI*-Star fort und bringt sie so ebenfalls in eine serielle Relation.

In „Mascara" (S9.18, 2009), von CBS als zweihundertste *CSI*-Episode und ‚Jubiläumsfolge' durch zahlreiche Programmhinweise vor der Erstausstrahlung zum Event stilisiert, zeichnet noch einmal Friedkin für die Regie verantwortlich. Mascara funktioniert ähnlich wie schon „Cockroaches" als Variation der Topoi aus Friedkins Polizeifilmen für das Kino. Erneut wird von einem Kriminalfall erzählt, der den Ermittler ins Obsessive abdriften lässt. Hier ist es Langston, der den Mord an einer seiner ehemaligen Studentinnen im Milieu lateinamerikanischer Wrestler untersucht und schließlich immer besessenere Züge entwickelt. Am Ende gelingt es ihm, einen Tatverdächtigen zu überführen, der aber ist zu keinem Geständnis bereit. Stattdessen macht der mutmaßliche Mörder einen Dämon verantwortlich, der unkontrolliert seine Opfer suche. Abermals setzt

Friedkin dabei Subliminalbilder, die freilich an das Flash-Cutting in *The Exorcist* erinnern, aber auch an den mysteriösen Killer aus *Cruising* denken lassen. Analog zu *Cruising* bleiben auch in „Mascara" die tatsächlichen Geschehnisse in einem für das Genre der Kriminalserie (Vgl. Hickethier) äußerst untypischen Schwebezustand: Epistemisch nicht eindeutig aufzulösen (Siehe dazu auch Krohn 2003). Durch eine serielle Konstante im ‚Werk' von Friedkin kommt es so zum Bruch mit einer seriellen Konvention von *CSI*. Anders gewendet: Friedkins Autorschaft sorgt für Differenz und Variation im Kontext einer auf Wiederholung generischer Muster angelegten Fernsehserie.

Abb. 1: Subliminalbilder eines Dämons in *The Exorcist* und der *CSI*-Folge „Mascara" (S9.18)

Wie „Cockroaches" und „Mascara" ist auch „L.A." (2010) von CBS in mehreren Trailern und Teasern mit dem Namen des Regisseurs der Episode beworben worden (Zu „Cockroaches" und „Mascara" existieren auf der DVD-Veröffentlichung daneben noch jeweils Bonus-Features, die Friedkins Beteiligung besonders hervorheben). „L.A." (S8.16), von Rockmusiker, Videoclip-Regisseur und „horror auteur" (Kinon) Rob Zombie realisiert für das *CSI*-Spin-Off *CSI: Miami* (2002-2012), beginnt mit einer im Videoclip-Stil zu Zombies eigenem Song „Virgin Witch" montierten Party-Sequenz, während der nicht nur — passend zu Zombies Remake von *Halloween* (Regie: John Carpenter, 1978) aus dem Jahr 2006 — eine Musikgruppe in dämonischen Kostümen auftritt, sondern auch *Nosferatu, eine Symphonie des Grauens* (Regie: F.W. Murnau, 1922) als Film im Film projiziert wird. Schon diese Eröffnung situiert sich in Tradition von Zombies Reputation, der durch Arbeiten wie *House of 1000 Corpses* (2000) oder *The Devil's Rejects* (2002) für seine cinéphile Verehrung des Horrorfilms als „American Nightmare" und „dämonische Leinwand" gleichermaßen bekannt ist (Vgl. Ritzer 2008; ferner Wood/Lippe; Eisner). Von CBS wird „L.A." dann auch als „darker, spookier, scarier and more dangerous with a lot more edge" (Kinon) be-

Abb. 2: Zitat von *Nosferatu* auf einer Halloween-Party in der *CSI: Miami*-Folge „L.A." (S8.16)

worben. Die Geschichte der Episode soll dem Rechnung tragen: Im zwielichtigen Pornofilmmilieu von Miami ist ein Mord geschehen, der die Forensiker um Lieutenant Caine auf die Spur eines alten Falles und nach Los Angeles führt. „L.A." basiert auf einem Drehbuch von Barry O'Brien, dem ausführenden Produzenten der Serie, „crafted specifically for Zombie to helm" (Ebd.), und in der Tat bietet sich dem Publikum ein Kompendium an Stilismen des Regisseurs dar, die im Kontext von *CSI* durchaus irritieren: Es folgen weitere Mini-Videoclips zu verschiedenen klassischen Rocksongs, in der Erzählung wird Gewalt drastisch sexualisiert, und mit Sheri Moon, William Forsythe oder Malcolm McDowell absolvieren Zombies *acteurs fétiches* mehrere Gastauftritte.

Auch in Quentin Tarantinos *CSI*-Doppelfolge „Grave Danger" (S5.24 und S5.25, 2005) gibt es zahlreiche Gastauftritte, unter anderem von Tony Curtis, der über seine Doppelrolle in Frauenkleidern aus Billy Wilders *Some Like It Hot* (1959) reflektiert. Jene Sequenz verkörpert emblematisch das Spiel mit popkulturellen Referenzen, für das Tarantino seit seinem Kinodebüt *Reservoir Dogs* (1992) und dem Arthouse-Blockbuster *Pulp Fiction* (1995) steht. Konträr zu „L.A." basiert „Grave Danger" auf einem Originaldrehbuch, so dass mitunter noch auffälliger mit Konventionen der Serie gebrochen wird. Wie Rob Zombie ist Tarantino ebenfalls für den Einsatz populärer Musik in seinen Filmen bekannt, und analog zu seinen Kinoarbeiten werden in „Grave Danger" vergessene Rock-Songs aus den 1960er und 1970er Jahren nicht nur extradiegetisch eingesetzt, auch in der Diegese selbst kommen diese zur Geltung. So findet sich etwa das Stück „Outside Chance" der Folkgruppe The Turtles auf einer Audiokassette, die der mysteriöse Entführer von Nick Stokes dessen Kollegen von der Spurensicherung zukommen hat lassen. Der Song mit seinen Textzeilen „You can try to please me / But it won't be easy / Stone walls surround me" verweist zum einen auf Tarantinos Präferenz für Classic-Rock, fungiert zum anderen aber auch als narrativer Funktionsträger: Er charakterisiert den Entführer als sadistisches Subjekt und spezifiziert ironisch die missliche Lage von dessen Opfer, das er in einem Sarg unter der Erdoberfläche vergraben hat.

Daneben steckt „Grave Danger" voller Verweise auf diverse Genre-, Exploitation- und B-Filme, die Tarantino mit Selbstzitaten versetzt. Der lebendig Begrabene evoziert Reminiszenzen nicht nur an den TV-Thriller *The Longest Night* (Regie: Jack Smight, 1972), sondern ebenfalls an die „Braut" aus *Kill Bill Vol. 2* (2004), die sich ebenfalls aus einem Sarg befreien muss. Jene Sequenz referenziert bereits *Paura nella città dei morti viventi* (1980) und andere Arbeiten des italienischen Horrorfilmregisseurs Lucio Fulci, den Tarantino in „Grave Danger" nun erneut zitiert, wenn der gefangene Stokes von fleischfressenden Insekten attackiert wird, ganz so wie Fulci seine Protagonisten in *E tu vivrai nel terrore – L'aldilà* (1981) zu Tode kommen lässt. Und in Analogie zu Fulci setzt Tarantino mit expliziten Splatter-Effekten zerstörter Körper auf eine drastische Form der Gewaltdarstellung, die für *CSI* als untypisch zu werden ist.

Dass es sich hier um keine aleatorische Intertextualität handelt, demonstriert Tarantino in seiner *mise-en-scène* schließlich dadurch, dass er einen Statisten am Rande des Geschehens mit einem Fulci-Fan-T-Shirt ausstattet. Ganz generell folgt Tarantino im visuellen Design von „Grave Danger" der in seinen Kinofilmen kultivierten Ästhetik. Mit Vorliebe inszeniert er Einstellungen aus ungewöhnlich-

Abb. 3: Topos des Lebendigbegrabenseins in *Kill Bill Vol. 2* und der *CSI*-Folge „Grave Danger"

er Perspektive, positioniert die Kamera favorisiert in engen Räumen und zeigt seine Figuren dann im Gegenlicht und aus starker Untersicht. Ferner werden Dialoge nicht wie im stilistischen Paradigma der „Televisuality" (Caldwell) sonst üblich nach dem Axiom von Schuss- und Gegenschuss aufgelöst, setzt Tarantino doch nur wenige Großaufnahmen ein, um stattdessen meist zwei oder mehrere Figuren halbnah in einer Einstellung zu zeigen. Eine ähnliche Unkonventionalität findet sich auch in der dramaturgischen Konzeption von „Grave Danger": Einerseits bricht Tarantino nach Art seiner Kinofilme immer wieder mit narrativer Linearität, sowohl durch Rückblenden als auch Traumsequenzen. Als Stokes sich beispielsweise im Delirium seine eigene Obduktion imaginiert, kommt es zu einer Form unzuverlässigen Erzählens, die singulär im Kontext von *CSI* ausfällt. Andererseits wird das Team der *CSI*-Forensiker von Tarantino erstmals mit einem Fall konfrontiert, der statt der Überführung eines Mörders die Suche nach einem noch lebenden Opfer fordert und sie auf persönlicher Ebene affiziert, eben weil es sich bei dem Entführungsopfer um ein Mitglied des *CSI*-Teams selbst handelt. Wo die Ermittler sonst durch ostentative Nüchternheit charakterisiert sind, werden sie von Tarantino gezielt mit ‚menschlichen' Nuancen versehen. Wenn Dr. Grissom zu Beginn der Episode bereits seine frühkindliche Liebe für das Pferd des singenden Hollywood-Cowboys Roy Rogers artikuliert, dann ist dies programmatisch für Tarantinos Zugriff auf *CSI* zu verstehen: Er gibt den Figuren eine Biografie, und zugleich ist ein weiterer Referenzpunkt in die Filmgeschichte gesetzt.

Conclusio
Die Analysen zeigen, dass CBS mit William Friedkin, Rob Zombie und Quentin Tarantino drei eigenwilligen Filmemachern des aktuellen Hollywoodkinos ein Forum bietet, das serielle Moment ihrer individuellen ‚Handschrift' der populären Fernsehserie *CSI* einzuschreiben. Diese Momente sorgen für eine Konfrontation der strukturellen Identität von *CSI*, indem Konventionen modifiziert, unterlaufen oder gar offen verletzt werden. Fern davon, künstlerische Praktiken zu beschneiden, befördert CBS vielmehr systematisch die Kreativität der Regisseure. In einer von symbolischer Legitimation und Kanonbildung geprägten Medienkultur ließe sich diese Vermarktung des *auteur* als Versuch einer Selbststilisierung des Senders zum generösen Mäzen auratischer Künstler deuten. Unter Bedingungen eines segmentierten Marktes, auf dem jeder Geschmack ein

Nischengeschmack zu sein scheint (Vgl. Ritzer 2011: 88ff.), wäre die Pflege idiosynkratischer Zugriffe auf konventionalisierte Formate nicht als Option, sondern Notwendigkeit zur Sicherung der Fortexistenz ökonomischen Erfolgs zu lesen. Vor dem Hintergrund einer Sehnsucht nach dem tradierten Kodex von Respektabilität und Qualität lanciert CBS mit dem Image des Wohltäters erfolgreiche Kinoregisseure als *auteurs*, denen man gern ein Höchstmaß an artistischer Freiheit konzediert. Durch das so eingeholte kulturelle Prestige kann sich der Kanal einerseits eine Sicherung seiner künstlerischen Integrität versprechen, die andererseits auch dazu taugt, mit Qualität werben und potentielle Zuschauer gewinnen zu können, die ansonsten kein Interesse an einer relativ rigide standardisierten Kriminalserie wie *CSI* besitzen. Die Kalkulation von CBS zielt ab auf die Konstitution eines kulturellen Feldes, das den Glauben „an die dem Künstler zugehörige Kraft zur Wertschöpfung produziert und reproduziert" (Bourdieu 1993: 20). Mit Pierre Bourdieu wäre diese Strategie damit als eine „charismatische Ideologie" zu bestimmen, die „Geschmack und Vorliebe für legitime Kultur zu einer Naturgabe stilisiert" (Bourdieu 1983: 17). Die Exponierung des *auteur* als artistisches Genie soll die Produkte mit Kunstcharakter adeln und ihren Wert als künstlerisch legitimierte Artefakte absichern. Den Horizont der Produktion bildet damit jenseits der Integrität von Autor und ästhetischem Objekt vor allem eine profitable Gewinnmaximalisierung. Wenn Idiosynkrasien in Serie gehen, dann ist eine Rückkehr des Autors unter kommerzielle Prämisse entscheidende Prädisposition dieser Tendenz.

Filme und Serien
Blue Velvet. David Lynch (Dir.). De Laurentiis, 1986. DVD.
Boardwalk Empire. Terence Winter (Cr.). HBO, seit 2010.
Casino. Martin Scorsese (Dir.). Universal Pictures, 1995. DVD.
„Cockroaches" (S8.09). *CSI: Las Vegas.* CBS, 2007. DVD.
Collateral. Michael Mann (Dir.). Paramount Pictures, 2004. DVD.
CSI: Las Vegas. Anthony E. Zuiker (Cr.). CBS, seit 2000.
CSI: Miami. Anthony E. Zuiker, Carol Mendelsohn, Ann Donahue (Crs.). CBS, 2002-2012.
Cruising. William Friedkin (Dir.). United Artists, 1980. DVD.
E tu vivrai nel terrore – L'aldilà. Lucio Fulci (Dir.). Medusa, 1981. DVD.

Good Fellas. Martin Scorsese (Dir.). Warner Bros., 1990. DVD.

„Grave Danger" (S5.24 und S5.25). *CSI: Las Vegas.* CBS, 2005. DVD.

Halloween. John Carpenter (Dir.). Warner Bros., 1978. DVD.

Halloween. Rob Zombie (Dir.). Dimension Films, 2007. DVD.

Heat. Michael Mann (Dir.). Warner Bros., 1995. DVD.

House of 1000 Corpses. Rob Zombie (Dir.). Lions Gate, 2000. DVD.

Jade. William Friedkin (Dir.). Paramount Pictures, 1995. DVD.

Kill Bill Vol. 2. Quentin Tarantino (Dir.). Miramax Films, 2004. DVD.

„L.A." (S8.16). *CSI: Miami.* CBS, 2010. DVD.

Lost Highway. David Lynch (Dir.). October Films, 1997. DVD.

Luck. David Milch (Cr.). HBO, 2011-2012.

„Mascara". *CSI: Las Vegas.* CBS, 2009. DVD.

Mean Streets. Martin Scorsese (Dir.). Warner Bros., 1973. DVD.

Mulholland Drive. David Lynch (Dir.). Universal Pictures, 2001. DVD.

Nosferatu, eine Symphonie des Grauens. F.W. Murnau (Dir.) Prana, 1922. DVD.

Paura nella città dei morti viventi. Lucio Fulci (Dir.). Dania, 1980. DVD.

Public Enemies. Michael Mann (Dir.). Universal Pictures, 2009. DVD.

Pulp Fiction. Quentin Tarantino. (Dir.). Miramax, 1995. DVD.

Reservoir Dogs. Quentin Tarantino (Dir.). Miramax, 1992. DVD.

Rome. Bruno Heller, John Milius, William J. MacDonald (Crs.). HBO, 2005-2007.

Some Like It Hot. Billy Wilder (Dir.). United Artists, 1959. DVD.

The Devil's Rejects. Rob Zombie (Dir.). Lionsgate, 2002. DVD.

The Exorcist. William Friedkin (Dir.). Warner Bros, 1973. DVD.

The French Connection. William Friedkin (Dir.). 20th Century Fox, 1971. DVD.

The Longest Night. Jack Smight (Dir.). Universal Television, 1972. DVD.

To Live and Die in L.A. William Friedkin (Dir.). United Artist, 1985. DVD.

Twin Peaks. Mark Frost, David Lynch (Crs.). ABC, 1990-1991.

Sekundärliteratur

Anderson, Christopher: „Producing an Aristocracy of Culture in American Television." In: Gary R. Edgerton und Jeffrey P. Jones (Hgg.): *The Essential HBO Reader.* Lexington 2008, S. 23-41.

Astruc, Alexandre: „Die Geburt einer neuen Avantgarde: Die Kamera als Federhalter." In: Christa Blümlinger und Constantin Wulff (Hgg.): *Schreiben Bilder*

Sprechen. Wien 1992, S. 199-204.

Barthes, Roland: „Der Tod des Autors." In: Fotis Jannidis et al. (Hgg.): *Texte zur Theorie der Autorschaft.* Stuttgart 2000, S. 185-193.

Bickerton, Emilie: *A Short History of Cahiers du Cinéma.* London 2009.

Bordwell, David: „Intensified Continuity: Visual Style in Contemporary American Film." In: *Film Quarterly* 3 (2002), S. 16-28.

Bourdieu, Pierre (1983): *Soziologie der symbolischen Formen.* Frankfurt.

— (1993): „Die historische Genese einer reinen Ästhetik." In: Gunter Gebauer und Christoph Wulf (Hgg.): *Praxis und Ästhetik. Neue Perspektiven im Denken Pierre Bourdieus.* Frankfurt, S. 14-32.

Braddock, Jeremy und Stephen Hock: „The Specter of Illegitimacy in an Age of Disillusion and Crisis." In: Jeremy Braddock und Stephen Hock (Hgg.): *Directed by Allen Smithee.* London 2001, S. 3-27.

Caldwell, J.T.: *Televisuality: Style, Crisis and Authority in American Television.* New Brunswick 1995.

Caughie, John (Hg.): *Theories of Authorship. A Reader.* London 1999.

Corrigan, Timothy: *A Cinema without Walls. Movies and Culture after Vietnam.* New Brunswick 1991.

Edgerton, Gary R.: „Introduction. A Brief History of HBO." In: Ders. und Jeffrey P. Jones (Hg.): *The Essential HBO Reader.* Lexington 2008, S. 1-20.

Eisner, Lotte H.: *Die dämonische Leinwand.* Frankfurt. 1975.

Engell, Lorenz: „Fernsehen mit Unbekannten. Überlegungen zur experimentellen Television." In: Michael Grisko und Stefan Münker (Hgg.): *Fernsehexperimente. Stationen eines Mediums.* Berlin 2009, S. 15-45.

English, James F.: „Afterword: Bastard Auteurism and Academic Auteurs: A Reflexive Reading of Smithee Studies." In: Jeremy Braddock und Stephen Hock (Hgg.): *Directed by Allen Smithee.* London 2001, S. 269-287.

Foucault, Michel: „Was ist ein Autor?" In: Fotis Jannidis et al. (Hgg.): *Texte zur Theorie der Autorschaft.* Stuttgart 2000, S. 198-229.

Hauser, Patricia: „Der Lebenslauf einer US-Serie." In: *Ray* 9 (2007), S. 28-32.

Hickethier, Knut (Hg.): *Filmgenres: Kriminalfilm.* Stuttgart 2005.

Jacobs, Diane: *Hollywood Renaissance: Altman Cassavetes Coppola Mazursky Scorsese and Others.* South Brunswick 1977.

Kinon, Cristina: „Rob Zombie talks about directing ‚darker, spookier, scarier' episode of CBS' ‚CSI: Miami'." In: *NY Daily News* v. 22. Februar 2010.

Krohn, Bill: „Friedkin Out". In: *Rouge* 3 (2004). <http://www.rouge.com.au/3/friedkin.html> (Abgerufen am 01.12.2013).

Kuntz, William M.: *Culture Conglomerates: Consolidation in the Motion Picture and Television Industries.* Lanham 2007.

McCabe, Janet und Kim Akass (Hgg.): *Quality TV. Contemporary American Television and Beyond.* London 2007.

Rennefanz, Sabine et al.: „Fortsetzung folgt." In: *Berliner Zeitung* v. 28.11.2009.

Ritzer, Ivo (2008): „Fear the Reaper. Rob Zombie und sein Film *Halloween*." In: *Ikonen* 11 (2008), S. 46-51.

— (2009): *Walter Hill. Welt in Flammen.* Berlin.

— (2011): *Fernsehen wider die Tabus. Sex, Gewalt und die neuen US-Serien.* Berlin.

Rivette, Jacques: *Schriften zum Film.* München 1989.

Sarris, Andrew (1985): „Notes on the Auteur Theory in 1962." In: Gerald Mast und Marshall Cohen (Hgg.): *Film Theory and Criticism.* New York, S. 528-540.

— (1996): *The American Cinema. Directors and Directions 1929-1968.* New York.

Truffaut, François (1997): *Die Filme meines Lebens. Aufsätze und Kritiken.* Frankfurt.

— (1999): *Die Lust am Sehen.* Frankfurt.

Vahimagi, Tise und Christopher Wicking: *The American Vein. Directors and Directions in Television.* New York 1979.

Wood, Robin und Richard Lippe (Hgg.): *American Nightmare: Essays on the Horror Film.* Toronto 1979.

Kai Fischer

Von *Seinfeld* zu *Louie*:
Sitcoms und Quality-TV

Brett Mills stellt seiner Monographie *The Sitcom* als Motto ein Zitat des britischen Sitcom-Autors Simon Nye vor: „There's something inherently small-time about sitcoms." (Mills: 1) Dieses „small-time", so Mills, könne verschiedene Dinge bedeuten: Erstens könne damit gemeint sein, dass in Sitcoms im Vergleich zu anderen fiktionalen Fernsehangeboten wenig investiert würde. Oder es könnten damit die Ereignisse und Situationen gemeint sein, die in Sitcoms dargestellt werden und im Gegensatz zu *Dramas* oder Dokumentationen eher selten die *Big Issues* aufgreifen. Drittens könne man darin einen Hinweis auf den vergleichsweise geringen kulturellen Wert sehen, der Sitcoms unterstellt wird, wodurch sie zu bloßen Unterhaltungsformaten abgestempelt würden. Viertens könne „small-time" auch bedeuten, dass künstlerische Aspekte keine Rolle spielen. Dementsprechend fasst Mills seine Überlegungen wie folgt zusammen: „All of these interpretations of ‚small-time' are commonly associated with sitcom. From them we can see it is a genre often perceived to be of less worth, of less invention and of less social value than many more ‚serious' forms of programming." (Mills: 2)
Ähnlich der Absicht von Brett Mills, solche vorschnellen und häufig schlecht begründeten Urteile zu entkräften, soll im Folgenden versucht werden, Sitcoms nicht nur als ernstzunehmende Gegenstände akademischer Betrachtung zu begreifen, sondern darüber hinaus im Kontext der Debatte um das sogenannte *Quality-TV* zu diskutieren. Momentan ist nämlich nicht nur eine gute Zeit für ‚ernsthafte', sondern auch für lustige Serien, wie sich an Serien wie *Curb Your Enthusiasm*, *30 Rock*, *Girls* oder *Louie* ablesen lässt. Jedoch soll es nicht darum

gehen, Innovationen aufzuzählen, wodurch gerechtfertigt wäre, dieser oder jener Sitcom das Label Quality-TV zu verleihen. Vielmehr gilt es, die Kategorie Quality-TV nicht ästhetisch-normativ am Endprodukt einer konkreten Serie zu konzipieren, sondern zunächst deskriptiv die Entstehungsbedingungen in den Blick zu nehmen, die im Idealfall zusammenfinden und etwas entstehen lassen, das die Zuschreibung Quality-TV verdient. Zu diesem Zweck genügt es nicht, einen Jetzt-Zustand festzuschreiben, sondern es müssen Entwicklungen nachgezeichnet werden, die es ermöglichen, eine ästhetische Bewertung angemessen zu kontextualisieren. In dieser Weise verstanden, ist in der Debatte um Quality-TV immer auch eine historiographische Dimension enthalten.[1]

Es scheint demnach wenig sinnvoll, zuerst einen Katalog ästhetischer Kriterien zu erstellen, die sich dann einfach abhaken ließen. Ein ästhetisches, womöglich sogar normatives Verständnis läuft Gefahr, einen Kanon kulturell wertvoller Serien festzuschreiben, der einen Großteil anderer fiktionaler Angebote wie Sitcoms aber auch *Soap Operas* ausschließt.[2] Auf diese Weise droht die unter dem Label Quality-TV sich vollziehende Kanonisierung einen Fehler zu wiederholen, der in analoger Weise die Literaturgeschichtsschreibung geprägt hat, und die längst überwunden geglaubte Vorstellung von *High Art* und *Low Art*, von elitär und populär, erneut einführt. Interessant daran ist, dass die Kennzeichnung einer Serie als Quality-TV häufig den Roman als Referenzrahmen anführt. Dass die Gattung des Romans allerdings seit der Entstehung gleichfalls eine populäre Textform darstellt, wird dabei gerne übersehen.[3] So wie ein Roman sowohl von den Begierden der Studentin Anastacia Steele als auch vom Niedergang der Familie Buddenbrook erzählen kann, so kann Fernsehen sowohl *Honey Boo Boo* als auch *The Wire* senden. Will man den Begriff des Quality-TV sinnvoll benutz-

---

1) Bereits Robert J. Thompsons Standardwerk weist durch seinen Titel *Television's Second Golden Age* auf die geschichtliche Perspektive seiner Betrachtung hin. Schon das erste Definitionskriterium, „Quality TV is best defined by what it is not. It is not ‚regular' TV" (Thompson: 13), enthält implizit eine historische Annahme. Denn die Normalität des Fernsehens, von der sich Qualitätsfernsehen absetzt, ist nicht nur in synchroner, sondern gerade auch in diachroner Hinsicht als Vergleichspunkt anzusetzen.
2) Thompson formuliert diesen Punkt in bemerkenswerter Klarheit. „Although the term ‚quality TV' means different things to different people, it has come to be associated in the minds of many with the ‚quality drama', and that will be the area of concern in the following pages." (Thompson: 17) Demgegenüber gibt es natürlich auch andere Sichtweisen, so diskutiert etwa Jason Mittell in seinem Aufsatz über narrative Komplexität Sitcoms wie *Seinfeld*, *Arrested Development* und *Curb Your Enthusiasm* (Vgl. Mittell: 34). Ein weiteres Beispiel ist Herbert Schwaabs Aufsatz über britische Sitcomformate und deren ‚glanzlose' Qualität (Vgl. Schwaab: 207-222).
3) Zum Begriff des Populären als Unterscheidung, vgl. Stäheli: 146-167.

en, sollte er innerhalb der Traditionslinien des Fernsehens gebraucht werden. Quality-TV, und hierin ist Jason Mittell zuzustimmen, ist ja nicht bloß literarisiertes Fernsehen, sondern Fernsehen, das sich zuerst einmal von anderen Formen des Fernsehens absetzt.

> And I believe that television at its best shouldn't be understood simply as emulating another older and more culturally valued medium. *The Wire* is a masterpiece of television, not a novel that happens to be televised, and thus should be understood, analyzed, and celebrated on its own medium's terms. (Mittell 2013)

Das ist umso bemerkenswerter, da es sich um Fernsehen handelt, dem gerne nachgesagt wird, ein demokratisches Medium zu sein.[4]

Es lohnt sich demnach festzuhalten, dass die Rede von Quality-TV vor allem dann wissenschaftlich sinnvoll ist, wenn man ‚Quality' als historisch relativen Begriff versteht. Die Feststellung, dass eine Serie eines spezifischen Genres in qualitativer Hinsicht besser als eine andere Serie des gleichen Genres ist, basiert auf dem Vergleich sowohl zu ihren Vorgängern als auch zu ihren Nachfolgern. Qualität ist nicht etwas, was einer Serie an sich zukommt, sondern ausschließlich in Relation beschreib- und feststellbar ist, sofern man ein gewisses analytisches Potential des Begriffs behalten möchte.[5] Auf diese Weise perspektiviert, ist es hilfreich, Fernsehen als Dispositiv zu begreifen, da Aspekte der Produktion, der Distribution und der Rezeption miteinander verschränkt werden müssen.[6] Dass sich die neuere Debatte um Quality-TV insbesondere in der Auseinandersetzung mit Programmen entwickelt hat, die von Pay-TV-Sendern produziert worden sind,

---

4) Insbesondere in den Cultural Studies wird diese Position vertreten (Vgl. etwa Hartley).

5) Schwaab etwa spricht dem Begriff nur geringe Brauchbarkeit zu, da Quality-TV „auf einen Diskurs verweist, bei dem es um besondere Positionierung eines Formats im Programm geht, durch die ein für die Produzierenden ökonomisch interessantes Publikum erreicht wird" (Schwaab: 211).

6) Den Begriff des Dispositivs verwende ich in gleicher Weise wie Knut Hickethier, der ihn von Foucault übernommen und für fernsehtheoretische Reflexionen fruchtbar gemacht hat. „Fernsehen als Dispositiv zu begreifen ist ein Konzept zur Bestimmung des Mediums Fernsehen […]. Seinen Ausgangspunkt hat es darin, die verschiedenen Aspekte der Fernsehkommunikation und ihre Rahmenbedingungen, die in traditionellen Betrachtungsweisen der Massenkommunikationsforschung auseinanderdriften, neu zusammen zu sehen und Technik, Institutionen, Programme, Rezeption und Subjektverständnis als ein Geflecht von Beziehungen zu verstehen." (Hickethier: 271) Zudem, so Hickethier weiter, ermöglicht ein Verständnis des Fernsehens als Dispositiv, historische Veränderungen adäquat zu erfassen. „Gegenüber dem in der Kinotheorie eher statisch verstandenen Begriff des Dispositivs wird hier ein Konzept zugrunde gelegt, das historische Veränderungen berücksichtigt. Die Entwicklung des Fernsehens legt ein solches Verständnis eher nahe als die Geschichte des Kinos, denn das Fernsehen unterscheidet sich von anderen Medien und Künsten unter anderem darin, daß es eine ganz andere Dynamik innerhalb seiner medialen Konstituierung entwickelt." (Hickethier: 272)

deutet auf die Notwendigkeit hin, historische Prozesse zu berücksichtigen. Die grundlegend andere Produktionsweise von Sendern wie HBO, Showtime oder AMC gegenüber den ‚großen' Networks NBC, ABC und CBS weist darauf hin, dass Faktoren wie relative Unabhängigkeit von Werbekunden oder die Orientierung an notwendig kleineren Zuschauermengen nicht nur andere kreative Möglichkeiten eröffnet, sondern zu einem Teil der Analyse und Bewertung eines Programms werden sollten. Zudem haben sich sowohl durch den Vertrieb von DVDs als auch durch das Internet die Rezeptionsgewohnheiten verändert. Während DVDs erlauben, Serien ohne Werbeunterbrechung und ohne Rücksichtnahme auf den regulären Programmfluss anzuschauen, ermöglicht das Internet, eine Serie nicht nur in der gerade beschriebenen Weise zu schauen, sondern darüber hinaus auch zu kommentieren, und zwar potentiell mit einem weltweiten Publikum. Es sind diese im weitesten Sinne technischen Faktoren, die dazu geführt haben, dass auch das Fan-Sein hinsichtlich seiner rezeptionstheoretischen Implikationen zur Debatte um Quality-TV gehört.[7] Ein weiterer Aspekt betrifft die Notwendigkeit der historiographischen Rekonstruktion der Entscheidungen und Prozesse, die dazu geführt haben, dass eine Serie überhaupt gesendet wurde bzw. wird.[8]

Das Folgende stellt somit den Versuch dar, eine Historiographie des Sitcom-Genres unter dem Aspekt der Zuordnung zu Quality-TV zu skizzieren. Dabei sollen vor allem programmpolitische und produktionstechnische Faktoren berücksichtigt werden, die als Bedingung der Herstellung von Qualität vorangehen. Am Beginn dieser Geschichte steht die Sitcom *Seinfeld*, die von 1989 bis 1998 auf NBC gelaufen und von den beiden Stand-Up Comedians Jerry Seinfeld und Larry David entwickelt worden ist. An ihr lassen sich die entscheidenden Veränderungen und Innovationen ablesen, die später zu einem Standard für das Sitcom-Genre im Allgemeinen wurden.[9] Die Innovationen betreffen dabei so-

---

7) Zu den unterschiedlichen Aspekten von *Fan Culture*, vgl. natürlich Jenkins.
8) Die Möglichkeit, solche programmpolitischen Entscheidungen nachzuvollziehen, ist gerade heute durch die zahlreichen Extras oder, wenn man so will, paratextuellen Elemente wie *Behind-the-Scenes*-Features, Audiokommentare etc. gegeben, mit denen DVDs ausgestattet sind.
9) Man kommt nicht umhin bei der Beschreibung einer historischen Entwicklung auf Begriffe wie Veränderung und Innovation zurückzugreifen, auch wenn damit die Gefahr einhergeht, implizit Wertungen zu transportieren. In der Diskussion des Vortrags, auf dem dieser Aufsatz basiert, hat Ivo Ritzer zu Recht darauf hingewiesen, dass es zudem darauf ankomme, ob man einer klassizistischen oder modernistischen Logik folgt. Gerade bei einem Genre wie der Sitcom, das in hohem Maße formelhaft ist, ließe sich das Einhalten spezifischer Vorgaben als positive Eigenschaft im Sinne einer Erfüllung ‚poetologischer' Regelhaftigkeit begreifen. Dagegen möchte ich einer

wohl thematische und erzählerische Elemente als auch Veränderungen hinsichtlich der Produktionsweise von Sitcoms. Zudem eignet sich *Seinfeld* als Einsatzpunkt für eine solche Geschichte, weil sie eine der erfolgreichsten und folglich populärsten amerikanischen Sitcoms war und ist.

In Interviews zur Produktion der *Seinfeld*-Episode „The Contest" (S4.11) erzählen sowohl Julia Louis-Dreyfus („Elaine") als auch Jason Alexander („George"), dass sie es nicht für möglich gehalten hatten, eine Folge über Masturbation zu machen. Auch Larry David, Co-Creator und Autor der betreffenden Episode, war vorsichtig. Entgegen seiner Gewohnheit, die Titel von geplanten Episoden auf eine Tafel in seinem Büro zu schreiben, hatte er „The Contest" ausgelassen. Als Grund für diese Maßnahme gibt David in einem Interview an, dass er verhindern wollte, von Studio- oder Network-Executives nach dem Inhalt gefragt zu werden. Er sei nämlich sicher gewesen, NBC hätte die Produktion nicht zugelassen, hätte er erzählen müssen, die Folge handele von einem Wettbewerb, wer von den vier Hauptfiguren es am längsten ohne Masturbation aushalten könne. Warren Littlefield, damaliger Präsident von NBC, war denn auch besorgt, als er von dem Skript erfuhr. Bei einem Gespräch mit Broadcast Standards stellte sich allerdings zu seiner Überraschung heraus, dass man dort keine schwerwiegenden Einwände gegen den Inhalt hatte. Man sei sicher, die Zuschauer von *Seinfeld* könnten mit der Thematik umgehen. Allerdings solle Larry David als Autor und ausführender Produzent darauf achten, die Getränkemarke Snapple nicht so häufig zu nennen. „The Contest" wurde, um Warren Littlefield zu zitieren, entgegen aller Befürchtungen „the definition of watercooler television"; man wollte nicht am nächsten Morgen zur Arbeit gehen und diese Folge nicht gesehen haben.

Was für „The Contest" gilt, gilt für die gesamte vierte Staffel von *Seinfeld*: Die thematischen und narrativen Möglichkeiten des Genres Sitcom wurden in erheblichem Maße erweitert und inspirierten tiefgreifende Veränderungen. Um ermessen zu können, welche Wirkung *Seinfeld* hatte, muss man die Serie, wie bereits angemerkt, im Vergleich zu den vorangegangenen und nachfolgenden Sitcoms betrachten.

Mit *Seinfeld* beginnt etwa die mainstreamkompatible Darstellung großstädtischen Single-Lebens und, daran anschließend, die Thematisierung von (weiblicher) Sexualität und Homosexualität sowie der Problematik von angemessenem oder

---

modernistischen Logik folgen, allerdings mit der Einschränkung, dass Veränderungen oder Innovationen zunächst kein ‚Besser-als' bezeichnen, sondern ein ‚Anders-als'.

unangemessenem Dating-Verhalten.[10] Die vierte Staffel bietet darüber hinaus, und wohl zum ersten Mal in einer Sitcom, einen *Season-Arc*, einen narrativen Bogen, der als erzählerische Klammer fungiert und zusätzlich ein Element von Selbstreferentialität und Selbstreflexivität einführt. Der *Arc* der vierten Staffel handelt zudem von der Entwicklung des fiktionalen Serien-Piloten der ‚Jerry-Show' und spiegelt die Entstehung der realen Serie *Seinfeld* wieder.[11]
Zugleich zeichnet sich *Seinfeld* durch eine für Sitcoms ungewöhnliche erzählerische Komplexität aus: Nicht nur werden Erzählstränge über mehrere Episoden verteilt — bspw. sind die Folgen 3, 4, 5 und 6 der vierten Staffel über einzelne *Storylines* miteinander verbunden — auch die narrative Ausrichtung auf die Hauptfigur, wie man sie aus früheren Sitcoms kannte, wurde zugunsten einer gleichberechtigten Anordnung der *Storylines* für alle vier Hauptfiguren aufgegeben. Konkret bedeutet das, dass es nicht mehr einen Haupterzählstrang gibt, dem vielleicht ein oder zwei weitere Erzählstränge untergeordnet sind, sondern vier Erzählstränge, die am Ende einer Folge zusammenlaufen.[12]

---

10) Schaut man sich die anderen erfolgreichen Sitcoms der 1990er Jahre an, etwa *Frasier* (1993-2004), *Friends* (1994-2004) oder *Will & Grace* (1998-2006), so folgen sie *Seinfeld* nicht nur in chronologischer Hinsicht, sondern auch hinsichtlich ihrer thematischen Ausrichtung auf die Bereiche Single-Leben, Sexualität und Dating. Blickt man dagegen auf die erfolgreichen Vorgänger von *Seinfeld*, etwa *The Cosby Show* (1984-1992), *Full House* (1987-1995) oder *Family Matters* (1989-1998), fällt auf, dass es vor allem die Familie und ihre Konflikte thematisiert wurden. Eine scheinbare Ausnahme bildet die Serie *Cheers* (1982-1993) über den Barbesitzer Sam Malone und seine Stammgäste. Allerdings orientiert sich die Darstellung der Beziehungen zwischen den Gästen und dem Besitzer an der von Family-Sitcoms. Natürlich gibt es zahlreiche Überschneidungen zwischen *Seinfeld* und den Vorgängern, jedoch beziehen diese sich vor allem auf die Produktionsbedingungen und nicht auf die dargestellten Inhalte.

11) Auch hierin folgt *Seinfeld* zunächst einer Tradition, um dann darüber hinauszugehen. Für Sitcoms war es nicht ungewöhnlich, den Namen des Hauptdarstellers als Titel zu führen. Doch stellten die Hauptdarsteller stets eine fiktionale Figur dar: bspw. in *The Dick van Dyke Show* (1961-1966) spielt Dick van Dyke Rob Petrie, in *The Mary Tyler Moore Show/Oh Mary* (1970-1977) spielt Mary Tyler Moore die Figur Mary Richard. Das gleiche Prinzip gilt für jüngere Sitcoms wie *The Cosby Show* oder *Home Improvement*, in denen die Stand-Up-Comedians Bill Cosby und Tim Allen fiktionale Figuren, namentlich Heithcliff Huxtable und Tim „The Toolman" Taylor, spielen, deren Charakteristika allerdings bereits in ihren jeweiligen Bühnenpersona angelegt sind. Im Unterschied dazu geht Jerry Seinfeld in seiner Show einen Schritt weiter, in der er eine fiktionalisierte Version des realen Stand-Up-Comedian Jerry Seinfeld spielt. Diese Form der Grenzverwischung zwischen realer und fiktionaler Person wird zu einem herausstechenden Merkmal nachfolgender Sitcoms, etwa *Curb Your Enthusiasm* oder *Louie*, und bezeichnet eine weitere Differenz zu traditionellen Shows.

12) Weitere narrative Innovationen stellen bspw. die Episoden „The Bizarro Jerry" (S8.03) und „The Betrayal" (S9.08) dar. Erstere handelt davon, dass die vier Hauptfiguren auf eine Vierergruppe treffen, die sie exakt spiegelt, wobei die jeweilige Bizarro-Version die moralisch bessere Figur ist. Der Witz dieser Folge erschließt sich vor allem langjährigen Zuschauern, die um

Ein weiteres zentrales Element von *Seinfeld* ist etwas, das man vage den ‚Ton' der Serie nennen könnte und eine markante Differenz zu fast allen anderen damaligen, und zu einem großen Teil der heutigen Sitcoms bezeichnet. Gemeint ist die völlige Abwesenheit von Sentimentalität, die in dem Motto „No hugging, no learning" seinen Ausdruck gefunden hat. Am eindrucksvollsten kann dies an der letzten Folge der siebten Staffel, „The Invitations" (S7.24), illustriert werden. Der *Arc* dieser Staffel handelt davon, dass George Costanza überstürzt eine Verlobung mit Susan Ross eingeht und die gesamte Staffel über versucht, diese wieder zu lösen. Allerdings möchte er nicht die Verantwortung dafür übernehmen und so muss der Zufall helfen. Als George und Susan Einladungskarten für ihre Hochzeit aussuchen, beharrt George darauf, billige Karten und Umschläge zu kaufen. Im Verlauf der Folge macht Susan sich daran, die Einladungen zu verschicken, und weil sie dies alleine macht, erliegt sie einer Vergiftung durch den Kleber auf den Umschlägen. Dabei ist nicht allein die Tatsache bemerkenswert, dass eine Figur in einer Sitcom stirbt, sondern die Reaktion der vier Hauptfiguren auf ihren Tod. So nennt Kramer die gerade Verstorbene bei einem falschen Namen und weil den anderen nichts Angemessenes einfällt, was sie sagen könnten, beschließen sie einen Kaffee trinken zu gehen.

Die genannten Merkmale rechtfertigen eine Auseinandersetzung mit *Seinfeld* im Rahmen der Debatte um Quality-TV: Die Wahl kontroverser Themen, selbstreflexive und selbstreferentielle Elemente, narrative Komplexität sind Kennzeichen, die bei der Analyse ‚ernsthafter', dramatischer Serien die Zuordnung zu Quality-TV bestimmen. Die Innovationen, die *Seinfeld* im Sitcom-Genre inspiriert hat, waren allerdings nicht von Beginn an möglich, sondern stellen das Ergebnis einer Entwicklung dar, die wiederum von spezifischen Faktoren beeinflusst worden war. „The Contest" etwa wurde auch darum gesendet, weil bei einer Präsentation der Folge vor Werbekunden nur zwei ihre Werbung zurückgezogen hatten, d.h. keine großen finanziellen Einbußen vonseiten des Senders befürchtet werden mussten. Dass *Seinfeld* ein so großer Publikumserfolg werden

---

die moralische Fehlbarkeit von Jerry, George, Elaine und Kramer wissen. Damit handelt es sich nicht einfach um einen *Callback*, eine Erinnerung an eine einzelne frühere Episode. Die Zuschauer mussten vielmehr insgesamt mit der Dynamik der Figuren untereinander vertraut sein. Bei „The Betrayal" handelt es sich um eine lose Adaption des gleichnamigen Theaterstücks von Harold Pinter, dessen narrative Pointe darin besteht, dass die Handlung rückwärts erzählt. Folgerichtig beginnt die *Seinfeld*-Episode mit den *Closing Credits* und endet mit den *Opening Credits*.

konnte, kann zudem auf Programmplanänderungen zurückgeführt werden. Bevor *Cheers* abgesetzt wurde, entschied man sich bei NBC während der vierten Staffel dazu, *Seinfeld* von seinem ursprünglichen Programmplatz am Mittwochabend auf Donnerstagabend hinter *Cheers* zu verlegen, mit der Absicht herauszufinden, ob Seinfeld sich als Nachfolger eignete. Als *Seinfeld* dann begann, die Quoten von *Cheers* als Nachfolger noch zu übertreffen, war man gewillt, den *Premium-Timeslot*, also donnerstags um 21 Uhr, an *Seinfeld* zu übergeben. Man kann an diesem Beispiel ermessen, dass es unerlässlich ist, bei der Frage nach Quality-TV neben den kreativen Absichten der Produzenten auch die kommerziellen Interessen eines Senders zu berücksichtigen, um ein vollständiges Bild zu erhalten. Es reicht nicht aus, einfach eine lustige Fernsehserie zu schreiben, sofern man nicht Programmverantwortliche hinter sich hat, die bereit sind, ein Risiko einzugehen.[13]

Man wird schwerlich eine Serie finden, auf die das mehr zutrifft als die von FX produzierte Sitcom *Louie* des amerikanischen Stand-Up Comedian Louis C.K. Für John Landgraf, CEO von FX Networks, ist Louis C.K. „to comedy what David Chase is to drama". Damit könnte sich die Frage, ob *Louie* zu Quality-TV gerechnet werden kann, erledigt haben, gilt David Chase als Creator von *The Sopranos* doch als Inbegriff von Quality-TV. Dass *Louie* als Serie aber so erfolgreich ist und von Kritikern gelobt wird, hängt mit den spezifischen Bedingungen zusammen unter denen Louis C.K. die Serie produziert.

Louis C.K. bekommt für die Produktion einer einzelnen Folge einen Betrag zwischen 200.000 und 400.000 Dollar zur Verfügung gestellt, mit dem alles bezahlt werden muss, einschließlich der Gehälter für Schauspieler, für Drehgenehmigungen, Requisiten etc. Zum Vergleich: Im Jahr 2008 war Charlie Sheen mit einem Gehalt von 300.000 Dollar pro Folge der höchstbezahlte Schauspieler in einer Comdeyserie, in 2011 war sein Gehalt sogar auf 1,8 Millionen Dollar gestiegen. Im Gegenzug behält Louis C.K. die vollständige Kontrolle über das Endprodukt. Für John Landgraf war es den Versuch wert, dieses ungewöhnliche Arrangement einzugehen, wie er in einem Artikel von Variety zu Protokoll gibt. „It was a calculated risk — it wasn't a huge amount of money and he was un-

---

13) ,Nachzulesen' auf den DVDs 1 und 2 der *Seinfeld*-Box Volume 3/Season 4. Auf der ersten DVD befindet sich die Dokumentation „The Breakthrough Season", auf der zweiten das *Behind-the-Scenes*-Featurette zur Episode „The Contest".

doubtley talented."[14] Möglich wird die Produktion von *Louie* nicht zuletzt dadurch, dass Louis C.K. die Serie nicht nur schreibt und die Hauptrolle spielt, sondern auch noch Regie führt und als ausführender Produzent fungiert. Während der ersten Staffel hat er die Serie sogar geschnitten. Damit führt Louis C.K. einen Trend fort, den man mit dem Begriff Autoren-Fernsehen bezeichnen könnte und eigentlich eher mit ‚ernsthaften' Serien verbindet, der aber für die neueren Sitcoms in gleichem Maße zutrifft. Man denke etwa an *Curb Your Enthusiasm* von und mit Larry David, *Girls* von und mit Lena Dunham oder *30 Rock* von und mit Tina Fey.

Alle neueren Sitcoms, auch solche die bei den werbebasierten Networks laufen, wie etwa *30 Rock* und *Modern Family*, weisen ähnliche Produktionsweisen auf, d.h. alle sind *one-camera shows* und alle verzichten auf einen *laugh-track*. Doch während etwa Serien wie *Modern Family*, *Girls*, *Curb Your Enthusiasm* und *30 Rock* einem realistischen Modus verpflichtet sind, zeichnet sich *Louie* durch bewusst platzierte Brechungen solcher Darstellungsmodi aus. Inhaltlich orientiert sich die Serie *Louie* dabei an den Themen, die Louis C.K. in seinen Stand-Up Programmen bietet: Seine Scheidung, Dating als geschiedener Mann, die Beziehung zu seinen Töchtern, Älterwerden und körperliche Gebrechen, Tod. Damit stellt sich die Frage, was die Serie Anderes leistet als die Stand-Up Programme und was sie von anderen Sitcoms abhebt.

Hier bietet sich ein Vergleich mit *Seinfeld* an, und zwar nicht nur wegen der offensichtlichen inhaltlichen Parallele, dass in beiden Serien ein (namensgebender) Stand-Up-Comedian im Mittelpunkt steht. Hinsichtlich der narrativen Struktur ähnelt *Louie* den frühen und mittleren Folgen von *Seinfeld*, da in beiden Serien Stand-Up-Auftritte als Kommentar zu den im strengen Sinne erzählerischen Teilen eingesetzt werden. Anders aber als bei *Seinfeld*, wo in den frühen Episoden drei solcher Auftritte eine Folge strukturiert haben, die mit zunehmender Dauer der Serie zunächst durch zwei Auftritte abgelöst und etwa ab der sechsten Staffel vollständig ausgelassen wurden, gibt es bei *Louie* kein durchgängiges Muster, das sämtliche Folgen kennzeichnen würde. Einzelne Folgen enthalten mehrere Stand-Up-Auftritte, andere wiederum enthalten nur einen; mal beginnt eine Episode mit einem Auftritt, eine andere wiederum wird mit einem *Cold Opening* eröffnet. Zudem unterscheidet sich *Louie* von *Seinfeld* da-

---

14) <http://variety.com/2013/tv/news/emmys-louie-breaks-ground-again-with-nom-1200582821/> (Abgerufen am 19.11.2013).

durch, dass die Stand-Up-Auftritte an verschiedenen Orten aufgenommen wurden, wodurch man einen authentischeren Eindruck von der Arbeit eines Stand-Up-Comedians erhält.

Was nun die eigentlichen narrativen Teile angeht, so lässt sich auch dort kein kohärentes Muster erkennen. Allein die Titel weisen daraufhin, ob es in der entsprechenden Folge einen oder zwei Erzählstränge gibt. Entgegen dem häufig geäußerten kritischen Vorwurf, Sitcoms zeichneten sich durch ihre starre Formelhaftigkeit aus, erscheint *Louie* als beinahe formlos bzw. formal nicht festgelegt. Diesem Befund korrespondiert die Art und Weise, wie erzählt wird. Wenn Louie etwa in der Episode „Dogpound" (S1.08) high ist, dann spielt Louis C.K. nicht nur, dass Louie high ist, sondern es wird versucht, dem Eindruck halluzinierender Wahrnehmung und Desorientierung auf visueller Ebene zu entsprechen. Das Gleiche gilt für die Traumsequenzen. Im Unterschied zu konventionelleren Sitcoms werden diese Sequenzen nicht linear erzählt. In der Folge „Dentist/Tarese" (S1.10) ist Louie beim Zahnarzt und weil er Angst hat, wird er vom Zahnarzt betäubt. In der daran anschließenden Traumsequenz ist Louie in der Wüste und begegnet dort Osama Bin Laden, den er aufgrund der Terroranschläge von 9/11 ein Arschloch nennt; schließlich solle er mal darüber nachdenken, wie es ihm als Opfer eines solchen Terroranschlags gegangen wäre. Osama Bin Laden überlegt kurz und gibt dann zu, dass er das so noch gar nicht gesehen habe. Dann sitzt plötzlich Louies Zahnarzt neben ihm und schiebt ihm eine Banane in den Mund. Louie erwacht und bekommt noch so gerade mit, wie der Zahnarzt sich von ihm wegdreht und seine Hose schließt.

Doch nicht nur in den Traumsequenzen bedient sich Louis C.K. einer ungewöhnlichen Erzählweise. Den wohl markantesten Unterschied zu anderen Sitcoms stellen die, am ehesten surrealistisch zu nennenden, Erzählelemente dar. Bereits in der Pilotfolge (S1.01) kommt dieses erzählerische Mittel zum Einsatz. Nach einer desaströsen Verabredung sitzen Louie und sein Date auf einer Bank, wo Louie entgegen aller Vernunft versucht, sie zu küssen. Daraufhin springt die Frau auf und läuft zu einem wartenden Hubschrauber, springt hinein und fliegt davon. In der Episode „Moving" (S2.03) aus der zweiten Staffel, in der Louie ein neues Apartment sucht, blickt er bei einer Wohnungsbesichtigung aus dem Fenster und sieht einen Obdachlosen auf der Straße stehen. Eine schwarze Limousine fährt vor, hält und zwei Männer in Anzügen und mit Sonnenbrille steigen aus. Sie führen den Obdachlosen zu ihrem Auto und setzen ihn hinein. Daraufhin holen sie einen anderen Obdachlosen aus dem Auto und stellen ihn an genau die Stelle, an der vorher der andere Obdachlose gestanden hat. Während der Hubschrauber am Ende der Pilotfolge die Funktion einer zwar erzählerisch unwahrscheinlichen Pointe zukommt, ist die gesamte Sequenz in „Moving" durch nichts motiviert und bleibt vollkommen unverbunden mit der restlichen Story der Folge. Den Höhepunkt erreicht der Einsatz surrealistischer Elemente in der dreiteiligen Episode „Late Night" (S3.10-S3.12) aus der dritten Staffel. Nicht nur hat David Lynch eine Nebenrolle im zweiten und dritten Teil der Folge übernommen, manche Bildarrangements könnten direkt einem Lynch-Film entlehnt sein. Damit schließt Louis C.K. an eine Tradition des Kinos an, die über David Lynch, Woody Allen, Luis Buñuel bis zu den Marx Brothers zurückgeführt werden kann und die Möglichkeiten des Genres Sitcom erweitert.

Louie schreibt sich in eine über die Sitcomkonventionen hinausgehende Darstellungsgeschichte ein und stellt auf diese Weise nicht nur zur Debatte, was komisch ist, sondern auch, was, mit welchen ästhetisch-darstellerischen Mitteln wo, wie und unter welchen Bedingungen, für und von wem, erzählt werden kann, sollte und darf. Eine solche Betrachtungsweise ist allerdings notwendig historiographisch, da Veränderungen von Darstellungskonventionen nur im historischen Vergleich sinnvoll zu analysieren und folglich zu bewerten sind. Zugleich reicht es nicht aus, ‚Quality' bloß als ästhetisches Kriterium zu verstehen, das sich unterschiedslos auf alle Genres anwenden ließe, mit dem Effekt, dass eine Einteilung nach besseren und schlechteren Genres vorgenommen wird. Die Debatte um Quality-TV ernst zu nehmen, bedeutet TV als mediales Dispositiv zu begreifen, das je nach Genre unterschiedliche Formen von Qualität produziert, die wiederum nach eigenen Maßstäben analysiert und bewertet werden sollten.

Serien und Episoden
„Dentist/Tarese" (S1.10). *Louie.* FX, 2011. DVD.
„Dogpound" (S1.08). *Louie.* FX, 2011. DVD.
„Late Night" (S3.10-S3.12). *Louie.* FX, 2012. Online.
Louie. Louis C.K. (Cr.). FX, seit 2010.
„Moving" (S2.03). *Louie.* FX, 2012. DVD.
„Pilot" (S1.01). *Louie.* FX, 2011. DVD.
Seinfeld. Jerry Seinfeld, Larry David (Crs.). NBC, 1989-1998.

„The Invitations" (S7.24). *Seinfeld.* NBC, 2005. DVD.
„The Contest" (S4.11). *Seinfeld.* NBC, 2005. DVD.

Sekundärliteratur

Akass, Kim und Janet McCabe: „Introduction. Debating Quality." In: Dies. (Hgg.): *Quality TV. Contemporary American Television and Beyond.* London 2007, S. 1-11.

Hartley, John: *Uses of Television.* London 1999.

Hickethier, Knut: „Dispositiv Fernsehen. Skizze eines Modells." In: Michael Grisko (Hg.): *Texte zur Theorie und Geschichte des Fernsehens.* Stuttgart 2009, S. 270-293.

Jenkins, Henry: *Fans, Bloggers, and Gamers. Exploring Participatory Culture.* New York 2006.

Mills, Brett: *The Sitcom.* Edinburgh 2011.

Mittell, Jason (2006): „Narrative Complexity in Contemporary American Television." In: *The Velvet Light Trap* 58 (2006), S. 29-40.

— (2013): „All in the Game: ‚The Wire', Serial Storytelling and Procedural Logic." In: <http://www.electronicbookreview.com/thread/firstperson/serial> (Abgerufen am 14.10.2013).

Schwaab, Herbert: „‚The Office', ‚Spaced' und die ‚glanzlose' Qualität britischer Comedyformate." In: Susanne Eichner, Lothar Mikos und Rainer Winter (Hgg.): *Transnationale Serienkultur. Theorie, Ästhetik, Narration und Rezeption neuer Fernsehserien.* Wiesbaden 2013, S. 207-222.

Stäheli, Urs: „Das Populäre als Unterscheidung." In: Gereon Blaseio, Hedwig Pompe und Jens Ruchatz (Hgg.): *Popularisierung und Popularität.* Köln 2005, S. 146-167.

Sandra Danneil

Lachen ohne Ende...
Die *Simpsons* als transgressive Selbstüberbietung

> MARGE: Professor August hat gesagt, die Sitcom ist ein Genre, das dem Untergang geweiht ist. — HOMER: Das ist Bildungsfernsehen. Nur durch die eingespielten Lacher lernt unser Volk was Humor ist.[1]

„TV-Unterhaltung scheint endlich zu den Medien bildungsbürgerlicher Kunst aufzuschließen." (Jahn-Sudmann/Kelleter: 206) So heißt es bei Andreas Jahn-Sudmann und Frank Kelleter in ihrem aktuellen Beitrag des DFG-Projekts zu populärer Serialität seit dem 19. Jahrhundert. Serielles Erzählen empfinden die Autoren nur dann als geeignet für das akademische Interesse, wenn sie diesem einen Raum außerhalb der Populärkultur einräumen. Dahinter verbirgt sich nicht etwa die Einschätzung, dass zeitgenössische Unterhaltungsformate sich zu einem eigenständigen, für sich selbst sprechenden, komplexen Genre der gegenwärtigen Fernsehlandschaft entwickelt haben.

Die Ansätze des Fernsehtheoretikers Jason Mittell zu narrativer Komplexität, dem Fernsehen der Attraktionen und dem *Cartoon Realism* eignen sich in diesem Zusammenhang, um die theoretischen Versäumnisse und Missverständlichkeiten dieses kanonischen Ansatzes zu hinterfragen. Denn Hinterfragung ist nur möglich, wenn man sich der Herausforderung stellt, alte Maßstäbe mit neuen Denkmustern zu ergänzen. In meinem Artikel stelle ich mich im Folgenden daher der Herausforderung, *The Simpsons* als ‚Qualitätsfernsehen' zu definieren, indem ich

---
[1] Aus der Episode „That '90s Show" (S11.19).

ihren Erzählmustern und ästhetischen Verfahren eine ganz eigene Komplexität unterstelle, die einer genaueren Untersuchung bedürfen.

Quality-TV = nicht-massenkompatible Wiederverwertung?
Der medien- und kulturwissenschaftlich viel besprochene Diskurs des Quality-TV, der sich vornehmlich auf das amerikanische Gegenwartsfernsehen seit David Lynchs *Twin Peaks* (1990-1991) bezieht, solidarisiert sich weitgehend auf Ebene seines Unter-suchungsgegenstands von HBO-Serien wie *The Sopranos* (1999-2007), *Six Feet Under* (2001-2005) oder *The Wire* (2002-2008). Diese seriellen Angebote finden sich im Pay-TV unter dem Slogan „It's Not TV. It's HBO" und scheinen so einem eher erlesenen, zahlungswilligen, akademisch gebildeten Konsumentenkreis vorbehalten. Auffallend selten jedoch fällt die Aufmerksamkeit auf andere ‚populäre', weil massenkompatible TV-Formate des Free-TV. So skandieren Jahn-Sudmann und Kelleter: „Das Konzept Qualitätsfernsehen weist gewissermaßen über das Feld kommerzieller Populärkultur hinaus, um die bildungskulturellen und Avantgarde-Potenziale des Mediums offensiv zu mobilisieren." (Jahn-Sudmann/ Kelleter: 208f.)
Die Wissenschaftler stellen der Quality-Kategorie lieber das Trash-TV gegenüber, womit im Allgemeinen Reality-TV, *Soaps* und Comedy-Programme gemeint sind. Unter ihren fernsehnarrativen Gesichtspunkten weist Qualität schließlich das Populäre, das vermeintlich Einfache, häufig Komische und selten Exklusive oder Anspruchsvolle von sich. In dieser bildungsfreien Zone des Populären scheinen sich die seriellen Formate stets nur selbst zu unterbieten, um massenkompatibel bleiben zu können. Wie sich diese Offensive eines konservativen Bewertungssystems entkräften lässt, möchte ich im Folgenden anhand der *Simpsons* versuchen. Hier nämlich regiert *„carnival underground"* (Jenks: 168), in dessen Raum solche Bewertungssysteme vorgeführt werden.
The Simpsons (als eines der erfolgreichsten Primetime-Formate der letzten 25 Jahre) macht die Leerstellen im zeitgenössischen Serialitätskonzept sichtbar. Mehr noch möchte ich die Fox-Animation als einen wesentlichen Wegbereiter unseres zeitgenössischen Verständnisses von Quality-TV lesen, die beispiellos den Maßstab für eine populäre Überbietungslogik gesetzt hat. In ihrem Beitrag zur „Dynamik serieller Überbietung" gehen die Autoren Andreas Jahn-Sudmann und Frank Kelleter nämlich von einer Überbietungslogik aus, die sie an einer „diagnostizierten Verschiebung der Grenzen zwischen Populär- und Bildungskul-

tur" festmachen, um aufschlussreiche Erkenntnisse „um das Verhältnis von serieller Redundanz und serieller Variation" zu gewinnen.

> Die Beziehung von Wiederholung und Erneuerung ist bekanntlich ein Kernproblem jeder Theorie seriellen Erzählens. Je länger eine Serie das tut — nämlich: Wiederkehren —, desto starker limitiert sie die eigenen Fortsetzungsmöglichkeiten. Eine Erzählung auszuweiten oder zu verlängern, heißt immer auch, das Risiko narrativer Selbstabnutzung zu erhöhen. (Jahn-Sudmann/Kelleter: 206)

Das macht es zu einer zunächst ökonomischen Herausforderung, eine Serie als Marke mit Widererkennungswert auf einen unabsehbaren Zeitraum zu reproduzieren und gleichzeitig mit innovativen Erzählmustern und Handlungssträngen (sogenannten ‚Arcs') auszustatten. Eine „wiederholte Intensivierung erfolgreich etablierter Distinktionsmerkmale" (Ebd.: 207) heißt das Patentrezept, durch das sich eine Serie wettbewerbsfähig mit sich selbst und anderen Serien gegenüber macht.

Zusammenfassend gesagt bieten die deutschen Forscher eine Überführung kanonischer Standards, die für hochkulturelle Artefakte des Modernismus galten, auf die serielle Erzählung des ausgehenden 20. Jahrhunderts und vermeiden es so auf Tendenzen postmoderner Serienforschung einzugehen (Wie etwa Jones, Arnold, Mittell 2004, Rushkoff und Henry). Stattdessen verwenden sie ein deutlich modernistisches Vokabular, nach dem Qualitätsfernsehen entlang der konservativen ‚Master Narratives' des 19. Jahrhunderts bewertet wird.

An dieser Stelle fühle ich mich an den marxistischen US-Kulturkritiker Fredric Jameson erinnert, dessen einflussreiche Standardwerke zur Postmoderne und der spätkapitalistischen *Consumer Culture* (1984; 1998) deutlich machen, dass ‚stilistische Erneuerung' eine pseudo-innovative Imitation bereits toter Stile sei. Jameson kritisiert kulturelle Produkte, in denen jeglicher Tiefgang verloren gegangen sei, in denen buchstäbliche Oberflächlichkeit herrsche und jeglicher Respekt für das historische Moment durch ein wahlloses Ausschlachten, ‚a random cannibalization' der Vergangenheit abhanden gekommen sei (Vgl. O'Day und Jameson 1983).

Am Beispiel einer frühen Episode aus dem *Simpsons*-Œuvre möchte ich zeigen, dass multidimensional komplexes Erzählen in *The Simpsons* weder oberflächlich noch respektlos funktioniert. Das Segment „The Raven" ist Bestandteil der zweiten Staffel bzw. des ersten „Treehouse of Horror Halloween Specials" von 1990 (S2.03). Der Titel bezieht sich auf das berühmte ‚Narrative Poem' des amerikanischen Romantikers Edgar Allen Poe, das 1845 erstmalig veröffentlicht wurde. Das Gedicht zeichnet sich durch seine hohe atmosphärische Dichte, starke Komposition und das wiederholende Moment aus. Es existieren unzählige filmische und literarische Adaptionen des „Raven" und unendlich viele Kulturprodukte, die sich selektiv an ihm bedient haben.

Das Halloween-Framing wird zunächst im *Simpsons*-Baumhaus — namentliches Vorbild für das „Treehouse of Horror Halloween Special" — eingeleitet, wo Lisa ihrem Bruder das „classic tale of terror" vorliest. Barts entrüsteter Kommentar, dass es sich um Schulbuchlektüre handele, entkräftet Lisa mit: „Don't worry Bart. You won't learn anything." Zunächst wird also die Problemstellung etabliert: Ein für das 19. Jahrhundert populärer Text von Poe stößt mehr als hundert Jahre später auf den didaskaleinophobischen und bekennenden *Underachiever* Bart. Die Einleitung besitzt Expositionscharakter, durch den weitere symbolisch aufgeladene Räume erst eingeleitet werden — ein Gothic-Verfahren, das im Sinne Poe'scher Erzählstrategien funktioniert.

Sobald die Exposition mit der Schrifttafel „The Raven" beendet ist, wird Lisas Tonlage durch die sonore Rezitation von Darth Vaders Stimmgeber — dem Hollywood-Schauspieler James Earl Jones — abgelöst. Aber bereits nach dem ersten Vers durchbricht Bart die von Violinen unterstützte Diegese durch seinen ironisch-gelangweilten *Voice Over*-Kommentar: „Aren't we scared yet?", woraufhin ihn Lisa ermahnt, dass ‚er', der namenlose Erzähler, zunächst Stimmung etablieren möchte. Immer wieder unterbricht Bart die Rezitation, in der er selbst nicht nur den Raben verkörpert; vielmehr besitzt Bart buchstäbliche ‚Stimmgewalt' zwischen den Handlungsebenen zu changieren. Auf dem Höhepunkt des Gedichts beispielsweise lässt Bart den Raben sagen: „Eat my shorts!", ein *Catchphrase*, für den Bart Weltruhm erlangte. Der Schauplatz wechselt erneut zurück ins Baumhaus, wo Lisa uns und ihrem Bruder zum weiteren Verlauf erläutert: „Stop it Bart! He says ‚Nevermore' and that's all he'll ever say."

Das Spiel mit den Ebenen gestaltet sich komplex: Das Segment geht zwar texttreu mit Poes „Raven" um, macht andererseits aber auch die Machart und die didaktische Intention des Autors deutlich. Auf der Storyebene entstehen so zumindest zwei diegetische Räume: Das *Simpsons'* Halloween Framing bricht ständig ein in das emotionale Wirkungsgebäude, die „unity of effect", der Edgar Allen Poe anhand von „The Raven" in seinem Essay *The Philosophy of Composition* von 1846 besonderes Gewicht verleiht. Die Bildebene bietet diverse Referenzen zu den Poe-Illustrationen von Gustave Doré, deren Perspektiven bei den *Simpsons* intensiviert werden, was die Diegesen in der Animation klar voneinander trennt.

Abb. 1: „The Raven"-Illustrationen (New York: Harper & Brothers, 1884)

Abb. 2: Screenshots aus *The Simpsons*- Episode „Treehouse of Horror" (S2.03)

Der Komik verpflichtet, parodieren die Autoren natürlich Poes „The Raven". Zum Beispiel indem sie der Illustration des namenlosen Erzählers, hier Homer, den zweiten Band, also die Fortsetzung von „Forgotten Lore", ‚Vergessene Überlieferungen', in den Schoß legen oder den Raben mehrere bekannte Werke Poes, z.B. *The Tell-Tale Heart* (1843) aus dem Regal ziehen lassen. Homers Stimme hat zudem keinerlei Ähnlichkeit mit der des namenlosen Erzählers aus dem Off. Das autorisierte Framing des *Voice Overs* von James Earl Jones sowie die Doppelfunktion von Homer und Bart auf den Bild- und Tonebenen sind ein klarer Angriff auf Poes „unity". Dementsprechend moniert Bart in der deutschen Übersetzung, dass es „überhaupt nicht gruselig war, nicht mal für eine Ballade" und beweist ganz nebenher, dass er versehentlich etwas gelernt hat. Ganz beiläufig belehrt Lisa uns und ihn, wann das Werk veröffentlicht wurde, mit welchen Mitteln man arbeitete und dass die Leute früher einfacher zu erschrecken gewesen seien.

Die *Simpsons*-Autoren verhelfen einem Klassiker des 19. Jahrhunderts zum Eintritt in die Populärkultur des 20. Jahrhunderts. Überführt von dem damaligen Populärmedium der Zeitung in ein massenkompatibles TV-Format wie *The Simpsons* werden die komplexen Strategien erst markant. Das Oszillieren zwischen den diegetischen Räumen demonstriert auf einerseits metareflexiver Ebene wie Inhalte mit Form verknüpft werden können; auf formaler Ebene wird andererseits deutlich, welche Bedeutung derartigen Wirkungsmodellen im postmodernen Kontext zugesprochen wird. Als narrativer Spezialeffekt dient an dieser Stelle der Humor, mit dem man ein Gothic-Werk in die Comedy übertragen hat, die ihre Fähigkeiten offen demonstriert und selbst Möglichkeiten und Mittel der stilisierten Cartoon-Welt nicht versteckt. Das historische und kulturelle Gedächtnis werden damit (wieder-)belebt. Von Anfang an hat die animierte Primetime es also verstanden, „die Leistungsgrenzen des Mediums" (Mittell 2012: 99) in vielerlei Hinsicht neu zu vermessen.

Nach Mittell handelt es sich bei dem anspruchsvollen, nachhaltigen Erzählmodus formal gesehen „um eine Neudefinition episodischer Erzählmuster unter dem Einfluss der seriellen Fortsetzungserzählung" (Ebd.: 101). Historisch betrachtet galt der serialisierte Roman für Charles Dickens oder Harriet Beecher Stowe als das Medium, mit dem innovative Formen von Serialität ausgetestet wurden. Diese Überbietungsstrategien des 19. Jahrhunderts haben die *Simpsons* zum Prinzip experimenteller Selbstüberbietung für das Gegenwartsfernsehen des 20. Jahrhunderts erhoben. Und darüber hinaus bieten sich der Serie heute innovative Produktionsbedingungen, größere Vertriebswege, sich verändernde Rezeptions- und Konsumgewohnheiten sowie ein sich ständig selbst überbietendes Medium des Fernsehens selbst. Die Frage lautet daher, ob eine animierte Comedy wie *The Simpsons* als ‚Trash-TV' im Sinne Kelleters und Jahn-Sudmanns definiert werden darf? Andersherum gefragt: Kann ein beispiellos experimentelles Format wie *The Simpsons* überhaupt noch als „just a cartoon" (Mittell 2004: 19) gewertet werden? Mittell meint, dass *The Simpsons* beide Lesarten zuließe. Die Show habe sich nicht nur fest in die redundanten Hierarchien von kulturellen Normen und Werten integriert; durch *The Simpsons* werden diese sogar aktiv durchbrochen, ausgeweitet und weitergedacht.

Das Fernsehen der Attraktionen

Was Mittells Lesart von dem Theorientwurf nach Jahn-Sudmann und Kelleter unterscheidet, ist, dass er serielle Erzählmodi für sich selbst sprechen lässt, sie immanent untersucht und zunächst mal unabhängig von ihren kulturtheoretischen und entwicklungsgeschichtlichen Diskursen betrachtet. Damit öffnet Mittell den Blick für eine zeitgemäße Flexibilität im Konzept von Serialität. Eine allzu eindeutige Demarkation zwischen Populär- und Bildungskultur wird dadurch unterwandert. In Anlehnung an Mittell wird deutlich, unter welchen Bedingungen und mit welchen Mitteln sich das Prinzip Serie verändert hat, wie sich episodisches Erzählen neu erfinden konnte und gleichzeitig auf neue Formen der Auseinandersetzung mit diesem stieß.

Aufgrund dessen ist es notwendig, neben der Produktionsebene auch die Rezeption mit einzubeziehen. Laut Mittell sei der Kernaspekt eines ‚metareflexiven Rezeptionsmodells' nicht etwa das generelle Verfolgen der Narrative oder das Herstellen der Kausalität (Vgl. Mittell 2004: 101). Vielmehr interessiere es den aktiven Zuschauer, was hinter den komplex kombinierten Parodien und intertextuell vernetzten Referenzen in der einzelnen Episode steckt. Wohingegen Kelleter und Jahn-Sudmann betonen, dass Quality-Formate auf größere meta-episodische Handlungs- und Spannungsbögen nicht verzichten können, üben sich die *Simpsons* darin erfolgreich. Stattdessen ergänzen sie ihre vorhandenen Zwischenräume mit kulturellem Kapital. *Media literacy* charakterisiert den Bildungsauftrag der Show. Die *Simpsons* laden ihr Publikum zu aktiver Rezeption ein und belohnen es schließlich mit einem Lachen. Was Douglas Rushkoff mit „cut-and-paste-style" (Rushkoff: 300) definiert, wird zur Herausforderung, welche die Erwartungshaltung speist. „Ein wichtiger Teil des Zuschauervergnügens besteht darin, narrative Verfahren zu rekonstruieren" (Mittell 2012: 111), resümiert Jason Mittell. Was also mit dem Attraktionsbegriff à la Tom Gunning[2] für das frühe Kino gilt, findet seine zeitgenössische Entsprechung in den narrativen Spektakeln eines Fernsehens der Attraktionen. Die „narrativen Spezialeffekte" (Mittell 2012: 112) im Medium der Animation verfügen damit gleichzeitig auch über schier unerschöpfliche Bezugsquellen. Abgesehen von expliziter Produktplatzierung, die als subversive Kritik im Gewand der Parodie verkleidete Firma „Mapple" (Z.B. S20.07, S22.12, S24.06, etc.), Spielkonsoleher-

---

2) Tom Gunning: „The Cinema of Attractions. Early Films, Its Spectators and the Avant-Garde." In: Thomas Elsaesser (Hg.): *Early Cinema: Space Frame Narrative.* London 1990, S. 58-59.

steller „Funtendo Zii" (Vgl. S21.11, S21.19, S21.21, S23.22) oder die angesagte Fashionmarke „Abercrombie&Rich" (Vgl. S15.7, S25.08) promotet, steckt der Reiz im Detail, denn es gibt kaum einen berühmten Filmplot, eine bekannte Marke, einen gelb-interpretierten Star-Chameo-Auftritt oder einen politisch-kulturell-medial-öffentlichen Diskurs, der nicht bereits Einzug in die Serie gefunden hat.

Allein in einer meiner favorisierten Episoden, „That '90s Show" (Dt. „Die wilden 90er", S19.11, 2008), werden die amerikanischen Neunziger Jahre aus der populärkulturellen Perspektive heraus detailliert als klischeegeladene Versatzstücke rekonstruiert. Hier gilt es, den Postmoderne-Diskurs zwischen populärer Weltlichkeit der *Consumer Culture* und der akademischen Arroganz des pseudoliberalen, traditionsorientierten Bürgertums zu karikieren. Sinniert der mit Liegefahrrad, Traumfänger und Birkenstock-Sandalen ausgestattete Kulturhistoriker Prof. Stefane August systemkritisch von Heirat als Unterdrückungsinstrument, Subjekt-Objekt-Dichotomie, phallo-zentrischer Technokratie und anderen Feminismusthematiken, gründet Homer die Nirvana-Parodie Sadgasm, deren Musik er als „guitar rock with nihilistic dirty energy" beschreibt und gleichzeitig bewusst das kommerzielle 1990er-Sellout des Grunge einleitet.

Im Stadtteil „Little Seattle" steht eine Miniaturausgabe des echten „Space Needle"-Wahrzeichens, hinter dem sich diverse Coffeeshops niedergelassen haben, wie z.B. „Star(r)bucks", dessen geschützte Erfindung, der „Frappuccino", zu Homers späterer Diabetes führt. Das junge Paar, Homer und Marge, wohnt in „Springrose Place", einem expliziten Ableger aus der FOX-Serie *Melrose Place*; es schläft auf Ikea-Futons und liest Bestseller-Romane wie *Bridges of Madison County* (1992) von R. J. Weller. Diverse Superhits wie Semisonic's „Closing Time", The Verve's „Bittersweet Symphony" oder durch Sadgasm neuinterpretierte Nirvana- und Bush-Hits wie „Shave Me", „Margerine" oder „Politically Incorrect" kreieren ein humorvoll-überzeichnetes und dennoch authentisches Klischeebild der 1990er Jahre. Marges Zukunftsangst verharrt schließlich in der ironischen Verblendung, dass es neben „Reality Shows, Britney Spears und Präsidentschaftswahlen, bei denen die Wahlurnen verschwinden" niemals wieder einen schlechteren Präsidenten als Bill Clinton geben wird.

Diese Fülle an „narrativen Spezialeffekten" (Mittell 2012: 112) fordert das Publikum aktiv heraus, Vergnügen am Entdecken von Parodie, Ironie und Sarkasmus zu finden. Das kulturelle Gedächtnis zieht eine retrospektive Bilanz der amerikanischen Neunziger zwischen Hochkultur und Subkultur. Jason Mittell beschreibt dies als einen Prozess innerhalb unseres komplexen Medienapparatus:

> Diese Momente fördern eine operationale Ästhetik, indem sie die konstruierte Natur der Erzählung ausstellen. Oft verzichten diese Effekte auf Realismus, im Austausch gegen eine formal selbstbewusste, geradezu barocke Qualität der Darstellung, dank derer wir den Erzählprozess als Funktion einer Medienmaschine erfahren, statt illusionsästhetisch in die Diegese eintauchen. [...] Operationale Reflexivität lädt uns ein, die erzählte Welt ernst zu nehmen und zugleich ihre Gestaltung zu erkennen und ästhetisch zu würdigen. (Ebd.)

Inwiefern der groteske Realismus im Gewand eines naturalistischen Cartoon-Stils diesen Effekt noch steigert, zeigt sich insbesondere in der komplexen Vielfältigkeit der *Simpsons*-Erzählmuster.

Cartoon Realism und Genre-Parodie

Am Beispiel nicht-kanonischer Episodenstrukturen, d.h. einem der chronologischen Abfolge nicht verpflichteten Erzählmodus, lassen sich bei den *Simpsons* eine Reihe von narrativen Besonderheiten identifizieren. Es gibt „anthology"-Episoden mit einer variierenden Anzahl von Sujets; es gibt sogenannte Clip-Shows, in denen Episoden aus diversen Vergangenheiten rekonstruiert werden; in „Future-Predicting"-Episoden werden Zukunftsszenarios verhandelt; es gibt Zyklen mit variierender Charakterfokalisierung, wobei der „Tingeltangel Bob-Cycle" eine Sonderstellung einnimmt, da er mit einem eigenen Gedächtnis für bereits Geschehenes und noch Bevorstehendes operiert. Den wohl umfangreichsten Zyklus nimmt das alljährlich zelebrierte „Treehouse of Horror Halloween Special" ein, aus dem ich bereits zitierte. Ausgelagert aus der konventionellen *Simpsons*-Realität herrscht hier karnevalesker Ausnahmezustand, wie ihn sich ein russischer Literaturtheoretiker wie Michail Bachtin wohl gewünscht hätte, denn die Weltordnung wird von groteskem Chaos beherrscht.

Narrative Geschlossenheit wird in den *Simpsons* ironisch durchbrochen, indem der selektive Gebrauch von variierender Episodenstruktur und Fortsetzungselementen als rituelle Praxis behandelt wird. Das bietet den Machern zahllose Möglichkeiten, Konsequenzen aus dem Fehlverhalten einzelner Ereignisse zu ziehen oder den Figuren Entwicklungspotential zu geben, was selbst ihren Tod nicht ausschließt. Aber dennoch können die Macher auf dem Paradox bestehen, dass Lisa Simpsons eine Achtjährige bleibt, Bart für immer in die vierte Klasse geht und Homer der adipöse und unterqualifizierte Egozentriker bleibt, der

maßgeblich am Verfall der Ordnung und Sicherheit — egal ob Zuhause oder als Sicherheitsinspektor im Sektor 7G des lokalen Atomkraftwerks — beteiligt ist.
Das formale Framing der *Simpsons* funktioniert folgendermaßen: Vor dem Hintergrund der klassischen *Situation Comedy* ermöglichen das Animationsmedium und die eher naturalistisch gebrauchten Mittel des Cartoons, Stilmittel der Parodie zu verwenden, mit denen einen Neudefinition des Referenzgenres gelingt. Durch die Unendlichkeit möglicher Szenarios, also *‚Situations',* werden der Comedy Zwischenräume eröffnet, in denen das Profane und das Sakrale zu gleichen Teilen verhandelt wird, wenn nicht sogar ineinander übergeht. Diese bewusst beanspruchte *‚In-betweenness'* erlaubt es, *The Simpsons* als eine generisch-autonome „kulturelle Kategorie" (Mittell 2004: 181) zu lesen, mit der etwas Neues entstehen konnte. Denn anders als bei klassischen Sitcoms, deren Rahmung sich vor allem durch eine starke Geschlossenheit auszeichnet und wenig Spiel in Raum und Zeit zulässt, sind die *Simpsons* weder an räumliche noch zeitliche Parameter gebunden. Sie sind unabhängig von Alltagspraktiken und dürfen jeder (kausalen) Logik entbehren. Als Animation können sie das generische Framing ebenso schnell wechseln wie ihr Thema. Der damit verbundene Zeigecharakter wird dadurch stärker in den Mittelpunkt gerückt, als es in der Live-Action-Sitcom je möglich wäre.
Als kulturell operative Kategorien zeichnen sich die in den *Simpsons* relevanten Genres vor allem durch ihre fließenden, durchlässigen Grenzen aus. Während Jason Mittell in seinem Essay zu narrativer Komplexität mit einem Narratologiekonzept arbeitet, das von einer modernistischen Abschließbarkeit ausgeht, wird die Schließbarkeit in den *Simpsons* ironisch *ad absurdum* geführt. Das Wiederkehren zum Ursprung des *Simpsons*-Alltags liest sich wie eine Parodie auf das Prinzip von Serialität selbst. Was ich als *Auteur-Television* definiere, hat das Konzept der Serialität beispiellos durch variationsreiche Erzählmuster ergänzt. So heißt es in einem Newsday-Artikel etwa, dass die Show Amerikas ernsthafteste Auseinandersetzung mit Themen wie Familienbeziehungen, Bildungsverfall, elterlichem Fehlverhalten und der Tatsache sei, dass Kinder heute einfach nicht mehr nett sind (A.d. Engl.; vgl. Mittell 2004: 188). Im Gegensatz zu den Live-Action Sitcoms ist Amerikas *Yellow Trash*-Familie afro-amerikanischer als die Cosbys, mehr Anti-Familie als die Bundys und mehr Arbeiterklasse als die Conners (Vgl. Mittell 2004: 188f.). Wie der amerikanische Cartoon-Kritiker Charles Solomon sagt: „If they were too real, you'd become too sympathetic and

too sensitive about their feelings. But because they're obviously not real people, you can exaggerate and make things funnier without feeling any pain." (Solomon zitiert nach Mittell 2004: 190) Damit zeigen die Macher häufig verstörende Aspekte (amerikanischer) Realität, die nur als Cartoon funktionieren.

> Whereas the standard sitcom traditionally reaffirms the family through its weekly restoration of equilibrium, *The Simpsons* uses its cartoon form to pose problems, more akin to those of real life, that simply cannot be solved within a half-hour. The show then regularly solves these unsolvable problems in spite of itself, both parodying the artificiality of the sitcom tradition and demonstrating the power of animation to represent ‚realities' which cannot be captured in a three-camera studio before a live audience. (Mittell 2004: 190)

Das Paradoxon des *Cartoon Realism*, sprich der Widerspruch einer mit der Zeichentrickwelt übereinstimmenden Wirklichkeit, wird in der Parodierbarkeit kultureller Produkte und aktueller Diskurse aufgelöst. Das Medium der Animation erst macht es möglich, weil die hohe Wiedererkennbarkeit der *Simpsons*-Figuren dafür sorgt, dass sie zwar weniger real in ihrer visuellen Repräsentation sind, durch die Tiefe ihres emotionalen Affekts und/oder Effekts aber umso realer werden (Vgl. Mittell 2004: 190; siehe auch Scott McCloud). Gerade weil man auf hervorschießende Augäpfel und herabfallende Kinnladen verzichtet, die Figuren aber bluten lässt, wenn sie stürzen, bringt der naturalistische Animationsstil sie uns näher. Laut David Berkman könne „such a devastating reality" allein in der visuellen Unwirklichkeit eines stilisierten Cartoons überleben (Vgl. Mittell 2004: 190). Indem *The Simpsons* Normalität und Normativität zum Paradigma ihrer Parodie macht, wurde die Show zum Segen der Popkultur und bleibt der Fluch der Bildungskultur.

Fazit

In Morgan Spurlocks Dokumentation „The Simpsons 20th Anniversary Special. In 3D! On Ice!" definiert *Simpsons*-Erfinder Matt Groening sein Ziel als *Underground*-Cartoonist: „My goal from the very beginning was to invade pop culture [...]." Interessanterweise lässt sich sein Vorhaben, in die Popkultur einzudringen, auf zweierlei Weise lesen. Zum einen ist es ihm mit der Rekord-Serie gelungen, sich impertinent in die Popkultur einzuschreiben; zum anderen mischt sie sich ebenso in Belange der Hochkultur ein und trägt so dazu bei, die Wahrnehmung von (so etwas wie) Kultur zu hinterfragen.

Weil es *per se* eine ideologische Frage ist, was als anspruchsvoll gewertet wird, sollte Qualität meines Erachtens nach keinesfalls Alleinstellungsmerkmal für TV-Formate sein, die Exklusivität eines sich als elitär verstehenden Publikums reflektiert. Eher hat sich ‚Qualität' im amerikanischen Gegenwartsfernsehen zu einem massenkompatiblen Markenimage entwickelt. Überbietung bedeutet in erster Linie, dass eine Serie aus ökonomischen Gründen wandelbar bleiben muss. Als logische Konsequenz arbeiten Autoren mit komplexen Erzählmustern und erfreuen sich einer zunehmend größeren visuell-ästhetischen Flexibilität. Anspruchsvolles Erzählen büßt dabei keineswegs seinen Unterhaltungswert ein, sodass auch Comedy als komplex gelten muss. Nicht selten entfaltet sich nämlich das vermeintlich Einfache und oberflächlich Konkrete als undurchschaubar und komplex. Bei den *Simpsons* kommt hinzu, dass die formale und ästhetische Rahmung Strategien zulässt, die in dem Moment auf inhaltliche Grenzen aufmerksam macht, wenn sie überschritten werden. So können im Gewand der Komik Diskurse verhandelt werden, die politisch unkorrekt, überschwellig entlarvend, systemkritisch und auch nicht selten sarkastisch und krude mit einem Lachen davonkommen. Comedy-Autor und -Produzent Mike Reiss sagte einmal in einem Interview, „Like a Trojan Horse, *The Simpsons* sneaks into our homes, looking like one thing, before releasing something else, far different, into our lives" (Mike Reiss zitiert nach Rushkoff 2004: 300).

Das Quality-TV der Gegenwart hat sich mit den *Simpsons* bereichert, weil es sowohl „something else" und „far different" ist. Mit seiner popkulturellen Invasion spielt Groening seit 25 Jahren mit unserem sozialisierten Verständnis von normativen Werten. Gleichzeitig widmet sich ein großes Autorenteam ideologischen Fragestellungen und dennoch bleibt *The Simpsons* ein globales weil kommerziell erfolgreiches Phänomen. Im Laufe ihrer Daseinsgeschichte hat die Show bewiesen, inwiefern sich eine in stetigem Werden begriffene Verschaltung aus narrativen Spezialeffekten, einer visuell-ästhetischen Offenheit und deren Anspruch kreativer Überbietung einen engen Bund eingeht mit unseren kulturellen Alltagspraktiken und unserem Verständnis von Humor. Ich möchte mit der These schließen, dass im 21. Jahrhundert Subversion und Kritik sowie Humor und die eigene Widersprüchlichkeit nur dann verbindlich sein können, werden sie in komplexe Erzählmuster und in ständiger Wiederkehr kommuniziert. Anstatt den Quality-Diskurs also im Kontext vergangener Erzählmuster und -modelle zu lesen, ist es Aufgabe zukünftiger Forschungen, mittels des *Simpsons*-Œuvres die Leistungsgrenzen des Qualitätskonzepts neu zu vermessen.

Serien und Episoden

„The Raven" (S2.03). *The Simpsons' Halloween Special / Treehouse of Horror.* FOX, 1990. DVD.

The Simpsons. Matt Groening (Cr.), FOX, seit 1989.

„The Simpsons 20th Anniversary Special! In 3D! On Ice!" *The Simpsons.* FOX, 2009. DVD.

„That '90s Show" (S19.11). *The Simpsons.* FOX, 2008. DVD.

Sekundärliteratur

Arnold, David L.G.: „‚Use a Pen, Sideshow Bob': ‚The Simpsons' and the Threat of High Culture." In: Alberti, John (Hg.): *Leaving Springfield. ‚The Simpsons' and the Possibility of Oppositional Culture.* Detroit 2005, S. 1-28.

Berkman, David: „Sitcom Reality." In: *Television Quarterly* 1993, S. 63-69.

Henry, Matthew: „The Triumph of Popular Culture. Situation Comedy, Postmodernism, and ‚The Simpsons'." In: Morreale, Joanne (Hg.): *Critiquing the Sitcom.* New York 2003, S. 262-73.

Jahn-Sudmann, Andreas und Frank Kelleter: „Die Dynamik serieller Überbietung. Amerikanische Fernsehserien und das Konzept des Quality-TV." In: Kelleter, Frank (Hg.): *Populäre Serialität. Narration – Evolution – Distinktion. Zum seriellen Erzählen seit dem 19. Jahrhundert.* Bielefeld 2012, S. 205-224.

Jameson, Fredric (1984): „Postmodernism, or: The Cultural Logic of Late Capitalism." In: *New Left Review* 145 (1984), S. 53-91.

— (1998): „Postmodernism and Consumer Society." In: Foster, Hal (Hg.): *The Anti-Aesthetics. Essay on Postmodern Culture.* New York, S. 111-125.

Jenks, Chris: *Transgression.* London 2003.

Jones, Steve: „Implied...Or Implode?: ‚The Simpsons" Carnivalesque Treehouse of Horror." In: *Animation Journal* 18 (2010), S. 56-79.

Mittell, Jason (2004): „Making Fun of Genres – The Politics of Parody and Genre Mixing in Soap and ‚The Simpsons'." In: Ders.: *Genre and Television: From Cop Shows to Cartoons in American Culture.* New York, S. 153-195.

— (2012): „Narrative Komplexität im amerikanischen Gegenwartsfernsehen." In: Kelleter, Frank (Hg.): *Populäre Serialität. Narration – Evolution – Distinktion. Zum seriellen Erzählen seit dem 19. Jahrhundert.* Bielefeld, S. 97-122.

O'Day, Mark: „Postmodernism and Television." In: Sim, Stuart (Hg.): *The Routledge Companion to Postmodernism.* London 2001, S. 112-120.

Rushkoff, Douglas: „Bart Simpson: Prince of Irreverence." In: Alberti, John (Hg.): *Leaving Springfield. ‚The Simpsons' and the Possibility of an Oppositional Culture.* Detroit 2004, S. 293-302.

„All in the Game":
Ausgewählte Fallbeispiele

Frederik Dressel

Der ‚Mob' und seine Eskapismen
Drogenkonsum in *The Sopranos*

Bei *The Sopranos* handelt es sich um eine amerikanische Fernsehserie, die von 1999 bis 2007 ausgestrahlt wurde und die den Pay-TV-Sender HBO zu einem der erfolgreichsten und einflussreichsten auf dem US-Fernsehmarkt machte. *The Sopranos* löste eine Fernseh-Revolution aus, die, wie man argumentieren kann, das narrative Format des *Progressive Serials* überhaupt erst populär machte und den *Cable Auteur*, den ‚Fernseh-Autor', in diesem Fall den kongenialen David Chase, einführte.
The Sopranos erzählt die Geschichte von Anthony ‚Tony' Soprano, dem Oberhaupt des gleichnamigen, fiktiven Mafia-Clans von New Jersey, dessen Leben von familiären Problemen mit seiner Frau und pubertierenden Kindern gleichermaßen geprägt ist wie von geschäftlichen Schwierigkeiten; Tony steckt in einer ausgewachsenen *‚Midlife Crisis'* und besucht deswegen sogar eine Psychaterin, Dr. Melfi. Erst kürzlich wurde David Chases Serie, die sich irgendwo im Spannungsfeld zwischen Gangster-Epos — mit zahlreichen Anleihen an die Vorbilder des Genres (vor allem Martin Scorseses *Goodfellas*, aber natürlich auch Francis Ford Coppolas *Godfather*-Trilogie) —, dramatischem Familien-Porträt und amerikanischer Gesellschaftsstudie bewegt, von der Writer's Guild of America mit der Begründung zur besten Serie der Fernsehgeschichte gekürt, „dass keine Serie [...] mehr zur Renaissance der Geschichtenerzähler im Fernsehen beigetragen" habe.[1]

---

[1] „Beste Serie der Welt." <http://www.tagesspiegel.de/medien/beste-serieder-welt-sopranos-seinfeld-twilight-zone/8299132.html> (Abgerufen am 10.12.2013).

In diesem Aufsatz werde ich mich mit der Drogenkultur in *The Sopranos* beschäftigen, die ein zentrales Element innerhalb der erzählten Welt der Serie darstellt und auch als solches thematisiert wird. Über die Begleiterscheinung der Abhängigkeit lassen sich über dieses Thema auch Bezüge zum Format des *Progressive Serial* herstellen, gerade auch in Abgrenzung zur *Status Quo Series*. Bei meiner Untersuchung des Drogenmotivs in den *Sopranos* will ich das Hauptaugenmerk dabei auf die illegalen Drogen legen, von denen die meisten innerhalb der Serie konsumiert und auf irgendeine Art und Weise thematisiert werden; angesichts der schier unüberschaubaren Menge an Beispielen, auf die im Einzelnen einzugehen den Rahmen dieser Arbeit sprengen würde, werde ich mich dabei auf die Figur des Christopher Moltisanti konzentrieren, anhand dessen sich die einzelnen Drogen und ihre Problematisierung exemplarisch aufzeigen lassen und dessen Werdegang als Musterbeispiel für die stereotype ‚Drogenkarriere' stehen kann. Wie in der Serie sollen aber in diesem Aufsatz auch die sogenannten ‚legalen Drogen', sprich Medikamente, Tabak / Nikotin und Alkohol thematisiert werden. Abschließend werde ich den Einfluss von Drogenkonsum und Abhängigkeit auf die Entwicklung von Handlung und Personenkonstellation anhand einiger Beispiele illustrieren und den Fokus dabei auf das Format der *Progressive Serial* legen, das eine entscheidende Rolle dabei spielt, welche Rolle die Drogen in *The Sopranos* einnehmen — und einnehmen können.

Legale Drogen
An den Anfang meiner Untersuchung der legalen Drogen will ich die Medikamente stellen, die Tony Soprano von seiner Therapeutin Dr. Melfi wegen seiner Panikattacken, dem ursprünglichen Grund für seinen Besuch bei der Psychologin, und zunehmender Depressionen verschrieben werden, namentlich die Anti-Depressiva Lithium, Xanax und Prozac. Diese Psychopharmaka, die im Englischen über die Bedeutungspluralität des Wortes ‚drugs' (Deutsch: ‚Drogen', aber auch ‚Medikamente') noch weitaus deutlicher in den Drogenkontext gestellt sind, werden bereits in der zwölften Folge der ersten Staffel problematisiert. In „Isabella" (S1.12) gehen die durch die Behandlung mit Lithium verursachten Halluzinationen Tonys so weit, dass er sich die ganze Bekanntschaft mit einer jungen Italienerin, die als Austauschstudentin bei seinen Nachbarn zu wohnen scheint, einbildet, inklusive eines gemeinsamen Essens und längerer Unterhaltungen. Dem Zuschauer ist dabei lange nicht bewusst, dass er sich nur in der

Fantasie Tonys befindet. Nur einmal, als ‚Isabella' Tony unvermittelt fragt: „Are you on medication?" (21:23 min.), bekommt er einen Hinweis auf die fiktionale Natur der ganzen Begegnung.

Als weitere legale Droge wäre Nikotin zu nennen, das anhand Tonys obligatorischer Zigarren oder auch Christophers Zigarettenkonsum, der auch nach seinem Entzug sein Suchtmittel bleibt, dargestellt und durch Bobby Baccalierie Sr.'s Lungenkrebs und dessen Darstellung in der Folge „Another Toothpick" (S3.05) drastisch problematisiert wird.

Als letzte Substanz im Kontext der legalen Drogen bleibt der Alkohol zu erwähnen, der schon allein durch die patriarchalisch orientierte und auf Maskulinität fixierte ‚Mob'-Kultur der Mafiosi in der Serie permanent präsent ist. Problematisiert wird das Genussmittel dabei nicht nur durch die Darstellung typischer Abhängigkeits-Symptome (alleine trinken, *Binge Drinking*, der permanente Konsum im Bada Bing!, der ‚Zentrale' der Sopranos), sondern vor Allem auch anhand Christopher Moltisantis Alkoholismus, seiner kurzzeitigen Abstinenz in Folge eines Entzugs und der Unfähigkeit der anderen Mafiosi, mit dieser umzugehen. Gerade gegen Ende der Serie wird dieses Problem auch von Christopher selbst immer wieder angesprochen, beispielsweise wenn er über Tony klagt: „He's an enabler, too, this guy, the worst fucking kind" („Walk like a man", S6.17: 29:16 min.).

An Christopher Moltisantis Beispiel lässt sich das ganze Spektrum des Themenkomplexes ‚Drogen und Abhängigkeit' aufzeigen, weswegen ich mich bei der Untersuchung der illegalen Substanzen und ihrer Repräsentation in *The Sopranos* im Wesentlichen auf den jungen Mafioso und Protegé Tonys beschränken werde. Trotz scheinbarer zwischenzeitlicher Erfolge wie einer Entziehungskur (und der Teilnahme am *12-Step-Program* der amerikanischen Anonymous-Bewegungen), gerät Moltisanti immer tiefer in die Abhängigkeit und wird von Tony schließlich aufgrund dieser perzipierten Schwäche und Unzuverlässigkeit nach einem Autounfall ums Leben gebracht. Anhand der Figur des Christopher Moltisanti kann dabei zudem das Phänomen der ‚Drogenkarriere' nachvollzogen werden, wie im Folgenden illustriert werden soll.

Illegale Drogen

Schon am Beginn dieser ‚Karriere' stehen Drogen, wenn Christopher sein Opfer bei seinem ersten Mord (Emil Kolar, Sohn eines rivalisierenden Müllbeseitigungsunternehmers), im Pilot („The Sopranos", S1.01) Kokain von einer Messerklinge ziehen lässt, bevor er ihn erschießt . Dieser Bezug, in den Drogen und das Verbrechen schon in dieser ersten Folge der Serie gestellt werden, ist ein früher Verweis auf die problematische Verbindung von Christophers suchtgefährdete Persönlichkeit und dem von Gewalt geprägten Lebensstil der Mafiosi, in den er unfreiwillig hineingeboren wird. Seine Affinität zu Suchtmitteln wird dabei innerhalb der Diegese der Serie einerseits als ererbt dargestellt — so war Moltisantis Vater drogen-, die Mutter alkoholabhängig, andererseits als im Umgang mit anderen Konsumenten bzw. den Menschen in seinem Umfeld, die permanent versuchen, ihrem von Gewalt und Brutalität geprägten Alltag zu entfliehen, erlernt.[2]

Kokain tritt aber nicht nur in der Pilotfolge auf, sondern wird über den ganzen Verlauf der Serie hinweg immer wieder konsumiert und spielt zudem auch eine handlungstragende Rolle: So ist Christopher in der entscheidenden Szene, in der er den Autounfall baut und daraufhin von Tony umgebracht wird, auf Kokain. Die Substanz wird dabei in den meisten Fällen auf die ‚herkömmliche' Art konsumiert, also auf nasalem Weg ‚geschnupft' (Beispielsweise in „Proshai, Livushka", S3.02).

Die nächste Droge, die gerade zu Beginn der Serie auftaucht, ist das oft auch als ‚Einstiegsdroge' bezeichnete Cannabis; neben Christopher Moltisanti sind hauptsächlich die jüngeren Mafiosi in seinem Dunstkreis und der aus Italien eingeflogene Furio Giunta beim Konsum zu sehen, der über die orale Aufnahme in Form von ‚Joints' (Haschisch-Zigaretten) oder ‚Bongs' (Einer Wasserpfeifenart) erfolgt. Auch Tonys Sohn, Anthony Jr., macht seine ersten Drogenerfahrungen mit Haschisch (In der Episode „D-Girl", S2.07). Dass dies ausgerechnet bei seiner eigenen Konfirmation passiert, ist ein Ereignis, das seinen Vater in seiner negativen Einstellung zu Drogen und ihrem unheilvollen Einfluss bestärkt. Dass Cannabis im späteren Verlauf der Serie so gut wie gar nicht mehr auftaucht, spiegelt im strukturellen Aufbau der Serie das ‚Einstiegsdrogen'-Motiv wieder.

Ganz am Anfang der ersten Staffel taucht mit Crystal Meth eine weitere Droge auf, die der Öffentlichkeit heute hauptsächlich durch die spätere Erfolgsserie *Breaking Bad* bekannt ist, in der Methamphetamin, seine Herstellung und Verkauf die entscheidende Rolle spielen; *de facto* handelt es sich bei ‚Meth' um

---

2) Auch Tony Sopranos ‚Fresssucht' könnte in diesem Zusammenhang im weiteren Sinne als Eskapismus-Mechanismus verstanden werden.

eine schnell abhängig machende und psychisch wie physisch extrem schädliche Droge, die in *The Sopranos* zwar nur einen kurzen Auftritt hat, ihre Konsumenten — in diesem Fall Christopher und seinen Freund Brendan Filone — aber unmittelbar Probleme bringt: Als sie durch eine missglückte Laster-Entführung Tonys Onkel, Corrado ‚Junior' Soprao auf die Füße treten, resultiert dies in einer Scheinhinrichtung Christophers — und der Ermordung Brendans. Zuden konsumieren die beiden nicht nur selbst (auch in diesem Fall wieder nasal), sondern geben die Droge in „Denial, Anger, Acceptance" (S1.03) auch an Tonys Tochter Meadow weiter.

Immer wieder werden Drogen und Drogenkonsum in *The Sopranos* so in direkte Verbindung zu Problemen im privaten und ‚beruflichem' Umfeld gebracht; dabei wird in Christophers Fall auch schon früh der Teufelskreis deutlich, aus diesen Situationen wiederum durch erneuten Drogenkonsum entfliehen zu wollen.

Besonders prägend ist dabei Christophers Abhängigkeit von Heroin, die in der Serie deutlich problematisiert wird. Konsumiert wird das Opioid dabei hauptsächlich von Moltisanti, aber auch von Adriana La Cerva und seiner Bekannten Juliana Skiff. Konsumiert wird dabei entweder oral, indem das Heroin auf einer Folie erhitzt und zum Verdampfen gebracht wird (Z.Bsp. in „Kaisha", S6.12), beziehungweise auf dem ‚herkömmlicheren' Weg des ‚Spritzens', der Injektion (Z.Bsp. in „The Ride", S6.09). Dabei erreicht Moltisanti immer dann seinen Tiefpunkt, wenn er von Heroin abhängig ist und auch seine anfänglich vielversprechende Beziehung zu Juliana Skiff, der er bei einem Treffen der Anonymous-Bewegung begegnet, scheitert daran, dass beide letztendlich rückfällig werden und wieder Heroin nehmen.

Christophers Heroin-Abhängigkeit ist es auch, die schlussendlich zu einer Intervention[3] durch die Menschen seines Umfelds führt (In „The Strong, Silent Type", S4.10, im Deutschen treffender betitelt: „Chris ist am Ende"), in deren Folge er in eine Entzugsklinik eingewiesen wird. Mithilfe des *12-Step-Programs*[4] scheint er dort auch zunächst Erfolg zu haben; dass er im Zuge des Entzugs aufhört, zu trinken (Seine Alkoholprobleme fallen bei seiner sonstigen Geschichte erschreckenderweise kaum mehr ins Gewicht), setzt ihn aber immer wieder unter

---

3) Eine beliebte Maßnahme in der amerikanischen Drogen-Therapie, bei der dem Betroffenen sein Fehlverhalten von Freunden und Verwandten in schonungsloser Offenheit vor Augen geführt wird.

4) Liste spiritueller Richtlinien und Lebensregeln amerikanischer Selbsthilfegruppen, die auf dem Weg zu einem abstinenten Lebensstil helfen sollen.

Druck durch die anderen ‚Mobster', die darin einen festen (und nicht zu hinterfragenden) Teil ihres Lebenswandels sehen. Neben der traumatischen Erfahrung der Ermordung seiner Lebensgefährtin Adriana La Cerva (auf die ich später noch zu sprechen kommen werde) liegt hierin einer der Hauptgründe für Christophers letztendlichen Rückfall, der in seiner Unaufhaltsamkeit fast schon tragische Züge trägt.

‚High' auf Kokain ist es auch, dass er den verhängnisvollen Autounfall mit Tony an seiner Seite verursacht; dass dieser ihn danach tötet, obwohl er wohl überlebt hätte, ist zum Einen auf vorhergehende negative Erfahrungen Tonys mit Drogenabhängigkeit unter seinen Vertrauten zurückzuführen (die im nächsten Kapitel dieses Aufsatzes erörtert werden sollen) und die ihn in Christopher ein untragbares Risiko sehen lassen, zum anderen sicher aber auch darauf, dass er den physischen und mentalen Niedergang seines Lieblingsneffen, sowie dessen als ‚Schwäche' perzipierte Sucht, die ihn immer wieder zu Drogen zurückkehren lässt, nicht mehr mitansehen kann.

Christopher Moltisanti steht so als eine der Hauptfiguren der Serie exemplarisch für die Rolle, die Drogen bei der Bewältigung ihres gewaltgeprägten Alltags für die Mafiosi und ihr Umfeld einnehmen, sowie die verhängnisvollen Auswirkungen und psychischen Mechanismen, die der Konsum von Rauschmitteln aller Art in sich trägt. Stellvertretend wird an seiner Figur das Abrutschen in die Abhängigkeit und der drogeninduzierte Niedergang dargestellt, der zudem immer wieder entscheidende Momente der Serienhandlung beeinflusst und somit eng mit dem progressiven Serienformat der *Sopranos* verknüpft ist. Dabei ist Moltisanti nicht das einzige Beispiel für den Einfluss der Drogen auf Handlung und Personenkonstellation in *The Sopranos*, wie im Folgenden deutlich werden wird.

Einfluss der Drogen auf die Handlung

Anhand von Salvatore ‚Big Pussy' Bonpensiero, einem langjährigen Freund und Wegbegleiter Tony Sopranos lässt sich einerseits aufzeigen, wie Drogen in *The Sopranos* als Initiator von Handlungen eingesetzt werden, andererseits stellt Bonpensiores Fall auf der inhaltlichen Ebene eine erste, frühe Erfahrung Tonys mit Drogen und ihrem negativen Einfluss dar. ‚Big Pussy', der selbst zwar keine Drogen konsumiert, handelt mit Heroin — und es ist Tony, der ihm in einem erzählstrategisch geschickt konstruierten vorausdeutenden Rückblick dazu rät, damit aufzuhören, wenn er ihm in „To save us all from Satan's Power" (S3.

10) nahelegt: „Don't be moving that H no more, Puss. It's too risky." (03:41 min.)

Salvatore hört nicht auf den Freund und so ist es letztlich genau dieser Heroinhandel, über den das FBI seiner habhaft werden kann. Unter Androhung einer langjährigen Haftstrafe für Drogenhandel gelingt es dem ‚Bureau', den Familienvater dazu zu bringen, als FBI-Spitzel seine ehemaligen Freunde auszuspionieren, wobei das Interesse der Agenten natürlich vorrangig dem Kopf der Familie, nämlich Tony, gilt. Als Tony im Verlauf der zweiten Staffel erfährt, dass der Freund mittlerweile für die Gegenseite tätig ist, muss diese Erkenntnis unweigerlich zur Hinrichtung des Verräters führen. So endet die zweite Staffel der *Sopranos* damit, dass Tony, Silvio Dante und Paulie Gualtieri ‚Big Pussy' in „Funhouse" (S2.13) auf eine Bootstour mitnehmen — von der Letzterer nicht mehr zurückkehrt. Die Hinrichtung des gemeinsamen Freundes, in der die zweite Staffel der Erfolgsserie gipfelt, stellt einen traumatischen Moment dar, von dem alle Beteiligten sich psychisch nicht mehr erholen. Insbesondere Tony wird in Albträumen davon geplagt (Beispielsweise in „The Test Dream", S5.11) und das Thema klingt auch immer wieder in seinen Therapie-Sitzungen mit Dr. Melfi an.

Das zweite Beispiel, anhand dessen sich die Bedeutung von Drogen als Element der Handlung aufzeigen lässt, ist das Schicksal von Adriana La Cerva, Christopher Moltisantis Freundin und späteren Verlobten. Drogen der Wahl sind in ihrem Fall Kokain und Heroin, und auch wenn die Serie dazu nicht eindeutig Stellung nimmt, ist anzunehmen, dass sie durch ihren Freund Christopher zu Drogen gekommen ist. Immer wieder wird sie gemeinsam mit ihm oder auch alleine in ihrem Club beim Konsum gezeigt, insbesondere Aufputschmittel gehören fest zu ihrem Alltag. Durch die dadurch entstehenden dubiosen Kontakte kommt es in „Long Term Parking" (S5.12) dazu, dass sich ein Mord in ihrem Club ereignet, als ein Deal fehlschlägt. Adrianas Mangel an Vorsicht bei der Beseitigung der Beweise lässt sie in das Visier des FBI geraten, dass sie unter Druck setzt, Kronzeugin zu werden. Druckmittel ist dabei, wie in Bonpensieros Fall, die Androhung einer langen Haftstrafe. In ihrer Not wendet sich Adriana an Christopher, der sie aber an Tony verrät. Dieser lässt sie daraufhin durch seinen Vertrauten Silvio Dante umbringen.

Von diesem selbst verschuldeten Verlust wiederum erholt sich Moltisanti nie mehr; seine Schuldgefühle sind neben anderen Gründen, deren Ursache eher im Wesen der Drogen selbst zu suchen sind, dafür verantwortlich, dass er nach seinem scheinbar erfolgreichen Entzug wieder in die erneute Abhängigkeit gerät. Da diese schlussendlich zu seiner Ermordung durch Tony führt, dem er zu unzuverlässig erscheint, lässt sich auch Christophers Schicksal mit dem Adriana La Cervas in Verbindung bringen. Anhand des Paares Christopher und Adriana, das letztendlich grandios an der unheilvollen Faszination zugrunde geht, die Drogen auf beide gleichermaßen ausüben, illustriert die Serie so auch die Gefahr, die von Süchtigen beziehungsweise dem Umgang mit Süchtigen für andere Süchtige ausgeht.[5]

Im Folgenden will ich abschließend darauf eingehen, welche Bedeutung das Format des *Progressive Serials* für die inhaltliche Vermittlung des Drogen-Themas in der Serie hat.

Die Bedeutung des Formats — progressiv vs. stagnativ

Drogenkonsum und -abhängigkeit (als Bestandteile der dargestellten Drogenkultur) und ihre Auswirkungen auf die Protagonisten können dabei vor Allem deshalb so problematisiert und thematisiert werden, weil es sich bei *The Sopranos* eindeutig um eine progressive Serie, ein *Progressive Serial*, handelt. Dafür spricht die durchgehende Weiterführung des *Main Plots* (Tonys Kampf um den Aufstieg an die Spitze des Soprano-Clans bei gleichzeitigen Problemen mit seiner Familie und sich selbst) über die 86 Folgen der auf sechs Staffeln aufgeteilten Handlung. Zwar kommt es immer wieder auch zu *Interwoven Sub Plots*, also kleineren Handlungsbögen, die mehrere bzw. alle Folgen einer Staffel miteinander verknüpfen, dann aber zu einem Abschluss gebracht werden, so dass *The Sopranos* durchaus auch das Format der *Progressive Complete Series* streift (Für die eben diese Schachtelung für sich jeweils abgeschlossener *Sub Plots* charakteristisch ist). Dass aber immer wieder Ereignisse aus früheren Folgen zu einem viel späteren Zeitpunkt aufgegriffen und relevant werden (sei es in Form von Analepsen, Gesprächen oder Erinnerungen), rechtfertigt genauso die eindeutige Klassifikation als *Progressive Serial* wie die Tatsache, dass die Personenkonstellation der *Sopranos* ständigen und teilweise radikalen Veränderungen unterworfen ist, die sich einerseits im Auftauchen neuer bzw. Ver-

---

5) Weitere Beispiele für Thematisierungen dieses Problems innerhalb *The Sopranos* wären Christophers kurzlebige Beziehung mit Juliana Skiff, die er in seiner Selbsthilfegruppe kennenlernt, und die daran scheitert, dass sich die beiden gegenseitig zum ‚Rückfall' verleiten oder Christophers Unfähigkeit, seiner Abstinenz in Gesellschaft der anderen Mafiosi treu zu bleiben, die ihn ebenfalls immer wieder rückfällig werden lässt und damit sein Leben bestimmt.

schwinden / Ableben alter Charaktere, aber auch in der Charakterentwicklung an sich manifestieren (über die sich so wieder wie im Falle Christopher Moltisantis Bezüge zu Drogensucht herstellen lassen). Das Format des *Progressive Serials* bietet seinerseits wiederum erst den notwendigen Raum, eine so komplexe Charakterentwicklung abzubilden, was den Reiz der *Serial Narration* und des Serienformats im Vergleich zum zeitlich eingeschränkten (Und eher mit der Kurzgeschichte zu vergleichenden) Film ausmacht. Und nur in einer progressiven Serie können die dadurch entstehenden Folgen dieser Veränderungen im Personengefüge einen Einfluss auf die Handlung haben.

Auch bedarf es des Formats der progressiven Serie, deren Figuren eine Vergangenheit und vor allem ein Gedächtnis haben, das ihnen erlaubt, sich an Ereignisse aus früheren Folgen oder sogar Staffeln zu erinnern, damit Tonys ablehnende Haltung zu Drogen — und damit auch die Ermordung seines einstigen Lieblingsneffen Christopher — ausreichend motiviert werden kann, nämlich durch die Akkumulation von Gründen, die zu Tonys Einstellung führt: ‚Big Pussy's Liquidierung wegen des Handels mit Heroin, Adrianas Hinrichtung wegen eines verpatzten Deals, Christophers zunehmende Unzuverlässigkeit bzw. perzipierte Abwendung vom ‚Mob' etc. Dabei spricht es für die Ambivalenz des Charakters Tony Soprano, dass dieser bei mehreren Gelegenheiten selbst Drogen konsumiert, sei es Kokain mit Adriana oder Peyote mit einer früheren Bekannten Christophers.

Abschließend will ich anhand des Beispiels Drogen / Drogenkonsum / Drogensucht die *Progressive Series* von der *Status Quo Series* abgrenzen, die grundsätzlich keine tiefgreifenden Veränderungen oder Entwicklungen in ihrer Plot-Situation aufweist und gewissermaßen immer wieder zu einer statischen Ausgangssituation zurückkehrt. Daher ist die *Status Quo Series* auch durch eine generelle Austauschbarkeit der einzelnen Episoden innerhalb der Chronologie der Serie charakterisiert und dieses Format wird besonders gern bei Cartoons verwenden, da deren Protagonisten im Gegensatz zu menschlichen Schauspielern nicht altern und insofern keine Erklärungen für dieses Altern in einer fortschreitenden Handlung oder Zeitstruktur gefunden werden müssen.

Ein gutes Beispiel für eine *Status Quo Series* stellen daher *The Simpsons* dar, die amerikanische Kult-Serie, in der Homer Simpsons offenkundiger Alkoholismus nur deswegen nie zum Problem wird, weil es sich bei den *Simpsons* eben um eine *Status Quo Series* handelt, deren Grundsituation sich nicht verändert. Dabei wird der Konsum nicht einmal verherrlicht beziehungsweise verheimlicht, sondern im Gegenteil eigentlich permanent problematisiert, so zum Beispiel in einem Gespräch Homers mit seiner Tochter Lisa in der Folge „At long last leave" (S23.14). „I pick up books like you pick up beers", wirft diese ihm darin vor — was Homer mit einem lapidaren „Then, you have a serious drinking problem" beantwortet. Aber auch wenn Homer Simpson sich seines Alkoholismus bewusst ist, hat er als Figur einer *Status Quo Series* weder gesundheitliche noch tiefgreifende soziale Auswirkungen auf sein Leben zu erwarten. Während Christopher Moltisanti in *The Sopranos* also über sechs Staffeln hinweg langsam an einer Drogensucht zugrunde geht, von der er sich aufgrund der sonstigen Umstände seines Lebens als Krimineller nicht befreien kann, kann Homer Simpson fest damit rechnen, dass seine Eskapaden spätestens zum Beginn der nächsten Folge wieder ‚vergessen' sein werden. Und während Moltisanti (und andere Süchtige in *The Sopranos*) die Personen in seinem Umfeld durch seine eigene Abhängigkeit nachhaltig verletzt, beeinflusst und schädigt, kann Homer in der Episode „Homer vs The Eighteenth Amendment" (S8.18) gleichermaßen glücklich wie naiv proklamieren: „To alcohol! The cause of, and solution to, all of life's problems!"

Serien und Episoden
„Another Toothpick" (S3.05). *The Sopranos.* HBO, 2001. DVD.
Breaking Bad. Vince Gilligan (Cr.). AMC, 2008-2013.
„Denial, Anger, Acceptance" (S1.03). *The Sopranos.* HBO, 1999. DVD.
„Funhouse" (S2.13). *The Sopranos.* HBO, 2000. DVD.
„Isabella" (S1.12). *The Sopranos.* HBO, 1999. DVD.
„Kaisha" (S6.12). *The Sopranos.* HBO, 2006. DVD.
„Long Term Parking" (S05.12). *The Sopranos.* HBO, 2004. DVD.
„Proshai, Livushka" (S3.02). *The Sopranos.* HBO, 2001. DVD.
„The Ride" (S6.09). *The Sopranos.* HBO, 2006. DVD.
The Simpsons. Matt Groening (Cr.). Fox, seit 1989.
The Sopranos. David Chase (Cr.). HBO, 1999-2007.
„The Sopranos / Pilot" (S1.01). *The Sopranos.* HBO, 1999. DVD.
„The Strong, Silent Type" (S4.10). *The Sopranos.* HBO, 2002. DVD.
„The Test Dream" (S5.11). *The Sopranos.* HBO, 2004. DVD.
„To save us all from Satan's Power" (S3.10). *The Sopranos.* HBO, 2001. DVD.
„Walk like a Man" (S6.17) *The Sopranos.* HBO, 2007. DVD.

Selina Semeraro

The Following
POEtik eines Serienkillers und -erzählers

> „When it most closely allies itself to Beauty; the death, then, of a beautiful woman is unquestionably the most poetical in the world, and equally is it beyond doubt that the lips best suited for such topic are those of a bereaved lover." — Edgar Allan Poe

Die TV-Serie *The Following* wurde im Januar 2013 erstmalig auf dem amerikanischen Sender Fox ausgestrahlt und umfasst momentan eine Staffel mit 15 Episoden, inklusive Pilotfolge. Die zweite Staffel befindet sich in der Produktion. Die Länge einer Episode beträgt etwa 42 Minuten. Es handelt sich hierbei inhaltlich gesehen um den Kampf zwischen dem Ex-FBI-Agenten Ryan Hardy und dem verurteilten Serienmörder Joe Carroll. Dieser hatte vor seiner Verhaftung durch Hardy 14 Frauen ermordet. Während seiner Zeit als Literaturprofessor hatte sich Carroll intensiv mit dem Leben und Schaffen Edgar Allan Poes auseinandergesetzt und entwickelte daraus einen fanatischen Kult, der ihn zum Morden inspirierte. Es stellt sich heraus, dass Carroll wiederum seinerseits Anhänger fand, die ihm zur Flucht aus dem Gefängnis verhelfen, um Carroll in der Schaffung eines Bestsellers zu unterstützen. Hardy, von Carroll als Protagonist ausgesucht und in die aktuellen Geschehnisse verwickelt, versucht ihm und seiner Mördergruppe Einhalt zu gebieten.

Die Serie, oder genauer gesagt, die Thriller-Serie, wie sie in den Medien oft klassifiziert wird, ist aus mehreren Gründen für die aktuelle Serienforschung interessant: Sie beinhaltet Merkmale eines klassischen, literarischen Thrillers sowie zen-

trale Motive einerseits des literarischen, als auch des literaturtheoretischen Werkes von Poe. Diese Verflechtung mit Literatur und ihren zentralen, poetologischen Konzepten lässt sich anhand von Kuhns Analysemodell der *Filmnarratologie* erläutern, da literarische Elemente Poes und die Handlung von *The Following* selbst mithilfe von komplexen Erzählstrukturen miteinander verwoben werden.
Natürlich gab es bereits vor *The Following* schon filmische Umsetzungen von literarischen Werken in serieller Form — betrachtet man als Beispiel die Serie *Game of Thrones*, beruht diese auf den Romanen von George R. R. Martin. Der Unterschied ist jedoch, dass in der Serie versucht wird, den gesamten Inhalt umzusetzen, während in *The Following* die Leitmotive aus Poes Kurzgeschichten adaptiert und als Leitmotive für die Serie genutzt werden.
Darüber hinaus wird auch in Ansätzen durch die Figur Carroll das Thema der Poetik[1] und der damit verbundenen Suche nach dem perfekten Text, wie Poe ihn in seinen wissenschaftlichen Texten zu umschreiben sucht, aufgegriffen. Um diese Beobachtungen zu erläutern, werde ich im nächsten Schritt kurz die bereits angesprochenen Merkmale des Thrillers aus der Sicht Nussers anreißen, danach weiter auf Kuhns Analysemodell eingehen, um anhand dessen die komplexen Erzählstrukturen von *The Following* zu illustrieren, um danach in einem letzten Schritt genauer auf die inhaltlichen Umsetzungen der literarischen Motive Poes einzugehen.

Thriller und Thriller-Serie: Elemente aus der Kriminalliteratur[2]

Der Thriller, als auch die Thriller-Serie, lebt inhaltlich gesehen hauptsächlich von der Interaktion zwischen dem Protagonisten[3] und seinem Gegenspieler. Der Ge-

---

1) Ich beziehe mich hier auf einen eng gefassten Poetikbegriff, wie er im *Sachwörterbuch der Literatur* definiert ist: „[...] seit Ausgang des 18. Jh. und eigtl. erst im 20. Jh. die beschreibend-induktive P., die aus vergleichender Beobachtung des Einzelwerkes zur Feststellung der Formeigenheiten und Gattungsgesetze führt." (Wilpert: 689)

2) Ich gehe hier ebenso wie Nusser von einem „idealtypischen" Thriller aus (Vgl. Nusser: 50ff). Die Elemente, die ich im Folgenden vorstellen werde, sind jedoch nicht als allumfassend zu verstehen, sondern lediglich als eine Auswahl aus dem großen „Thriller-Katalog", wie ihn Nusser vorstellt. Ich habe lediglich diejenigen Merkmale herausgegriffen, die für die nachfolgende Analyse von *The Following* wichtig sein werden.

3) Ich spreche hier bewusst ganz allgemein von einem Protagonisten, da die Begriffe ‚Detektiv' oder ‚Held' meiner Meinung nach für das Genre zu eng gefasst sind. Derjenige, der versucht, das Verbrechen zu verhindern, muss nicht zwangsläufig ein Detektiv sein oder einer verbrechensvereitelnden Institution angehören. Der Begriff des Helden ist ebenfalls zu stark wertend, da im Thriller der Protagonist zum Feind des Antagonisten werden kann, ohne aber Qualitäten oder Charaktereigenschaften zu vereinen, die man mit einem Held in Verbindung bringen würde.

genspieler plant dabei kriminelle Handlungen, die in der Schwere und Art des Verbrechens jedoch variieren können, wohingegen die meisten Thriller und Thriller-Serien ein besonders hohes Maß an Gewalt und Brutalität aufzeigen, die oft den Tod der jeweiligen Opfer zur Folge haben (Vgl. Nusser: 51ff), wobei es bei *The Following* fast ausschließlich um gezielte und brutale Morde geht. Je nach quantitativem Umfang des Thrillers kann das Verbrechen ausgeführt und weitere, beliebig viele getätigt werden, wie es aufgrund der zeitlichen uneingeschränkteren Möglichkeiten in der Thriller-Serie die Regel ist. Der Protagonist versucht jedoch stets die Pläne des Gegenspielers zu vereiteln und ihn bestenfalls zu verhaften, ebenso wie Hardy und Carroll in *The Following*. Die beiden Hauptcharaktere sind normalerweise nicht auf sich allein gestellt; beide sind umgeben von Helfern[4], deren Anzahl über die Handlung hinaus unbegrenzt ist und in gut- oder bösartig zu unterscheiden sind (Vgl. Ebd.: 57). Kennzeichnend ist darüber hinaus jedoch die häufige Undurchschaubarkeit der einzelnen Figuren. Scheint Person A zu Beginn auf der Seite des Protagonisten zu sein, kann sich im Laufe der Handlung herausstellen, dass sie eigentlich Anhänger des Gegenspielers ist und dem Protagonisten schaden möchte (Vgl. Ebd.: 59). Die Handlung an sich wird „entweder aus einer einheitlichen Figurenperspektive oder — häufiger — im perspektivischen Wechsel erzählt" (Ebd.: 55). Vor allem dadurch, dass Thriller und Thriller-Serie ein hohes Maß an Figuren beinhalten, sind perspektivische Wechsel eine beliebte Erzählmethode, um für den Rezipienten eine bessere Überschaubarkeit zu leisten:

> Im anderen Fall, wo [...] der Wechsel der Perspektive bevorzugt wird [...], laufen zwei linear geführte Handlungen, die an die *ingroup* bzw. *outgroup* gebunden sind, nebeneinander her und überkreuzen sich immer in den Situationen der Bewegung bzw. des Kampfes. (Ebd.: 55)

Was Nusser hier als „zwei lineare geführte Handlungen" bezeichnet, lässt sich auch bei Kuhn bereits in der Einleitung zu seinem Modell der *Filmnarratologie* wiedererkennen:

> Die dieser Studie zugrunde liegende Hypothese, dass sich aufgrund der Hybridität des Mediums Film mehr Möglichkeiten ergeben als in der Erzählliteratur und die Modellierungen deshalb *per se* komplexer ausfallen müssen, schlägt sich in doppelter Hinsicht nieder: Es müssen sowohl die Modelle zur Beschreibung klassisch-narra-

---

[4] Oft tritt der Fall ein, dass der Protagonist separiert von der Polizei ist, so dass es vorkommen kann, dass die Polizei die Handlungsfähigkeit des Protagonisten behindert, anstatt sie zu fördern (Vgl. Nusser: 46).

tologischer Aspekte anhand filmischer narrativer Strukturen infrage und erweitert werden. (Kuhn: 4f.)

Geht man nun von der heutigen, komplexen Fernsehserie, insbesondere hier in dem Fall von *The Following*, von einem Hybriden aus TV-Serie und Literatur[5] aus, kann Kuhns These für die Serienanalyse nutzbar gemacht werden.

Die Erzählstruktur in *The Following*

Kuhn spricht von einer generellen Unterscheidung in zwei Erzählinstanzen im Film: Einer visuellen und einer sprachlichen Erzählinstanz (Ebd.: 84ff.). Die visuelle Erzählinstanz muss in jedem Falle vorhanden sein, während die sprachliche jedoch nur eine fakultative ist (Ebd.: 84). Sind beide vorhanden, stehen sie in einem bestimmten Verhältnis zueinander, welches sich nach Kuhn bei *The Following* als „komplementäres Verhältnis" bezeichnen ließe, da beide Instanzen in ergänzender Form auftreten (Vgl. Ebd.: 99).

Wie dieses Verhältnis genau zustande kommt wird dann deutlich, wenn man sich im Detail die Beschaffenheit der beiden einzelnen Instanzen betrachtet. Kuhn sieht die visuelle Erzählinstanz als „Zusammenspiel" der Leistung der Kamera und der daraus folgenden Montagen (Vgl. Ebd.: 87). Dabei schreibt Kuhn dem *Mise-en-scène* eine wichtige Rolle zu: „ [...] da — vereinfacht gesagt — auch durch die Auswahl bestimmter Gegenstände vor der Kamera, die Komposition, die Ausleuchtung und die Raumgestaltung visuell erzählt wird." (Ebd.: 90)

In *The Following* ist dieser Aspekt des *Mise-en-scène* deutlich nachzuvollziehen. Wie ich oben bereits angesprochen habe, sind in *The Following* ein hohes Maß an Poe-inspirierten Elementen verarbeitet worden. Das zeigt sich auf dieser Ebene exemplarisch besonders gut an der Umsetzung des Hauses, in dem sich Carrolls Anhänger treffen („Chapter Two", S1.02): Die Räume sind durch rötlich scheinende Gardinen stark abgedunkelt, die Wände sind durchgängig bemalt mit Augen, augenlosen Köpfen und Zitaten aus Texten von Poe. Zu der alten und teilweise verwaist wirkenden Einrichtung zählen auch klassische Portraits, die meisten von Poe selbst, als auch einzelne mit Carroll als Portraitierten. Eine weitere Methode der visuellen Erzählinstanz ist der Schärfefokus bzw. Zoom auf bedeutungswichtige Gegenstände (Vgl. Kuhn: 91).[6] In der gleichen Szene nähert

---

5) Ich muss hier allgemein von „Literatur" sprechen, da *The Following* nicht nur eine Mischung aus TV-Serie und einem weiteren literarischen Genre ist, sondern Merkmale des Thrillers beinhaltet sowie Motive aus der Schauerromantik und (wenn auch in geringerem Maße) literaturtheoretische Züge aufweist.

sich Hardy einer Reihe von Poe-Masken, die auf einem einfachen Regal aufgestellt sind. Hardy berührt die äußere, die Kamera zoomt auf diese Maske und behält diese Einstellung für wenige Sekunden. Was diese Aufnahmen zusammenhält, bezeichnet Kuhn als „Montage" (Ebd.: 87ff). Dieser Begriff umfasst die Anordnung der einzelnen Einstellungen, die je nach Art und Weise auch erzählen. Während Kuhn zur Erklärung der Funktion des Schärfefokus' das Beispiel des Waffenschrankes heranzieht, lässt sich dieses auf die oben genannte Szene aus *The Following* ebenso als Montagebeispiel umdeuten. Der Beginn der Szene ist bei Hardy, der den Raum betritt. Im Bild sind Hardy und ein großer Spiegel, in dem sich die Poe-Masken spiegeln. Die nächste Einstellung ist von Hardys Standpunkt aus gerichtet, ein ausgiebiger Kameraschwenk von links nach rechts zeigt das gesamte Zimmer und hält schließlich auf den Masken. Die Kamera zeigt nun wieder Hardy, der nach der äußeren Maske greift. Es wird auf diese gezoomt, während Hardy sie abtastet. Ein weiterer Schwenk erfolgt auf die anderen Masken, bis sich Hardy abwendet.

Weitere Zooms folgen, bis die Kamera wieder Hardys Blick, der nun in den Spiegel, dem Ausgangspunkt der Situation, gerichtet ist. Er bemerkt, dass sich etwas im Spiegelbild verändert hat, unter einer der Masken steckt ein Unbekannter, eine Kampfszene beginnt. Dieses Montagebeispiel ist typisch für die visuelle Verarbeitung von *The Following*. Die Bilder sind bewusst angeordnet, vermitteln ein gewisses Maß an Information, ohne dass die Spannung verloren geht, indem zu viel gezeigt wird.

Neben der visuellen Erzählinstanz gibt es in *The Following* ebenso die fakultative, sprachliche Erzählinstanz, die Kuhn als dann gegeben ansieht, „wenn auf irgendeine Weise sprachlich mindestens eine Minimalgeschichte erzählt wird" (Ebd.: 95). Hier muss jedoch nun zwischen extradiegetischen und intradiegetischen Erzählinstanzen unterschieden werden (Vgl. Ebd.: 96). *The Following* beinhaltet eine extradiegetische Erzählinstanz, die aber gleichzeitig autodiegetisch ist, da das *Voice Over* eindeutig dem Antagonisten Carroll, der selbst der Handlung angehört, zuzuordnen ist (vgl. Ebd.: 96). Dadurch stellt sich die Erzählstruktur von *The Following* als eine mehrschichtige, in sich verwickelte dar. Folgt man

---

6) Kuhn deutet an, dass der Schärfefokus bzw. Zoom nicht nur als narratives Mittel, sondern auch „symbolische, charakterisierende, dramaturgische, metaphorische, atmosphärische oder metonymische Funktion haben" (Ebd.: 91) können. In diesem Fall ließe sich „atmosphärische Funktion" nicht leugnen.

nun dem Gedanken Kuhns, dass sprachliche als auch visuelle Erzählinstanz miteinander in einem Verhältnis stehen, ergibt sich sogleich die Frage, wie zuverlässig eine Erzählinstanz sein kann, die, wenn sie in Form eines *Voice Overs* auftritt, der Antagonisten der Serie ist. Als Beispiel ließe sich hier eine Szene der zweiten Episode anführen: Es werden zunächst Hardy und Claire, die Ex-Frau des Serienmörders, im Gespräch gezeigt, da Claires und Carrols gemeinsamer Sohn Joey entführt worden ist. Claire bittet Hardy in der Episode „Chapter Two" (S1.02): „Please find my son" (04:02 min.), die Kamera schwenkt auf Hardy, der besorgt nickt. Es folgt ein Ortswechsel, die Kamera verfolgt ein Fahrzeug mit getönten Scheiben, das auf dem Land hält. Eine Tür wird aufgerissen, Joey springt aus dem Fahrzeug und läuft schreiend von dem Auto davon (Ebd.: 04:14 min.). Der Zuschauer, der noch das vorherige Gespräch von Claire und Hardy über die Entführung vor Augen hat, schließt aus der geschickten Montage der Bilder, dass Joey fliehen möchte. Stattdessen stellt sich heraus, dass dieser Augenblick nur zu einem Fangspiel gehört und Joey vor Freude schreit. Der Zuschauer muss also von einem ‚unzuverlässigen' Erzähler ausgehen.

Diese Unsicherheit, die bei dem Zuschauer ausgelöst werden soll, hat in der narrativen Struktur der Serie noch weitere Verankerungen. Es gibt ständige Orts- und Perspektivenwechsel, die dadurch zustande kommen, dass die Perspektive der ermittelnden Instanz sowie die der ausführenden (in diesem Fall Carroll und seine Anhänger) stets miteinander abgeglichen werden müssen, um es dem Zuschauer zu ermöglichen, inhaltlich folgen zu können. Dabei bedient sich auch *The Following* den von Kuhn als „intertitles" (Kuhn: 95) bezeichneten, visualisierten Texten im Film. In Folge dessen, dass es in der Serie häufige Wechsel von Orts- und Figurenperspektive gibt, wird zur Orientierung des Zuschauers regelmäßig der aktuelle Ort eingeblendet. Auch in der Handlung sind sogenannte *Intertitles* zu finden: Insbesondere zur Kennzeichnung der gerade handelnden Personen, sind oft großflächige Schriftzüge zu sehen, wie etwa die drei großen Buchstaben „FBI" im Brustbereich der Maskierten, um dem Zuschauer zu verdeutlichen, dass es sich hierbei um ein Mitglied der Polizei handelt („The Poet's Fire", S1.03: 09:05 min.). Eine besondere Form des *Intertitles* ist in der Pilotfolge zu sehen: Eine junge Frau entkleidet sich im Polizeirevier. Auf ihrem Körper befinden sich in schwarzer Schrift Zitate aus Poes „The Raven", die in kurzen Nahaufnahmen eingeblendet werden, bevor sie sich mit einem Eispickel selbst tötet (S1.01: 12:30 min.). Neben den reinen, erzählerischen

Orientierungshilfen[7] gibt es außerdem in fast jeder Episode eine interne Fokalisierung auf eine der für die betreffende Episode zentrale Person, die nicht wie die *Intertitles* Orientierung bieten, sondern weitere Informationen vermitteln sollen. So kann der Zuschauer die inneren Beweggründe der jeweiligen Figur zumindest theoretisch nachvollziehen.[8] Dieses Prinzip der Fokalisierung einer Figur pro Episode erinnert stark an die Erzählstruktur der Serie *Lost*, wobei der Zweck der Fokalisierung aufgrund von Informationsvermittlung, ohne die die Geschehnisse wenig Sinn ergeben hätten, viel stärker gegeben ist als in *The Following*. Die Verbindung aus Fokalisierung auf das Vergangene und der Handlung in der Gegenwart hat bei *The Following* dagegen noch einen weiteren Grund — einen ästhetischen: Die Episoden erscheinen auf diese Weise wie die Kapitel eines Buches. Das ist genau das Endziel, auf das Carroll (inhaltlich gesehen) von der ersten Sekunde an abzielt. Er möchte den perfekten Roman schaffen und da Carroll nicht nur handelnde Figur, sondern auch die autodiegetische Erzählinstanz darstellt, verwundert die Verwendung und Anordnung der einzelnen Ereignisse auf erzähltechnischer Ebene kaum.

Inhaltliche Umsetzung der Poe-Motive

Auch inhaltlich lässt sich dieses Muster der eben dargestellten, komplexen Erzählsituation nachverfolgen. Hinzu kommt, dass Carroll fanatischer Anhänger Poes ist und sich die Werke und Gedanken seines Idols wie ein roter Faden durch die gesamte Serie ziehen. Besonders zum Tragen kommen hier die Überlegungen Poes, wie der perfekte Text aussehen müsse. In seinem Essay *The Philosophy of Compostion* beschreibt Poe die entscheidenden Mittel zur Schaffungen eines optimalen Gedichtes und zieht dabei sein eigenes Gedicht „The Raven" (1845)

---

7) Neben diesen Orientierungshilfen gibt es noch ein weiteres, aber eher aus rein pragmatisch Zwecken eingeführtes Element — das „Previously on...", wie es oft salopp bezeichnet wird. Diese der eigentlichen Episode vorgestellte Zusammenfassung dient hauptsächlich dazu, den Zuschauern, die möglicherweise die vorangegangene Folge verpasst haben, das für die kommende Episode wichtige Geschehen zu vergegenwärtigen, sozusagen eine „gemeinsame Basis" zu bilden: „These recaps are generally crafted by producers choosing key moments that they believe vital to refresh viewers' memories for upcoming storylines and to enable new viewers to get on board with the series." (Mittell: 90) Aus meiner Sicht stellt das „Previously on..." in sich geschlossen eine weitere Erzähleinheit dar, die man aber nach Kuhns Auffassung, dadurch, dass sie ein offizielles Produkt des *Producers* ist, wohl als einer extratextuellen Ebene zuordnen müsste (Vgl. Kuhn: 85).

8) Ich erwähne hier bewusst das zumindest theoretische Verständnis der Figuren, da die Fokalisierung in den meisten Fällen auf einem der Mörder liegt, der in der betreffenden Folge auf brutalste Weise andere Menschen regelrecht hinrichtet.

als Beispiel heran.[9] Eines seiner Hauptkriterien ist, dass der Text innerhalb einer Sitzung lesbar sein sowie durch einen gewissen Effekt eine „Gesamtheit der Eindrücke"[10] beim Leser herrufen müsse. Ferner erläutert er, dass das wohl beste Thema der Tod einer jungen, schönen Frau sei. Hiermit befinden wir uns gleichfalls im Denken des Serienmörders Carroll bei *The Following*. An Poe angelehnt, erhebt er den Tod einer jungen, schönen Frau zu dem höchstmöglichen, literarischen Moment, den er, als Autor, erreichen kann. Die inhaltliche Umsetzung ist dementsprechend ebenso an Poe-Motiven orientiert, wie Hardy in der Pilotfolge erklärt:

> HARDY: He was making art. He cut out his victim's eyes as in the art of his favourite works of Poe, *The Telltale Heart* and *The Black Cat*. You see, Poe believes that the eyes are part of our identity, windows to our soul. (S1.01: 10:23 min.)

Das Entfernen der Augen ist also das Mordschema Carrolls, wobei sich im Laufe der Handlung, vor allem in den Handlungen seiner Anhänger, weitere Poe-Motive finden. Diese sind äußerst vielfältig, was auf den Umfang der Mördergruppe zurückzuführen ist, in der einige von Carroll Ausgewählte ihr eigenes Kapitel schreiben dürfen. Zu Beginn der dritten Episode erscheint auf der Straße eine Gestalt, deren Gesicht mit einer Poe-Maske bedeckt ist. Er tritt von hinten auf einen Literaturkritiker, der Carrolls erstes Buch negativ kritisiert hatte, zu, übergießt ihn mit Benzin und zündet ihn. Der Mann stirbt im Feuer auf der Straße (S1.03: 01:33 min.). Der gewaltsame Tod durch Feuer ist der Erzählung *Hop-Frog* entnommen, in der der Zwerg sich am König und dessen Gefolge rächt, die ihn und seine Freundin zuvor verspottet hatten. In der zweiten Folge, in der Emma, die rechte Hand Carrolls, fokalisiert wird, wird dem Zuschauer gezeigt, wie Emma ihre sie diffamierende Mutter ersticht (S1.02: 28:32 min.). Etwas später, in der gegenwärtigen Handlung, findet das FBI ihre Leiche versteckt in einer Wand (Ebd.: 29:55 min.) — ein klarer Verweis auf *The Black Cat*. In Episode neun ist das Ziel der Mördergruppe, alle Frauen mit dem Namen Claire Matthews zu töten, um die eigentliche Claire, die Ex-Frau Carrolls, dazu zu bringen, sich ihnen zu stellen, so dass Carrolls Wunsch seine Familie um sich zu haben, erfüllt werden kann. Das FBI versucht unterdessen, alle betreffenden

---

9) Poe spricht auf einer theoretischen Grundlage von dem „perfekten" Gedicht. Dass die Kriterien, die er anführt, nicht leicht umzusetzen sind, sieht man allein daran, dass es von „The Raven" 15 verschiedene Versionen gibt (Vgl. Weissberg: 80).

10) Dies ist bei *The Following* zu beobachten: Durch schnelle Perspektivenwechsel erscheint die erzählte Zeit deutlich gerafft. Einen gesamtheitlichen Eindruck schafft Carroll durch das stete Einbringen von Poe-Motiven und erzielt bei dem Zuschauen den Effekt des „Schreckens".

Frauen zu finden und in Sicherheit zu bringen. Obwohl dieser Umstand wohl der visuellen Erzählinstanz zuzuordnen ist, ist das Setting für den Aufenthaltsort der letzten Claire Matthews interessant: Die Szene in der Folge „Love Hurts" (S1.09) spielt innerhalb eines Techno-Konzertes, auf dem alle Anwesenden verkleidet sind (31:17 min.), was wiederum an die großen, pompösen Maskenbälle in *Hop-Frog* und *Masque of the Red Death* erinnert.

In welchem Maße Carroll von den Poe-Motiven inspiriert ist, zeigt sich sogar in der Auswahl seiner Anhänger. Jacob, einer der engsten Vertrauten Carrolls, nimmt den Decknamen Will Wilson an — ein wohl nicht zufällig gewählter Tarnname, da es eine Kurzgeschichte Poes gibt, die sogar nach dem Namen des Protagonisten benannt ist. Poes „William Wilson" dreht sich um einen jungen Mann und dessen Doppelgänger, den er in der Schule kennenlernt und der ihn lebenslang verfolgt. Bei *The Following* ist zwar das Doppelgängermotiv nicht ganz so stark ausgeprägt, jedoch gibt es frappierende Parallelen zwischen Jacob und dem literarischen William Wilson. Der in der Erzählung dargestellte Doppelgänger lässt sich in der Serie mit Jacobs Komplizen, Paul, gleichsetzen. Es besteht ein für den Zuschauer eher unklares Verhältnis zwischen den beiden Personen. Einerseits ist in der Serie eine ungleiches Kräfteverhältnis zu erkennen, Jacob scheint Paul sogar zu fürchten. Andererseits bekommt der Zuschauer im Laufe der Handlung das Gefühl, dass die beiden mehr als nur eine platonische und zweckmäßige Verbindung zusammenhält. Während auch in Poes Erzählung eine homoerotische Beziehung höchstens vorsichtig angedeutet wird, bleibt das Verhältnis zwischen Jacob und Paul ebenfalls ungeklärt, obwohl sich Paul im Todeskampf von Jacob mit den Worten „I love you" (30:13 min.) verabschiedet.

Ein weiteres Beispiel für die Nähe zur literarischen Vorlage zeigt sich in der Figur des Roderick. Auch hier besteht die Namensgleichheit zum Protagonisten von Poes Erzählung *The Fall of the House of Usher*. Roderick, der letzte Hinterbliebene der Familie Usher, wird in der Erzählung folgendermaßen beschrieben:

> Yet the character of his face had been at all times remarkable. A cadaverousness of complexion; an eye large, liquid, and luminous beyond comparison; lips somewhat thin and very pallid, but of a surpassingly beautiful curve; a nose of a delicate Hebrew model, but with a breadth of nostril of unusual in similar formations; a finely moulded chin, speaking, in its want of prominence, of a want of moral energy; hair of a more than web-like softness and tenuity; these features, with an inordinate expansion above the regions of the temple, made up altogether a countenance not easily

to be forgotten. (Poe 1839)

Auch Roderick in *The Following* weist die hier beschriebenen Merkmale auf: Seine Augen sind groß, hellblau und erscheinen sehr klar; Stirn, Nase und Kinn sind ebenfalls markant sowie seine Haare, die durch das Aschblonde etwas dünn und fadenartig wirken. Carroll hat es also geschafft, die für seine Poe-geprägte Ästhetik perfekten Charaktere um sich zu scharen. Was Carroll und seine Anhänger ganz zentral untereinander und wiederum mit Poe verbindet, ist wohl ihre Motivation: Die Rache.

> Rache wird zum Vampirismus des leidenden Besessenen. Die Handlung findet oft nicht zwischen Personen, sondern in einer Person statt, die sich selbst zum Opfer wird. ‚Madness' — Verrücktheit — ist ein Außerhalb-einer-Ordnung-Fallen, das nicht nur thematisch analysiert wird, sondern im Erzählen selbst dargestellt wird. (Weissberg: 74)

Von den Literaturkritikern als Autor diffamiert, von seiner Frau mit einem FBI-Agenten betrogen: Carroll ist einerseits von einem künstlerischen Wahnsinn getrieben, andererseits von bloßen Rachegedanken, die, wie Weissberg in Zusammenhang mit Poe erklärt, Carroll somit in eine extreme Variante des Wahnsinns stürzen. Die ersten Morde beging Carroll aus ästhetischen Gründen, während die weiteren, die am Beginn von *The Following* ansetzen, hauptsächlich durch Rachegedanken geprägt sind, deren Zentrum Ryan Hardy ist. Er ist für Carrolls Geschichte, die eine literarisch ästhetische Realisierung seiner Rache darstellt, der optimale Protagonist. Ebenso wie einige von Poes Charakteren, ist auch Hardy mittlerweile ein Alkoholiker. Carroll möchte ihn, ebenso wie die meisten alkoholkranken Protagonisten bei Poe, am Ende scheitern lassen. Dazu versucht er, die Hardy nahestehenden Personen zumindest zu verletzen, wenn möglich auch zu töten.[11]

Wie im Kapitel zur Erzählstruktur erklärt, ergibt sich daraus — für den Thriller typisch — ein ständiges Umschalten zwischen den beiden Handlungsperspektiven, die sich einander immer weiter annähern und letztendlich auf ein von Carroll inszeniertes Finale hinauslaufen, wie man es von einem spannungsgeladenen Thriller erwartet.

---

11) Eine für Hardy wichtige Person zu töten, gelingt ihm jedoch nur in zwei Fällen: Sarah Fuller, die den letzten Mordversuch von Carroll überlebt hatte, muss zur Vervollständigung seines Werkes gleich in der Episode sterben, ebenso wie Agent Debra Parker, die er — an *The Fall of the House of Usher* erinnernd — lebendig begraben lässt und zu spät von Hardy entdeckt wird.

Schlussbemerkungen

Die vorangegangene Analyse hat gezeigt, dass *The Following* in vielerlei Hinsicht komplex ist und eine besondere Mittlerstellung zwischen Literatur und modernem Quality-TV einnimmt. Die komplexe Struktur ergibt sich schon allein aus der mehrschichtigen Erzählsituation, die eben nicht nur aus der obligatorischen visuellen, sondern auch der fakultativen sprachlichen Ebene besteht, die wiederum in sich aus mehreren Schichten aufgebaut ist. Dadurch, dass das *Voice Over* autodiegetisch ist, indem sie mit Joe Carroll, dem Antagonisten der Serie, zusammenfällt, ist inhaltlich als auch strukturell gezielte Verwirrung für den Zuschauer konstruiert worden. *The Following*, oder — präziser gesagt — der Serienkiller Joe Carroll kreiert hier als „Serienerzähler" ganz im Sinne Poes einen Gesamteindruck über die gesamte Staffel hinaus, der sich wohl am besten mit „Schrecken" bezeichnen lässt. Erinnert man sich an eines der Merkmale für den Thriller in der Literatur, stellt *The Following* eine in einer weiteren Hinsicht qualitativ hochwertige Thriller-Serie dar:

> Der Thriller deutet an, dass das Verbrechen in der bürgerlichen Gesellschaft keine Ausnahme ist. Er hat damit aufgrund einer formalen Voraussetzung die von seinen besten Autoren ergriffene Möglichkeit, sozialkritische Funktionen zu übernehmen, das Verbrechen also nicht als bloßen Reiz (wie im Normalfall), sondern zur Denunziation einer korrupten oder insgesamt ‚gestörten' Gesellschaft einzusetzen [...]." (Nusser: 51)

Die gesamtgesellschaftliche Wirkung von *The Following* möchte ich hier nun nicht weiter prophezeien, jedoch wird sie wissenschaftlich gesehen von weiterem Interesse sein. Denn am Ende der 15. Episode stirbt Joe Carroll — und mit ihm eine für die Serie unverzichtbare Erzählinstanz. Aber auch Ryan Hardy und Claire Matthews, die am Ende gezeigt werden, werden in den letzten Sekunden von einer weiteren Komplizin Carrolls erstochen. Im Sinne eines *Cliffhangers* bleibt es unklar, ob sie diesen Angriff überleben. Es stellt sich natürlich mit Hinsicht auf die angekündigte, zweite Staffel umgehend die Frage, wie sich der Aufbau der Serie weiter verhalten wird. Inhaltlich gesehen kann der Poe-Kult durch die Unmenge an Carroll-Anhängern weitergeführt werden. Fakt ist jedoch, dass zumindest der Antagonist und somit auch — neben der visuellen — die zweite, wichtigste Erzählinstanz für *The Following* stirbt. Die Unsicherheit, die durch viele verschiedene Bausteine zum Gesamtkonstrukt *The Following* führen, bleibt auch über die erste Staffel hinaus das Einzige, auf das sich der Zuschauer wirklich verlassen kann.

Serien und Episoden
„Chapter Two" (S1.02). *The Following.* Fox, 2013. DVD.
„Love Hurts" (S1.09). *The Following.* Fox, 2013. DVD.
„Pilot" (S1.01). *The Following.* Fox, 2013. DVD.
„The Poet's Fire" (S1.03). *The Following.* Fox, 2013. DVD.
The Following. Kevin Williamson (Cr.). Fox, seit 2013.

Sekundärliteratur
Kuhn, Markus: *Filmnarratologie. Ein erzähltheoretisches Analysemodell.* Berlin 2011.
Mittell, Jason: „Previously On: Prime Time Serials and the Mechanics of Memory." In: Grishakova, Marina und Marie-Laure Ryan (Hgg.): *Intermediality and Storytelling.* Berlin 2010, S. 78-98.
Nusser, Peter: *Der Kriminalroman.* Stuttgart 2009.
Poe, Edgar Allan (1839): „The Fall of the House of Usher." *American Studies at the University of Virginia.* <http://xroads.virginia.edu/~HYPER/POE/fall.html> (Abgerufen am 13. Dezember 2013).
— (1846): „The Philosophy of Composition." *American Studies at the University of Virginia.* <http://xroads.virginia.edu/~HYPER/poe/composition.html> (Abgerufen am 13.Dezember 2013).
Wilpert, Gero von: *Sachwörter der Literatur.* Stuttgart 1989.
Weissberg, Liliane: *Edgar Allan Poe.* Stuttgart 1991.

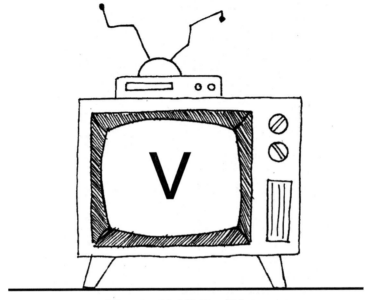

There Will Be Plot:
Narratologie der TV-Serie

Nils Neusüß

Fokalisierung und Distanz in einem audio-visuellen Medium am Beispiel der TV-Serie *Lost*

Die US-amerikanische TV-Serie *Lost* handelt von den Überlebenden eines Flugzeugabsturzes und ihren Abenteuern auf einer mysteriösen Insel. In den sechs Staffeln, die zwischen 2004 und 2010 auf dem Privatsender ABC ausgestrahlt wurden, wurden die komplizierten Zusammenhänge unter den Figuren, die übernatürlichen Eigenschaften der Insel und der Kampf ums Überleben beziehungsweise der stetige Versuch, die Insel wieder zu verlassen, ausgiebig verhandelt.
Das zu großen Teilen durchgeplante Erzählkonzept mit einem abgeschlossenen Ende und das große Publikumsinteresse haben dazu geführt, dass sich neben dem Feuilleton auch Kulturwissenschaftler mit dieser Fernsehserie beschäftigen. Vielfach stehen dabei Produktionsbedingungen, wie zum Beispiel auch die Wirkung der Zuschauermeinungen auf Plotentwicklungen, im Zentrum des Interesses, aber auch erzähltheoretische Forschungsansätze werden verfolgt (Vgl. Schabacher: 207ff.).
Wenn die Serienforschung sich auch gerne von der Filmwissenschaft abgrenzen möchte, kann und muss bei der Auseinandersetzung mit (Fernseh-)Serien auf filmanalytisches Instrumentarium zurückgegriffen werden.
Daher muss in diesem Artikel, in dem es um Fokalisierung und Distanz — also literaturwissenschaftliche Konzepte — in der Serie *Lost* geht, zwangsläufig auch auf filmwissenschaftliche Begriffe und Werkzeuge zurückgegriffen werden. Die Vermischung von Serien-, Literatur- und Filmforschung lässt die Befürchtung von wissenschaftlichem Chaos zu: Wenn man sich allerdings vor Augen führt, dass es sich grundsätzlich um Narrationen handelt und die Medien daher viel mehr ge-

mein haben, als auf den ersten Blick angenommen, ergeben sich auch nur wenige Probleme, literaturwissenschaftliches Vokabular auf Film- und Fernsehforschung zu übertragen. Dennoch muss zunächst ein theoretisches Fundament erläutert werden, um ein paar wenige Schwierigkeiten, die doch bei einer solchen Übertragung entstehen, besser umgehen zu können. Erst dann kann eine Anwendung auf *Lost* stattfinden.

Um über Fokalisierung in Film und Fernsehen — also in audio-visuellen, narrativen Medien — sprechen zu können, müssen zunächst einige Begrifflichkeiten geklärt werden. Ist der Begriff der Fokalisierung schon in der Erzählliteratur umstritten und teilweise missverstanden, zeigt sich in der Forschung, dass bei Übertragung von Genettes Konzept auf die Filmanalyse noch einige weitere Problemfälle auftauchen. Das beginnt bereits bei der Unterscheidung zwischen ‚Wer sieht?' und ‚Wer spricht?' (Vgl. Martínez/Scheffel: 64), die dazu verleiten lässt zu antworten: Die Kamera und der *Voice Over*-Erzähler. Diese Schlussfolgerung ist zu kurz gedacht: Ein filmischer Erzähler hat nicht nur seine Stimme als Möglichkeit zur Informationsvermittlung sondern einen kompletten audiovisuellen Apparat. Daher wird in diesem Artikel mit dem Konzept einer Erzählinstanz, wie sie von Seymour Chatman formuliert wird, gearbeitet: Dem *Cinematic Narrator* (Vgl. Chatman 1999b: 473ff.).

> In short, for films as for novels, we would do well to distinguish between a presenter of the story, the narrator (who is a component of the discourse), and the inventor of both the story and the discourse (including the narrator): That is, the implied author [...]. For if we deny the existence of the implied author and the cinematic narrator, we imply hat film narratives are intrinsically different, with respect to a fundamental component, from those actualized in other media. (Ebd.: 481)

Dieser *Cinematic Narrator* nun hat also, wie sein literarischer Verwandter auch, erzählertypisches Verhalten gegenüber Modus — also Fokalisierung und Distanz: Markus Kuhn, dessen Filmnarratologie für die folgenden Ausführungen entscheidende Grundlagen liefert, widmet der filmischen Fokalisierung in seinem Werk einen langen Abschnitt. Zunächst splittet Kuhn das Konzept des *Cinematic Narrator* in zwei Instanzen auf: Die *visuelle Erzählinstanz* (VEI) und die *sprachliche Erzählinstanz* (SEI):

> Der Prozess des filmischen Erzählens entsteht im Zusammenspiel einer visuellen Erzählinstanz, die durch audiovisuelles Zeigen bzw. Vorführen von Szenen erzählt, mit einer oder mehreren (oder auch keiner) sprachlichen Erzählinstanz(en), die wortsprachlich erzählen und der visuellen Erzählinstanz untergeordnet sein können, aber nicht müssen. (Kuhn: 85)

Wobei die VEI natürlich nicht nur für das Bild zuständig ist, wie der von Kuhn gewählte Name suggeriert, sondern auch für den szenischen Ton.[1] Für seine Erläuterungen zum Distanz-Begriff, auf die später noch eingegangen wird, ist diese Unterscheidung sehr nützlich und wird deshalb trotz Schwierigkeiten mit dem Konzept an dieser Stelle nicht aufgegeben.

Eine sehr gelungene Unterscheidung formuliert Kuhn, wenn er Fokalisierung auf der einen Seite von dem Wahrnehmungspaar Okularisierung (also das, was man sieht) und Aurikularisierung (das was man hört) trennt: So ergibt sich, dass Kuhn neben Nullfokalisierung, Interner Fokalisierung und Externer Fokalisierung auch Nullokularisierung, Interne Okularisierung und Externe Okularisierung, und die Entsprechungen für die Aurikularisierung, erkennt.

Diese können nun unterschiedlich miteinander kombiniert werden: Die am leichtesten erkennbare Variante einer internen Fokalisierung beispielsweise liegt vor, wenn dabei gleichzeitig intern okularisiert wird.

Die erste Szene der ersten Folge der ersten Staffel von *Lost* zeigt eine *Point-of-view*-Struktur bzw. eine subjektive Kamera, die eindeutig auf Jack, eine der Hauptfiguren, okularisiert und fokalisiert. Als einer der Überlebenden wacht Jack kurz nach dem Absturz im Urwald auf.

Nach der sehr nahen Einstellung auf das Auge der Figur folgt der Blick in die Baumwipfel. Es ist ziemlich eindeutig, dass die erste Einstellung ein Marker für den Blickwinkel ist, der in der zweiten gezeigt wird. Ganz klar eine interne Okularisierung, denn die Kamera zeigt den Blick Jacks, zeigt die Baumkronen durch seine Augen (S1.01: 00:14-01:05 min.).

Die nächsten zehn Minuten folgt der *Cinematic Narrator* bei eindeutig interner Fokalisierung den Bewegungen Jacks, der somit zur Hauptfigur stilisiert wird. Die VEI bleibt immer im Wahrnehmungsfeld der fokalisierten Figur. Dabei werden weiterhin *Point-of-view*-Strukturen eingesetzt, aber auch andere Einstellungen, wie Totale oder Halbnahe, sind vorhanden.

Erst dann löst der Erzähler sich von Jack und zeigt nacheinander andere Charaktere; nutzt teilweise auch Kamerafahrten, um das Ensemble zu präsentier-

---

1) Diese ungünstige Bezeichnung ist nicht das einzige Problem, dass ich mit dieser Unterscheidung habe: Durch die Spaltung in zwei Instanzen legt Kuhn zusätzlich eine mögliche Unabhängigkeit dieser beiden fest. Dies widerspricht meinem Verständnis einer Erzählsituation, bei der ausschließlich ein Erzähler, also nur eine Instanz, die Geschichte präsentiert. Besser als von zwei unterschiedlichen Instanzen zu sprechen, wäre vielleicht, dem *Cinematic Narrator* zwei Präsentationskanäle, die mit unterschiedlicher Gewichtung eingesetzt werden können, zuzusprechen.

en. Dadurch wechselt die Fokalisierung und wird zu einer Nullfokalisierung — die Informationsvergabe ist nicht mehr an eine Figur gebunden, also zeigt die Erzählinstanz mehr, als Jack, der zu diesem Zeitpunkt immer noch als einziger Protagonist angesehen werden muss, wahrnimmt und weiß (S1.01: 11:38 min.).
Innerhalb der Folge wechselt diese Nullfokalisierung immer wieder mit der internen Fokalisierung auf Jack. Diese Form des Fokalisierungswechsel findet eigentlich in jeder Episode statt. Dieser ständige Wechsel zwischen den Fokalisierungen macht *Lost* zu einem exzellenten Beispiel: Die Serie besitzt nicht nur eine einzige Hauptfigur. Innerhalb der sechs Staffeln mit insgesamt 121 Folgen, werden 31 mehr oder weniger gleichwertige Protagonisten bzw. Antagonisten eingeführt. Der Fokus, der in der ersten Episode noch auf Jack liegt, bekommt jede dieser Figuren — einige häufiger, ein paar seltener. Das Ungleichgewicht unter den Figuren lässt sich zum Einen durch das frühzeitige Ableben von Charakteren begründen, zum Anderen aber auch durch eine Favorisierung des Erzählers für ausgewählte Figuren erklären. Dabei werden keinesfalls alle Überlebenden des Absturzes zu Protagonisten — der Strand der Insel ist auch von vielen Statisten bevölkert.
Die Folge „Exposé" (S3.14) spielt mit diesem Umstand: Plötzlich werden zwei Figuren vom Erzähler in den Blick genommen, die nicht neu auf der Insel eingetroffen sind, sondern schon immer anwesend waren, aber (zumindest theoretisch) nur als Statisten: Ein Rückblick innerhalb der Folge zum Absturz zurück, der in der bereits angesprochenen ersten Folge gezeigt wird, verdeutlicht dies. In diesem *Flashback* folgt die Kamera nun den beiden neuen Figuren, aber in der bereits bekannten Strandszenerie kurz nach dem Absturz. Während im Hintergrund Handlungen geschehen, die der Zuschauer schon aus der allerersten Folge kennt, fokalisiert die VEI nun auf die beiden bisher nicht aufgetretenen Figuren und nicht mehr auf Jack. Das Geschehen wird also aus einer neuen Perspektive präsentiert (S3.14: 09:17-11:10 min.).
Nikki und Paolo, so die Namen der beiden Figuren, werden für eine Folge zu Hauptfiguren und müssen am Ende dieser auch direkt wieder sterben. Wie schafft *Lost* es, solche Protagonisten für eine Folge zu erzeugen?
Ein wichtiges Merkmal für interne Fokalisierung innerhalb der Serie — zumindest in den ersten Staffeln — ist der *Flashback*.[2] Die erste Folge beispielsweise zeigt in

---

2) In späteren Staffeln werden die Zeitebenen noch etwas komplizierter.

einem Rückblick den Flugzeugabsturz, wieder nur im begrenzten Informationsfeld von Jack, demnach eine interne Fokalisierung.[3] Markiert wird dieser *Flashback* zusätzlich durch eine Einstellung nach dieser Sequenz, die Jacks Gesicht in Nahaufnahme zeigt (S1.01: 21:15-24:15 min.).[4]
Diese *Flashbacks* lassen sich daher als eindeutig innere Fokalisierung ausmachen und zwar in Form von intradiegetischen Erzählungen — die Erzählebene wechselt in eine Art Erinnerungsebene. Dieses Phänomen wiederholt sich schließlich in der ganzen Serie. Durch Nutzung von diesen *Flashbacks*, in denen ausschließlich Informationen geliefert werden, die von der Hauptfigur dieser Folge auch selbst erfahren wurden, wird eine ausgiebige und komplexe *Backstory* der Charaktere geliefert. Auffallend ist dabei die Nutzung von Nahaufnahmen von Augen als Marker — insbesondere zu Beginn der Folge.
So beginnt auch die vierte Folge der ersten Staffel mit einer solchen Einstellung: Das gezeigte Auge gehört John Locke, aus dessen Perspektive der Zuschauer nun die Zeit kurz nach dem Absturz nochmals erleben kann — also ähnlich wie in der bereits besprochenen Episode „Exposé". Dabei handelt es sich aber, wie etwas später in einer neuen Szene offenbart wird, nur um einen *Flashback* — also wieder ein Wechsel auf die Erinnerungsebene.

> Ähnlich wie bei der Form der Perspektivierung, die besonders die erste Staffel nutzt, wenn sie zur Eröffnung einer Episode das geöffnete Auge einer Figur in Großaufnahme zeigt, aus deren Blickwinkel die Darstellung der weiteren Ereignisse der Erzählgegenwart erfolgt, dient dies bei Flashbacks dazu, durch perspektivisch motivierte Auslassungen das Geschehen für den Zuschauer unübersichtlich und damit spannend zu halten. (Schabacher 2010a: 213)

Das Auge zu Anfang einer Episode ist demnach ein klarer Hinweis, wessen Sicht in dieser Folge eingenommen wird. Eine typische *Lost*-Folge besteht also aus einem ständigen Wechsel zwischen Nullfokalisierung, die das allgemeine Geschehen auf der Insel erzählt, und einer internen Fokalisierung, die das Leben eines ausgewählten Protagonisten näher beleuchtet.
Der Vollständigkeit halber soll an dieser Stelle auch auf den Distanzbegriff eingegangen werden, denn auch dieses erzähltheoretische Phänomen im Kontext eines audio-visuellen Mediums sollte angesprochen werden. In der Literatur

---
3) Weitere Umstände des Absturzes werden erst in späteren Folgen offenbart, wenn andere Perspektiven beleuchtet werden.
4) An dieser Stelle gibt es auch ein interessantes Spiel mit dem Kamerafokus: Während Jack auf das Meer blickt, nähert sich ihm aus dem Hintergrund eine andere Figur, die so lange unscharf bleibt, bis sie Jack anspricht und somit auch in dessen Wahrnehmungsbereich eindringt.

beschreibt Distanz die Mittelbarkeit des Erzählten — also dem Spektrum zwischen narrativer und dramatischer Rede. Eigentlich, so sollte man zumindest zunächst meinen, müsste auch ein *Cinematic Narrator* diese grundsätzliche Möglichkeit der erzählerischen Gestaltung haben. Allerdings, so auch Kuhn, ist dies nur durch ‚artfremde' Gestaltungsmöglichkeiten zu erreichen:

> Darüber hinaus ist es jedoch problematisch, den literaturwissenschaftlich-narratologischen Distanz-Begriff auf den Film zu übertragen. Mechanismen der Wirklichkeitsillusion und des Realitätseffekts hängen im Film, bei dem in der Regel eine Ähnlichkeitsrelation zwischen Zeichen und Bezeichnetem vorliegt, von anderen Faktoren ab als in der Erzählliteratur. Beinahe jedes Filmbild stellt als primär ikonisches Zeichen eine ‚Mimesis-Illusion dar [...]. (Kuhn: 185)

Hier scheint die Unterscheidung Kuhns zwischen VEI und SEI nun doch nachvollziehbar. Denn was die visuelle Instanz nicht schafft, ist einem sprachlich-aktiven Erzähler möglich: Durch *Voice Over* oder Texteinblendungen kann dieser natürlich, wie in der Literatur auch (denn es handelt sich bei diesen Techniken ja nur um Leihgaben aus dieser), mit Distanz arbeiten.

Der VEI ist es aus Gründen der generellen, zumindest scheinbaren, Unmittelbarkeit nicht in der Lage überhaupt eine Distanz zum Geschehen aufzubauen. Es ist ihr zudem nicht möglich, narrative Rede zu präsentieren, denn jeder Dialog ist zwangsläufig szenisch. *Lost* allerdings verzichtet grundsätzlich auf solche nichtfilmischen Mittel, weshalb auch keine erzählerische Distanz aufgebaut werden kann. Nur vereinzelte Einblendungen, die vor allem aus Jahreszahlen bestehen und helfen sollen, die durchaus verwirrenden Zeitsprünge besser verstehen zu können, lassen sich finden. Diese sind aber so selten und so rudimentär, dass kaum von wirklichen Eingriffen einer SEI gesprochen werden kann.

Lost nutzt also kaum Distanz aber ein ausgefeiltes Spiel mit Perspektivierung, bzw. Fokalisierung, um Spannung aufzubauen. Diese Neuerung, zusammen mit einer Vielfalt von intertextuellen, bzw. intermedialen Verweisen (Vgl. Seiler) und den komplexen Zeitverhältnissen (Vgl. Schabacher) dürften unter anderem für den enormen Erfolg der Serie verantwortlich sein.

Serien und Episoden
Lost. J.J. Abrams, Damon Lindelof (Crs.). ABC, 2004-2010.
„Pilot (Part 1)" (S1.01). *Lost.* ABC, 2004. DVD.
„Walkabout" (S1.04). *Lost.* ABC, 2004. DVD.
„Exposé" (S2.14). *Lost.* ABC, 2007. DVD.

Sekundärliteratur

Beil, Benjamin: *First Person Perspectives. Point of view und figurenzentrierte Erzählformen im Film und im Computerspiel.* Münster 2010.

Chatman, Seymour (1999a): „What novels can do that films can't (and vice versa)." In: Braudy, Leo und Marshall Cohen (Hgg.): *Film Theory and Criticism. Introductory Readings.* Oxford 1999, S. 435-451.

— (1999b): „From Coming to terms. The cinematic narrator." In: Braudy, Leo und Marshall Cohen (Hgg.): *Film Theory and Criticism. Introductory Readings.* Oxford 1999, S. 473-486.

Fludernik, Monika: *Einführung in die Erzähltheorie.* Darmstadt 2006.

Johnson, Kenneth: „The Point of View of the Wandering Camera." In: *Cinema Journal* 32.2 (1993), S. 49-56.

Kuhn, Markus: *Filmnarratologie. Ein erzähtheoretisches Analysemodell.* Berlin 2011.

Lohmeier, Anke-Marie: *Hermeneutische Theorie des Films.* Tübingen 1996.

Martínez, Matias und Michael Scheffel: *Einführung in die Erzähltheorie.* München 2007.

Nelles, William: „Getting Focalization into Focus". In: *Poetics Today* 11.2 (1990), S. 365-382.

Seiler, Sascha: „‚Previously on ‚Lost'.' Die Erfindung des Paratextes in der Fernsehserie ‚Lost'." In: Ders. (Hg.): *Was bisher geschah. Serielles Erzählen im zeitgenössischen amerikanischen Fernsehen.* Köln 2008, S. 40-53.

Schabacher, Gabriele (2010a): „‚When am I?' – Zeitlichkeit in der US-Serie ‚Lost', Teil 1." In: Meteling, Arno, Isabell Otto und Gabriele Schabacher (Hgg.): *„Previously On..." Zur Ästhetik der Zeitlichkeit neuerer TV-Serien.* München, S. 207-230.

— (2010b): „‚When am I?' – Zeitlichkeit in der US-Serie ‚Lost', Teil 2." In: Meteling, Arno, Isabell Otto und Gabriele Schabacher (Hgg.): *„Previously On..." Zur Ästhetik der Zeitlichkeit neuerer TV-Serien.* München, S. 259-276.

Vera Cuntz-Leng

Tot erzählen, von Tod erzählen: Erzählstrategien in *Desperate Housewives*, *Dead Like Me* und *Pushing Daisies*

Mit bestimmten universellen Problemen, wie der Frage nach dem Sinn des Lebens, dem Mysterium der Geburt oder des Todes beziehungsweise dem Imaginieren einer Möglichkeit der weiteren Existenz nach dem irdischen Sterben, haben sich neben den Religionen insbesondere die Literatur und die darstellenden Künste seit Jahrhunderten beschäftigt. Auch in der Popkultur ist die Verhandlung dieser Topoi von großer Bedeutung. Eingedenk der Fülle einschlägiger Beispiele des letzten Jahrzehnts aus dem Segment der so genannten Quality-TV-Serien wie *Six Feet Under*, *Lost* oder *Dexter*, Gerichtsmedizinformaten wie *Navy CIS* oder dem gesamten Segment des *Supernatural Horror* (Z.B. Vampirserien) scheint insbesondere der Tod ein zentrales Moment des anbrechenden 21. Jahrhunderts zu sein. All diese Formate zeichnen sich durch eine Allgegenwart des Sterbens und — im Gegensatz zu dem, was der Zuschauer von den Kriminalserien der 1980er und 1990er Jahre gewohnt war — durch das Führen eines übergeordneten Diskurses über den Tod aus. An die Stelle einer pragmatischen Auseinandersetzung mit dem Tod als Fall/Problem, mit dessen Lösung die Lebenden (Z.B. der Kriminalkommissar oder der Detektiv) beauftragt sind, ist sukzessive eine metaphysische und subjektive Reflektion über Leben und Sterben getreten, in der die einst unverrückbare Grenze zwischen tot und lebendig vehement herausgefordert wird.

In diesem Kontext erweist sich ein Blick auf die Erzählperspektiven als fruchtbar, die den Diskurs über den Tod maßgeblich anstoßen und regulieren. Seitens der Narratologie ist auf die Schlüsselfunktion des Erzählers als vermittelnder Instanz zwischen Geschichte und Rezipienten ausführlich hingewiesen worden. Bereits berühmte Beispiele aus der Filmgeschichte wie die Samurai-Episode aus Akira Kurosawas *Rashomon*, die *Flashback*-Narration von *Sunset Blvd.* oder die Eröffnung von *American Beauty*, die mit der Ankündigung des Ablebens des Erzählers einhergeht, zeigen, dass innerhalb des immensen Variationsspektrums möglicher Antworten auf Gérard Genettes Frage „Who speaks?" (Genette: 186) beziehungsweise auf Markus Kuhns medienneutralere Fragen nach den narrativen Vermittlern „Wer erzählt?" und „Wie wird erzählt?" (Kuhn: 73), sogar eine tote Erzählinstanz denkbar ist (Vgl. Kuhn: 254ff.). Gleichzeitig unterstreichen diese Filmbeispiele die große Signifikanz des *Voice Overs* als Stilmittel filmischen Erzählens (Vgl. Kozloff).

In drei aktuellen Fernsehserien, die sich aufgrund und mittels ihrer jeweiligen Erzählperspektive besonders intensiv mit dem Tod auseinandersetzen, findet ebenfalls eine Verzahnung der Aspekte Tod, Erzählinstanz und *Voice Over* statt. *Desperate Housewives* (2004-2012), *Dead Like Me* (*Dead Like Me – So gut wie tot*, 2003-2004) und *Pushing Daisies* (2007-2008) erzählen im Unterschied zu etwa *Six Feet Under*, wo die Toten für kurze Zeit durch die Imagination der Protagonisten eine Gestalt und eine Stimme erhalten, nicht mehr über das Sterben aus Perspektive der Lebenden. Stattdessen überschreiten alle drei Formate diese letzte Grenze und wagen einen Schritt ins Jenseits. Zu diesem Zwecke wählen die drei Serien ganz unterschiedliche Strategien, die Toten selbst erzählen zu lassen beziehungsweise von Tod zu erzählen, welche nachfolgend vorgestellt und diskutiert werden sollen. Die Hypothese, dass sich trotz der auffälligen inhaltlichen und dramaturgischen Unterschiede zwischen diesen drei Serien, mittels der Art und Weise wie über den Tod reflektiert wird, eklatante Gemeinsamkeiten herausarbeiten lassen, die die postmoderne Verfasstheit aller drei Formate unterstreichen, soll abschließend verifiziert werden.

Desperate Housewives

Die ABC-Serie *Desperate Housewives*, welche spürbar von *American Beautys* Dekonstruktion des amerikanischen Vorstadtidylls inspiriert und als Quasi-Nachfolger zur erfolgreichen Serie *Sex and the City* beworben wurde, handelt vom Alltag einer Gruppen von Hausfrauen, die im fiktiven Fairview in der Wisteria Lane leben. Die erste der acht Staffeln beginnt mit der Einführung der Erzählerinstanz Mary-Alice Young, die dem Zuschauer einen 73-sekündigen Einblick in ihren Alltag aus perfekt gemähtem Rasen, perfekt sauberem Zuhause und blütenweißer Wäsche gewährt, bevor sie eine Pistole zieht und sich ohne weitere Erklärung in den Kopf schießt (Vgl. S1.01: 00:00 min.). Niall Richardson sieht dies als geschickten dramaturgischen Kniff, der im Sinne von Bertolt Brechts Verfremdungseffekt funktioniere; durch den Suizid werde unmittelbar eine kritische Distanz zwischen Publikum und Figuren/Handlung generiert:

> Immediately the spectator is asked to re-evaluate the picture-postcard image of domesticity. What appeared to be an idyllic suburb now becomes a place of menace. Most importantly, Mary-Alice is now a true onlooker, a social critic able to point out the ironies and paradoxes within all her friends' lives as opposed to a narrator like Carrie Bradshaw in Sex and the City who is very much implicated in the activities of her friends. Therefore, instead of promoting a sense of involvement with the narrative, the beyond-the-grave narrator evokes a sense of critical distance, an ironic detachment commenting on the events unfolding. (Richardson: 160f.)

Fortan wird Mary-Alice also den Zuschauer als allwissende, omnipräsente *Voice Over*-Erzählerin, die ihre Informationen mit dem Zuschauer nur sukzessive und oft auch zunächst in rätselhafter Form teilt, durch die Welt ihrer Hinterbliebenen führen. Es ist dieser Transit von Leben zu Tod, der Mary-Alice von einer machtlosen Figur, die in ihrer Kleinstadtwelt ebenso gefangen war wie es ihre Freundinnen Susan, Bree, Lynette und Gabrielle sind und deren Wissenshorizont ebenso beschränkt gewesen ist, zu einer kritischen und ironischen Beobachterin des gesellschaftlichen Mikrokosmos der Wisteria Lane transformiert.

Durch den Tod wird Mary-Alice zur Patronin, die stellvertretend für die handelnden weiblichen Figuren eingesetzt ist, denen der Umstand ihrer Lebendigkeit, ihr Geschlecht und ihr gesellschaftlicher Status einen umfassenderen Einblick in die größeren Zusammenhänge verwehren. Diese Verknüpfung zwischen Mary-Alice und ihren überlebenden Freundinnen kommt bereits eindrücklich in der ersten Folge heraus, in der sich die Vierergruppe nach dem Begräbnis über mögliche Gründe für Mary-Alices Suizid unterhält. Mary-Alices Abwesenheit von der Handlung wird durch *Flashbacks* inszeniert, während ihre Freundinnen in der Gegenwart der Narration zu einer niederschmetternden Bilanz kommen. Gabrielle stellt die Frage nach dem Motiv in den Raum: „What kind of problems could she have had? She was healthy, had a great home, a nice family. Her life was..." Dann macht sie eine kurze Pause, in die hinein Lynette mit Grabesstimme „our life" ergänzt. Die Frauen wechseln daraufhin besorgte Blicke (S1.01: 32:25 min.). Hätten sie ahnen können, wie immens der Selbstmord für Mary-Alice mit

Ermächtigung und Wissen einhergeht, womöglich hätten sie weniger um sie und um sich selbst gebangt.

In der zweiten Folge der ersten Staffel erhält Mary-Alice selbst die Gelegenheit, ihren durch den Tod veränderten Blick und ihre nun privilegiertere Position innerhalb der Narration zu verbalisieren; sie erklärt, dass ein „odd thing happens when we die. Our senses vanish. Taste, touch, smell and sound become a distant memory. But our sight? Ah, our sight expands. And we can suddenly see the world we left behind so clearly." (S1.02: 00:30 min.) Denn nach ihrem Tod teilt Mary-Alice nicht nur ihre eigene schmutzige Wäsche nach und nach mit dem Zuschauer; sie kennt plötzlich auch alle Schwächen, gut gehüteten Geheimnisse und intimsten Sorgen ihrer noch lebenden Nachbarinnen. Der Tod hat Mary-Alice ein Mehrwissen — eben jene klarere Sicht, von der sie spricht — geliefert, so dass sie überhaupt erst in der Lage ist, diese Geschichte zu erzählen. Wenn man so will, hat sie — entgegen ihrer immer wieder von ihren Ehemännern abhängigen und zu Machtlosigkeit verdammten Freundinnen — durch den Tod eine Stimme bekommen.

Deborah Jermyn hat in „Dying to Tell you Something" festgestellt, dass aus feministischer Sicht ein möglicher Kritikpunkt an *Desperate Housewives* der hohe Preis sei, den Mary-Alice für eben diese Stimme zahle: Ihre physische Abwesenheit von der Handlung (Vgl. Jermyn: 177). Jermyn relativiert dies aber umgehend, sieht sie in *Desperate Housewives* doch primär einen Kontrapunkt zur Marginalisierung weiblicher Stimmen in einer patriarchalen Gesellschaftsordnung, da die Serie „foregrounds and celebrates women's oral culture, in large part through the voiceover" (Ebd.: 170). Tatsächlich räumt *Desperate Housewives* durch die Erzählerin einer weiblichen Perspektive nicht nur einen offenen Raum ohne Restriktionen ein, Mary-Alice wählt zudem für ihr subjektives Erzählen gezielt weibliche Bezugspunkte — eben zum Beispiel ihre Freundinnen — und klammert männliche Blickwinkel vielfach vorsätzlich aus.

Aus narratologischer Perspektive ist Mary-Alice ein nur schwer zu bestimmender Sonderfall. Es wäre verlockend, sie als heterodiegetische *Voice Over*-Erzählerin zu klassifizieren, die von der Handlung vollständig entrückt ist, als göttliche Stimme aus dem Off fungiert, stets mehr Informationen hat als Zuschauer und Figuren, aber selbst keinen Einfluss auf den Verlauf der Dinge nehmen kann (Vgl. Ebd.: 173-176). Dies greift aber zu kurz, denn auf der anderen Seite ist Mary-Alice den handelnden Figuren durchaus bekannt und ursprünglich Bestandteil ihres intradiegetischen Handlungsgefüges gewesen. Gerade weil sie auf der Tonebene insbesondere in der ersten Staffel präsent ist, weil die Lösung ihres Selbstmordes die zentrale Triebfeder der Handlung ist, weil sie in *Flashbacks* ab und zu sogar visuell in Erscheinung tritt und vor allen Dingen weil viele der Kameraperspektiven — wie zum Beispiel eine Häufung von *High-Angle-Shots* — ihrem entrückten Monolog eine intradiegetische visuelle Qualität geben, könnte man von Mary-Alice als einer pseudo-homodiegetischen Erzählerinstanz sprechen, bei der eine Unterscheidung zwischen intra- und extradiegetischer Erzählperspektive wenig gewinnbringend erscheint. Dabei führt die orale An- und visuelle Abwesenheit der Erzählinstanz zu einer ständigen Präsenz von Tod und Jenseits im Diesseits. Durch ihre Stimme ist Mary-Alice des Zuschauers ständiger Begleiter, aber kinematografisch werden Leerstellen (Vgl. Iser: 228ff.) — wie zum Beispiel ein leerer Stuhl — betont, welche die Figur hinterlassen hat. Die Welt der Lebenden scheint daher durchdrungen von einer Allgegenwart des Todes. Neben dem für *Desperate Housewives* typischen trockenen, oftmals entlarvenden Humor (Vgl. Jermyn: 171f.; Richardson: 160-163) ist ein auffälliges Merkmal des *Voice Over*-Monologs das Mitschwingen einer nostalgischen Erinnerung an das vergangene Leben, das geprägt ist von der messerscharfen, aber niemals offenkundig wertenden Reflektion begangener Fehler und vertaner Chancen, wodurch der Eindruck einer permanenten Anwesenheit des Todes weiter verstärkt wird. In der Folge „Pretty Little Picture" (S1.03) konstatiert Mary-Alice beispielsweise:

> After I died, I began to surrender the parts of myself that were no longer necessary. My desires, beliefs, ambitions, doubts. Every trace of my humanity was discarded. I discovered, when moving through eternity, it helps to travel lightly. In fact, I held onto only one thing. My memory. It's astonishing to look back on the world I left behind. I remember it all. Every single detail. Like my friend, Bree Van De Kamp. I remember the easy confidence of her smile, the gentle elegance of her hands, the refined warmth of her voice... (S1.03: 0:00 min.)

Doch ist es nicht genau diese Fähigkeit zur Erinnerung, in der ihre Menschlichkeit liegt? Mary-Alices genaue Beobachtungsgabe und ihre teils sehr liebevollen Analysen der Verhaltensweisen, des Aussehens und der Denk- und Handlungsmuster ihrer Hinterbliebenen garantiert nämlich das Fortbestehen einer sehr subjektiven, sehr menschlichen Perspektive, aus der sich fortwährend Spannungen mit der gottgleichen Erzählposition ergeben, die ihr dramaturgisch zugedacht wurde.

Dead Like Me

Auch in *Dead Like Me* geht es in gewisser Weise darum, die eigene Stimme zu finden. Die Protagonistin George Lass ist ein von den an sie gestellten Anforderungen genervter College-Abbrecher, der von seiner Mutter zu stupider Archivtätigkeit in einer Arbeitsvermittlungsagentur gedrängt wird. In der Mittagspause ihres ersten Arbeitstages wird sie das Opfer eines tragischen Unfalls als sie von einem Klodeckel, der von der russischen Raumstation MIR einem Kometen gleich auf die Erde stürzt, erschlagen wird. Anstelle der 73 Sekunden, die *Desperate Housewives* Mary-Alice als lebendiger Figur zugestanden hat, gewährt *Dead Like Me* George immerhin eine Viertelstunde bis zu ihrem Ableben. Statt aber als kausale Folge hieraus aus der aktiven Handlung auszuscheiden, wird sie fortan — ohne diese Entscheidung selbst treffen zu können — zur Arbeit als Sensenmann verpflichtet, der den Seelen von Unfall- und Mordopfern mit sprödem Witz und scharfer Zunge den Übergang ins Totenreich erleichtern soll. Anders als bei Mary-Alice erlaubt das fantastische Element in *Dead Like Me* also, dass der Tod einer Figur und ihre Wiedergeburt als Erzählerinstanz nicht mit der physischen Abwesenheit von der Handlung einhergehen muss, sondern dass beide Positionen simultan existieren können.

Im Tod beginnt erst Georges eigentliche Entwicklung und die Findung einer Stimme, die die Narration tragen kann. Wie in Mary-Alices Kommentar über die klarere Sicht des Gestorbenen beginnt George zunächst, ihre biologische Familie in Perspektive zu rücken — den bislang verklärten Vater, die dämonisierte Mutter, die lang ignorierte Schwester — dann aber auch ihre neue Familie aus Sensenmännern und -frauen, sowie vor allen Dingen sich selbst. Sie beginnt, ihre Vision und ihren Platz in der Welt zu hinterfragen. Nach anfänglicher Frustration über die Ungerechtigkeit des Lebens wird George stückweise klar, dass sie aus ihrem Leben wenig gemacht hat. Vor ihrem Tod hatte sie auch wenig zu sagen, und dies ändert sich nun: „I think, death for me was just a wake up call." (S1.01: 1:12:20 min.)

George ist trotz oder vielleicht auch gerade aufgrund ihres Ablebens in der Lage, auf ihre eigenen Handlungen und die Handlungen anderer Einfluss auszuüben. Hierin unterscheidet sie sich signifikant von Mary-Alice, die eben keine Entwicklung mehr vollzieht/vollziehen kann, sondern auf ihre Funktion der passiven Beobachterin festgelegt ist.

Anhand von *Dead Like Me* lässt sich exemplarisch zeigen, dass Kuhns Unterscheidung zwischen sprachlicher und visueller Erzählerinstanz bei der Analyse audiovisueller Medientexte mitunter problematisch ist (Vgl. Kuhn: 84). Im *Voice Over* fungiert George als autodiegetische sprachliche Erzählinstanz, die ihre eigenen vergangenen und gegenwärtigen Handlungen von einem entrückten Standpunkt aus kommentiert, wodurch der Eindruck entsteht, es werde ausgehend von einem zukünftigen Moment in der Zeit erzählt. Georges Kommentare bleiben mitunter so vage, erinnern vielfach gar an einen inneren Monolog, so dass sie nur im Zusammenhang mit dem gezeigten Bild einen Sinn ergeben. Festzustellen ist, dass sich — ausgehend von Kuhn — die sprachliche *Voice Over*-Erzählinstanz in *Dead Like Me* auf extradiegetischer Ebene befindet und über deutlich mehr Wissen als die intradiegetische visuelle Erzählinstanz verfügt, die der Blickwinkel der Kamera ist, der aber seinerseits gleichermaßen beinah ausschließlich durch die Identifikationsfigur George gesteuert ist. Daraus lässt sich schlussfolgern, dass sich in einer einzigen Figur als Vermittlungsinstanz sowohl Nullfokalisierung wie interne Fokalisierung abwechseln und den Zuschauer — manchmal zeitgleich — mit verschiedenen Informationen versorgen. Erzählendes, gezeigtes und erzähltes Ich fallen mal zusammen, mal erzeugen sie Disharmonien und Brüche.

Auf das der audiovisuellen Narration und somit auch Kuhns Filmnarratologie innewohnende Problem der Möglichkeit einer Simultanität von extra- und intradiegetischer Erzählinstanz, die sich aus dem Einsatz von *Off Screen*-Narration ergeben kann, hat bereits Michael Niehaus in seiner filmnarratologischen Bestandsaufnahme zum *Voice Over* hingewiesen (Vgl. Niehaus: 7ff.). Wie in der Diskussion von *Desperate Housewives* bereits angedeutet, gestaltet sich in *Dead Like Me* ebenfalls eine Unterscheidung in extra- und intradiegetische Erzählinstanz schwierig. Es liegt keine klare Trennung zwischen *Showing* und *Telling* vor, so dass diese Serienbeispiele Niehaus' Argument stützen, die Anwendung dieser Kategorien auf audiovisuelle Medientexte sei unzulänglich (Vgl. ebd.: 20).

Inhaltlich unterstreicht die gedoppelte Erzähltechnik in *Dead Like Me* den schmalen Grad zwischen Vorbestimmung und freiem Willen, von welchem Leben, Tod und Leben nach dem Tod in der Serie maßgeblich geprägt zu sein scheinen. Denn die Gleichzeitigkeit von einer höheren Macht und einer Entscheidungen treffenden, sich entwickelnden Erzählinstanz in Personalunion gibt dem Rezipienten einen guten Eindruck von diesen wettstreitenden und widersprüchlichen Kräften. In einem permanenten Widerstreit befinden sich in *Dead Like Me* ebenfalls Nostalgie und Ironie, ist doch George zerrissen zwischen der sentimentalen Sehnsucht nach der verlorenen biologischen Familie und ihrem Wunsch danach, diese zu durchleuchten, ihre Schwachstellen zu sezieren und zu demontieren. Diese beiden widersprüchlichen Strategien, mit dem eigenen Tod umzugehen, der eine unumkehrbare Emanzipation vom Elternhaus verlangt, kollidieren fortwährend. Kommentare wie „God bless my mom, if she ever put a bullet through her head, it would probably be labeled" (S1.03: 14:40 min.) illustrieren diese Reibung. Wie bereits im Falle von *Desperate Housewives* folgt daraus, dass dem Vorgang des Erinnerns an sich — erfolgt dies nun ver- oder abgeklärt — eine wichtige Funktion innerhalb des Tot-seins zufällt, die sich neben retrospektiver *Voice Over*-Narration vor allen Dingen in der Häufung von *Flashbacks* manifestiert.

Pushing Daisies

Patrick Gill hat in seinem Aufsatz „It's a Destiny Thing – Enjoy It" darauf hingewiesen, dass die ebenfalls von Bryan Fuller konzipierte Serie *Pushing Daisies* weiter auf dem schmalen Grad zwischen freiem Willen und Vorbestimmung wandele (Vgl. Gill: 128). Darauf, dass beide Serien in einer engen Beziehung zueinander stehen, lässt auch Fullers Aussage schließen, er sähe den *Pushing Daisies*-Protagonisten Ned als romantische Gegenfolie zu George — eine Figur, die nicht nur Leben nimmt, sondern zurückgeben kann (Vgl. ebd.: 125). Nachfolgend soll diskutiert werden, dass ihnen ebenfalls die Prominenz der *Voice Over*-Narration sowie die Fortführung der Nostalgie/Ironie-Dichotomie gemein sind.

Wie schon *Dead Like Me* bedient sich *Pushing Daisies* fantastischer Elemente, um seine obskure Grundannahme zu plausibilisieren: Ned ist ein introvertierter Konditor, dem durch Zufall als Kind klar wird, dass er die besondere Gabe besitzt, mit der simplen Berührung seines Fingers, verstorbene Lebewesen wieder zum Leben zu erwecken. Leider kommt diese Gabe mit Regeln und Konsequenzen. Wenn Ned das betreffende Geschöpf ein zweites Mal berührt, verstirbt es unwiederbringlich — tut er es aber nicht, stirbt nach Ablauf einer Minute anstelle des Wiederbelebten ein anderer Mensch oder ein Tier in der unmittelbaren Umgebung. Ned lernt diese Mechanismen auf die harte Tour, da er zunächst seine Mutter (selbst eine leidenschaftliche Kuchenbäckerin), die ein

Herzinfarkt in der Küche niedergestreckt hatte, wiederbelebt; daraufhin fordert die Gabe ihren Tribut, und der Vater seiner Jugendliebe, des Nachbarmädchens Chuck, fällt im Garten tot um. Später am Abend gibt Neds Mutter ihrem Sohn einen Gute-Nacht-Kuss und stirbt erneut, nun für immer.
Durch den Tod ihrer jeweiligen Elternteile trennen sich zunächst die Wege der beiden Freunde. Im Erwachsenenalter, zur Zeit der Haupthandlung der Serie, sieht Ned Chuck erst wieder als sie schneewittchengleich vor ihm aufgebahrt in einem Sarg liegt. Neben seinem Kuchengeschäft arbeitet Ned nämlich mit einem Privatdetektiv zusammen an der Lösung von Kriminalfällen. Dieser Detektiv hatte zufällig von Neds besonderer Fähigkeit erfahren und ihren großen kriminologischen Nutzen erkannt. Auch Chuck ist ermordet worden, und Ned soll sie eigentlich nur — wie immer — mit seiner Fingerspitze berühren und für die Dauer einer Minute erwecken, damit sie ihren Mörder identifizieren kann. Aus Liebe und Egoismus trifft Ned allerdings die Entscheidung, Chuck kein zweites Mal zu berühren. Sie bleibt am Leben, verliebt sich in ihren „Schöpfer", dem sie allerdings nur hinter Folie oder mit Schutzkleidung körperlich nah sein kann, und sie hilft fortan als Teil des Teams bei der Lösung mysteriöser Todesfälle. Die Unmöglichkeit von Berührungen erzeugt eine Fülle von Leerstellen und bringt eine Schwermut in die Beziehung des Paares, durch die Chucks tatsächliches Tot-sein unabhängig von ihrer körperlichen Anwesenheit stets präsent bleibt (Vgl. Williams: 57-69).
Selbstverständlich klärt Chuck zunächst ihren eigenen Mordfall auf — ein Privileg, das weder Mary-Alice in *Desperate Housewives* (aufgrund ihrer physischen Abwesenheit) noch George in *Dead Like Me* (aufgrund der generellen Ungerechtigkeit ihres Unfalltodes) vergönnt war. Ebenso wie für George beginnt auch für Chuck, die zuvor — mit fatalem Ausgang — nur einmal gewagt hatte, das sichere Zuhause ihrer Tanten zu verlassen, nach ihrem Tod erst das wahre Leben. Doch es gibt strenge Auflagen. Um die Enthüllung von Neds Geheimnis nicht zu gefährden, muss Chuck stets im Verborgenen bleiben. Sie ist Gefangene in einem goldenen Kuchenkäfig. Neben der farbenfrohen 1950er-Jahre-Ästhetik von *Pushing Daisies*, deren hyperreale Verfasstheit einen ironischen *Camp*-Effekt erzielt (Vgl. Babuscio: 122-128), resultiert aus diesem Gebot maßgeblich die nostalgische Wirkung der Serie. Dieses altmodische Frauenbild — Chuck ist von Ned abhängig, darf sich nur in seinem Einflussbereich frei bewegen, mit einer Berührung kann er sie sogar töten — verlangt Chuck einen konsequenten Akt der

heimlichen Rebellion ab. Ihr Aufbegehren ist dabei stets mit dem nostalgischen Erinnern an ihr vorheriges Leben verbunden: So sucht sie zum Beispiel mehrfach heimlich ihre Tanten auf (Vgl. bspw. S1.07) oder versteckt ihren exhumierten Vater vor Ned (Vgl. S2.08).

Interessanterweise ist es im Unterschied zu Mary-Alice und George in *Pushing Daisies* weder auf kinematografischer noch auf auditiver Ebene Chucks Blickwinkel, der die Erzählung trägt. Stattdessen wird eine heterodiegetische sprachliche Erzählinstanz der Narration übergeordnet, der wie einem allwissenden Märchenerzähler, alle vergangenen, gegenwärtigen und zukünftigen Handlungen der Figuren zur Verfügung stehen. Besonders prägnant ist die immer wiederkehrende Formel „The facts were these..." sowie das Anführen von exakten Zahlen und auf die Sekunde genauen Daten, die dazu eingesetzt werden, die fantastischen Elemente der Handlung zu validieren und einen Eindruck wissenschaftlicher Objektivität in der Berichterstattung zu erzeugen (Vgl. Jowett: 14-17). Beim Rezipienten lösen sie aber zeitgleich Misstrauen in Bezug auf die Glaubwürdigkeit des extradiegetischen Erzählers aus, denn wir haben es nun einmal in *Pushing Daisies* mit einer „teletubbieesken" Bildwelt zu tun, die alles andere als realistisch ist. Diese scharfe Trennlinie zwischen Handlungsträgern, sprachlicher und visueller Erzählinstanz mutet auf den ersten Blick als konservative dramaturgische Entscheidung an; sie hat aber den Effekt, dass der Tod und die Toten (insbesondere Chuck) dem Zuschauer näher rücken und sich im Gegensatz zur dauerhaft abwesenden Mary-Alice und zu George, deren beide Daseinsformen strikt voneinander getrennt sind (für die Lebenden bleibt sie tot), quasi mitten im Leben befinden.

Zusammenfassung & Ausblick
Desperate Housewives, *Dead Like Me* und *Pushing Daisies* konfrontieren ihr Publikum mit ganz unterschiedlichen Erzählinstanzen und -strategien, um ihr gemeinsames Themenfeld auszuloten. Eine auffällige Gemeinsamkeit ist das konsequent eingesetzte Stilmittel des *Voice Overs*, das als konstante Rahmung in seriellen Erzählungen — von *Quantum Leap* bis *How I Met Your Mother* — ein häufig vorkommendes Element ist. Im Falle der hier diskutierten Beziehung von Sterben und Erzählinstanz kommt dem *Voice Over* allerdings ein besonderer Stellenwert zu. Anders als bei den toten Erzählern von *American Beauty* oder *Sunset Blvd.*, wo die Erzählperspektive gerade betont, dass die handelnden Figu-

ren zum Scheitern verurteilt sind, gilt im Gegenteil für *Desperate Housewives*, *Dead Like Me* und *Pushing Daisies*, dass der Tod einen Gewinn darstellt, der die Figuren ermächtigt und ihnen — zumindest in zwei der drei Fälle — diese übergeordnete Funktion in der Narration zuerkennt. In *Pushing Daisies* verhält es sich etwas anders: Hier erfüllt die Erzählperspektive die Funktion, eine Gleichberechtigung zwischen toten und lebenden Figuren zu generieren und aufrechtzuerhalten. Auch dies ist eine (vielleicht sogar die nachdrücklichste) Strategie der Ermächtigung der Toten. Die wachsende Macht der gestorbenen Figuren äußert sich in ihrer Befähigung, auf ihr Schicksal auch in der Gegenwärtigkeit des Todes Einfluss nehmen zu können — sei es durch trockenen, analytischen Witz oder durch tatsächliches Eingreifen in die Handlung.

Auffällig am allwissenden *Voice Over*-Erzähler ist in diesem Kontext insbesondere seine quasi-göttliche Einsicht in den Verlauf der Erzählung und in die Psyche der Charaktere. Obwohl wir es mit dem Thema ‚Sterben' zu tun haben, das sich leicht religiös aufgeladen ließe, meiden alle drei gewählten Beispiele diesen Schritt. Fragen nach Glauben beschäftigen die Figuren auf subtilerer Ebene, und an die Stelle eines beispielsweise christlichen Gottes, der die Schicksale der Figuren kennt und lenkt, treten die toten Erzähler Mary-Alice Young und George Lass beziehungsweise der Märchenonkel von *Pushing Daisies*. Dies erlaubt den Serien eine stärkere Offenheit und Universalität in Fragen nach Religiosität. Gleichzeitig wird auf der Bildebene aber ganz häufig durch *Top-Shots* verdeutlicht, dass die Perspektive der *Voice Over*-Erzählinstanz tatsächlich gottgleiche Qualitäten aufweist.

Des Weiteren ist auffällig, dass Subjektivität und Ironie in der sprachlichen Erzählinstanz in allen drei Beispielen eine große Bedeutung zukommt. Dass sich *Voice Over* als filmische Strategie zur Erzeugung von Ironie eignet, da Spannungen entstehen können, wenn erzählte und gezeigte Welt kollidieren, ist an anderer Stelle bereits diskutiert worden (Vgl. Kozloff: 102ff.; Niehaus: 6). Ironie und Subjektivität relativieren daher permanent die mögliche Göttlichkeit des allwissenden Erzählers in allen drei gewählten Serienbeispielen und sorgen für eine fortwährende Dekonstruktion der erzählten Welten. Besonders der Aspekt der Ironie ist im Zusammenhang mit dem Topos ‚Tod', der zwangsläufig an eine fortwährende nostalgische Sehnsucht an das verlorene Leben geknüpft ist, von großer Wichtigkeit — begründet sich hierin doch maßgeblich die postmoderne Verfasstheit von *Desperate Housewives*, *Dead Like Me* und *Pushing Daisies*, wenn man Linda Hutcheons Definition der Postmoderne als Ergebnis der widersprüchlichen Spannungen von Nostalgie und Ironie zugrunde legt. Hutcheon konstatiert:

> In the postmodern, [...] nostalgia itself gets both called up, exploited, and ironized. This is a complicated (and postmodernly paradoxical) move that is both an ironizing of nostalgia itself, of the very urge to look backward for authenticity, and, at the same moment, a sometimes shameless invoking of the visceral power that attends the fulfillment of that urge. (Hutcheon: 205)

Unterstützend in Bezug auf die postmoderne Konzeption und Wirkung dieser Serienbeispiele ist es zusätzlich bemerkenswert, dass wir es — wie bei allen Vertretern des Quality-TVs — mit Genrehybriden zu tun haben, die Elemente aus Märchen, Film Noir, Thriller, Horror, Fantasy, *Soap Opera* und Komödie kombinieren (Vgl. Jowett: 11-14). Die Analyse hat herausgestellt, dass sich diese hybride Verfasstheit in den Erzählinstanzen fortsetzt. Am Ende ist es doch das Spielen mit den Möglichkeiten der Erzählinstanzen, das Brechen mit ihren Konventionen, das Überschreiten ihrer Grenzen, worin die Postmodernität dieser Beispiele zum Ausdruck kommt — ist die Unmöglichkeit der Identifikation einer „single or unified or stable highest-level narrator position in many postmodern texts" (Uri: 354) doch gerade so charakteristisch.

Serien und Filme
American Beauty. Sam Mendes (Dir.). DreamWorks, 1999.
Dead Like Me. Bryan Fuller (Cr.). MGM, 2003-2004.
Desperate Housewives. Marc Cherry (Cr.). ABC, 2004-2012.
Dexter. Jeff Lindsay (Cr.). Showtime, seit 2006.
How I Met Your Mother. Carter Bays, Craig Thomas (Crs.). CBS, 2005-2014.
Lost. J. J. Abrams (Cr.). ABC, 2004-2010.
Navy CIS. Donald P. Bellisario, Don McGill (Crs.). CBS, seit 2003.
Pushing Daisies. Bryan Fuller (Cr.). Warner, 2007-2009.
Quantum Leap. Donald P. Bellisario (Cr.). Universal, 1989-1993.
Rashomon. Akira Kurosawa (Dir.). Daiei Eiga, 1950.
Sex and the City. Darren Star (Cr.). HBO, 1998-2004.
Six Feet Under. Alan Ball (Cr.). HBO, 2001-2005.
Sunset Blvd. Billy Wilder (Dir.). Paramount, 1950.

Sekundärliteratur

Babuscio, Jack: „Camp and the Gay Sensibility." In: Benshoff, Harry und Sean Griffin (Hgg.): *Queer Cinema: The Film Reader.* London 2005, S. 121-136.

Branigan, Edward: „Fokalisierung." In: *montage/av* 16.1 (2007), S. 71-82.

Genette, Gérard: *Narrative Discourse: An Essay in Method.* Ithaca 1980.

Gill, Patrick: „,It's a Destiny Thing – Enjoy It!': Free Will and Determinism in Bryan Fuller's Series." In: Burger, Alissa (Hg.): *The Television World of ,Pushing Daisies': Critical Essays on the Bryan Fuller Series.* Jefferson 2011, S. 115-136.

Hutcheon, Linda: „Irony, Nostalgia, and the Postmodern." In: Estor, Annemarie und Raymond Vervliet (Hgg.): *Methods for the Study of Literature as Cultural Memory.* Altanta 2000, S. 189-207.

Iser, Wolfgang: „Die Appellstruktur der Texte. Unbestimmtheit als Wirkungsbedingung literarischer Prosa." In: Warning, Rainer (Hg.): *Rezeptionsästhetik.* München 1979, S. 228-252.

Jermyn, Deborah: „Dying to tell you something: Posthumous narration and female omniscience in ,Desperate Housewives'." In: Akass, Kim und Janet McCabe (Hgg.): *Reading ,Desperate Housewives': Beyond the White Picket Fence.* London 2006, S. 169-179.

Jowett, Lorna: „Spectacular Collision/Collusion: Genre, ,Quality', and Contemporary Drama." In: Burger, Alissa (Hg.): *The Television World of ,Pushing Daisies': Critical Essays on the Bryan Fuller Series.* Jefferson 2011, S. 11-27.

Kozloff, Sarah: *Invisible Storytellers. Voice-Over Narration in American Fiction Film.* Berkeley 1988.

Kuhn, Markus: *Filmnarratologie: Ein erzähltheoretisches Analysemodell.* Berlin 2011.

Margolin, Uri: „Narrator." In: Hühn, Peter, John Pier, Wolf Schmid und Jörg Schönert (Hgg.): *Handbook of Narratology.* Berlin 2009, S. 351-369.

Niehaus, Michael: „Voice over. Eine filmnarratologische Bestandsaufnahme." *Medienobservationen.* <http://www.medienobservationen.lmu.de/artikel/kino/kino_pdf/niehaus_voiceover.pdf> (Abgerufen am: 13.12.13).

Richardson, Niall: „As Kamp as Bree: The Politics of Camp Reconsidered By ,Desperate Housewives'." In: *Feminist Media Studies* 6.2 (2006), S. 157-174.

Williams, Laura A.: „Consuming Grief and Eating Pie." In: Burger, Alissa (Hg.): *The Television World of ,Pushing Daisies': Critical Essays on the Bryan Fuller Series.* Jefferson 2011, S. 57-72.

Maren Scheurer

Erzähler in Analyse, Therapie in Serie: Zur produktiven Verbindung von Fernsehserie und Psychotherapie

Ein Mann in einem Wartezimmer, seine Unsicherheit, als er ins Sprechzimmer gebeten wird, der Aufbau einer Gesprächsbasis — diese Eindrücke aus der Psychotherapie bestimmen die ersten Minuten der Serie *The Sopranos*. Mitten in einer Therapiesitzung beginnen auch *In Treatment*, *Huff* und *Web Therapy*, aber sie sind nicht die einzigen Fernsehserien, die auf das Sprechzimmer als wiederkehrenden Schauplatz setzen: Therapeuten bereichern Sendungen wie *Tell Me You Love Me*, *Ally McBeal*, *Necessary Roughness* und *Six Feet Under*. Das Auftreten von Ärzten und Psychotherapeuten mit unterschiedlichsten narrativen Funktionen ist im Fernsehen keineswegs neu, doch gerade zeitgenössische Produktionen kommen nur selten ohne einen therapeutischen Bezug aus. Oft entstehen durch diese Omnipräsenz der Psychotherapie hintersinnige intertextuelle Bezüge, zum Beispiel wenn Charlie Sheen nach seinem Ausscheiden aus *Two and a Half Men* in *Anger Management* landet, *Once Upon a Time* seine Märchenfiguren von Jiminy Cricket therapieren lässt oder Sherlock Holmes in der New Yorker Neuauflage *Elementary* mit Dr. Joan Watson eine Suchtberaterin zur Seite gestellt bekommt.[1] Doch was macht die Therapie, die auf den ersten Blick kaum

---

1) So mögen Zuschauer beispielsweise darüber spekulieren, ob Sheen nach der Kündigung seines Serienvertrags eine Aggressionsbewältigungstherapie benötigt, oder eine gewisse Komik darin erkennen, dass in Märchen, denen selbst eine therapeutische Funktion zugeschrieben wird (Vgl. Bettelheim: 11), wiederum Therapeuten auftreten. Sie könnten zudem den Einzug einer Suchtberaterin in Sherlock Holmes' Behausung als Kommentar zu seinem Kokainkonsum deuten, der ihm in Nicholas Meyers Roman *The Seven-Per-Cent Solution* sogar eine Therapie bei Sigmund Freud einbringt.

mehr als *Talking Heads* und zäh fortschreitende Selbsterforschung zu bieten hat, für die Serie so interessant? Eine Gesellschaft, in der Therapie eine große Rolle spielt, muss vielleicht zwangsläufig Narrative hervorbringen, in der sich Charaktere mit dieser auseinandersetzen. Doch damit wird nicht geklärt, warum, während doch derzeit pharmakologische Behandlungen und Verhaltenstherapie den therapeutischen Markt bestimmen (Vgl. Procci: 882), ausgerechnet die Gesprächstherapie psychoanalytischer Prägung die meisten Serien dominiert. Die Ursache liegt vermutlich in der narrativen Qualität und der eigentümlich seriellen Struktur der Psychoanalyse, auf die bereits verwiesen worden (Vgl. Strauß: 154), deren besonderer Funktion in der Fernsehserie jedoch bestenfalls eine marginale Betrachtung zugekommen ist.[2] Nun bedingt diese Struktur nicht nur die Eignung der therapeutischen Begegnung als narratives Vehikel, sondern erlaubt es Serien auch, ihre Themen, ihre Erzählformen und -strukturen sowie ihre therapeutischen Möglichkeiten zu reflektieren. Mit dem Abschreiten dieser Stationen soll im Folgenden gezeigt werden, dass die Analyse der Serie nicht nur außerhalb, sondern auch innerhalb ihres Erzählraumes stattfinden kann.

Die meisten Therapieformen weisen ein festes Setting mit klaren Regeln auf, was sie für serielles Erzählen attraktiv macht. *Patient-of-the-Week*-Formate[3] wie *Bloch* und *Necessary Roughness* profitieren davon, dass dieser Rahmen jede Woche die Möglichkeit bietet, ein neues pathologisches Rätsel einzubringen, das in einem gleichbleibenden Muster von Detektiv- und Behandlungsarbeit gelöst werden kann. Einen anderen Ansatz wählen Serien, die aus der Abbildung absurder therapeutischer Strategien einen komischen Gewinn ziehen — man denke an das *Theme Song*-Verfahren in *Ally McBeal* oder die dreiminütigen Chat-Sitzungen in *Web Therapy*.[4] Trotz ihrer übersteigerten Form zeigen diese

---

2) Strauß bezeichnet die Therapie zwar als „ideales Setting" für die Serie, doch außer den ihnen gemeinsamen Pausen zwischen Sitzungen benennt er keine weitere strukturelle Gemeinsamkeit (Vgl. Strauß: 154).
3) Seit den *X-Files* spricht man gerne vom „Monster of the Week", um sich auf abgeschlossene Folgen mit wechselnden Antagonisten zu beziehen (Vgl. Seiler: 6). Da in den genannten Serien jede Woche ein neuer Patient behandelt wird, bietet sich analog der „Patient of the Week" an.
4) Allys McBeals Therapeutin Dr. Tracey Clark behauptet, dass sich ihr Zustand nur ändern könne, wenn sie eine Hymne für ihr Leben auswähle. Allys Entscheidung für den Song „Tell Him" spielt auf ihr Problem mit ihrer Jugendliebe Billy an, dem sie gerade nicht sagen kann, dass sie ihn immer lieben wird, weil er verheiratet ist. In *Web Therapy* propagiert die Therapeutin Fiona Wallice ihre dreiminütigen Internetsitzungen mit der Behauptung, dass sich der wesentliche Teil

Beispiele, welch hohes narratives Potential in einer therapeutischen Begegnung steckt: Mit einer provokativen Methode konfrontiert, äußern die Patienten ihre Konflikte trotz der Exzentrizität ihrer Therapeuten. Psychoanalytische Behandlungen setzen zur Ergründung der Psyche des Analysanden weniger auf solche Extravaganzen als auf sorgsames Erzählen und die unbewusste Wiederholung früherer Beziehungsmuster in der therapeutischen Beziehung. Durch diese sogenannte Übertragung werden Konflikte der Vergangenheit neu aufgelegt: Der Patient inszeniert mit seinem Therapeuten elementare frühere Beziehungsmuster. Was in der Behandlung geschieht, hat damit stets unmittelbare Bedeutung für die Themen, die das Leben des Patienten beherrschen.

Weil die Therapie ein Forum bietet, um schwer darstellbare innere Erfahrungen zu versprachlichen und in einer weiteren Beziehung zu inszenieren, bietet sie sich als *Plot Device* an, um die Erfahrungen von Figuren zu vermitteln und zu erforschen. Allerdings muss sie dabei kein inhaltsleeres Behelfsmittel sein, um den Plot voranzutreiben, wie das Beispiel der Serie *Bones* verdeutlicht. Dieses forensische *Procedural* scheint sich einem therapeutischen Zugang zunächst zu verschließen, betont die Anthropologin Temperance „Bones" Brennan doch oft genug ihre Abneigung gegen die ‚unwissenschaftliche' Psychologie. Doch auf Brennans „I hate psychology. It's a soft science" antwortet ihre Freundin Angela einmal: „I know. But people are mostly soft." (S1.01: 22:19 min.) Dieser Konflikt zwischen *Hard* und *Soft Science* zieht sich durch die gesamte Serie. Brennan und ihr FBI-Partner Seeley Booth bearbeiten ihre Fälle zwar auf Basis der forensischen Fakten, die Brennan und ihr Team aufdecken, aber ohne die ‚weiche', ermittlerische Intuition Booths kommt es selten zu einer Auflösung des Falls. Auf einer weiteren Ebene changiert die Serie zwischen der ‚harten' Episodenhaftigkeit ihrer Kriminalfälle und der ‚weichen' Fortsetzungsqualität der Figurenpsychologie und ihrer Beziehungen. Es zeichnet sich also eine doppelte Spannung zwischen Kriminal- und Beziehungsgeschichte und empathischen und empirischen Ermittlungsmethoden ab, die für die innere Dynamik der Serie verantwortlich ist. Zugleich wird serienintern ein Widerstand gegen die ‚weichen' Elemente der Erzählung formuliert: Brennan wehrt sich vehement gegen Beziehung, Empathie und Psychologie. Als ab der dritten Staffel der FBI-Psychologe Lance Sweets als

---

einer Behandlung innerhalb von drei Minuten abspielt, obwohl rasch deutlich wird, dass es ihre mangelnde Toleranz für andere ist, die ihre Patientenkontakte auf wenige Minuten reduziert. Nichtsdestotrotz erlangen viele ihrer Klienten eine Einsicht in ihre Konflikte.

Profiler, Einzel- und Paartherapeut zum Serienpersonal hinzustößt, liefert er einen Beitrag zur Aufhellung der Beziehung des Ermittler-Paares und eine Möglichkeit, den serieninhärenten Konflikt zu erkunden. Sweets' Methoden werden zwar von allen Figuren hinterfragt und derart komödiantisch inszeniert, dass die Vermutung nahe liegt, auch er sorge nur für *comic relief* durch eine satirische Darstellung des therapeutischen Prozesses. Trotz ihres Widerstandes bitten ihn die anderen Figuren allerdings immer wieder um Hilfe und er behält so oft Recht, dass letztlich kein Zweifel daran bleibt, dass Sweets' Psychologie ebenso effektiv ist wie Brennans Anthropologie. So auch wenn er die Bedeutung der (Liebes-)Beziehung zwischen Brennan und Booth thematisiert, welche diese lieber verleugnen würden. Dass beide sich so heftig gegen Sweets' Therapie sperren, hat auch damit zu tun, dass sie sich bis zum Ende der sechsten Staffel gegen diese Beziehung wehren, die gerade für Brennan die Bedrohung ihrer emotional weniger komplizierten Wissenschaftswelt bedeuten könnte. Da Sweets zeigen kann, dass das erfolgreiche Ermittler-Team sich hauptsächlich durch eine vertraute Beziehung auszeichnet, stellt sich die Frage, ob der wesentliche Motor dieser Ermittler-Serie ebenfalls in ihrer Psychologie und den fortgesetzten Beziehungen besteht. Das Therapiegeschehen erweist sich somit als ein Ort, an dem die inhaltlichen Weichenstellungen der Serie abgebildet und einer Analyse unterzogen werden können.

Eine solche Arbeit an immer gleichen Konflikten erlaubt einen vertiefenden Blick auf Persönlichkeiten und Beziehungsstrukturen, die zugleich langsame Veränderungen durchlaufen. Diese nachhaltigen Charakteranalysen und die explizite Auseinandersetzung mit inneren und äußeren Konflikten erlauben fiktionalen Therapiedarstellungen, von therapeutischer Gründlichkeit und Offenheit Gebrauch zu machen, um das Augenmerk auf bestimmte Figuren oder Themenkomplexe zu lenken. Auch die Quality-TV-Serie, die sich nach Robert Thompson durch die Komplexität ihrer Figuren und des Plots, fortlaufende Handlungsstränge, beständige Selbstreflexion und kontroverse Themen auszeichnet (Vgl. Thompson: 13-15), kann produktiv an die erzählerischen Möglichkeiten der Therapie anknüpfen, indem sie deren Charakter- und Beziehungsfokus übernimmt.

Weitere Verbindungen zwischen Fernsehserie und Psychotherapie erschließen sich bei der Betrachtung ihres narrativen Instrumentariums. Gemeinsam ist ihnen schon die Bevorzugung des Zwiegesprächs als Bedeutungsträger,[5] doch mit der neuen Aufmerksamkeit für die spezifische Konstruktion der Erzählung und die erfindungsreiche Variation narrativer Schemata, die Jason Mittell mit dem Schlagwort „narrative complexity" dem zeitgenössischen Fernsehen zuordnet (Vgl. Mittell: 35), vertieft sich die Affinität. Die narrative Komplexität wird nach Mittell unter anderem durch Erzählmittel wie chronologische Freiheiten, Traum- und Fantasiesequenzen, Multiperspektivität, *Voice Over* und Zuschaueranrede erzeugt (Vgl. ebd.: 36f.).

Zur Darstellung einer Therapie bieten sich diese Mittel in besonderer Weise an. Träume und Fantasien, die in einem therapeutischen Setting regelmäßig auftauchen, sind von sich aus bereits durch die ‚experimentelle' Logik des Unbewussten aufgebrochen. Frei assoziierend springen Patienten von Idee zu Idee und sind angehalten, dabei zunächst keine Rücksicht auf den chronologischen Verlauf oder das Verständnis ihres Zuhörers zu nehmen. Nichtsdestotrotz wenden sich Patienten immer wieder an den Analytiker, der so aktiv in die Konstruktion eines Narrativs eingebunden wird. Er hält den Patienten an, verschiedene Perspektiven einzunehmen, alternative Erzählstränge zu erproben und die eigene Erzählsituation zu reflektieren. So alternieren Patienten immer zwischen mindestens zwei Erzähl- und Deutungsebenen, einer zu analysierenden Vergangenheit und der therapeutischen Gegenwart. Die daraus resultierende Doppelbödigkeit ihrer Worte lässt sich filmisch am besten durch die visuelle oder die audiovisuelle Überlagerung der Ebenen (Etwa durch *Voice Over*) einfangen. Doppelbödig im übertragenen Sinne wird die Narration aber auch durch Störungen und Widerstände, welche die Psychoanalyse auf die Präsenz des Unbewussten zurückführt, das zuverlässiges Erzählen im Grunde überhaupt nicht zulässt. Werden Narrative in der Therapie verhandelt, muss also zwangsläufig mit Unwahrheit und Konfusion auf der einen, aber auch Verständigung und gemeinsamem Weitererzählen auf der anderen Seite gerechnet werden.

Ein Beispiel dafür, wie eine Therapiedarstellung die Form einer Episode bereichern und sogar aufbrechen kann, lässt sich in der häufig formelhaft erzählten Krankenhausserie *House M.D.* finden. Normalerweise behandelt der Arzt Gregory House in jeder Folge einen neuen Patienten, dessen Krankheit wie ein Kriminalfall im Laufe der Folge ‚aufgeklärt' wird. In der Episode „Baggage" (S6.

---

5) In seinem Aufsatz zu *In Treatment* bezeichnet Thomas Klein die *Talking Heads* als „etwas sehr Fernsehtypisches" (Klein: 200).

21) besucht House seinen Psychotherapeuten Dr. Nolan. Nachdem House das Sprechzimmer betreten und mit dem vielsagenden Wortspiel „therify me" (S6. 21: 00:21 min.) die Sitzung eingeleitet hat, werden die Ereignisse der vergangenen Woche über kommentierte Rückblenden ergründet. Dass House die Erzählung dabei durchweg steuert, wird durch filmische Mittel zum Ausdruck gebracht: Seine Gedankensprünge bestimmen plötzliche Schnitte zwischen Erzähllinien, unerwünschte Erinnerungen brechen mitten in der Filmsequenz ab, Innehalten wird durch *Freeze Frame* abgebildet. Die Episode geht allerdings noch weiter und lässt den Therapeuten in die Erzählung eingreifen, durch Interpretationen dem Gesehenen eine andere Wendung verleihen, unzuverlässiges Erzählen aufdecken oder Erklärungen liefern, wenn sein Patient diese verweigert. Bald beginnen die Ebenen des Rahmens und der Binnenerzählung sich dadurch zu überlagern. House' Mienenspiel zeigt eine Reaktion auf Nolans Einwände, selbst wenn das Bild noch in der erzählten Vergangenheit verharrt. Zudem taucht die Gestalt des Therapeuten in Situationen auf, an denen er nicht teilgenommen haben kann, um dort das Erzählte mit House zu diskutieren.

Abhängig davon, wie präsent er diesem in einem Moment erscheint, tritt Nolan unerwartet im Bild auf oder verschwindet wieder. Folgerichtig verschmelzen letzten Endes Therapie- und Erzählraum miteinander. Als House eine Unterhaltung zwischen seinem Freund Wilson und seiner Chefin Cuddy imaginiert, sitzen Nolan und er plötzlich — mit Nolans Sitzgarnitur — in Cuddys Büro. Sie befinden sich damit mitten in House' Erzählung, an der sie gemeinsam zu arbeiten beginnen. Nolan setzt der Interpretation seines Patienten eine optimistische Alternative entgegen und stellt dabei heraus, dass es sich bei beiden Varianten um Konstruktionen handelt, die von den gemeinsamen Erzählern House und Nolan produziert und gegeneinander ausgespielt werden: „Let's turn on the lights. Hmm? In your brain. Maybe they did talk about you, but how do you know it didn't happen like this?" (S6.21: 26:06 min.) Die Therapie schafft hier buchstäblich einen Raum für eine Erzählung. In ihrer Verschränkung von Vergangenheit und Gegenwart, Fantasie und Realität ist diese den Manipulationen von Erzähler und mitfabulierendem Zuhörer sowie den Vorgaben des Rahmens ausgeliefert. Narrative werden konstruiert, nicht gefunden, und verändern sich, wenn die Perspektive des Erzählers oder seine Interpretation des Geschehens sich verändert. Durch die selbstbezügliche Inszenierung von Erzählen in einer Therapie kann sich die Serie für aufschlussreiche narrative Experimente öffnen. Das habituelle Misstrauen, das House den Aussagen seiner Patienten entgegenbringt, überträgt sich in der Folge auf ihn und die Serie selbst, deren glatt aufgehende Krankheitsfälle vor dieser Folie konstruiert erscheinen.

Jenseits von einzelnen erzählerischen Effekten ähneln sich Psychotherapie und Serie auch strukturell. Die von Knut Hickethier beschriebene *„doppelte Formstruktur"* (Hickethier: 10) der Serie, in der einzelne Episoden stets auf einen erzählerischen Zusammenhang bezogen sind, der darüber hinaus in eine übergeordnete Programmstruktur eingebettet ist (Vgl. Allen: 109), findet sich auch in der Psychoanalyse wieder. Der Ablauf ihrer einzelnen Sitzungen ist seriell; in regelmäßigen Abständen, zu einer festgelegten Uhrzeit finden mit festgeschriebener Dauer die therapeutischen Episoden statt, die als Sitzungen allein stehen und doch aufeinander aufbauen: Der *Character Arc* des Patienten, seine persönliche Entwicklung über die einzelnen Sitzungen hinweg, und die Beziehungsgeschichte der therapeutischen Dyade bilden fortlaufende Handlungsstränge, während kleinere Narrative, Erinnerungen und Erlebnisse diese Stränge immer wieder unterbrechen, unterlaufen und ergänzen. Eine übergeordnete Programmstruktur ergibt sich durch den Terminplan des Therapeuten. Soll Therapie stattfinden, muss der Patient sich auf diese feste Programmstruktur einlassen, aber in der Regel hat er verpasste Sitzungen trotzdem zu bezahlen, als fände die Behandlung auch ohne ihn statt. Die Spannung, die durch den teils abrupten Abbruch einer Sitzung nach der vorgesehenen Zeit im Patienten entsteht, lässt sich mit der Spannung eines *Cliffhangers* vergleichen.
Die radikalste Serie, welche die Übereinstimmung zwischen therapeutischer und serieller Struktur inszeniert, ist sicherlich *In Treatment*. Sie widmet sich der Arbeit des Psychotherapeuten Paul Weston so kompromisslos, dass die Kamera nur selten das Sprechzimmer und das therapeutische Gespräch verlässt.[6] Darüber hinaus trifft Paul nicht nur einmal auf einen Patienten, sondern behandelt diese zu regelmäßig wiederkehrenden, für die Zuschauer nachvollziehbaren Terminen.[7]

---

6) Gelegentlich begleitet sie Paul auch dann, wenn er sein Haus verlässt, zum Beispiel um die Beerdigung eines Patienten zu besuchen oder seinen Sohn bei seiner Exfrau abzuliefern. Diese Einbrüche sind jedoch knapp bemessen und für die Weiterentwicklung Pauls so zentral, dass sie nachträglich in seinen eigenen Therapiesitzungen thematisiert werden.
7) Dadurch unterscheidet sich *In Treatment* von Serien, die in jeder Folge einen neuen Patienten einführen, wie beispielsweise *House M.D.* Auch die Serie *The Sopranos*, die Tony Sopranos Therapie thematisiert, bleibt hinter *In Treatment* zurück, da die Zuschauer nicht sicher wissen, ob und wann in einer Folge ein Ausschnitt aus Tonys Sitzungen mit Dr. Melfi gezeigt wird.

Während der ersten Staffel konnte man auf HBO Signature die Sitzungen sogar jeweils zu den Zeiten zu sehen, zu denen sie in der diegetischen Welt stattfinden, ob nun montags um neun oder mittwochs um sechzehn Uhr (Vgl. Umstead: 24). Hier zeigt die Verknüpfung mit der Therapie, wie stark serielles Erzählen in den Alltag des Rezipienten eingreift, indem es diesen an die eigens geschaffene Rezeptionszeit bindet. Durch seine Programmstruktur verwirklicht *In Treatment* eine Identifikation des Fernsehzuschauers mit dem Therapeuten, da sich durch die Serie nicht nur dessen Gefühlswelt öffnet, sondern die Terminkalender des Therapeuten und des Zuschauers effektiv zur Deckung gebracht werden.

Doch wie lange kann eine solche Verbindung durchgehalten werden? Am Ende der dritten Staffel muss Paul bekennen: „All I know is that I can't spend the next ten or twenty years like this, locked in a room, listening." (S3.28: 08:36 min.) Wie Freud in „Die endliche und die unendliche Analyse" feststellt, finden die meisten Therapien nicht dank eines vollständigen Abschlusses der Analyse, sondern aus praktischen Gründen ein Ende (Vgl. Freud: 134f.). Dennoch bleibt Psychoanalyse potentiell unendlich, weil das Unbewusste niemals vollständig ergründet, die Geschichte niemals fertig erzählt werden kann.

Von dieser Spannung machen auch *The Sopranos* Gebrauch. Die sich durch alle sechs Staffeln ziehende Therapie wird erst in der vorletzten Folge endgültig abgebrochen. Dr. Melfi kämpft mit Zweifeln, ob sie Tony helfen kann. Wie die Zuschauer liebt sie den Nervenkitzel, den die Begegnungen mit Tony für sie bedeuten, doch ihre eigene Reaktion beängstigt sie zugleich. Weder die Identifikation der Analytikerin noch die des Publikums mit Tony verläuft frei von moralischer Ambivalenz. Zudem ist sie zunehmend davon überzeugt, dass es sich bei Tony um einen für eine Gesprächstherapie unzugänglichen Soziopathen handelt. Schließlich nimmt Melfi eine Kleinigkeit — Tony reißt ein Kochrezept aus einer im Wartezimmer ausliegenden Zeitschrift heraus — zum Anlass, um ihn mit seiner Rücksichtslosigkeit zu konfrontieren und die Therapie abzubrechen. Tony ist über diesen plötzlichen Sinneswandel überrascht und wirft Melfi vor, ihn im Stich zu lassen: „We're making progress. It's been seven years. [...] You're telling me after all this time, after everything we shared in here you're cutting me loose just as my son got out of the hospital for trying to kill himself? [...] As a doctor, I think what you're doing is immoral." (S6.20: 23:45 min.) Da die gesamte Serie mit einer therapeutischen Szene einsetzt, liegt es nahe zu fragen, ob durch die Ter-

minierung der Behandlung auch das Ende der Serie eingeleitet wird. Rob White vergleicht tatsächlich Melfis letzten Blick auf Tony mit der Situation des Zuschauers in der folgenden, finalen Episode: „Like her, we have a last glimpse of a character who has not been changed, cured, or redeemed." (White: 69)
Mitten in einer Nahaufnahme von Tony reißt das Bild dann plötzlich und endgültig ab. Die *Sopranos* geben auf diese Weise einen Kommentar zum seriellen Umgang mit dem Ende ab. Melfi glaubt, dass sie weiter therapieren muss, solange es einen Konflikt gibt, aber sie kann ihre Arbeit nur rechtfertigen, wenn die Aussicht auf eine Auflösung dieses Konflikts besteht. Sie ist am Schluss aber davon überzeugt, dass Tony einen radikalen Persönlichkeitswandel durchmachen oder auf seine Mafiakarriere verzichten müsste, um zu wirklichen Fortschritten zu gelangen—beides erscheint gegenwärtig unmöglich. Tonys Dilemma ist allerdings ein wertvoller Generator seriellen Erzählmaterials, da die Serie als Form ebenfalls von einem aufrecht erhaltenen Konflikt abhängig ist und wie die Therapie zumindest damit lockt, die Auflösung des Konflikts zu liefern. Doch kann eine auf diese Weise ausgerichtete Serie überhaupt wirklich zu Ende erzählt werden? Strukturell auf Weitererzählen angelegt, muss sie mit jedem Abschluss ihre eigenen Gesetze verletzen: Fortlaufende Handlungsstränge zerhacken, grundsätzliche Prämissen auflösen, Hauptfiguren töten. Der Zusammenbruch des Bildes führt dies nur drastischer vor Augen als eine ausgearbeitete Alternative und entblößt zugleich „Restbestände der Übertragung" (Freud: 133). Diese macht Freud für unvollständige Therapien mitverantwortlich, sie begleiten anscheinend aber auch das Ende des seriellen Erzählens: So wie der Patient die Beziehung zu seinem Arzt nicht gänzlich auflösen kann, hängen die Zuschauer an ihrer Serie. Nach über acht Jahren geteilter Erfahrung, als die Serie mit AJs Selbstmordversuch und Tonys Bandenkrieg einen neuen Spannungshöhepunkt erreicht, fühlen sie sich wie Tony verraten, wenn sie unvermittelt ‚hinausgeworfen' werden.

Therapien liefern einen zusätzlichen Reflexionsraum für serielle Inhalte und Strukturen. Überträgt sich aber durch diese Überschneidungspunkte auch das therapeutische Versprechen auf die Serie? Oder sollte man vielleicht umgekehrt nach dem Unterhaltungspotential der Therapie fragen? Während Serien schnell mit Ablenkung, Stabilisierung und Trost in Verbindung gebracht werden (Vgl. Eco: 52), wird oft vergessen, dass auch die Psychoanalyse einen regressiven

Sicherheitsraum bieten muss, bevor sie Entwicklungsanreize durchsetzen kann. Die Couch, das paradigmatische Möbelstück der Psychoanalyse, erlaubt es, sich zurückgelehnt, aber verwundbar dem therapeutischen Prozess zu überlassen (Vgl. Bateman: 155). Eine vergleichbare Öffnung für das Programm erlaubt auch auf der Fernsehcouch Veränderung.

Dass sogar in vermeintlich wenig innovativen Serien progressives Potential steckt, zeigt beispielhaft die Entwicklung von *Soap-Opera*-Therapien in den 1970er-Jahren (Vgl. Kilguss: 58). Konnten bereits diese Serien durch fortgesetzte „emotionale Stimulation" zu einer „emotionalen Modellierung der Zuschauer" beitragen (Hickethier: 15), über ein großes „Spektrum unterschiedlicher Verhaltensweisen" zur Meinungsbildung und Diskussion (Ebd.: 42) und zur verändernden Identifikation anregen (Vgl. ebd.: 53), werden diese Möglichkeiten im Quality-TV durch die Wendung gegen harmonische Erzähllinien und -strukturen erweitert. Statt Konsens und regressiver Sicherheit zeigen die Serien aufgesprengte Familien, durchbrechen vertraute Erzählmodi, lassen Konflikte unaufgelöst im Raum stehen und erzeugen dadurch bei Zuschauern eine größere Dringlichkeit, diese Konflikte emotional zu verarbeiten.

Eine solche Dynamik zeichnet sich in der um das Bestattungsunternehmen Fisher & Sons kreisenden Serie *Six Feet Under* ab. Nicht nur um die beständige Konfrontation mit Tod und Trauer, sondern auch um Familienkonflikte und persönliche Krisen zu bewältigen, erprobt beinahe jedes Mitglied der Familie Fisher irgendwann einmal ein Therapieprogramm, vom *School Counseling* über Massentherapiebewegungen zu Paartherapie und Hospitalisierung. Das Beerdigungsinstitut erscheint dabei selbst als Therapieanstalt, „a site for short-term, intimate interventions in a highly emotional crisis situation" (Gross: 104). Nach dem Tod seiner Frau kann Nate Fisher diese nicht mehr ertragen und schließt sich einer Hinterbliebenengruppe an, in der es ihm kurz gelingt, sich zu öffnen: „Most of the time, I just... I just feel numb. And then sometimes I feel just... just terrified. [...]. Yet some days, some days I just feel like I'm going crazy, like I'm literally losing my mind." (S4.05: 26:32 min.)

Nates Monolog liefert eine Erklärung für sein Verhalten in den vorherigen Episoden und das Angebot, sich mit seiner oder den Perspektiven der anderen Gruppenteilnehmer zu identifizieren. Dadurch können die Zuschauer angeregt werden, sich mit Trauer auseinanderzusetzen. Die Serie entwirft durch die wiederholte Beschäftigung mit dem Tod nicht nur ein Tableau verschiedenster

Trauerreaktionen, sondern formuliert zugleich einen Therapieimpuls an Gesellschaft und Individuum, die Realität des Todes nicht zu verleugnen. Alan Balls erklärtes Ziel „I wanted to bring death out of the closet" (Kochones: 00:45 min.) wird von Bestatterin Debora M. Kellom als zentraler therapeutischer Erfolg der Serie gewertet: „I think that *Six Feet Under* has actually opened us up again to really talk about death, and feel OK about death." (Kochones: 15:15 min.) Therapeutische Qualitäten werden aber nicht nur über inhaltliche Impulse erreicht. Da der Fernseher oft läuft, während gelesen, gegessen oder geredet wird, wird er automatisch Teil des alltäglichen Lebens (Vgl. Fiske: 17). Therapie und Fernsehserie sind durch ihre Dauer, ihre regelmäßigen Unterbrechungen und die verlässliche Wiederkehr in den Alltag ihrer Patienten und Rezipienten begleitend eingebunden, sodass Erfahrungen und Erkenntnisse über lange Zeit und gerade in den Zwischenräumen zwischen ‚Folgen' reifen können und schließlich durchgearbeitet werden. Freud spricht vom Durcharbeiten als der Notwendigkeit, „dem Kranken die Zeit [zu] lassen, sich in den ihm unbekannten Widerstand zu vertiefen, ihn durchzuarbeiten, ihn zu überwinden" (Freud: 95). Dazu ergänzen Jean Laplanche und Jean-Bertrand Pontalis im *Vokabular der Psychoanalyse*: „Tatsächlich ist das Durcharbeiten zwar eine Wiederholung, aber durch die Deutung verändert." (Laplanche/Pontalis: 124)

Die Technik, verschiedene Ansichten zu überlagern und zugleich durch die Therapiedarstellung mit einem erhellenden Kommentar zu versehen, zeichnet die Serie *Tell Me You Love Me* aus, die das Thema Monogamie und Sexualität durcharbeitet und dem Zuschauer über zahlreiche Auseinandersetzungsmöglichkeiten die Gelegenheit bietet, sich in diesen Prozess einzuklinken. Die Serie verfolgt den Alltag und das Sexualleben von drei Paaren, die unter anderem dadurch verbunden sind, dass sie die gleiche Sexual- und Paartherapeutin aufsuchen. Aufsehen hat *Tell Me* vor allem durch die selbst für HBO ungewöhnlich explizite Darstellung des Geschlechtsakts erregt (Vgl. Franklin: O. Pag.).

Doch auch wenn diese das regressive Potential in sich birgt, die einzelnen Folgen als Fernsehpornographie zu goutieren, bewegt der therapeutische Kommentar sowie die paarpsychologisch einfühlsame Inszenierung jeder einzelnen sexuellen Begegnung dazu, die Verknüpfung von Sexualität und Beziehung neu zu überdenken. Auf diese Art wird beispielsweise die Beziehung von Carolyn und Palek, die ihr unerfüllter Kinderwunsch in die Therapie geführt hat, beleuchtet. Die Frage ihrer Therapeutin May Foster „Do you resent the pressure you must feel now when you're having sex?" (S1.01: 16:48 min.) färbt die Deutung der anschließenden Rückblende, in der sich das Paar daran erinnert, wie Palek sich Carolyns Forderung nach Geschlechtsverkehr verwehrt. Bei dieser Auseinandersetzung spielen Worte, Mimik und Körpersprache, die gerade Palek in einer für ihn charakteristischen Abwehr- und Rückzugshaltung zeigen, eine größere Rolle als die Tatsache, dass sie kaum bekleidet sind. Die Eindrücke können Zuschauer über die Sendepause hinweg verarbeiten, sie werden aber in der darauffolgenden Woche mit ähnlichen Konflikten und weiteren Deutungen versorgt, sodass über den Zeitraum der Serie hinweg ein umfassendes Verständnis für die Figuren entstehen und ein Zusammenhang zu eigenen Erfahrungen hergestellt werden kann: „The whole intention and the whole hope is when people do watch it, they see themselves." (Mort: 52:05 min.) Darüber hinaus wendet sich die Serie durch die Detailliertheit und Dauer der Sequenzen sowie den offenen Umgang mit Sexualität im Alter ausdrücklich gegen vorherrschende Darstellungskonventionen (Vgl. ebd.: 08:10 min.; 12:52 min.). Die langfristige Konfrontation mit dieser neuen Sichtweise könnte sogar dazu beitragen, gesellschaftlich ausgeformte Bewertungsgewohnheiten der Zuschauer zu verändern.

Sexualität und Tod sind seit Freud die Hauptthemen der klassischen Psychoanalyse. Die Serie, die von ihrer hohen narrativen Produktivität und der darin liegenden Abwehr des erzählerischen Todes geprägt ist, kann sich vielleicht auch aus diesem Grund der Anziehungskraft der Psychotherapie nicht verwehren. Doch vielleicht genügt es schon, auf die zahlreichen Verbindungen zwischen seriellen und therapeutischen Erzählmustern zu verweisen. Diese erlauben es der Serie, die Therapie nicht nur als beliebiges *Plot Device* einzusetzen, sondern mit ihr Serieninhalt und -struktur zu reflektieren. In der Fernsehserie liefert der Einschluss eines therapeutischen Ansatzes zudem die Möglichkeit, gezielt Deutungen und Kommentare einzubringen, um serielles Durcharbeiten zu vervollkommnen und die Entwicklung von Handlung und Rezipienten voranzutreiben. Mit den Mechanismen der Therapie, seien sie nun inhaltlicher oder formaler Natur, treten neue Aspekte in die Serie ein, die Räume für selbstreferentielle Analysen, ungewöhnliche Erzählvarianten, strukturelle Herausforderungen, Entwicklungsanreize — und somit auch ‚Qualitätsfernsehen' — erzeugen.

Serien und Episoden
„Adele: Week Seven" (S3.28). *In Treatment.* HBO, 2010. DVD.
Ally McBeal. David E. Kelley (Cr.). FOX, 1997-2002.
Anger Management. Bruce Helford (Cr.). FX, seit 2012.
„Baggage" (S6.21). *House M.D.* FOX, 2010. DVD.
Bloch. Pea Fröhlich, Peter Märthesheimer (Crs.). SWR/WDR, 2002-2013.
Bones. Hart Hanson (Cr.). FOX, seit 2005.
Elementary. Robert Doherty (Cr.). CBS, seit 2012.
„Episode 1" (S1.01). *Tell Me You Love Me.* HBO, 2007. DVD.
House M.D. David Shore (Cr.). FOX, 2004-2012.
Huff. Bob Lowry (Cr.). Showtime, 2004-2006.
In Treatment. Hagai Levi, Rodrigo García (Crs.). HBO, 2008-2010.
Necessary Roughness. Liz Kruger, Craig Shapiro (Crs.). USA, seit 2011.
Once Upon a Time. Edward Kitsis, Adam Horowitz (Crs.). ABC, seit 2011.
„Pilot" (S1.01). *Bones.* FOX, 2005. DVD.
Six Feet Under. Alan Ball (Cr.). HBO, 2001-2005.
The Sopranos. David Chase (Cr.). HBO, 1999-2007.
Tell Me You Love Me. Cynthia Mort (Cr.). HBO, 2007.
„That's My Dog" (S4.05). *Six Feet Under.* HBO, 2004. DVD.
„The Blue Comet" (S6.20). *The Sopranos.* HBO, 2007. DVD.
Two and a Half Men. Chuck Lorre, Lee Aronsohn (Crs.). CBS, seit 2003.
Web Therapy. Lisa Kudrow, Don Roos, Dan Bucatinsky (Crs.). LStudio.com, seit 2008 / Showtime, seit 2011.

Sekundärliteratur
Allen, Robert Clyde: „Audience-Oriented Criticism and Television." In: Ders. (Hg.): *Channels of Discourse. Television and Contemporary Criticism.* Chapel Hill 1987, S. 101-137.
Bateman, Anthony und Jeremy Holmes: *Introduction to Psychoanalysis. Contemporary Theory and Practice.* London 1995.
Bettelheim, Bruno: *Kinder brauchen Märchen.* München 2011.
Eco, Umberto: „Serialität im Universum der Kunst und der Massenmedien." In: Ders.: *Streit der Interpretationen.* Konstanz 1987, S. 49-65.
Fiske, John: *Television Culture.* New York 1987.
Franklin, Nancy: „Screwed Up." *The New Yorker* <http://www.newyorker.com/

arts/critics/television/2007/09/03/070903crte_television_franklin> (Abgerufen am 28. Dezember 2013).

Freud, Sigmund: *Zur Dynamik der Übertragung.* Frankfurt 1992.

Gross, Robert F.: „Meet the Chenowiths. The Therapeutic Drama of ‚Six Feet Under'." In: Fahy, Thomas R. (Hg.): *Considering Alan Ball. Essays on Sexuality, Death and America in the Television and Film Writings.* Jefferson 2006, S. 86-106.

Hickethier, Knut: *Die Fernsehserie und das Serielle des Fernsehens.* Lüneburg 1991.

Kilguss, Ann: „Therapeutic Use of a Soap Opera Discussion Group with Psychiatric In-Patients." In: *Clinical Social Work Journal* 5.1 (1977), S. 58-65.

Klein, Thomas: „Talkshow. Methodische Schauspielkunst und die Psychotherapie als serielle Emotionsdramaturgie in der Serie ‚In Treatment'." In: Seiler, Sascha (Hg.) *Was bisher geschah. Serielles Erzählen im zeitgenössischen amerikanischen Fernsehen.* Köln 2008, S. 186-201.

Laplanche, Jean und Jean-Bertrand Pontalis: *Das Vokabular der Psychoanalyse.* Frankfurt 1973.

Kochones, Steven: „Life and Loss: The Impact of ‚Six Feet Under'." *Six Feet Under.* HBO, 2006. DVD.

Meyer, Nicholas: *The Seven-Per-Cent Solution. Being a Reprint from the Reminiscences of John H. Watson, M.D.* New York 1993.

Mittell, Jason: „Narrative Complexity in Contemporary American Television". In: *The Velvet Light Trap: A Critical Journal of Film & Television* 58 (2006), S. 29-40.

Mort, Cynthia: „Episode 1 Audio Commentary with Creator Cynthia Mort." *Tell Me You Love Me.* HBO, 2007. DVD.

Procci, Warren: „Psychoanalysis and APsaA in the Twenty-First Century. Their Fates May Be Different." In: *Journal of the American Psychoanalytic Association* 61.5 (2013), S. 878-896.

Seiler, Sascha: „Abschied vom Monster der Woche. Ein Vorwort von Sascha Seiler". In: Ders. (Hg.): *Was bisher geschah. Serielles Erzählen im zeitgenössischen amerikanischen Fernsehen.* Köln 2008, S. 6-9.

Strauß, Bernhard: „‚In Treatment'. Öffentliche Psychotherapie in Film und Fernsehen." In: *Psychotherapeut* 56 (2011), S. 153-161.

Thompson, Robert J.: *Television's Second Golden Age. From ‚Hill Street Blues' to*

,ER'. New York 1996.

Umstead, R. T.: „Unsusual ‚Treatment' for HBO Series." In: *Multichannel News* 28.44 (2007), S. 24.

White, Rob: „No More Therapy." In: *Film Quarterly* 61.3 (2008), S. 68-69.

Eine Frage der Rezeption: Serien vor und hinter der Mattscheibe

Vincent Fröhlich

Filling In.
Rezeptionsästhetische Gedanken zur seriellen Narration

„Dass ausgerechnet Fernsehserien einmal zum letzten großen Innovationsformat der amerikanischen Kulturindustrie werden, dieser Gedanke war vor kurzem noch so abwegig wie die Vorstellung, dass anonyme Kollektivtexte im Internet irgendwann den Brockhaus abschaffen." (Kelleter: 31)
Tatsächlich geraten durch die Quality-TV-Serie die traditionellen Bewertungsmaßstäbe durcheinander. Verkürzt und vereinfacht konnte man bisher sagen: Nach Adorno ist Fernsehen der Inbegriff der Verdummung (Vgl. Adorno: 519), die Serie trägt schwer an dem Vorurteil, industrielle Massenproduktion zu sein (Vgl. Beil u.a.: 10) und von der Wiederholung zu leben (Vgl. Eco: 160). Außerdem wird behauptet, das technologische Medium des Films fördere mehr eine passive als eine aktive Rezeption (Vgl. Bohnenkamp: 10); es rufe vor allem aufgrund der ständigen Informationseinwirkung eine reine Konsumhaltung des Rezipienten hervor, da keine Pause, keine für die Reflexion nötige Unterbrechung stattfindet. Selbstverständlich sind diese Vorurteile veraltet (und dennoch befremdlich hartnäckig). Trotzdem verwundert es, ein serielles filmisches Fernsehformat, also ein Format, das alle oben genannten Eigenschaften vereint, inzwischen als innovativ, sogar als dem Roman gleichwertig dargestellt zu sehen (Vgl. Kämmerlings: 33). In der Beschreibung der Wirkung serieller Narration scheint sich in Verbindung mit dem beschriebenen Wertewandel ein Widerspruch aufzutun: Der seriellen Narration wurde nachgesagt, sie mache süchtig, das heißt es wurde ihr unterstellt, der passive, weil süchtige Rezipient wäre der Erzählung ausgeliefert. Gleichzeitig zeigte die serielle Narration aber immer Anzeichen, dass sie akti-

viert: Zur Antizipation, zur gemeinsamen Spekulation über den weiteren Verlauf der Handlung, zur Kommunikation mit der Produktionsseite, wie die Erzählung zu beenden sei, und schließlich sogar zur Verfassung eigener Geschichten im Universum der jeweiligen Narration. Wie lassen sich diese Widersprüche vereinen? Selbst wenn die Stichworte ‚Aktivierung' und ‚Suchterzeugung' eine pauschale Reduzierung der seriellen Narration bedeuten, benennen sie doch Symptome der Wirkungsweise. Es geht also nicht primär um ‚Aktivierung' und ‚Suchterzeugung', sondern um eine Beobachtung dessen, was zu diesen Begriffen führt und wie sich diese scheinbaren Widersprüche erklären und vereinen lassen.

Die serielle Fortsetzungs-Narration ist schon lange das ‚ungeliebte Stiefkind der Erzählkunst', oder wie Roger Hagedorn es ausdrückt: „The serial is a form not unique to television or the cinema. But history, as someone once remarked, is written by the conquerors, and in the history of narrative, the serial has been (with television a notable exception) a consistent loser." (Hagedorn: 4) Bereits die Inder, Perser und Araber taten *1001 Nacht* als ‚Straßenliteratur' ab, als zweitklassig, zutiefst primitiv. Im 10. Jahrhundert äußert der Bagdader Buchhändler Muhammad Ibn Ishaq Ibn an-Nadim: „Ich habe es [d.i. *1001 Nacht*] verschiedene Male vollständig gesehen; es ist in Wirklichkeit ein armseliges Buch mit albernen Erzählungen." (Grotzfeld: 16) Auch die viktorianischen Fortsetzungsromane wurden deklassiert und immer wieder dem Vorwurf ausgesetzt, wie eine Droge zu wirken. Jennifer Hayward zitiert in *Consuming Pleasures* (1997) einen damals prominenten Pfarrer, der in seinen veröffentlichten Predigten gegen die Fortsetzungsromane wettert:

> The works of amusement published only a few years since were [...] less exciting, and therefore less attractive; [...] and not being published periodically, they did not occupy the mind for so long a time, nor keep alive so constant an expectation; nor, by this dwelling upon the mind, and distilling themselves into it, drop by drop, did they posses it so largely, colouring in many instances, its very language and affording frequent matter for conversation. Great and grievous as is the evil, it is peculiarly hard to find the remedy for it. (Hayward: 6)

Hier wird die Rezeption serieller Narration mit dem Konsum von Drogen gleichgesetzt: Der über einen langen Zeitraum und in einem bestimmten Rhythmus gelesene Fortsetzungsroman dringt ‚Tropfen für Tropfen' in das Bewusstsein ein. Auch den Autoren französischer Feuilletonromane wurde unterstellt, den Leser mit ihren Werken süchtig zu machen. Heftig attackierten die konservativen Zeitungen immer wieder die ‚lasterhaften Schundromane' wegen der narkotisierenden Wirkung auf ihre unbedarfte Leserschaft und der Suchtgefahr: „[L]e roman-feuilleton, c'est l'opium du peuple." (Queffélec: 4) In der damaligen Politik wurde sogar behauptet, die Feuilletonromane, vor allem *Les mystères de Paris*, verherrlichten die gesellschaftszersetzende Unterwelt von Paris und hetzten das einfache Volk durch aberwitzige Reformvorschläge auf zum Protest gegen ihre Lebensbedingungen (Vgl. Olivier-Martin: 80). Die Romane seien vor allem aufgrund ihrer rauschhaften Wirkung für die Volkserhebung von 1848 verantwortlich. Noch 1860 schickt der Innenminister Billault seinen Präfekten ein Rundschreiben: Der Feuilletonroman sei wachsam zu beobachten, denn er mache vor allem mittels der ständigen Spannungserzeugung die Menschen süchtig (Vgl. Neuschäfer: 45f.).

Die Seifenoper wird lange Zeit als besonders bedrohlich empfunden. In einer Studie — eine christliche Auseinandersetzung zum Thema Seifenoper — ist zu lesen: „Is it now becoming clear how the devil entraps you and has made soap operas as addictive as a drug?" (Short: 16-17) Dies mag man als christliche Dämonisierung abtun, aber selbst Jennifer Hayward schreibt: „Viewers use the discourse of addiction: they are hooked, have to get a fix, go through withdrawal, are in *All My Children* ecstasy. Clearly soaps work [...] to arouse some need that can only be satisfied by — more soap." (Hayward: 155.)

Selbstverständlich sind Angriff und Abwertung von Fiktion und Narration nicht allein der seriellen Narration widerfahren. Die Verknüpfung von Suchterzeugung mit Rezeption von Narration ist jedoch charakteristisch für das serielle Erzählen. Was die serielle Narration auszeichnet, ist der Publikationsrhythmus, der eine „Rückkopplung zwischen Diegese und Alltag" (Vgl. Kelleter: 24) begünstigt. Die ausgedehnten Zeitspannen der Rezeption serieller Narration und die dadurch hervorgerufene „Rückkopplung" werden seit langem als Ausdruck einer Abhängigkeit und Sucht gedeutet, wie sie in diesem Maße nur die serielle Narration verursachen kann. Ein vollständiges Werk erzeugt keinen dermaßen ritualisierten, fortwährenden Rezeptionsprozess, der sich als von der Publikationsform evozierte Sucht interpretieren lässt.

In dreifacher Hinsicht hat serielle Narration also einen schlechten Ruf: Zum einen wurde Serie und Serialität als Signum der Moderne gesehen, als Gegensatz zum romantischen Bild des von einem Genie geschaffenen, in sich geschlossenen und vollständigen Werks. Serielle Produktion ist immer verbunden mit dem dem Verdacht der Wiederholbarkeit, der Massenfertigung, des Industriellen (Vgl. Eco und Beil). Zum zweiten wurden die Begriffe ‚Serie' und ‚Serialität' synonym gesehen. ‚Serie' wird immer noch mit der Fernsehserie assoziiert. Und diese war viele Jahrzehnte lang der Inbegriff der populären, seichten, und siehe oben, industriell-massengefertigten Unterhaltung (Vgl. Giesenfeld: 2f.). Und zum dritten wurden serielle Fortsetzungs-Erzählungen immer als populäre und abhängig machende Erzählprodukte gesehen, die nicht gut sein können, weil sie den Menschen zu etwas zwingen: Zur fortgesetzten Rezeption.

Noch in der heutigen Presse wird die Rezeption von Fernsehserien sehr häufig mit Drogenkonsum verglichen: „Irgendwo zwischen Romanepos und Überlängenspielfilm verortete Fernsehserien sind die mediale Droge unserer Tage." (Thumfart) Aber etwas Entscheidendes hat sich vor allem seit dem Quality-TV oder noch eher seit ‚*the Third Golden Age of Television*', also circa seit 1999 geändert: Wenn Quality-TV-Serien Suchterzeugung nachgesagt wird, ist das ein positives Qualitätsurteil. Wo früher Suchterzeugung etwas Verwerfliches war, einhergehend mit Verdummung durch Repetition, mit der Auslieferung des freien Rezeptionswillens an den dem seriellen Format geschuldeten Sog, wird Suchterzeugung jetzt als Qualitätsmerkmal gedeutet. Die Quality-TV-Serie hat um so mehr ‚Quality', je mehr sie Sucht erzeugt.

Rein von den zeitlichen Beurteilungen serieller Narration erscheint es nun diachron betrachtet und vereinfacht so, dass es zunächst die frühere, minderwertige serielle Narration gibt, die suchterzeugend, preiswert, populär und seicht ist. Fällt sie nicht unter diese Bewertung, wird ihr ‚serielles Leben' häufig vergessen wie bei den Werken von Dickens, die ausschließlich als ein in sich geschlossenes Buch rezipiert werden. Nach dieser Deklassierung oder Ignorierung der seriellen Narration kommt dann scheinbar völlig unvermittelt das Quality-TV — und diese Bezeichnung zeigt eindeutig, gegen welche Verurteilungen hier angekämpft wird. An dieser verzerrten Entwicklung und lückenhaften Geschichte der seriellen Narration trägt auch die Wissenschaft einen Teil der Verantwortung. Die Forschungsliteratur zum Feuilletonroman, zu *Pulps*, zum Kino-Serial ist dürftig.[1]

---

1) Siehe zum Feuilletonroman: Aubry, Danielle: *Du roman-feuilleton à la série télévisuelle. Pour une rhétorique du genre et de la sérialité.* Bern 2006; Bachleitner, Norbert: *Fiktive Nachrichten. Die Anfänge des europäischen Feuilletonromans.* Würzburg 2012. Von diesen beiden Werken abgesehen, stammen die wenigen anderen aus den 1980er Jahren und beschränken sich auf die kanonisierten Autoren Balzac, Dumas und Sue. Zur *presse à un sou* ist noch weniger Forschungsliteratur vorhanden. Bei den *Pulps* und Formaten wie dem deutschen Kolportageroman müsste zunächst gefiltert werden, welche Fortsetzungsgeschichte überhaupt seriell veröffentlicht wurden — was anhand der wenigen erhaltenen Exemplare schwierig ist (Vgl. Kosch et al.: 2).

Bei manchen, auch seriell publizierten Formaten ist die Chance inzwischen vertan: Es sind so wenige Kolportageromane erhalten, dass sich ein klares Bild dieser Veröffentlichungsform nicht mehr rekonstruieren lässt (Vgl. Kosh et al.: 2). Man könnte behaupten: Die Geisteswissenschaft hat die Geschichte der seriellen Narration verschlafen. Sogar noch Umberto Eco bewertet den Begriff des *Serial* genauso negativ, und damit meines Erachtens falsch, wie den der ‚Serie':

> Anders liegt der Fall dagegen bei Formen, die bloß ‚vorgeben', immer neu und anders zu sein, um jedoch faktisch immer dieselben elementaren Inhalte auszudrücken. So etwa [...] die sogenannten serials, bei denen man immer etwas Neues zu lesen, zu sehen, zu hören meint, während letztlich immer dieselbe Geschichte erzählt wird. (Eco: 156)

Auch wenn Eco damals noch kein Quality-TV kennen konnte, hätte er doch die Vorläufer, er hätte *1001 Nacht*, Dickens und Dumas, Balzac und Hardy etc. anführen können.

Quality-TV steht in einer Tradition des seriell-fortgesetzten Erzählens, die wir noch nicht gut überblicken (Vgl. Caughie: 52). Es gilt, in größerem Umfang genealogisch, etymologisch, historisch, diachron und vergleichend an die serielle Narration heranzugehen, wenn man diese Tradition verstehen will, denn die serielle Narration stellt eine große Herausforderung für die Wissenschaft dar. Allein aufgrund ihrer Form, der Teilung, ist der traditionelle Werk- und Textbegriff nur bedingt gültig. Auch die ökonomischen und produktionstechnischen Kontexte sind wesentlicher Teil der Narrationsformung. Zum einen entsteht der narrative Sog, den serielle Fortsetzungsnarration hervorrufen kann und der mit Sucht gleichgesetzt wird, partiell wegen der Narrations-Teilung. Die Hintergründe dieser Teilung können nur in Bezug auf die jeweiligen wirtschaftlichen und medialen Parameter der jeweiligen seriellen Narration aufgeschlüsselt werden. Zum anderen ist die Suchterzeugung Produkt der geschickten, mit Erzähltechniken verbundenen Aktivierung des Rezipienten selbst, der mit seinen eigenen Gedanken und Erwartungen, mit Antizipationsansätzen die Pausen in der Narration überbrückt.

Besonders wenn man das reaktionäre Urteil aufgreift, der Film lade, bedingt durch die ständige Informationseinwirkung, eher zu einer passiven Rezeptionshaltung ein, so kann man für die Fortsetzungsserie entgegnen: Sie hat das Potenzial, den Rezipienten in einem hohen Maße zu aktivieren. Bei der Rezeption einer Serie findet keinesfalls eine ständige Informationseinwirkung statt, sondern Ellipsen, Pausen, Leerstellen und Vorausdeutungen rhythmisieren und gliedern die serielle Narration. Steven Johnson schreibt in seinem Buch *Everything Bad is Good for You* (2005):

> Television [...] narratives force you to do work to make sense of them [...]. Part of the cognitive work comes from following multiple threads, keeping often densely interwoven plotlines distinct in your head as you watch. But another part involves the viewer's ‚filling in': making sense of information that has been either deliberately withheld or deliberately left obscure. [...] The nature of the medium is such that television will never improve its viewers' skills at translating letters into meaning, and it may not activate the imagination in the same way that a purely textual form does. But for all the other modes of mental exercise associated with reading, television is growing increasingly rigorous. (Johnson: 63-65)

Dieses „Filling in" möchte ich für die Quality-TV-Serie ausführen. Vor allem bei den Erzähltechniken der Fernsehserie — insbesondere der Quality-TV-Serie, die häufig und auf innovative Art von ihnen Gebrauch macht — muss der Rezipient selbst Linien vervollständigen und Fäden verknüpfen; er selbst muss aus der Kombination von *Recaps*, *Cold Opens* und *Cliffhangern* sowie zahlreichen Handlungssträngen die fortlaufende Story der Serie zusammensetzen. Wie funktionieren diese drei Erzähltechniken?

Das *Recap* besteht aus vielen kurzen, neu montierten Einstellungen der bisherigen Handlung, damit der Rezipient sich erinnert beziehungsweise als ‚Neueinsteiger' eine Rekapitulation der für den Fortgang wichtigsten *Plotpoints* erhält. Um diese kleinen Ausschnitte zusammenzusetzen zu einer *Story*, bedarf es der eigenen Mitarbeit.

Beim *Cold Open* wird direkt zu Beginn der Folge ein Handlungsabschnitt gezeigt, den der Vorspann unterbricht. Vor allem proleptische *Cold Open* finden sich häufig. Der Rezipient fragt sich, wie es wohl zu dieser dargestellten Sequenz kommen kann und erhält so eine deutliche Aufforderung zu Antizipation. Am innovativsten werden die proleptischen *Cold Open* bei *Breaking Bad* eingesetzt: Diese Erzähltechnik leitet nicht nur einzelne Folgen ein, sondern ganze Staffeln beginnen mit einem zeitlichen Sprung in die Zukunft. Ständig sind im *Cold Open* Andeutungen und unvollständige Teile der Zukunft der erzählten Zeit sichtbar — um zu erfahren, wie es dazu kommt, muss der Rezipient die Folge oder sogar die gesamte Staffel anschauen. Dann erst erreicht die fortlaufende Handlung diesen bereits im *Cold Open* vorweggenommenen Zeitpunkt der erzählten Zeit.

Der Begriff *Cliffhanger* beschreibt eine Unterbrechung an einem spannenden Moment. Diese Erzähltechnik unterstützt Antizipation, Einprägung und Zusammenfügung. Für die beschriebene und von Frank Kelleter bezeichnete „Rückkopplung zwischen Diegese und Alltag" hat der *Cliffhanger* große Bedeutung: Er lässt die Erzählung offen enden, sodass auch im Alltag die Geschichte nachhallt. Martin Jurga und Wolfgang Iser sprechen dem *Cliffhanger* sogar die Wirkung zu, er lasse den Rezipienten zum „Mitautoren" werden (Vgl. Iser: 287-294; Jurga: 474). Auch wenn diese Theorie in ihrer Absolutheit kritisch zu sehen ist, unterstützt der *Cliffhanger* eine Rückkopplung in den Alltag. Denn die Erzählung endet vollkommen offen, nur mit Hinweisen auf die Fortsetzung; eine ungefähre Antizipation oder zumindest die Fragestellung, wie es weitergehen mag, verlängert die Rezeption in den Alltag hinein. Der Rezipient ist kein „Mitautor", aber er wird zur Antizipation oder Fragestellung animiert.

Es gibt einige berühmte *Cliffhanger* und offene Episodenenden, die einen Nachhall in den Alltag hinein oder sogar eine stark ausgeprägte Spekulation, Antizipation und Anteilnahme des Publikums bewirkt haben und damit die ‚Kraft des *Cliffhangers*' belegen: Dickens ließ eine der Hauptfiguren, das Mädchen Little Nelly im letzten Drittel seines Fortsetzungsromans *The Old Curiosity Shop* sterben. Aufgrund der weiten Entfernung zu den USA wurden die Folgen in England früher veröffentlicht. Deshalb sollen bei der Ankunft von englischen Schiffen in den Vereinigten Staaten Passanten die Passagiere gefragt haben, ob Little Nelly wirklich gestorben sei oder in der nächsten Folge doch noch lebe (Vgl. Brennan: XXII). Die Überlegungen zu Laura Palmers Mörder in der TV-Serie *Twin Peaks* (Vgl. Lavery: 1-5) und wer auf J.R. Ewing in der Seifenoper *Dallas* geschossen haben könnte, waren in den USA umfangreich beredete Themen (Vgl. Proulx et al.: 114). Zuletzt bildete sich eine große Diskussions- und Spekulationswelle über die Auflösung des *Cliffhangers* am Ende der zweiten Staffel der Serie *Sherlock*. Wie kann Sherlock Holmes noch leben, wenn doch der Rezipient seinen Helden in einer der letzten Sequenzen gesehen hat, wie er von einem Dach stürzt und auf dem Boden aufprallt? Und ist er wirklich der Verräter, als der er am Ende der Staffel erscheint? Deshalb gibt es eine große Fan-Bewegung unter dem Titel „I believe in Sherlock". In der dritten Staffel werden einige der Theorien, wie Sherlock Holmes überleben konnte, aufgegriffen und persifliert. All diese Überlegungen zur Handlung hätte es bei einem ganzheitlichen Werk nicht geben können. Erst die Pause zwischen den Veröffentlichungen der einzelnen Episoden erlaubte es dem Publikum, (teilweise gemeinsam) die Handlung zu antizipieren und dann zu spekulieren, wobei hierbei eine relative Veröffentlichungssynchronität natürlich ebenfalls eine große Rolle spielte. Angesichts der Auflistung dieser Erzähltechniken besteht die Quality-TV-Serie, die verstärkt auf derartige Mittel setzt, aus vielen Teilen — sie weist im Grunde eine doppelte Serialität auf: Eine publikationsästhetische und eine werkimmanente. Und damit ist in zweifacher Hinsicht keine ständige Informationseinwirkung vorhanden.

Raymonde Debray Genette schrieb den wunderschönen Satz über das Ende von Romanen: „[L]a double fonction de la fin d'un roman [est]: Fermer la diégèse, ouvrier la réflexion." (Debray Genette: 112) Wenn ein Erzählende die Reflexion öffnet, dann schafft die Fernsehserie beziehungsweise serielle Fortsetzungs-Narration ständig neue Räume für eine Kontemplation, weil sie fortwährend ‚vorläufig endet'. Auch aus der Perspektive nicht des einmaligen Endes, sondern ‚nur' einer Unterbrechung, muss die Unterbrechung nicht negativ konnotiert sein. Wie Caroline Levin in ihrem Buch *The Serious Pleasures of Suspense* (2003) über Spannung und Unterbrechung in viktorianischer Literatur festhält:

> Nineteenth-century scientists and philosophers insisted that a doubtful pause was absolutely essential to the pursuit of knowledge. If we were not compelled to suspend judgment, they argued, we would simply rush to assume that our prejudices were true and right, and we would fail to open ourselves up to the possibility of unexpected truths and surprises. From this epistemological perspective, novelistic suspense performed a critical cultural role: narrative enigmas and delays could help to foster habits of hesitation and uncertainty. In the space between the mystery and its revelation, audiences were forced to wait and wonder, unable to say for sure whether their assumptions would fit the facts. (Levine: 3)

Unterbrechung, also Teilung der Narration, in Kombination mit Spannung — im Grunde eine Umschreibung des *Cliffhangers* — animiert den Rezipienten zur Antizipation und Reflexion. Gleichsam sind die beiden Faktoren Unterbrechung plus Spannung, wie bereits gezeigt wurde, Verursacher der Rezeptionswirkung, die als Suchterzeugung ausgelegt wird. Erst durch Teilung, die einen langen und wiederholten ‚Konsum' von Narration ermöglicht, wird die Verbindung zum Drogenkonsum hergestellt. Die grundlegende Eigenschaft serieller Narration, die Segmentierung, kann gleichzeitig als Ursache der Suchterzeugung und Impuls der Aktivierung gesehen werden.

Diese Aktivierung geht weit über die Rezeption serieller Narration hinaus. Serielle Narration erlaubt es dem Rezipienten, wenn sie noch nicht veröffentlicht und teilweise noch nicht einmal produziert ist, aufgrund der Segmentierung Einfluss auf den weiteren Verlauf der Geschichte zu nehmen. Durch Preisausschreiben wurde die Antizipation vor allem in den Kino- und Zeitschriften-Serien der 1920er bis 1950er Jahre gefördert (Vgl. Ramsaye: 668f.): Wer den besten Abschluss einer Erzählung vorschlug, gewann das Preisgeld. Aber auch ohne derartige direkte monitäre Aufforderung zur Antizipation erhielten Dumas und Dickens unzählige Briefe, wie die weitere Erzählung verlaufen sollte, dass beispielsweise Little Nelly auf keinen Fall sterben müsste — heutzutage erhalten Serienproduzenten zahllose Mails und Forenbeiträge (Vgl. Barton: 5-8).

Häufig findet bei der seriellen Fortsetzungsnarration auch eine Animierung der Fans zum Medienwechsel statt. Besonders serielle Erzählungen werden transmedial erweitert, wie Jared Gardner anhand der US-amerikanischen Kino-Serials der 1920er bis 1950er erklärt: „Even as narrative film was working to manufacture an increasingly captive audience, the serials were mobilizing an active audience to engage the narrative across multiple media, participating in the process of making meaning (and even plot) out of these serial pieces." (Gardner: 35)

Inzwischen geht die Involvierung über gedankliche Antizipation, mündliche Spekulation und schriftliche Anregung hinaus. Fan-Kultur, wie sie vor allem auch von Henry Jenkins beschrieben wird, ist im Bezug auf serielle Werke wesentlich ausgeprägter.[2] Wie im Falle der abgesetzten Fernsehserien *Firefly* und *Jericho* sind die Fans aktiviert — und sie sind sich ihrer Macht bewusst. Die Serie *Firefly* erhielt aufgrund der umfangreichen und andauernden Fan-Aktivitäten in Form eines Kinofilms eine Fortsetzung (Vgl. Barton: 10-11); die Serie *Jericho* wurde allein wegen des heftigen Fan-Protests um eine zweite Staffel verlängert (Vgl. Li: 164-165). Gerade bei Fernsehserien mit relativ niedrigen Einschaltquoten werden die Fans besonders aktiv. Sie wissen, mit engagiertem Einsatz beim Publikations- und Rezeptionsprozess und einer Generierung weiterer Rezipienten können sie unter Umständen eine Fortsetzung der Serie bewirken.

In den zahlreichen Internet-Foren von Serien wird nicht nur über die weitere inhaltliche Gestaltung der Serie — und besonders über die Auflösung von *Cliffhangern* — spekuliert, sondern Fortsetzungserzählungen werden auch selbstständig und eigenmächtig von Rezipienten weitergeführt; dies wird als *fan fiction* bezeichnet. Besonders umfangreich ist diese zu Fortsetzungsserien — was an dieser Stelle nur sporadisch nachgewiesen werden kann. Zu einer sehr lang-

---

2) Siehe vor allem Henry Jenkins: Convergence Culture, 2008, S. 263; F*ans, Bloggers, and Gamers: Exploring Participatory Culture*, 2006; *Textual Poachers*, 2012.

lebigen Episodenserie wie *CSI* gibt es vorwiegend *fan fiction* zu einem der wenigen fortgesetzten Handlungsstränge der Serie — der von vielen Episoden aufgegriffenen Liebesgeschichte zwischen Sarah Sidle und Gil Grissom.[3] Selbst zu kurzlebigen Fortsetzungsserien wie *Jericho* oder *Firefly* lassen sich im Internet mehr als doppelt so viele selbst geschriebene Erzählungen finden wie zu den erfolgreichen *CSI*-Serien oder *NCIS*.[4] Besonders unabgeschlossene, unvollendete Serien erhalten von den Fans ein zweites Leben. Hier wird nicht mehr nur spekuliert und antizipiert, sondern hier werden nach Jurga und Iser die Rezipienten tatsächlich zu Mitautoren beziehungsweise zu Autoren. Der Rezipient erhält leihweise die ‚Autorität einer Autorschaft'.

Fazit:
Vielleicht hat die Wissenschaft versäumt, sich rechtzeitig vor der Quality-TV-Serie ausgiebig mit der seriellen Narration, ihren Erzähltechniken, ihrer Tradition und ihrer Wirkweise auseinanderzusetzen, weil die serielle Narration immer zur jeweiligen Zeit ihrer Publikation populär war. Was populär ist, entspricht selten den Maßstäben der Geisteswissenschaft — auch wenn sich dies in den letzten Jahren etwas geändert hat. Mit der postmodernen Durchlässigkeit der Grenzen, den Verwischungen und Verschiebungen haben wir jetzt serielle Narration die populär und Nische, populäre Nische, Quality und TV ist. Suchterzeugung ist Symptom des Populären, des Erfolgs, der Macht der Fortsetzungsnarration. Wir befinden uns glücklicherweise in einer postmodernen Zeit voller Grenzverwischung, in der wir diese Suchterzeugung möglichst vorurteilsfrei als aktivierende Kraft der seriellen Fortsetzungsnarration begreifen können. Denn Aktivierung und Suchterzeugung sind nicht zwei verschiedene Pole, nicht entweder oder, nicht falsch oder richtig, sondern sie bedingen sich gegenseitig. Wenn man bei den Begriffen bleiben will, so könnte man sagen: Durch die Sucht wird man aktiviert. Um es wörtlich zu nehmen: Sucht muss, je nach Droge, nicht einlullen, sie kann auch aktivieren — siehe als Extrem zum Beispiel LSD oder Speed. Aber die serielle Narration ist keine Droge, sondern ein narrativer Sog, der uns zum Nachdenken und zur Rezeption von Neuem, Schönem, Unerwartetem animiert — ein Sog, so wirksam, dass er als Droge missverstanden wird. Dieses ‚Missverständnis' ist als positives Qualitätsurteil zu sehen, weil es die Effizienz und Macht

---
3) Siehe bspw.: <https://www.fanfiction.net/tv/CSI/> (Abgerufen am 03.01.2014).
4) Siehe bspw.: <https://www.fanfiction.net/tv/Jericho/> (Abgerufen am 03.01.2014).

serieller Narration bestätigt. Für diesen Sog, die Faszination, gilt, was der Filmkritiker Michael Althen generell über den Film sagte: Berührt sein, aber nicht zu sehr verführt (Vgl. Seidl: 31). Ich würde noch einen Schritt weiter gehen: Berührt und auch ein wenig verführt sein, aber nicht willen- und gedankenlos, sondern aktiviert zu einer Reflexion darüber, wie serielle Narration funktioniert und was sie vermag.

Sekundärliteratur

Adorno, Theodor Wiesengrund: „Fernsehen als Ideologie." In: Ders. et al. (Hgg.): *Kulturkritik und Gesellschaft.* Frankfurt 2003, S. 518-532.

Aubry, Danielle: *Du roman-feuilleton à la série télévisuelle. Pour une rhétorique du genre et de la sérialité.* Bern 2006.

Bachleitner, Norbert: *Fiktive Nachrichten. Die Anfänge des europäischen Feuilletonromans.* Würzburg 2012.

Barton, Kristin Michael (2013a): „Can't Stop the Sequel: How the Serenity-Inspired." In: Dies., Jonathan Malcolm Lampley und Stephen J. Sansweet (Hgg.): *Fan CULTure. Essays on Participatory Fandom in the 21st Century.* Jefferson, S. 10-22.

— (2013b): „Introduction." In: Dies., Jonathan Malcolm Lampley und Stephen J. Sansweet (Hgg.): *Fan CULTure. Essays on Participatory Fandom in the 21st Century.* Jefferson, S. 5-9.

Beil, Benjamin et al.: „Die Serie. Einleitung in den Schwerpunkt." In: Benjamin Beil (Hg.): *Die Serie.* Zürich 2012, S. 10-18.

Bohnenkamp, Anne: „Vorwort." In: Dies. und Tilman Lang (Hgg.): *Literaturverfilmungen.* Stuttgart 2005, S. 9-38.

Brennan, Elizabeth M.: „Introduction." In: Charles Dickens: *The Old Curiosity Shop.* Oxford 2008, S. VII–XXXII.

Caughie, John: „Television and Serial Fictions." In: Glover, David und Scott McCracken (Hgg.): *The Cambridge Companion to Popular Fiction.* Cambridge 2012, S. 50-67.

Debray Genette, Raymonde: „Comment faire une fin (Un cœur simple)." In: Dies. (Hg.): *Métamorphoses du récit.* Paris 1988, S. 85-112.

Eco, Umberto: „Die Innovation im Seriellen." In: Ders.: *Über Spiegel und andere Phänomene.* München 2001, S. 155-180.

Gardner, Jared: *Projections. Comics and the History of Twenty-First-Century*

Storytelling. Stanford 2012.

Giesenfeld, Günter: „Serialität als Erzählstrategie in der Literatur." In: Ders. (Hg.): *Endlose Geschichten. Serialität in den Medien.* Hildesheim 1994, S. 1-11.

Grotzfeld, Heinz und Sophia Grotzfeld: *Die Erzählungen aus ‚Tausendundeiner Nacht'.* Darmstadt 1984.

Hagedorn, Roger: „Technology and Economic Exploitation. The Serial as a Form of Narrative Presentation." In: *Wide Angle* 10.4 (1988), S. 4-12.

Hayward, Jennifer: *Consuming Pleasures. Active Audiences and Serial Fictions from Dickens to Soap Opera.* Lexington 2009.

Iser, Wolfgang: *Der Akt des Lesens. Theorie ästhetischer Wirkung.* München 1994.

Jenkins, Henry (2006): *Fans, Bloggers, and Gamers: Exploring Participatory Culture.* New York.

— (2008) *Convergence Culture. Where Old and New Media Collide.* New York.

— (2012): *Textual Poachers. Television Fans and Participatory Culture.* New York.

Johnson, Steven: *Everything Bad is Good for You. How Today's Popular Culture is Actually Making Us Smarter.* New York 2006.

Jurga, Martin: „Der Cliffhanger. Formen, Funktionen und Verwendungsweisen eines seriellen Inszenierungsbausteins." In: Ders. und Herbert Willems (Hgg.): *Inszenierungsgesellschaft. Ein einführendes Handbuch. Opladen* 1998, S. 471-488.

Kämmerlings, Richard: „Ein Balzac für unsere Zeit." In: *Frankfurter Allgemeine Zeitung*, 08.05.2010, S. 33.

Kelleter, Frank (2012a): „Populäre Serialität. Eine Einführung." In: Ders. (Hg.): *Populäre Serialität: Narration – Evolution – Distinktion. Zum seriellen Erzählen seit dem 19. Jahrhundert.* Bielefeld 2012, S. 11-46.

— (2012b): „Serien als Stresstest." In: *Frankfurter Allgemeine Zeitung*, 04.02. 2012, S. 31.

Kosch, Günter, Manfred Nagl und Friedrich Streissler: *Der Kolportageroman. Bibliographie 1850 bis 1960.* Stuttgart 1993.

Lavery, David: „Introduction: The Semiotics of Cobbler. Twin Peaks' Interpretive Community." In: Lavery, David (Hg.): *Full of Secrets. Critical Approaches to ‚Twin Peaks'.* Detroit 1995, S. 1-21.

Levine, Caroline: *The Serious Pleasures of Suspense. Victorian Realism and Narrative Doubt.* Charlottesville 2003.

Li, Charlene und Josh Bernoff: *Groundswell. Winning in a World transformed by*

Social Technologies. Boston 2011.

Neuschäfer, Hans-Jörg, Dorothee Fritz-El Ahmad und Klaus-Peter Walter (Hgg.): *Der französische Feuilletonroman. Die Entstehung der Serienliteratur im Medium der Tageszeitung.* Darmstadt 1986.

Olivier-Martin, Yves: *Histoire du roman populaire en France de 1840 à 1980.* Paris 1980.

Proulx, Mike und Stacey Shepatin (Hgg.): *Social TV. How Marketers Can Reach and Engage Audiences by Connecting Television to the Web, Social Media, and Mobile.* Hoboken 2012.

Queffélec, Lise: *Le roman-feuilleton français au XIXe siècle.* Paris 1989.

Ramsaye, Terry: *A Million and One Nights. A History of the Motion Picture through 1925.* New York 1986.

Seidl, Claudius: „Liebling, ich bin im Kino. Zum Tode von Michael Althen." In: *Frankfurter Allgemeine Zeitung*, 13.05.2011, S. 31.

Short, Tyrone: *A Christian's Look at Daytime Soap Operas.* New York 2009.

Thumfart, Johannes: „Nur noch eine Folge, bitte!" <http://www.zeit.de/kultur/literatur/2012-05/serien-sachbuch> (Abgerufen am 30.01.2014).

Julien Bobineau

SaveWalterWhite.Com: *Audience Engagement* als Erweiterung der Diegese in *Breaking Bad*

Die Veränderungen der Fernsehlandschaft zu Beginn des 21. Jahrhunderts bezeichnete der ehemalige NBC Universal-Geschäftsführer Jeff Zucker im Jahr 2006 als „tremendous changes" (Associated Press) und sah sich aufgrund der Medienkrise gezwungen, knapp 700 Mitarbeiter zu entlassen.
Im Kampf der Medien um Zuschauer, Quoten und Werbeeinnahmen sahen sich die TV-Serien-Produzenten der amerikanischen *Networks* im Nachteil, da das Internet dem System des klassischen Fernsehens, aber vor allem dem Konzept von TV-Serien zunehmend den Rang ablief. Doch bereits vor der Verbreitung des Internets beeinflussten VHS, CD und DVD das Prinzip der Serialität in großem Maße, da sich der Zuschauer durch die Aufnahme des Fernsehprogramms in Echtzeit oder durch den Erwerb von DVD-Boxen zu TV-Serien ein gewisses Maß an Unabhängigkeit gegenüber der zeitlichen Fixierung schaffen konnte. Sicherlich eröffnete der Verkauf von DVD-Boxen einen zusätzlichen Absatzmarkt für die *Networks*, doch beeinträchtigen sowohl die Allverfügbarkeit der Serien-Inhalte als auch die Möglichkeit des sogenannten „binge/marathon viewing" (Sodano: 32) das Grundprinzip des Seriellen. Mit den *On-Demand*-Angeboten im Internet wurde die Konkurrenzsituation nochmals erweitert. Durch die rasante Entwicklung der Datengeschwindigkeit entwickelte sich das Web zum größten Konkurrenten der privaten, durch Werbegelder finanzierten Fernsehsender, da sich der Rezipient nun nicht mehr nach fixierten Sendeplätzen zu festgelegten Zeitpunkten richten musste. *Video-On-Demand* revolutionierte die Unterhaltungsindustrie: Heutzutage lassen sich selbst große Videodateien problemlos

auf mobile Endgeräte wie Smartphones, Multimediaplayer oder Tablet PCs übertragen. Gleichzeitig fiel der Wert traditionell-serieller Narration stetig ab, denn „[v]iewing is no longer linear. Viewership, likewise, pushes program variability. [...] [T]elevision is now mobile and differentiated." (Gendelman: 70) Um dennoch konkurrenzfähig zu bleiben und um gegen die Flexibilität und Dynamik der vielzähligen Aufzeichnungsgeräte, DVD-Boxen und des *On-Demand*-Angebotes im Internet anzutreten, entwickelten die amerikanischen Produzenten die Idee des *Audience Engagement*, die auf einer aktiven Beteiligung des Zuschauers basiert.

Im vorliegenden Beitrag soll diese Idee des *Audience Engagement* untersucht werden, insbesondere im Hinblick auf die Instrumente der Umsetzung, die sogenannten *Engagement Touchpoints*. Nach der theoretischen Einführung erfolgt die Analyse des webbasierenden *Audience Engagement* anhand eines exemplarischen Beispiele, das zu den *Experimental Activities* zählt. Im Fokus steht dabei das Konzept der amerikanischen TV-Serie *Breaking Bad*, das im Rahmen dieses Beitrags mit seinen Zielen und Funktionen vorgestellt werden soll. Abschließend werden die möglichen narratologischen Auswirkungen des *Audience Engagement* auf die Konstruktion der erzählten Welt analysiert und untersucht, welchen Einfluss der *Breaking Bad*-Zuschauers auf die narrativen Ebenen der Diegese nehmen kann.

Eine Theorie — *Audience Engagement* und die TV-Serie[1]

Audience Engagement steht in Anlehnung an Ivan D. Askwith (vgl. Askwith: 49ff.) als Begriff für die Auseinandersetzung des Rezipienten (Subjekt) mit bestimmten Medien, Inhalten oder Marken (Objekt). Der Rezipient geht eine interaktive Beziehung mit dem Objekt ein, die durch die emotionale, soziale, psychologische, intellektuelle, zeitliche und finanzielle Investition des Subjektes bedingt ist. Dementsprechend ist die Tiefe, Dauer und Art dieser Beziehung individuell verschieden und wird durch Faktoren auf Seiten des Subjektes begrenzt. Dazu zählen die Einstellungen, Ziele und Wünsche, die das Subjekt in Bezug auf eine Beziehung mit dem Objekt entwickelt. Das Verhalten des Subjektes kann folgende Merkmale als Summe dieser Faktoren umfassen:

---

[1] Das folgende Kapitel ist mit kleinen Änderungen aus meinem Beitrag „Sammeln, Spielen und Partizipieren in Serie. Kann Zuschauerbeteiligung süchtig machen?" übernommen (Vgl. dazu Bobineau: 34ff.).

(A) Konsum von objektverwandten Inhalten und Produkten
(B) Partizipation an objektverwandten Aktivitäten
(C) Identifikation mit Ideen und Werten, die das Objekt verkörpert
(D) Motivation

Während mindestens eines der ersten drei Merkmale erfüllt sein muss, um bei einer medienbezogenen Aktivität von *Audience Engagement* sprechen zu können, ist das Merkmal ‚Motivation' eine notwendige Grundbedingung, da *Audience Engagement* stets eine aktive und willentlich erfolgte Handlung des Subjektes erfordert. Übertragen auf die Struktur moderner TV-Serien bedeutet dies, dass der Zuschauer als Subjekt willentlich eine interaktive Beziehung mit dem Objekt ‚TV-Serie' eingeht. Nach Jason Mittell impliziert diese Beziehung, als Zuschauer „[...] in eine fesselnde Diegese hineingezogen zu werden [...], dabei aber zugleich die Erzählprozesse zu erkunden, mit deren Hilfe die Sendung den nötigen Grad an Komplexität und Rätselhaftigkeit erreicht." (Mittell: 119)
Durch den Konsum bestimmter serienbezogener Inhalte und Produkte wie Hintergrundberichte und Fanartikel, die Partizipation an serienverwandten Aktivitäten wie Gewinnspielen oder *Web Games* und die Identifikation mit Serieninhalten und Charakteren wird das Subjekt vom Konsumenten zum Aktanten. Nach Askwith lassen sich verschiedene Instrumente (*Engagement Touchpoints*) des *Audience Engagement* in TV-Serien unterscheiden,[2] wobei die Grenzen zwischen den verschiedenen touchpoints fließend sein können.

1) *Expanded Access* — Erweiterter Zugang
Der *Expanded Access* bietet keine neuen Inhalte, sondern einen erweiterten Zugang zu bereits ausgestrahlten Episoden der Serie in Form von DVD-Boxen (analog) oder auf Plattformen im Internet wie iTunes oder Watchever (digital).

2) *Repackaged Content* — Neu verpackter Inhalt
Repackaged Content beinhaltet bereits bekannte Inhalte, die neu aufbereitet werden. Darunter fallen Episodenguides, biographische Angaben zu Charakteren und *Plot Summaries*, die allesamt auf den Informationen basieren, die zuvor in bereits ausgestrahlten Episoden vermittelt wurden.

---

2) Die folgende Aufzählung basiert vorwiegend auf den Ausführungen von Askwith, S. 51-99.

3) *Ancillary Content* — Zusatzinhalt
Der Begriff *Ancillary Content* beschreibt die Schaffung von Hintergrundinformationen. Vom *Repackaged Content* unterscheidet sich dieser *Touchpoint* dahingehend, dass er keine alten Inhalte neu aufbereitet, sondern neue — allerdings hintergründige — Informationen schafft. Dazu zählen zunächst alle journalistischen Beiträge, die den Inhalt der TV-Serie zum Gegenstand haben: Zeitungsartikel, Reportagen in Zeitschriften, Kritiken, offizielle Fanmagazine und inoffizielle Fanzines. Ferner beinhaltet das *Ancillary Content* jene Texte, die in einem „[...] direkten Vermarktungszusammenhang mit der Serie stehen" (Jurga: 77), z.B. die Umsetzung des TV-Skriptes in Paperback-Romanen oder konventionelle Werbung (Plakate, Trailer, Making Of-Berichte, etc.).

4) *Branded Products* — Markenprodukte
Als *Branded Products* werden „[...] sendungsverwandte Objekte [bezeichnet], die nicht als Inhalt fungieren, die aber Einfluss auf die Markenidentität des Fernsehprogramms ausüben." (Ziegenhagen: 76) Dazu zählen all diejenigen Objekte mit einem Markenbranding der Serie, die der Rezipient sammeln und besitzen kann. Die Vielzahl der *Branded Products* reicht von analogen Artikeln wie Kleidung, Postern, Gegenständen des täglichen Gebrauchs (z.B. Kaffeetassen, Handtücher, etc.) bis hin zu digitalen Inhalten, darunter Screensaver, Wallpaper und Handyklingeltöne.

5) *Related Activities* — Verwandte Aktivitäten
Related Activities sind strukturierte Aktivitäten, die inhaltlich mit der jeweiligen Serie verknüpft sind. Dabei können vier Kategorien unterschieden werden: (A) *Themed Activities* haben keine inhärente Beziehung zu den Inhalten der TV-Serie, sondern sind lediglich thematisch angelehnt. Als Beispiel nennt Askwith ein Solitaire-Spiel zur englischen TV-Serie *The Office*. (B) In den *Experimental Activities* wird der Zuschauer im Gegensatz zu den bisher genannten *Touchpoints* selbst in eine sendungs- und inhaltsbezogene Rolle versetzt, die ihn zu einem „[...] active agent with varying degrees of autonomy and control" (Askwith: 77) werden lässt. Dazu zählen serienverwandte Computerspiele, Rollenspiele und Onlineaktivitäten im Allgemeinen. So kann der Spieler des Computerspiel zur TV-Serie *24* die Rolle des Charakters Jack Bauer einnehmen oder kreiert einen neuen Charakter, wie in nahezu allen Spielen aus dem *CSI*-Umfeld. (C) *Produc-*

tive Activities transformieren den Zuschauer vom Konsumenten zum Produzenten und Autoren. In Schrift- und Videobeiträgen, die im Internet auf Plattformen wie sozialen Netzwerken, Fansites und Onlinecommunities publiziert werden, können Zuschauer ihre Meinungen, Interpretationen und unerfüllten Wünsche in Bezug auf den Serieninhalt austauschen. (D) In den *Challenge Activities* ist das Serienwissen des Zuschauers gefragt, z.B. in serienbezogenen Quizspielen. Diese Aktivitäten überschneiden sich stark mit den Experimental Activities.

6) *Social Interaction* — Soziale Interaktion
Dieser *touchpoint* beinhaltet den Austausch von Meinungen über die Inhalte einer TV-Serie. *Social Interaction* geschieht meist in Foren der Internet-Communities und findet zwischen Fans statt, die untereinander diskutieren oder ggf. auch zwischen Fans und Produzenten, Regisseuren oder Schauspielern, die Fragen der Fans beantworten.

7) *Interactivity* — Interaktivität
Das Instrument *Interactivity* umfasst die direkte, unmittelbare Interaktion zwischen Autoren, Produzenten und Zuschauer, die die zielgerichtete Erfassung des Meinungsbildes auf Seiten des Zuschauers zur Folge hat. Dies kann z.B. durch Telefon- oder Internetabstimmung geschehen. So ließ das Network NBC im Oktober 2004 im Internet abstimmen, ob ein Charakter der Serie *Law & Order: Criminal Intent* im Laufe der episodenübergreifenden Handlung sterben oder am Leben bleiben sollte.

Obwohl Zuschauerbeteiligung bereits seit den 1960er Jahren in Form von Fankulturen existiert, die „[...] die Konsistenz der Hintergrundgeschichten oder die interne Logik von Sendungen wie *Star Trek* (NBC, 1966-1969) und *Dr. Who* (BBC, seit 1963) [...]" (Mittell: 118) beeinflusste, setzt die heutige Idee der Beteiligung des Zuschauers an den Handlungsabläufen neue Maßstäbe. *Audience engagement* vereint vor allem die Allverfügbarkeit des Internets mit dem traditionellen Prinzip der Serialität: Durch die Nutzung des Internets und sozialer Netzwerke kann der Rezipient einerseits aktiv an Teilen der Serienhandlung partizipieren, andererseits wird das Prinzip der meist wöchentlichen Ausstrahlung zu festgelegten Zeitpunkten im Fernsehen erhalten. Somit findet an dieser Stelle eine Hybridisierung der TV-Serie statt, was in diesem Fall eine

Kombination traditioneller Aspekte mit innovativen Ansätzen bedeutet. Diese Hybridisierung erhöht die Konkurrenzfähigkeit mit den *On-Demand*-Angeboten und schafft gleichzeitig neue Inhalte, was nachfolgend am Beispiel von *Breaking Bad* erörtert werden soll.

Breaking Bad — Virale Marketingkampagnen und interaktive Partizipation

Breaking Bad ist eine von Sony Television Pictures produzierte TV-Serie, die 2008 auf AMC ausgestrahlt wurde und ihr Ende nach insgesamt fünf Staffeln im Serienfinale Ende September 2013 gefunden hat. Der Plot handelt von dem an Lungenkrebs erkrankten Chemie-Lehrer und Familienvater Walter White, der mit seiner Frau Skyler und seinem Sohn Walter Jr. in einer Vorstadt von Albuquerque in New Mexico lebt. Im Laufe der Handlung entwickelt sich der Protagonist von einem mittel- und machtlosen Lehrer mit Zweitjob zu einem skrupellosen und einflussreichen Kriminellen. Seine Kenntnisse als Chemie-Lehrer nutzt er gemeinsam mit seinem ehemaligen Schüler Jesse Pink-man zur Herstellung der Modedroge Methamphetamin, um seine Familie durch den Verkauf der Droge für die Zukunft finanziell abzusichern. Thematisch widmet sich *Breaking Bad* vor allem dem Drogenkrieg, aber auch dem amerikanischen Gesundheitssystem sowie der Einwandererproblematik in den Südstaaten.

Im Hinblick auf das Konzept des *Audience Engagement* sind die viralen Online-Marketingkampagnen der Produzenten von *Breaking Bad* besonders interessant. Als virales Marketing werden all diejenigen Werbekampagnen bezeichnet, die ausgerichtet sind auf „[...] das gezielte Auslösen von Mundpropaganda zum Zwecke der Vermarktung von Unternehmen und deren Leistungen." (Langner: 29) Dabei sind die Werbekampagnen auf den ersten Blick oft nicht als solche erkennbar. Das Kampagnengut — der eigentliche Inhalt der Werbebotschaft — ist oft in innovativen, interaktiven und dazu kostenfreien Webinhalten verpackt und weist einen hohen Unterhaltungswert für den Konsumenten auf (Vgl. Langner: 38ff.). Dadurch soll sowohl die Motivation des Konsumenten an der Kampagne, als auch die Bereitschaft zur Verbreitung gefördert werden. Das gezielte Auslösen von Mundpropaganda berührt die soziale Komponente beim Konsum, da „[...] Konsumenten [...] ihre Kaufentscheidungen nicht isoliert von den Kaufentscheidungen anderer [treffen]." (Langner: 19)

Soziale Netzwerke im Internet bieten für solche Kampagnen einen fruchtbaren Nährboden, da sich Inhalte in kurzer Zeit extrem schnell verbreiten können.

Darüber hinaus bieten virale Marketingkampagnen dem Konsumenten unterhaltsame Interaktion, z.B. durch das Versenden personalisierter Nachrichten an andere Konsumenten. Diese werden ebenfalls auf das Kampagnengut als verpackte Werbebotschaft aufmerksam und versenden die Werbebotschaft ihrerseits wiederum weiter, wodurch eine virale Verbreitungskette entsteht.

Auf dieses Prinzip setzte im TV-Bereich vor allem *Breaking Bad* und integrierte folgende *Experimental Activities* in die Serienstruktur. Die Website *www.savewalterwhite.com* wird von Walter Jr. nach Bekanntwerden der Krebsdiagnose seines Vaters zu Beginn der zweiten Staffel gestaltet und online publiziert. Es handelt sich hierbei um einen Spendenaufruf, da die Familie White zunächst nicht für die kostspielige Krebstherapie aufkommen kann. Auf der Website sind Bilder von Walter sowie der Familie White zu sehen, zudem ein von Walter Jr. verfasstes Portrait seines Vaters und eine Kritik am amerikanischen Gesundheitssystem:

> One thing I don't understand is why saving someone's life costs more than a regular person can pay. And why some doctor's (usually the best ones) don't take insurance. I think that's wrong. I mean, one of the big reasons why my dad didn't want to get treatment at all in the first place was because he didn't want to leave us behind with a huge debt. (AMC)

Mit einem Klick auf den Spenden-Button können alle Spendengelder direkt auf ein Konto transferiert werden, das für die Finanzierung von Walters Krebstherapie eingerichtet wurde. Später nutzt Walter die Seite zur Geldwäsche der Drogengelder, indem er selbst anonym und in regelmäßigen Abständen kleinere Beträge auf der Website spendet. Im Juli 2009 wurde die fiktionale Website im Internet veröffentlicht und gibt den Zuschauern die Möglichkeit, das Artefakt der Serie im Web zu besuchen. Im Unterschied zur Funktion der Website innerhalb der Serie gelangt man mit einem Klick auf den Spenden-Button allerdings nicht zu den Kontodaten des Serien-Charakters Walter White, sondern auf die Homepage der *National Cancer Coalition*, einer großen amerikanischen Hilfsorganisation, die weltweit Krebspatienten unterstützt. Durch den ungewöhnlichen und innovativen Charakter des Kampagnenguts wurde die Website über die sozialen Netzwerke verbreitet und das mit Erfolg: Laut AMC wurden bis Oktober 2012 über 125.000 US-Dollar über die Website *www.savewalterwhite.com* an die *National Cancer Coalition* gespendet (Vgl. Dayton).

Darüber hinaus existieren drei weitere Websites, mit Hilfe derer die Serie viral vermarktet wurde. Die Seite *www.waltswisdom.com* dient als Weblog des fiktiven Charakters Walter White. Neben serienbezogenen Blogeinträgen befindet sich hier ein Onlineformular, mit dem sich eine interaktive und personalisierte Videobotschaft an eine beliebige Person per Email versenden lässt — unter Angabe verschiedener Parameter wie Name, Wohnort und zeitintensive Laster der betreffenden Person. In der Videobotschaft nimmt Walter White Bezug auf die eingegebenen Parameter und richtet sich via Webcam aus seinem Wohnmobil, in dem sich sein Drogenlabor befindet, an die Zielperson. Er weist die betreffende Person an, nicht zu viel Zeit mit dem angegebenen Laster zu verschwenden und streicht den Namen der Person, die in der Videobotschaft auf der fiktiven Liste der *Time Wasters* vermerkt ist, von eben jener Liste.

Auf der Website *www.waltswarning.com* ließ[3] sich ebenfalls eine personalisierte Videobotschaft von Walter White an eine beliebige Person via Email versenden. Darin befindet sich der Zuschauer als Gefangener von Walter White in dessen Wohnmobil inmitten der Wüste wieder und wird vom Protagonisten unter Androhung von Gewalt aufgefordert, ihn nicht erneut aufzusuchen, da er fürchtet, dass sein Drogenlabor aufgespürt werden könnte. Daraufhin wird der Zuschauer in der Wüste ausgesetzt.

Zudem besitzt der fiktive Anwalt der Serie, Saul Goodman, eine reale Webdomain. Auf *www.bettercallsaul.com* lassen sich einerseits Inhalte finden wie fiktive Werbeanzeigen für die Anwaltskanzlei, von Goodman inszenierte Videoclips für potentielle Kunden mit Beratungsbedarf in juristischen Fällen, Videoclips mit Kundenempfehlungen einiger Seriencharaktere sowie eine Webcam, die dem Zuschauer den Eindruck vermittelt, er könne der Arbeit des Anwalts in dessen Büro live und direkt folgen. Andererseits wird die Interaktivität des Rezipienten angesprochen, der unter der Rubrik Ecards personalisierte Werbebotschaften der Kanzlei an andere Empfänger versenden kann. Am Fuße der Website befindet sich ein Hyperlink, der den Namen „Check out Saul's philantrophic causes" trägt. Über diesen Link wird der Rezipient weitergeleitet auf die ebenfalls fiktionale Website *www.savewalterwhite.com*.

Funktionen und Ziele des *Audience Engagement* in TV-Serien

Anhand von *Breaking Bad* konnte gezeigt werden, wie einer der insgesamt sieben *Engagement Touchpoint* praktisch umgesetzt wird. Im Anschluss gilt es

---

3) Im Gegensatz zu den anderen Webseiten der *Breaking Bad*-Kampagnen wurde die Domain *www.waltswarning.com* von AMC eingestellt.

nun, die Auswirkungen des Konzeptes zu untersuchen und die Frage zu beantworten, welche Funktionen und Ziele die Umsetzung der *touchpoints* einnimmt.

(A) Steigerung des Konsums
Audience Engagement entwickelte sich im Umfeld von TV-Serien aufgrund strategisch-ökonomischer Absichten. Das Konzept wurde Teil innovativer Marketingkampagnen und wirkt somit durch die Erzeugung mittelbarer oder unmittelbarer Werbebotschaften für die jeweilige Serie durch eine Steigerung des Bekanntheitsgrades, was im besten Fall wiederum zu höheren Einschaltquoten führt. Die Ebene der Partizipation, die u.a. die Verwischung der Grenze zwischen Realität und Fiktion bedingt, wird genutzt, um dem zunehmenden Werbeverdruss entgegen zu steuern und im Extremfall überdies Suchterscheinungen[4] zu generieren. Den gleichen Effekt nutzen die viralen Marketingkampagnen von *Breaking Bad*. Allerdings unterscheidet sich der Marketingansatz der Website *www.savewalterwhite.com* vom Aussagegehalt anderer Kampagnen: Mit der Weiterleitung auf die Website der Hilfsorganisation *National Cancer Coalition* übernehmen die Produzenten der Serie soziale Verantwortung für ein Thema, das unmittelbar an einen zentralen Aspekt der Serie — der Kritik am US-Gesundheitssystem — anknüpft. Ob die Umsetzung dieses Ansatzes im Rahmen der Unternehmensstrategie von AMC oder aus philanthropischen Motiven erfolgte, ist nicht erkennbar.
Darüber hinaus werden durch *Audience Engagement* weitere Absatzmärkte neben dem eigentlichen Produkt ‚TV-Serie' durch den Verkauf von Merchandise oder die Verdienstmöglichkeiten durch den Verkauf von Werbeflächen auf involvierten Webseiten geschaffen. Zudem lässt sich durch die Interaktion des Rezipienten effizient Marktforschung betreiben. Durch den direkten Kontakt zum Rezipienten können die Bedürfnisse der Zielgruppe effektiv und ohne aufwendige Umfragen erfasst werden.

(B) Steigerung der Identifikation mit der Serie und/oder den Charakteren
Durch die vielfältigen Möglichkeiten der direkten, intermedialen Interaktion wird die Fiktion in Teilen durchbrochen und die Distanz zwischen der erzählten

---

4) Vgl. hierzu meinen oben genannten Beitrag, der mit der Konsum- und Sammelsucht, der Spielsucht und der Innovationssucht drei verschiedene Suchterscheinungen unterscheidet, die durch *Audience Engagement* hervorgerufen werden können (Vgl. Bobineau: 36ff.).

Welt und dem Rezipienten geringer. Die Medienfiguren und die Inhalte der TV-Serie wirken erreichbarer, die Grenzen zwischen Realität und Fiktion verschwimmen. Aufgrund des Realitätsbezugs kommt es zu einer durchaus beabsichtigten Illusionsdurchbrechung. Die erzählte Welt scheint durch das *Audience Engagement* somit zugänglich gemacht zu werden. Als Konsequenz kann eine höhere Bindung zur Serie entstehen, die den Zuschauer zum Einschalten des Fernsehers zur festen Sendezeit motiviert. Die stärkere Bindung spiegelt sich aus ökonomischer Sicht in den Einschaltquoten wider, die sich bei einer ausgeprägten Bindung der Zielgruppe zur TV-Serie mit großer Wahrscheinlichkeit erhöhen.

(C) Steigerung der Partizipation
Der Rezipient erhält durch die Mittel des *Audience Engagement* jederzeit Zugang zur Serie selbst, aber auch zu den Charakteren und der Handlung. Somit machen sich konventionelle TV-Serien das Attribut der Allverfügbarkeit zunutze, allerdings mit einem großen Unterschied zu den *On-Demand*-Angeboten im Internet: Die Allverfügbarkeit gilt lediglich für die serienbezogenen Inhalte der engagement touchpoints, nicht aber für die einzelnen Episoden der Serie. Somit entstehen serienbezogene Inhalte, die die metaserielle Zeitachse der wöchentlichen Erscheinung lediglich erweitern und nicht negativ beeinflussen. Darauf aufbauend kann das *Audience Engagement* dazu dienen, wöchentliche Wartezeiten zwischen zwei Folgen oder längere Wartezeiten (z.B. Sommerpause) zwischen zwei Staffeln zu verkürzen. Die *Touchpoints* werden zum temporären Füllobjekt, das jederzeit verfügbar ist.

(D) Steigerung der Motivation
Da *Audience Engagement* stets eine aktive und willentlich erfolgte Handlung des Subjektes erfordert, zählt die Motivation zu den notwendigen Grundbedingungen. Allerdings liegt es nahe, dass die bereits vorhandene Motivation durch Konsum, Identifikation und Partizipation positiv beeinflusst und noch weiter gesteigert werden kann.

Anhand der Auswirkungen wird deutlich, dass das primäre Ziel des *Audience Engagement* im finanzstrategischen Sektor der *Networks* liegt. Der Zuschauer soll durch audience engagement eine höhere Bindung entwickeln und möglichst regelmäßig zur Sendezeit einschalten, damit die steigenden Quoten wiederum zu höheren Einnahmen durch Werbespots führen. Darüber hinaus eröffnet die Zuschauerbeteiligung neue Märkte und damit neue Einnahmequellen. Doch während das *Audience Engagement* den *Networks* eine Steigerung der Quoten und des finanziellen Umsatzes bescheren kann, führt die Zuschauerbeteiligung aus erzähltheoretischer Sicht zu einem interessanten Phänomen.

Fazit — Auswirkungen des *audience engagement* auf die Diegese
Henry Jenkins bezeichnet die Verteilung einer Geschichte auf unterschiedliche Medien, wie dies häufig im Fall des *Audience Engagement* auftritt, als *Transmedia Storytelling*. Hiervon müssen vor allem *crossmediale* Inhalte unterschieden werden, die vorhandene Inhalte lediglich vervielfältigen (Vgl. Piepiorka: 108f.). Mit dem *Transmedia Storytelling* dagegen wird etwas geschaffen, das gleichzusetzen ist mit dem „[...] entertainment for the age of media convergence, integrating multiple texts to create a narrative so large it cannot be contained within a single medium." (Jenkins: 95)
Durch einen Verbund verschiedener Medien wird eine „Inhaltserweiterung über Mediengrenzen hinweg" (Piepiorka: 109) erzeugt. Daraus resultiert, dass nicht nur die Geschichte der Handlung transmedial erweitert wird, sondern ebenfalls die Ebene der erzählten Welt. Hierbei wird im Zuge der transmedialen Narration ein komplexes, medienübergreifendes Universum geschaffen als „[...] glaubwürdige fiktive Umgebung." (Piepiorka: 109) Dieses Universum lässt sich unter narratologischen Gesichtspunkten weiter entschlüsseln. Dabei müssen mit der Diegese der narrativen Welt (fiktionale Ebene) und der Interdiegese (real-fiktionale Ebene) zwei diegetische Ebenen[5] unterschieden werden. Dieses *Modell der Interdiegese* wird durch die folgende schematische Abbildung[6] veranschaulicht.
Die fiktionale Ebene der narrativen Welt der TV-Serie bleibt statisch. Der empirische Autor konzipiert einseitig eine Diegese, in der Handlungen ablaufen. Der empirische Zuschauer rezipiert die Handlungen, die innerhalb der Diegese stattfinden. Er kann Diegese oder Handlung nicht beeinflussen. Die Interdiegese

---

5) Bei der Terminologie der Diegese stütze ich mich auf die Definition von Gérard Genette: Genette versteht unter der Diegese das „raumzeitliche Universum der Erzählung", demnach „[...] das, was [auf der fiktionalen Ebene] zur Geschichte gehört, sich auf sie bezieht [...]." (Genette: 289)
6) Ausgangspunkt der Überlegungen ist das Kommunikationsmodell eines narrativen Textes von Anna Metzler.

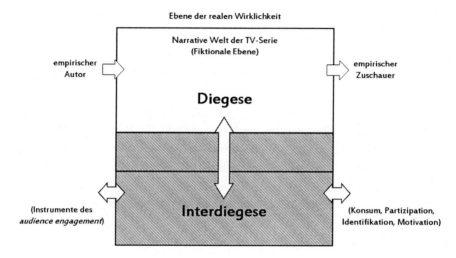

Abb. 1: Das Interdiegese-Modell

durchbricht diese statische Beziehung zwischen Autor, der narrativen Welt und dem Zuschauer. Die Erzählebene wird in eine Zwischenwelt verlagert, die dem Rezipienten durch die vier wesentlichen Merkmale des *Audience Engagement* (Konsum, Partizipation, Identifikation, Motivation) zugänglich gemacht wird. Zum Einen ist die Interdiegese in einem gewissen Maß von der narrativen Welt der TV-Serie abhängig, bildet auf Basis dieser allerdings einen weiterführenden diegetischen Raum, der die narrativen Strukturen erweitert. Dabei ist der Rezipient maßgeblich an der Gestaltung dieses interdiegetischen Raumes beteiligt. Der Zuschauer kann aktiv an Handlung und Interdiegese teilhaben, diese modifizieren und mitgestalten. Die passive Teilhabe wird somit in eine aktive Teilhabe umgewandelt. Zusätzlich kann der Zuschauer aufgrund des intermedialen Bezuges unabhängig von Raum und Zeit auf die Interdiegese zugreifen. In der Konsequenz entsteht das medienpsychologische Phänomen der Telepräsenz als „Anwesenheitsgefühl in der virtuellen Welt" (Petry: 68). Parallel dazu kann aber auch der Autor von der Interdiegese profitieren: Die Zwischenwelt gibt ihm die Möglichkeit, die Aktivitäten des Zuschauers zu analysieren. Im nächsten Schritt kann der Autor die Interdiegese, aber vor allem auch die Diegese dem Verhalten des Zuschauers anpassen. Somit entsteht ein komplexes, medienübergreifendes und (teil-)dynamisches Universum.
In Bezug auf die zuvor untersuchte TV-Serie zeichnet sich die Existenz einer

Interdiegese deutlich ab: In *Breaking Bad* begibt sich der Zuschauer in eine realfiktionale Zwischenwelt, die auf der eigentlichen fiktionalen Welt aufbaut. Gleichzeitig verlässt der Zuschauer jedoch die Ebene der realen Wirklichkeit und erhält das Gefühl, an der Diegese teilzuhaben. Diese Illusion wird durch die partizipatorischen Elemente auf den Webseiten von *Breaking Bad* erzeugt. Es wird eine Interdiegese geschaffen, in der sich neue, vom Zuschauer abhängige Handlungen entwickeln. Somit bleibt festzuhalten, dass die Zuschauerbeteiligung über ihre ökonomische Funktion hinaus eine neue Perspektive auf die erzähltheoretische Struktur der TV-Serien eröffnet und die erzählte Welt um eine Ebene erweitert. Durch das Konzept des *Audience Engagement* wird mit der Interdiegese eine Zwischenwelt geschaffen, die für das Quality-TV eine richtungsweisende Rolle spielen kann, damit sich die Networks auch über das sogenannte ‚Serienzeitalter' hinaus mit ihren traditionell-seriellen TV-Formaten gegen das rasant wachsende Angebot im Internet behaupten können.

Sekundärliteratur

AMC: „;Walter White. Father, Husband & Teacher." <http://www.savewalterwhite.com> (Abgerufen am 11. Dezember 2013).

Askwith, Ivan D.: *Television 2.0: Reconceptualizing TV as an Engagement Medium.* Cambridge 2007.

Associated Press: „NBC Cutting Hundreds of Jobs, Changing Focus." *ABC Local.* <http://abclocal.go.com/wpvi/story?section=news/business&id=4673355> (Abgerufen am 11. Dezember 2013).

Bobineau, Julien: „Sammeln, Spielen und Partizipieren in Serie. Kann Zuschauerbeteiligung süchtig machen?" In: *Journal of Serial Narration on Television* 3 (2013), S. 33-44.

Dayton, Lee: „Breaking Bad Fans Donate More Than $125,000 to Fight Cancer via SaveWalterWhite.com." *AMC-TV Blog.* <http://blogs.amctv.com/breaking-bad/2012/10/breaking-bad-fans-donate-125k-to-fight-cancer> (Abgerufen am 11. Dezember 2013).

Gendelman, Norman M.: „Television Narrative in the Post-Network Era." In: Ames, Melissa (Hg.): *Time in television narrative. Exploring Temporality in Twenty-First-Century Programming.* Jackson 2012, S. 69-81.

Genette, Gérard: *Die Erzählung.* Paderborn 2010.

Jenkins, Henry: *Convergence Culture. When Old and New Media Collide.* New

New York 2006.

Jurga, Martin: *Fernsehtextualität und Rezeption.* Opladen 1999.

Langner, Sascha: *Viral Marketing. Wie Sie Mundpropaganda gezielt auslösen und gewinnbringend nutzen.* Wiesbaden 2007.

Mittell, Jason: „Narrative Komplexität im amerikanischen Gegenwartsfernsehen." In: Kelleter, Frank (Hg.): *Populäre Serialität: Narration – Evolution – Distinktion. Zum seriellen Erzählen seit dem 19. Jahrhundert.* Bielefeld 2012, S. 97-122.

Petry, Jörg: *Dysfunktionaler und pathologischer PC- und Internet-Gebrauch.* Göttingen 2010.

Piepiorka, Christine: *LOST in Narration. Narrativ komplexe Serienformate in einem transmedialen Umfeld.* Stuttgart 2011.

Sodano, Todd M.: „Production and Consumption Pratices in the Post-Network Era." In: Ames, Melissa (Hg.): *Time in Television Narrative. Exploring Temporality in Twenty-First-Century Programming.* Jackson 2012, S. 27-42

Ziegenhagen, Sandra: *Zuschauer-Engagement. Die neue Währung der Fernsehindustrie am Beispiel der Serie ‚Lost'.* Konstanz 2009.

Kathrin Kazmaier & Annemarie Opp

Sherlocked. Zur Konkurrenz medialer Wahrnehmungs- und Vertrauensordnungen in der BBC-Serie *Sherlock*

> „Most people blunder round this city and all they see are streets and shops and cars. When you walk with Sherlock Holmes, you see the battlefield."
>
> Mycroft Holmes, „A Study in Pink" (S1.01)

Technische Medien stellen seit der Erfindung des elektronischen Sehens, sei es analog oder digital, Ordnungskonzeptionen von und für die Welt dar. Sie lassen sich als Dispositive visueller Realitätskonstruktion beschreiben, die Sichtbarkeit als zentrales und dominantes Kriterium von Weltkonstitution etablieren. Der Argumentation Peter Spangenbergs[1] folgend, verspricht das elektronische Sehen durch „Allgegenwart [und] Gleichzeitigkeit der Wahrnehmung" (Spangenberg: 207) bei gleichzeitiger Distanzeinhaltung eine „Transparenz des technischen Sehens" (Ebd.), die eine quasi göttliche Perspektive impliziert. Zudem weisen die Bilder spätestens seit dem Aufkommen des HDTV eine neue optische Dimension auf, die zuweilen reale Erfahrungen außerhalb des technischen Sichtbarkeitsdispositivs an Intensität zu übertrumpfen vermögen. Daraus folgt, dass sich massenmediale Erzählungen durch ihre unentrinnbare Visualität beglaubi-

---

[1] Spangenberg vertritt die These, „dass der Evolutionsstand der Kommunikationstechnologien als ein wichtiger Aspekt in die Wirklichkeitskonstruktion der Gesellschaft eingeht und dass im Falle der audiovisuellen Medien sich dies an sozialen Operationen der Wahrnehmung, die normalerweise allein den psychischen Systemen zugerechnet werden, beobachten lässt." (Spangenberg: 209)

gen, deren Allpräsenz eine kritische Distanzierung erschwert:
> Was wir über unsere Gesellschaft, ja über die Welt, in der wir leben wissen, wissen wir durch die Massenmedien. [...] Andererseits wissen wir so viel über die Massenmedien, daß wir diesen Quellen nicht trauen können. (Luhmann 2004: 9)

Dieses Paradox beschreibt die Begrenzungen und Manipulationsmöglichkeiten der vorherrschenden Ordnung des technisch-medialen Sehens.

Die BBC-Serie *Sherlock* — kreiert von Steven Moffat und Mark Gatiss, mit Benedict Cumberbatch als Sherlock Holmes und Martin Freeman als Dr. Watson — entwirft mit der Adaption und Transformation des Doyle'schen Sherlock in die massenmediale Gegenwart unter innovativem bildästhetischem Einsatz neuer Medien ein Panorama alternativer Ordnungen des Sehens, die innerhalb des audiovisuell organisierten Mediums der Fernsehserie verhandelt werden.

Anhand der Figuren Sherlock Holmes, John Watson[2] und deren Widersacher Jim Moriarty lassen sich drei verschiedene Wahrnehmungsordnungen aufzeigen, die sich im Fall von John und Sherlock gegenseitig affirmieren, im Fall von Sherlock und Moriarty entsprechend der Figurenkonstellation miteinander konkurrieren. Somit ist zudem die Verhandlung von Liebe und Freundschaft verbunden, die als Vertrauensordnungen wie die Ordnungen des Sehens Realität und damit Authentizität in Frage stellen. Dabei wird der Liebe, die als ein Spiel mit romantischen Liebescodes inszeniert wird, die Vertrauensordnung der Freundschaft entgegengesetzt, die durch einen authentischen Umgang mit diesen Codes begründet wird.

Diese Aspekte erweisen sich schließlich als selbstreflexive Dimension der Serie, indem sie das eigene Medium des Fernsehbildes, den gegenwärtigen Einsatz technischer Medien in Bezug auf Liebeskommunikation und visuelle Weltstrukturierung sowie die Bedingungen und Grenzen des Detektivgenres auf narrativer und bildästhetischer Ebene verhandelt.

Wahrnehmungsordnung I: Sherlock — „You do see, you just don't observe"

Die Serie *Sherlock* präsentiert erstmals in der Tradition der Sherlock Holmes-Verfilmungen auf bildästhetische Weise die Wahrnehmungsperspektive von Sherlock Holmes. Sie etabliert keine narrative Vermittlungsinstanz,[3] sondern

---

2) Eine der zentralen Neuerungen der Serie ist die Nähe zwischen Sherlock Holmes und John Watson, die sich erstmals in einer Verfilmung beim Vornamen nennen — ein Umstand, den die deutsche Synchronisation nicht adäquat umzusetzen weiß, lässt sie die beiden sich siezen.

konfrontiert den Zuschauer unmittelbar mit der Perspektive Sherlocks: Dessen Wahrnehmung weicht von der gesellschaftlich konventionellen Wahrnehmung ab und stellt eine kognitive wie soziale Herausforderung dar. Als selbstbezeichneter „high-functioning sociopath" („A Study in Pink"[4]: 57:55 min.) ist er gleichermaßen Fremdkörper in der Gesellschaft und Bürge für eine unbestechliche Wahrnehmung, die frei von Interessensmanipulationen ist: Seine schnelle Auffassungsgabe funktioniert losgelöst von physiologisch-ökonomischen sowie psychischen Perspektivierungen, die unter dem Stichwort der ‚selektiven Wahrnehmung' subsumiert werden können. Die überwiegende Ausblendung seines sozialen Fürsorgesystems sowie seine ungewöhnliche Strukturierung von Wissen machen Sherlock zu einem unbestechlichen Beobachter. Er bezeichnet sein Gehirn als „hard drive" (GG: 04:39 min.), das nur mit nützlichen Informationen zu füllen ist. In seinem Fall heißt dies: Nützlich für die Lösung eines Falles. Sherlock folgt damit einem streng pragmatizistischen Denkansatz, wie er bei Charles Sanders Peirce zu finden ist.[5] Diese auf einer rationalistisch-aufklärerischen Weltvorstellung basierende Konzeption der Figur Sherlocks bedient somit die Genrekonvention des Detektivs als für die Zeichenlektüre zuständigen Interpretanten, der unabhängig von seiner gesellschaftlichen Position allein der Wahrheitssuche verpflichtet ist. Dabei ist die Kriminalerzählung konstitutiv durch die Konkurrenz zweier Erzählungen, der Verbrechens- und der Aufklärungsgeschichte, definiert:

> Das unlösbare Verbrechen fungiert als destabilisierendes Ereignis, denn das Normensystem und die Lebensregeln der Gemeinschaft haben sich an einem entscheidenden Punkt als zu schwach erwiesen und sind damit diskreditiert. Anders ge-

---

3) Sowohl in den Geschichten von Doyle als auch in den meisten der bisherigen Filmadaptionen ist John Watson die narrative Instanz, so dass der Blick auf Sherlock Holmes bisher stets ein vermittelter war. Eine Ausnahme ist die Guy Ritchie-Adaption von 2009. Dort wird dem Zuschauer Einblick in die Wahrnehmung Sherlock Holmes' durch Slowmotion-Szenen gewährt, denen dieselbe Szene in normaler Geschwindigkeit folgt. Dabei sind allerdings nur die ersten beiden Kampfszenen von seiner Off-Stimme begleitet, um den Zuschauer in seine antizipierende Perspektive einzuführen.

4) Die einzelnen Episoden der Serie werden im Folgenden anhand von Siglen angegeben: Erste Staffel: „A Study in Pink" (S1.01, StiP), „The Blind Banker" (S1.02, BB), „The Great Game" (S1.03, GG); Zweite Staffel: „A Scandal in Belgravia" (S2.01, SiB), „The Hounds of Baskerville" (S2.02, HoB), „The Reichenbach Fall" (S2.03, RF).

5) „Solche und alle Begründungen beruhen auf der Vorstellung, dass, wenn man sich um bestimmte Arten von Willensakten bemüht, man entsprechend bestimmten erzwungenen Wahrnehmungen unterliegen wird. Diese Art von Erwägung, vor allem dass bestimmte Weisen des Verhaltens bestimmte Arten unvermeidlicher Erfahrungen nach sich ziehen, nennt man praktische Erwägungen." (Peirce, CP 5.9)

sagt, die „narrative" Unfähigkeit seitens der offiziellen Repräsentanten der Gesellschaft, ihre Unfähigkeit, die Verbrechensgeschichte aufzudecken und zu erzählen, stellt die Geltung der allgemeinen Ordnung in Frage. An dieser Stelle übernimmt der Detektiv den Fall, beginnt mit einer Reihe eingehender Untersuchungen und identifiziert am Ende den Täter. Seine Auflösung erklärt er in der Regel in aller Länge. So wird also durch die Entwicklung der zweiten Geschichte die fehlende erste Geschichte im Detail rekonstruiert und bekanntgemacht. (Hühn: 239)

Der Detektiv als „a bearer of truth" (Knight: 12) verbürgt die Unfehlbarkeit seiner Lektüre. Mit seinem Wiedererzählen der Ereignisse stellt er die alte, durch das Verbrechen unterbrochene Ordnung wieder her. Bedeutend ist dabei die zugrundeliegende Struktur, nach der dem Detektiv als unbestechlichem Repräsentanten einer meist als höhere Ordnung gedachten Weltanschauung voll und ganz zu vertrauen ist. Er verbürgt Werte wie gut und böse, wahr und falsch, sowie die Möglichkeit zu deren Unterscheidbarkeit — er repräsentiert damit ein aufklärerisches Weltverständnis. Sherlock fungiert aber gerade nicht als Normträger: Was wir an ihm schätzen, seine Unbestechlichkeit und Brillanz, hat seine ‚Unmenschlichkeit' und Kälte zur Bedingung. Sein zentraler Antrieb ist demnach auch nicht allein die Suche nach Wahrheit, sondern vielmehr der unbedingte Drang, seinen Geist zu beschäftigen und sich nicht zu langweilen. In dieser Uneindeutigkeit stabilisiert und destabilisiert die Figur Sherlock das Schema des Detektivgenres gleichermaßen.

Aufgrund dieser reibungslosen, sachdienlichen Informationsverarbeitung kann man Sherlock Holmes als Hochgeschwindigkeitsapparat bezeichnen. Action wird daher in *Sherlock* nicht nur durch tatsächliche Handlungen, Verfolgungsjagden und Schauplatzwechsel inszeniert, sondern auf intellektuell-kognitiver Ebene ebenso ausagiert wie filmästhetisch hör- und sichtbar gemacht. Hörbar wird seine Wahrnehmung durch verbale Highspeed-Deduktionen, denen beim ersten Schauen beziehungsweise Hören schwer zu folgen ist. Diese bekommt der Zuschauer unvermittelt zum augenblicklichen Mitvollzug präsentiert. Sichtbar wird Sherlocks Wahrnehmung zusätzlich zur immens beweglichen Kamera durch die Einblendung von Text im Bild, der seine rasanten verbalen Ausführungen begleitet und damit seinen Wahrnehmungsverlauf sowie den daraus resultierenden Gedankengang visualisiert.[6] Innerhalb der Serie sind drei verschiedene Formen von Texteinblendungen zu finden: Sherlocks Beobachtungen, die Kombinatorik

---

6) Sherlock kommuniziert bevorzugt per SMS — „I prefer to text" (StiP: 09:39 min.) — und wird daher über dieses Medium in die Serie eingeführt.

seines Denkens (Vgl. Sherlocks „mind palace", HoB: 01:09:59 min.) sowie textuelle Komponenten von Medien. Der konsequente Einsatz dieser *Inserts* stellt eine bildästhetische Neuheit dar und macht die Serie zu einer Art ‚Sherlock Holmes 2.0'. Statt den vorherrschenden Ordnungen des Sehens der technischen Medien zu folgen, stellen Sherlock und das durch die Texteinblendungen erweiterte Filmbild eine eigene Ordnung des Sehens dar. Bildästhetisch unterläuft dies, was Gilles Deleuze unter dem Rückgriff auf Henri Bergson ein *Klischee* nennt:

> Genau das ist aber ein Klischee: Ein sensomotorisches Bild von der Sache. Nach Bergson nehmen wir die Sache oder das Bild nie vollständig wahr; wir nehmen immer weniger wahr, nämlich nur das, was wir — aus wirtschaftlichen Interessen, ideologischen oder Glaubenshaltungen und psychologischen Bedürfnissen — wahrzunehmen bereit sind. Wir nehmen also normalerweise nur Klischees wahr. Wenn unsere sensomotorischen Schemata blockiert sind oder zerbrechen, kann jedoch ein anderer Bildtypus auftauchen: das rein optisch-akustische Bild, das nur Bild ist, ohne Metapher zu sein. (Deleuze 1997: 35)

Die akustisch und visuell präsentierten Deduktionen zeigen Sherlock Holmes als Informationsquelle und als GPS: Über ihn hat der Zuschauer Zugriff auf digital gespeicherte Informationen[7] sowie auf dessen scharfsinnig arbeitenden Verstand. Er ist daher herausgefordert, das Filmbild auf mehreren Ebenen einer parallelen Lektüre[8] zu unterziehen und des Multitaskings fähig zu sein, wenn er nicht den Großteil der Deduktionen Sherlocks verpassen möchte.

Die stark autonome und bewegliche Kamera, welche die Ausführungen Sherlocks in Form von extremen Nahaufnahmen, Schrägsichten und schwindelerregenden Zooms als Minikamerafahrten vollzieht, wirkt dabei standpunktlos als wäre sie nicht länger an eine, in diesem Fall Sherlocks Perspektive gebunden und Ausdruck einer solchen, sondern als denke sie selbst. Diese Beobachtung lässt sich mit Deleuze als ‚Kamerabewusstsein' beschreiben. Die Kamera ordnet,

---

7) So sind in „The Hounds of Baskerville" (S2.02) beispielsweise Informationen, die Sherlock aus einem gehackten Computer erhält, gerade nicht auf dem Computerbildschirm, sondern lediglich durch die Spiegelung auf Sherlocks Gesicht zu sehen (Vgl. HoB: 01:13:58 min.).

8) Laut Deleuze wird das Filmbild mit dem Einbruch des Tonfilms mehrdeutig, da sich der Sprechakt in Form des ‚Fabulierens' (Vgl. Deleuze 1997: 322f.) vom Bild und von der Figur potentiell lösen kann und seine Zuordnung wie auch seine Bedeutung ambivalent werden. Es muss nicht mehr nur gesehen, sondern gelesen werden. (Vgl. ebd.: 294). Dem audiovisuellen Bild wohnt daher potentiell ein „Riss[es]" (Ebd.: 343) inne, es ist in sich gespalten. Mit dem Einsatz von Texteinblendungen verschiedener Art in das Filmbild wird in *Sherlock* diese Spaltung um eine Dimension vermehrt (Bild plus Ton plus Text) und die Komplexität des Bildes erhöht.

so Deleuze,
> die Beschreibung eines Raumes den Funktionen des Denkens unter. Es ist keine einfache Unterscheidung zwischen dem Subjektiven und dem Objektiven, dem Realen und dem Imaginären, es ist im Gegenteil ihre Unentscheidbarkeit, die im Begriff ist, die Kamera mit einer reichen Menge von Funktionen auszustatten und eine neue Konzeption des Bildfeldes und ihrer Rekadrierung auszubilden. Eine Vorahnung Hitchcocks wird sich erfüllen: Kamera-Bewusstsein. (Deleuze 1997: 38)

An die Begriffe ‚Bewegungs-Bild' und ‚Zeit-Bild' von Deleuze anknüpfend, entwirft die Serie *Sherlock* filmische *Denkbilder*,[9] die, indem sie eine eigenständige Qualität entwickeln, Sherlocks Perspektive darstellen: Beide, Sherlock und die Bildästhetik seiner Wahrnehmungsordnung in Form der Denkbilder, überfordern den Zuschauer durch ihre Komplexität. Diese aber verbürgt zugleich deren Authentizität. John Watson bringt dies auf den Punkt, wenn er auf die Zweifel hin, Sherlock sei ein Betrüger und habe sein Dasein als Meisterdetektiv nur erfunden, kontert: „Nobody could fake being such an annoying dick all the time." (GG: 55:33 min.) Der Zuschauer vertraut also dem Filmbild, weil er Sherlock Holmes vertraut. Durch die starke Bindung an die Perspektive Sherlocks kann er sich der nicht korrumpierten Medien und Bilder beziehungsweise der Beschränkung ihrer Manipulation auf die Nutzung und das falsche Spiel der Figuren unter- und miteinander zunächst sicher sein.[10]

Vertrauensordnungen: Liebe und Freundschaft
Das Vertrauen des Zuschauers in Sherlock Holmes resultiert jedoch nicht aus-

---

9) Bei Deleuze ist die Entwicklung eines Bildes, das „tatsächlich Gedanke werden, zu denken anfangen" (Deleuze 1995: 288) müsste, im ‚mentalen Bild' (Vgl. ebd.) angelegt. Das zentrale Moment des Übergangs vom ‚Bewegungs-' zum ‚Zeit-Bild' ist der sogenannte ‚sensomotorische Bruch' (Vgl. Deleuze 1997: 221). Dieser bedeutet die Handlungsunfähigkeit der Filmfiguren angesichts von unüberschaubar werdenden Situationen: eine sensomotorische Reaktion wird unmöglich. In einer ähnlichen Situation der Überforderung befindet sich der Zuschauer in *Sherlock*. Im Gegensatz zur Konzeption des Zeit-Bildes bei Deleuze wird durch den Einsatz von Akustik und Text die Narration in *Sherlock* jedoch nicht unterbrochen, sondern lediglich um verschiedene Komponenten und Komplexitätsgrade gesteigert.

10) Die in den ersten Episoden eingeführten Medien stehen bis einschließlich „The Hounds of Baskerville" (S2.02), selbst wenn sie von Moriarty genutzt werden, in einem gezähmten Verhältnis zur diegetischen Welt der Figuren und jener extradiegetischen des Zuschauers: In „A Study in Pink" (S1.01) fungiert das Handy sowohl in seiner Funktion als ‚Mephone' mit GPS-System als auch in seiner bloß physischen Präsenz beziehungsweise Absenz als Indiz, das zuletzt zum Mörder führt. In „The Great Game" (S1.03) konfiguriert das Handy die narrative Struktur des Verbrechens und ist intradiegetischer Gegenstand, mit dem Anrufe des Kidnappers entgegengenommen werden.

schließlich aus den Denkbildern, sondern funktioniert auch über die Wahrnehmungsordnung John Watsons und dessen Freundschaft zu Sherlock. Diese Vertrauensordnung wird in „A Scandal in Belgravia" (S2.01) mit einem Liebesspiel kontrastiert, das maßgeblich über Codes — die zum einen im herkömmlichen Sinn Zugangsregelungen und zum anderen im Luhmannschen Sinn Kommunikationsanweisungen bezeichnen[11] — sowie Handys und deren Manipulation inszeniert wird.

(A) „The Game is on" — Das gefährliche Spiel mit (Liebes-)Codes
Es ist kein Zufall,[12] dass Sherlock Holmes und Irene Adler, ‚*the* Woman' oder ‚Dominatrix', wie sie sich selbst nennt, aufeinandertreffen. Als ebenbürtige Gegenspielerin Sherlocks steht sie nicht nur in enger Verbindung zu Jim Moriarty, der ihr in seiner Funktion als consultingcriminal in ihrem Ansinnen, „toplaythe Holmes boys" (SiB: 01:19:19 min.),[13] beratend zur Seite steht; sie verfügt zudem über ähnliche Fähigkeiten wie Sherlock, die sie allerdings strikt zu ihrem eigenen Vorteil einsetzt. Diese Ebenbürtigkeit wird bildästhetisch inszeniert, indem das erste Aufeinandertreffen der beiden qua Fotografien ebenso wie die Vorbereitungen auf das erste reale Treffen gegengeschnitten werden. Letzteres eröffnet das Machtspiel zwischen Sherlock und Irene als ein Verkleidungs- und Demaskierungsspiel in bester Manier der Galanterie (Vgl. Luhmann 1982: 97f.), das zudem durch die Schnittfolge und die wechselnden Kommentare der beiden als verbaler Machtkampf präsentiert wird. Irenes Pointe, „[disguise] is always a selfportrait" (SiB: 25:37 min.), wird durch ihr „battle dress" (SiB: 23:17 min.) auf die Spitze getrieben, denn an ihrem nackten Körper gleiten Sherlocks analysierende Blicke ab, er kann sie nicht lesen, was ihn in der folgenden Konversation zum ersten Mal überhaupt ins Stottern bringt — dies ist allerdings kein Zeichen plötz-

---

11) Nach Niklas Luhmann „ist das Medium Liebe selbst kein Gefühl, sondern ein Kommunikationscode, nach dessen Regeln man Gefühle ausdrücken, bilden, simulieren, anderen unterstellen, leugnen und sich mit all dem auf die Konsequenzen einstellen kann, die es hat, wenn entsprechende Kommunikation realisiert wird." (Luhmann 1982: 23)
12) In *Liebe als Passion* behauptet Niklas Luhmann, dass ein Zufall reicht, um Kommunikation in Gang zu setzen und damit potentiell Liebe zu erzeugen (Vgl. Luhmann 1982: 180). Signifikanterweise ist es nicht die Beziehung zwischen Irene und Sherlock, die diesem Prinzip folgt, sondern jene zwischen Sherlock und John. Vgl. dazu den anschließenden ‚Fall John Watson'.
13) Irene inszeniert ein Spiel sowohl mit Sherlock als auch Mycroft Holmes, indem sie von letzterem ihre Sicherheit durch kompromittierende Fotografien auf ihrem ‚camera-phone' erpressen möchte und ersterem im Rahmen eines Spiels mit Liebescodes die Dechiffrierung eines Codes, den sie nicht entziffern kann, entlockt.

licher Verliebtheit, wie man meinen könnte (Vgl. Schneider: 48-52), vielmehr ist es das Versagen dessen, was Sherlock am meisten liebt: Sein Vermögen der Deduktion.[14]

Während sich Irene ohne Weiteres Zugang zu Sherlocks Handy verschaffen kann, ist der Zugriff auf ihr ‚camera-phone',[15] den Sherlock im Auftrag Mycrofts und des Buckingham Palace beschaffen soll, doppelt versperrt: Anhand ihrer Körpermaße, das einzig an ihr Ablesbare, gelangt er zwar in ihren Safe, das darin befindliche ‚camera-phone' bleibt jedoch qua Passwort unzugänglich. Das Machtspiel zwischen den beiden wird also maßgeblich anhand von Codes und Handys ausagiert: Als Zugangsregelungen stellen diese Codes entscheidende Knotenpunkte im detektivischen Diskurs dar und werden über das Handy als Objekt in Form des ‚camera-phones', das mit einem Passwort verschlüsselt und gleichzeitig Träger von Daten wie des Bond-Air-Codes[16] ist, verhandelt; gleichzeitig ist die Kommunikation in diesem Diskurs seitens Irene anhand des „symbolisch generalisierte[n] Kommunikationsmedium[s]" (Luhmann 1982: 24) Liebe codiert. Irene individualisiert im Zuge dessen Sherlocks SMS-Klingelton in einer Art und Weise, die zwar die kommerzielle und damit serielle ‚Customisation' von Mobiltelefonen sowie die Praxis von Liebespaaren aufnimmt, spezielle Klingeltöne für den jeweils anderen zu installieren, diese aber gleichzeitig ironisiert: Es ist ihr Stöhnen, das fortan den Eingang ihrer SMS auf Sherlock Holmes' Handy anzeigen wird. Sie dringt damit in seinen Privatbereich ein, was er gewähren lässt, denn er verändert den Klingelton nicht; gleichzeitig suggeriert dies John und Mrs. Hudson eine romantische Verbindung zwischen Irene und Sherlock.

Jene wissen jedoch zunächst nicht, dass Sherlock auf die zahlreichen SMS von Irene nicht antwortet: Das widerspricht nicht nur seiner selbst erwählten bevorzugten Kommunikationsmethode, sondern auch dem Kommunikationscode Liebe, dessen Irene sich hier bedient. Ihre SMS beinhalten immer wieder dieselbe Aufforderung: „Let's have dinner" (SiB: 54:30 min.). Sie spielt dabei mit einer der Praktiken romantischer Liebe schlechthin: Dem Rendezvous (Vgl. Illouz:

---

14) Vgl. Sergeant Donovans Erklärung zur Motivation Sherlocks, Kriminalfälle zu lösen: „He gets off on it." (StiP: 31:58 min.)

15) Dieses Handy steht im Zentrum der Narration der Episode und wird dort durchweg so genannt, um es von den anderen Handys abzugrenzen.

16) Es handelt sich dabei um ein Projekt Mycrofts: Ähnlich der Erzählung von Coventry im Zweiten Weltkrieg wollte Mycroft das Glücken des Terroranschlages mittels eines „flight of the dead" (SiB: 01:14:26 min.) nur vortäuschen und besagten Terroranschlag dadurch abwehren. Der Code verschlüsselt Datum, Abflugsort und die Nummer (007) des Flugs.

78-101). In einem später stattfindenden Gespräch zwischen John und Irene, in dem sie ihm die SMS, die sie an Sherlock gesendet hat, vorliest, wird die Qualität dieser Kommunikation deutlich (SiB: 54:39-54:59 min.):

> JOHN: You flirted with Sherlock Holmes?!
> IRENE: At him. He never replies.
> JOHN: No, Sherlock always replies, to everything. He's Mr Punchline. He will outlive God trying to have the last word.
> IRENE: Does that make me special?
> JOHN: I don't know, maybe.
> IRENE: Are you jealous?

Es ist jedoch weder für Sherlock noch John oder den Zuschauer klar, ob Irene diese Kommunikation ernst meint, was ihr tatsächliches Interesse ist und ob man ihr vertrauen kann: Dass sie ein Spiel spielt, weiß Sherlock — „she loves to play games" (SiB: 01:02:56 min.) — doch ist innerhalb dieses Spiels Authentizität nicht auszumachen. Daher verweigert sich Sherlock diesem medialen Liebesspiel und es bedarf schließlich der Inszenierung ihres Todes und einer Gabe, um seine Aufmerksamkeit zu erhalten. Sie kündigt ihren Tod an, indem sie ihm das ‚camera-phone', das ihr Leben, also ihre Sicherheitsgarantie ist, an Weihnachten als Geschenk verpackt zukommen lässt.[17] Auch dies ist ein Spiel mit dem romantischen Liebescode, was sowohl über den Aspekt des Fests der Liebe und der Gabe, als auch anhand Sherlocks Analyse des Geschenks von Molly Hooper deutlich wird: „[She] has love on her mind." (SiB: 43:06 min.)

Ab diesem Zeitpunkt wird die Narration maßgeblich über das ‚camera-phone' gesteuert: Es ist eine Art Black Box, um die alles kreist, denn es wird nicht mit ihm, sondern immer nur über dieses Handy kommuniziert; es ist passwortgeschützt und mit Sprengstoff versehen — ein quasi heiliger Gegenstand, der ‚gefunden und zur Königin getragen' werden muss.[18] Entsprechend dem delikaten

---

[17] Wobei nicht klar ist, ob tatsächlich die Notwendigkeit für sie besteht, zu verschwinden; es erscheint wahrscheinlicher, dass sie ihren Tod nur inszeniert, um das Interesse Sherlocks an ihr und an ihrem Spiel aufrecht zu erhalten. Es handelt sich also um die Inszenierung der Inszenierung ihres Todes. Dazu gehört auch, dass es sich bei dem ‚camera-phone' eventuell nur um einen panoptischen Effekt handelt: Es muss nichts weiter an „secrets and pictures and scandals that could topple your whole world" (SiB: 01:16:51 min.) darauf gespeichert sein — es reicht die bloße Behauptung deren Existenz, für die die Bilder mit dem Mitglied der königlichen Familie lediglich Köder waren, um die beiden Holmes-Brüder ins Spiel zu bringen. Irene gibt dies in der finalen Konfrontation mit Mycroft zu: „Telling you would be playing fair." (SiB: 01:18:14 min.)

[18] Da Sherlock diesen Fall im Auftrag des Buckingham Palace bearbeitet, kommentiert er die Entnahme des ‚camera-phones' aus Irenes Safe mit: „Well, that's the knighthood in the bag." (SiB: 31:54 min.)

Gut in seinem Speicher ist dieses Handy kein Serienmodell, sondern ein *Vertu Constellation Quest*, eine Sonderanfertigung im Wert von knapp 20.000 britischen Pfund. Es ist damit materiell wie ideell hochgradig exklusiv, auratisiert und begehrt — dennoch oder gerade deswegen zirkuliert es ab diesem Zeitpunkt permanent zwischen Sherlock, Mycroft, Mrs. Hudson und Irene.

Nachdem Irenes Tod als vorgetäuscht aufgeklärt wurde, findet Sherlock sie eines Tages schlafend in seinem Bett. Dieser neuerliche Einbruch in seine Privatsphäre bereitet die erste von zwei Verführungsszenen vor, die Irene im Rahmen ihres Spiels inszeniert. In der ersten Szene haben beide unterschiedliche Ziele: Sherlock versucht, Irene den Zugangscode zum ‚camera-phone' zu entlocken, zwei Fehlschläge hat er dabei schon hinnehmen müssen; Irene hingegen begehrt von Sherlock die Entschlüsselung des auf diesem ‚camera-phone' befindlichen Bond-Air-Codes. Auf diesen Spielzug Irenes lässt sich Sherlock schließlich ein: Getrieben davon, seine intellektuelle Überlegenheit zu beweisen, entziffert er den Bond-Air-Code in atemberaubender Geschwindigkeit. Die Verführung in dieser Szene kulminiert bildästhetisch im Zoom auf einen Wangenkuss Irenes, der gleichzeitig ein Judaskuss ist und dessen Dauer mit der Zeit, die Sherlock für die Dechiffrierung des Codes braucht, zusammenfällt. Gleichzeitig wird die Szene jedoch durch Johns Bemerkung „Hamish. [...] If you were looking for baby names" (SiB: 01:06:17 min.) ironisiert.

Die Dechiffrierung dieses Codes hat fatale Folgen, die Sherlock offenbar nicht kalkuliert hat: Indem Irene die Lösung direkt an Jim Moriarty per SMS weitergibt, ist damit das Bond-Air-Projekt von Mycroft gescheitert.[19] Als dessen „biggest security leak" (SiB: 01:17:03 min.) und von Irene zum „Junior" (SiB: 01:16:45 min.) degradiert, hat Sherlock nicht nur seinen Ruf aufs Spiel gesetzt und seinem Nemesis Moriarty zu einem Etappensieg verholfen, sondern scheint obendrein das Machtspiel mit Irene verloren zu haben. In der entscheidenden Szene der Episode ist jedoch gerade der Name Jim Moriarty das Stichwort, das Sherlock aufhorchen und dem Sieg Irene Adlers widersprechen lässt (SiB: 01:19:48-01:20:08 min.):

SHERLOCK: I said no. Very, very close, but no. You got carried away. The game was

---

19) Mycroft bringt daher auch Sherlocks Versagen auf den Punkt: „That's all it takes: One lonely naive man desperate to show off, and a woman clever enough to make him feel special. [...] In the end, are you really so obvious? Because this was textbook. The promise of love, the pain of loss, the joy of redemption. Then give him a puzzle and watch him dance." (SiB: 01:15:36-01:16:15 min.)

too elaborate, you were enjoying yourself too much.
IRENE: There's no such thing as too much.
SHERLOCK: Oh, enjoying the thrill of the chase is fine. Craving the distraction of the game, I sympathise entirely, but sentiment? Sentiment is a chemical defect found in the losing side.

Das Spiel Irenes ist deshalb zu elaboriert, weil der ersten Verführungsszene eine zweite folgt, die in dem Sinne nicht notwendig ist, weil Irene zu diesem Zeitpunkt schon hat, was sie wollte: Die Entschlüsselung des Bond-Air-Codes. In der zweiten Verführungsszene — dem Liebescode entsprechend am Kaminfeuer inszeniert — fragt Irene Sherlock nicht nur nach seinen bisherigen sexuellen Erfahrungen, sondern wiederholt auch ihre Frage aus den SMS: „Mr Holmes, if it was the end of the world, if this was the very last night, would you have dinner with me?" (SiB: 01:11:34 min.) Die physische Präsenz gibt ihr Gelegenheit zu etwas, das die Kommunikationsform SMS verhindert: Körperlichen Kontakt. Sie legt ihre Hand auf Sherlocks, was er dazu nutzt, ihren Puls zu fühlen und ihr gleichzeitig tief in die Augen zu sehen. Daran kann er schließlich die Effekte des zu elaborierten Spiels ablesen: Die Inszenierung einer Kommunikation entsprechend dem Liebescode gerät für Irene insofern außer Kontrolle, als dass sie gegen dessen Effekt nicht immun ist. Sie wird Opfer ihrer eigenen Inszenierung, da im Umgang mit dem Liebescode ein Authentizitätsproblem lauert: Der Kommunikationscode kann Gefühle nicht nur simulieren, er kann sie auch zuallererst produzieren (Vgl. Luhmann 1982: 23, 54).[20] Das Problem der Dichotomie von arbiträren Zeichen und subjektiven Gefühlen, die die Wahrhaftigkeit in der Liebeskommunikation grundlegend in Frage stellt, wird in „A Scandal in Belgravia" nicht nur durch die Inszenierung des Liebesspiels über digitale Medien und Codes potenziert, sondern gleichzeitig auch zum Lösungsansatz für Sherlock: Irenes Gefühle haben sich in Körperzeichen manifestiert, die im Vergleich zu Worten schwieriger vorzutäuschen sind und denen deshalb eher vertraut werden kann: Ein beschleunigter Puls und geweitete Pupillen verraten Irene in der einzigen Situation, in der Sherlock sie berührt. Wie die anderen Codes Irenes ist also auch der Zugang zu ihrem ‚camera-phone' an ihrem Körper abzulesen (SiB: 01:20:59-01:21:48 min.):

---

[20] Die Macht des Codes, ‚unwahrscheinliche Kommunikation wahrscheinlich zu machen' (Vgl. Luhmann 1982: 21), erscheint umso signifikanter angesichts der Homosexualität Irenes (Vgl. SiB: 55:17 min.). Zudem verweist dies abermals auf den exklusiven Charakter der Beziehung: Sherlock Holmes stellt auch hier — wie für John Watson — die Ausnahme dar.

SHERLOCK: I imagine John Watson thinks love is a mystery to me but the chemistry is incredibly simple and very destructive. When we first met, you told me that disguise is always a self-portrait. How true of you. The combination to your safe, your measurements, but this [Das ‚camera-phone', Anm. d. V.], this is far more intimate. *This is your heart and you should never let it rule your head.* You could have chosen any random number and walked out of here today with everything you've worked for. But you just couldn't resist it, could you? I've always assumed that love is a dangerous disadvantage. Thank you for the final proof. [Währenddessen hat er das Passwort in das ‚camera-phone' eingegeben]
IRENE: Everything I said, it's not real. I was just playing the game.
SHERLOCK: I know. And this is just losing.
[Sherlock dreht das Handy zu Irene, auch für den Zuschauer wird das Passwort sichtbar: I AM SHER-LOCKED]

Bei diesem Passwort handelt es sich signifikanterweise um Sherlocks Name, der auf Irenes entscheidende Schwäche verweist: Ihre Gefühle für Sherlock Holmes. Die Art und Weise, wie Sherlock ihre Niederlage und damit seine Rehabilitation inszeniert, ist auch eine Verführungsszene, allerdings mit negativen Vorzeichen: Dass er ihren Puls gemessen und damit Klarheit über ihre Gefühle erlangt hat, lässt er sie wissen, indem er die körperliche Kontaktaufnahme Irenes wiederholt. Doch jetzt ist er es, der sie um Gnade bitten lässt, und der Einladung zum Abendessen erteilt er endgültig eine kühle Absage. Aus dem Machtspiel mit Irene Adler geht Sherlock Holmes — anders als in der Doyle'schen Erzählung — eindeutig als Sieger hervor.

Doch ist Sherlock immun gegen das Spiel mit Liebescodes? Ja und nein. Denn den Reizen Irene Adlers, die aus ihrer intellektuellen Ebenbürtigkeit erwachsen, ist er nicht gänzlich abgeneigt. Dies zeigen sowohl seine offensichtliche Trauer angesichts ihres angeblichen Todes, die vor allem über die Musik inszeniert wird,[21] als auch das Ende von „A Scandal in Belgravia": Zum einen rettet er Irene in Karachi das Leben, ohne dass dies begründet wird. Bemerkenswert ist hierbei, dass Sherlock die Schutzfunktion des ‚camera-phone' übernimmt, indem er sie vor dem Tod bewahrt. Und wenn das ‚camera-phone', wie Sherlock sagt, nicht nur ihr Leben, sondern auch ihr Herz ist, offenbart sich damit konsequenterweise der affektive Charakter seines Verhältnisses zu Irene. Zum anderen besteht er darauf, das aller Passwörter und Daten entledigte ‚camera-phone' von ihr be-

---

21) Die Musik, die Sherlock intradiegetisch komponiert, wird extradiegetisch im Soundtrack zum Motiv für Irene.

halten zu dürfen, und verwahrt es in einer Schublade in 221B Baker Street. Dass sich das Begehren Sherlocks nicht auf Körper oder Sexualität sondern auf den Intellekt richtet,[22] ist der Grund, warum sich Irene von Anfang an für ihn interessiert: „Brainy is the new sexy." (SiB: 26:49 min.)[23] Sherlock hat damit in Irene eine ebenbürtige Spielpartnerin für das gefunden, was ihm Lust bereitet — im Gegensatz zu fast allen anderen erkennt sie ihn in seinen Idiosynkrasien an. Dies wird in der Episode visuell inszeniert, indem er sie an einen Tatort in Form einer ‚frozen reality' (Vgl. SiB: 27:41 min. und 34:47 min.) in seinen ‚Denkraum' mitnimmt. Dieser exklusive Zugang wird nur ihr gewährt, nicht einmal John darf in dieser Art daran teilhaben — es ist sozusagen ihr exklusiver Liebesdiskurs. Daraus resultiert zwar kein Vertrauen, aber immerhin Interesse an ihr und eine Art ‚sentiment', das ihn etwas von ihr physisch in Besitz nehmen lassen möchte:[24] Irene Adler ist für Sherlock Holmes genauso einzigartig wie es das ‚cameraphone' als Handy-Objekt ist.

(B) „ I don't have friends, I've just got one" — Der Fall John Watson
Die Begegnung zwischen Sherlock Holmes und John Watson folgt zunächst aus einer ökonomischen Mangelsituation heraus — keiner der beiden kann sich eine Wohnung in London allein leisten — und folgt damit dem „Startmechanismus Zufall" (Luhmann 1982: 180). John Watson, Kriegsveteran und Arzt mit ‚posttraumatic stress disorder' und dem daraus resultierenden Problem, niemandem vertrauen zu können, avanciert in kürzester Zeit nicht nur zum Mitbewohner, sondern auch zum besten Freund Sherlock Holmes. Wie ist das möglich?
Als die beiden das erste Mal aufeinandertreffen, arrangiert durch Johns alten Studienfreund Mike Stamford, hat das Handy von Sherlock keinen Empfang, Mike hat keines dabei, woraufhin John ihm seines zur Nutzung anbietet — auch dies folgt dem Prinzip Zufall. Die Überreichung des Handys führt zu einer Reihe

---

22) Wenn Mycroft ihn warnt: „Don't be alarmed. It's got to do with sex", antwortet Sherlock: „Sex doesn't alarm me." (SiB: 18:32 min.) Dies ist wörtlich zu nehmen, weil es an seinem Interesse und Begehren schlichtweg vorbeizielt. Was ihn allerdings erregt, ist das Machtspiel mit Irene: „Oh, a power play. A power play with the most powerful family in Britain. Now, that is a dominatrix. Oh, this is getting rather fun, isn't it?" (SiB: 20:23 min.)
23) Vgl. Daniela Otto: „‚Brainy is the new sexy' — Zur Erotik des Denkens in *Sherlock*." In: <http://www.medienobservationen.lmu.de/artikel/tv/tv_pdf/otto_sherlock.pdf> (Abgerufen am 31.12.2013).
24) Das Behalten eines Handys aus Gründen des ‚sentiment' ist etwas, von dem sich Sherlock in „A Study in Pink" noch klar abgrenzt: „If she'd left him, he would have kept it. People do. Sentiment." (StiP: 20:10 min.)

von Verblüffungen Johns durch Sherlock, an deren Ende die in Frage stehende Mitbewohnerschaft gar nicht diskutiert wird — Sherlock signalisiert sein eigenes Einverständnis genauso unmittelbar wie er jenes von John voraussetzt. Beim Treffen in 221B Baker Street am nächsten Tag geht Sherlock noch einen Schritt weiter und engagiert John als seinen Assistenten. Während der Taxifahrt zum Tatort wird offenbar, warum Sherlock John einen für ihn ungewöhnlichen Vertrauensvorschuss gewährt: Nachdem Sherlock anhand von Johns Handy dessen gesamte Familiengeschichte deduziert und dargelegt hat, reagiert John anders als alle anderen (StiP: 20:47-21:02 min.):

> JOHN: That was amazing.
> SHERLOCK: Do you think so?
> JOHN: Of course it was. It was extraordinary, quite extraordinary.
> SHERLOCK: That's not what people normally say.
> JOHN: What do people normally say?
> SHERLOCK: Piss off!

Die Individualität Sherlock Holmes' ist derart einzigartig, dass es zwangsläufig zum Problem der Inkommunikabilität kommt (Vgl. Luhmann 1982: 54). John jedoch ist begeistert vom *Consulting Detective* und seinen Fähigkeiten — er toleriert die Idiosynkrasien Sherlocks nicht nur, sondern lässt sich darauf ein, er bestätigt und genießt sie meistens auch (Vgl. Luhmann 1997: 346). Sherlock hat damit in John ein einzigartiges Individuum gefunden, das auf seine Individualität nicht ablehnend reagiert. Indem sich beide in ihrer Individualität derart ergänzen, folgen sie damit, initiiert durch den Zufall, dem romantischen Liebescode. Dementsprechend ist es wenig verwunderlich, dass Sherlock John noch in derselben Nacht gleich zwei Mal zum Essen einlädt. Das gemeinsame Dinner mit Sherlock Holmes ist genau das, worum Irene Adler vergeblich gebeten hat — und es wird stets nur John zuteil. Das Zitat einer romantischen Situation wird offen durch Angelo, den Inhaber des italienischen Restaurants, in das Sherlock und John einkehren, angesprochen und zugleich ironisiert, indem er John für Sherlocks Date hält. Es ist augenfällig, dass sowohl Angelo als auch Mrs. Hudson sowie Mycroft und Irene Adler unmittelbar die Besonderheit der Beziehung zwischen Sherlock Holmes und John Watson wahrnehmen und sich nicht anders zu helfen wissen, als eine homosexuelle Verbindung anzunehmen. Es handelt sich dabei jedoch nicht nur um einen *Running Gag*, wie Carlen Lavigne behauptet (Vgl. Lavigne 2012: 13; 22), sondern ist Grundlage der exklusiven Qualität dieser Freundschaft: Im Kontrast zur Beziehung mit Irene, bei der es nur um das Spiel mit Liebescodes und Authentizität geht, erhält die Freundschaft zwischen Sherlock und John eine Fundierung durch den romantischen Liebescode, wodurch sie nicht nur exklusiv, sondern auch authentisch, das heißt, nicht korrumpierbar ist.[25] Daraus entwickelt sich schließlich im Zuge des ersten Falles, den die beiden miteinander lösen, ein Konzept des ‚caring', des Sich-Sorgens und Sich-Kümmerns. Sherlock sorgt durch die erste gemeinsame Verfolgungsjagd durch London dafür, dass John sein psychosomatisches Hinken verliert, John wiederum rettet Sherlock das Leben, indem er den mordenden Taxifahrer erschießt, als Sherlock gerade dabei ist, eine eventuell tödliche Pille einzunehmen. Die gemeinsamen Erlebnisse im Rahmen der Detektivarbeit, die in ihrem Gefahrenpotential und dem damit verbundenen Nervenkitzel die Grenzen üblicher Freundschaftsunternehmungen überschreiten, schweißen die beiden umso enger zusammen — auch dies, wenn man so will, ein Effekt des Liebescodes (Vgl. Illouz: 56). Darüber hinaus wird ein weiterer klassischer Topos der romantischen Liebe bedient, wenn beide dazu bereit sind, füreinander zu sterben: John offeriert dies in der Pool-Szene mit Moriarty in „The Great Game", Sherlock inszeniert in „The Reichenbach Fall" seinen Tod, um Johns Leben zu retten.

Am Ende der ersten Episode, als Detective Inspector Lestrade Sherlock nach dem möglichen Schützen befragt, legt dieser in üblicher Manier seine Deduktionen dar — bis sein Blick auf John fällt: Er bemerkt, dass er gerade niemand anderen als John beschreibt und unterbricht seine Deduktion sofort, das heißt, er stellt seine Sorge um John über das, was er am meisten liebt: Seine Denkmethode, seine Deduktionen und deren Darlegung. Dies ist bemerkenswert, weil es die Szene der Entlarvung Irenes in „A Scandal in Belgravia" kontrastiert und in dieser Form keiner anderen Figur in *Sherlock* zuteil wird. Damit ist bereits am Ende der ersten Episode nicht nur die Freundschaft mit Sherlock Holmes, sondern auch die damit verbundene Sonderstellung John Watsons etabliert.

Wahrnehmungsordnung II: John Watson — „You're not haunted by the war, Dr. Watson, you miss it."
John nimmt allerdings nicht nur für Sherlock, sondern auch für die anderen Fi-

---

25) In einem im August 2013 veröffentlichten Trailer zum BBC-Programm *Original British Drama* wird der romantische Topos von *Romeo und Julia* angesprochen, wenn Sherlock zu John sagt: „The thrill of the chase, the blood pumping through your veins, it's just the two of us against the rest of the world." Vgl.: <http://www.bbc.co.uk/programmes/p01fyfds> (Abgerufen am 31.12. 2013).

guren sowie für den Zuschauer eine Sonderstellung ein, und avanciert damit zur eigentlichen Neuerung der Serie: Er ist nicht nur ein ‚sidekick', sondern als „conductor of light" (HoB: 53:10 min.) ebenbürtiger Partner Sherlocks. Als Kriegsveteran und Militärarzt teilt er den ‚thrill' der kriminalistischen Jagd, als traumatisierter Kriegsheimkehrer steht er außerhalb der Gesellschaft, was ihn an der Wahrnehmungsordnung Sherlocks partizipieren lässt. Mycroft bringt dies auf den Punkt: „You're not haunted by the war, Dr Watson, you miss it." (StiP: 40:10 min.) Auch das Interesse Sherlocks an John ist unkorrumpiert, er gewährt ihm einen für ihn ungewöhnlichen Vertrauensvorschuss. Und während alle anderen auf Sherlock mit Unverständnis und Ablehnung reagieren, existiert für John das Problem der Inkommunikabilität der Individualität Sherlocks nur bedingt. Weil er Zugang zu seiner Welt hat, ist er Übersetzer und Vermittler zwischen Sherlock und der Gesellschaft — er etabliert in Bezug auf Sherlock eine *Ordnung des Vertrauens* (StiP: 38:42-38:48 min.):

MYCROFT: Could it be that you've decided to trust Sherlock Holmes of all people?
JOHN: Who says I trust him?
MYCROFT: You don't seem the kind to make friends easily.

John ist weder auf eine mediale Inszenierung Sherlocks angewiesen noch verfällt er dem Wahrnehmungsparadigma der technischen Medien, vielmehr setzt er diesem ein eigenes kulturelles Muster des Vertrauens entgegen, das auf Unsichtbarkeit basiert, weil es sich abseits jeglicher medialer Vermittlung begründet. Dieses Vertrauen verliert auch in „The Reichenbach Fall" seine Gültigkeit nicht. Da John die zentrale Identifikationsfigur für den Zuschauer ist, überträgt sich sein bedingungsloses Vertrauen in Sherlock auf diesen: Weil John Sherlock vertraut, vertraut ihm auch der Zuschauer.

Obgleich John nicht mehr wie bei Doyle die narrative Instanz darstellt, übernimmt er auf intradiegetischer Ebene gleichwohl erzählende Funktion. So generiert John durch seinen Blog[26] zuallererst eine mediale Inszenierung Sherlocks, die anfangs in der positiven Verbreitung der faszinierenden Fähigkeiten Sherlocks besteht. Doch mit dem Fortgang der Serie verselbstständigt sich die mediale Inszenierung, Johns Blog spielt Sherlocks Freunden und Feinden die merkwürdigen Eigenheiten Sherlocks[27] in die Hände: Was als Bewunderung seinen Anfang

---

26) Vgl. <http://www.johnwatsonblog.co.uk>. Diese tatsächlich existierende Webseite gehört in eine Reihe medialer Übertritte der Serie in die Realität: Dazu gehören beispielsweise Irenes Twitter Account (<https://twitter.com/thewhiphand>) und Sherlocks Homepage *The Science of Deduction* (<http://www.thescienceofdeduction.co.uk>).

nahm, wird zur Gefährdung Sherlocks durch die rapide Steigerung seiner Bekanntheit, durch falsch verstandene Heroisierung[28] und durch die Preisgabe von Informationen. Dies bereitet den Schauplatz für das mediale Spiel von Jim Moriarty vor.

Wahrnehmungsordnung III: Moriarty — „I'm the storyteller."
Sherlocks Widersacher Moriarty treibt die diegetische Welt durch sein mediales Inszenierungsspiel an den Rand des Kollapses. Seine Mediennutzung gleicht der einer göttlichen Omnipräsenz und bedient eine Angstversion des ‚big brother is watching you' der digitalen Medien.[29] Schon in „A Study in Pink" wird Moriarty als größter Fan Sherlocks bezeichnet (Vgl. StiP: 01:06:44 min.), dessen Namen er aber nur erfahren kann, indem er dem sterbenden Taxifahrer Schmerzen zufügt. In den folgenden Episoden referieren die Figuren auf ihn wie auf ein gottgleiches Wesen, dessen Namen man nicht ausspreche (Vgl. StiP: 01:17:12 min.), das nur durch „whispers" (GG: 01:11:33 min.) zu erfahren sei: Die Erzählungen über Moriarty gleichen dem Bekenntnis von Gläubigen.
Moriarty selbst tritt erst in „The Great Game" (S1.03) persönlich in Erscheinung. Doch bevor es zum großen Showdown der beiden Widersacher kommt, bedient er sich verschiedener Medien, um mit Sherlock in Kontakt zu treten. So nutzt er Geiseln, um die an Sherlock gerichteten Rätselaufgaben verlesen zu lassen. Seine göttliche Allpräsenz wird im Satz „I like to watch you dance" (GG: 38:13 min.) ins Teuflische verkehrt. Den ersten physischen Auftritt hat er konsequenterweise nicht als er selbst, sondern als „Jim from IT" (GG: 01:24:03 min.) — einer Figur, die sich mit der Entwicklung von Computercodes auskennt. Die Verkörperung eines Computerspezialisten weist auf die letzte bisher ausgestrahlte Episode vor-

---

27) Dies zeigt sich im Gespräch mit Lestrade, wenn dieser bekennt: „Of course I read his blog! We all do. Do you really not know that the Earth goes round the Sun?" (GG: 12:30 min.)
28) Sherlocks Weigerung, als Held wahrgenommen zu werden, reflektiert und sieht voraus, dass Heldentum in Zeiten massenmedialer Informationsverbreitung eine reine Inszenierung darstellt und nur allzu leicht ins Gegenteil umschlagen kann: „Don't make people into heroes, John. Heroes don't exist, and if they did, I wouldn't be one of them." (GG: 50:23 min.)
29) Dass Sherlocks Bruder Mycroft Holmes nicht minder beängstigend in die Serie eingeführt wird, kann hier nur erwähnt werden. Als „[t]he most dangerous man you've ever met" (StiP: 44:12 min.), so die Beschreibung Mycrofts durch Sherlock, liefert Mycroft seinen Bruder letztendlich durch Informationsvergabe an Moriarty an diesen aus. Als Angestellter der britischen Regierung kann Mycroft nicht nur Überwachungskameras manipulieren, sondern auch Bankautomaten personalisieren, und stellt damit einen zunächst und nur scheinbar positiven, allmächtigen Gegenpol zu Moriarty dar.

aus. „The Reichenbach Fall" (S2.03) inszeniert auf bildlicher[30] Ebene Moriartys mediale Allmacht, die sich jedoch am Ende der Episode als Lüge erweist: Er verfügt über einen digitalen Code, mit dem er sich in jedes Computersystem der Welt einhacken kann. Dies ermöglicht ihm, wie durch die rasante Schnittfolge erzählt wird, in die Bank of England, den Tower of London und das Pentonville Prison gleichzeitig einzubrechen. Diese Inszenierung absoluter medialer Allgewalt gipfelt in der Erschaffung der Identität des fiktiven Schauspielers Rich Brook, als der sich Moriarty ausgibt und in der Konfrontation mit Sherlock unter Rückgriff auf mediale Speichermedien mit den Worten „I'm on TV. I'm on kids TV. I'm the Storyteller. [...] I'm the Storyteller. It's on DVD." (RF: 01:00:43 min.) rechtfertigt.[31] So wird Moriartys Auftritt von langer Hand durch konkurrierende Erzählungen und den Einsatz verschiedener Medien vorbereitet.

Damit verhandelt „The Reichenbach Fall" auf selbstreflexive Weise den Einsatz ihres eigenen Mediums, des Filmbilds, virtueller und analoger Medien im Allgemeinen sowie die Verwendung von etablierten Schemata der Detektivgeschichte im Besonderen, ist doch „die Geschichte des Kriminalgenres [...] auf einer bestimmten Ebene durch wachsende Zweifel an der Möglichkeit gekennzeichnet, die Geschichte überhaupt [...] erzählen" (Hühn: 239) zu können. Oder anders formuliert: Es geht nicht länger um die Verbrechensgeschichte — Moriartys Einbrüche in das Gefängnis, die Bank of England und den Tower of London —, vielmehr wird die sich auf der Metaebene entwickelnde erzählerische Konkurrenz, welche die oppositionelle Struktur von Verbrechen und Aufklärung, von Bösewicht und Meisterdetektiv in Frage stellt, zum zentralen Gegenstand der Episode. Rich Brook soll von Sherlock Holmes angeheuert worden sein, um lediglich den Bösewicht Moriarty zu spielen, so Moriartys intrigante Geschichte, die er an die Nachwuchsjournalistin Kitty Riley verkauft:[32] In Wahrheit habe nicht Moriarty,

---

30) Wir sehen mehrfach, wie Moriarty ein App-Icon — eine Krone, ein Häftling hinter Gitterstäben sowie ein Sparschwein — auf seinem Handydisplay berührt, woraufhin sich die Icons in Zahlenkolonnen verwandeln und aus dem Handydisplay tretend den ganzen Bildschirm einnehmen. So entsteht der Eindruck, man tauche in die virtuelle Datenwelt ein. Tatsächlich aber werden dadurch SMS-Nachrichten an Moriartys Komplizen verschickt, die den Beginn der Operationen einleiten (vgl. RF: 01:11:08 min.).

31) Eine Bemerkung Sherlocks im Prequel zur dritten Staffel liest sich wie ein Kommentar dazu: „Only lies have detail." („Many Happy Returns": 05:58 min.)

32) Kitty Riley stellt sich Sherlock bei deren erster Begegnung als Fan vor. Damit wird der Begriff des Fans zum Ausweis falschen Anhängertums, das, wie Kitty Riley, keineswegs „trustworthy" (RF: 15:08 min.) ist, war doch Moriarty zu Beginn der Serie ebenfalls als Fan bezeichnet worden: „SHERLOCK: There are two types of fans. [...] Catch me before I kill again, type A. [...] KITTY RILEY: What's type B? SHERLOCK: Your bedroom's just a taxi ride away." (RF: 13:05 min.)

sondern Sherlock all die Verbrechen, die er als einziger aufklären konnte, begangen. Am Schluss dieses brillant eingefädelten Märchens steht der Selbstmord Sherlocks: Dieser soll die Geschichte von der Erfindung Moriartys durch Sherlock zweifelsfrei, das heißt physisch konsequenzenreich, beglaubigen, indem er den Übertritt von der Ebene der bloßen (Zeitungs-)Erzählung, des ‚fairytales', wie Moriarty es formuliert, in die Wirklichkeit als intradiegetische Metalepse vollzieht. Sherlock ist gezwungen, seinen Tod zu inszenieren, um seinen Freunden das Leben zu retten.[33]

Moriarty erweist sich damit nicht nur als König medialer Inszenierung,[34] sondern darüber hinaus als Herrscher über das Narrativ: Er ist intra- und extradiegetische Figur gleichermaßen. Bildästhetisch wird dies durch seine Interaktion mit dem Insert einer SMS untermauert: In „A Scandal in Belgravia" pustet er einen eingeblendeten SMS-Text, der als Bildphänomen extradiegetische Information für den Zuschauer darstellt und nicht Teil der intradiegetischen Welt ist, weg. Hier erfolgt eine Metalepse, welche den Rahmen der filmischen Fiktion sprengt. Sherlocks Bemerkung vor Gericht,[35] Moriarty sei keine Person, unterstreicht die Ambivalenz der Figur: „James Moriarty isn't a man at all. He's a spider. A spider at the centre of a web. A criminal web with a thousand threads and he knows precisely how each and every single one of them dances." (RF: 16:09 min.) Moriarty ist daher als Prinzip rhizomatisch-medialer Vernetzung lesbar, das der starken Subjektposition des Detektivs Sherlock eine oppositionelle Weltkonstruktion entgegenstellt: Nicht Menschen, sondern Strukturen bestimmen die Gesellschaft. Zugleich sind Taten beziehungsweise deren Spuren nicht mehr bis zu einzelnen Menschen zurückzuverfolgen, sondern verlieren sich im Dickicht virtueller Datensätze ebenso wie sich die narrativen Ebenen der Diegese vermischen.

Diese narrative Finte schlägt sich in „The Reichenbach Fall" von Beginn an auf der bildästhetischen Ebene nieder, so dass dem wesentlichen Medium der Serie,

---

33) Auf John, Mrs. Hudson und Greg Lestrade hat Moriarty Scharfschützen angesetzt, die Sherlocks Freunde töten, wenn er sich nicht vom Dach des St. Barts Hospitals in den Tod stürzt.

34) So lässt er sich zu Beginn von „The Reichenbach Fall" festnehmen, nachdem er sich in die Insignien des britischen Königshauses eingekleidet hat und auf dem Thron mit Krone und Zepter auf die Polizei wartet.

35) In Fankreisen findet sich die Theorie, dass Moriarty keine Figur im herkömmlichen Sinn sei, sondern vielmehr das Internet darstelle. Vgl. <http://www.borncareful.tumblr.com/post/59979823278> (Abgerufen am 31.12.2013).

dem Filmbild, nicht länger zu trauen ist.[36] Die ersten Einstellungen nach dem Prolog zeigen in zeitlicher Raffung John und Sherlock bei öffentlichen Anlässen, bei denen Sherlock für seine Verdienste ausgezeichnet wird. Den Bildern folgen stets Einblendungen von Zeitungsseiten mit einschlägigen Überschriften. Dass die Zeitungsseiten in einer Blende zur Seite schwenken und, indem sie sich an eine Häuserfassade anschmiegen, den Blick auf Baker Street freigeben, vollzieht bildästhetisch die Ununterscheidbarkeit von Realität und Medialität nach. Die konkurrierenden Erzählungen manifestieren sich im Filmbild und korrumpieren dieses durch die Unentscheidbarkeit ihrer Authentizität. Dass das analoge Medium Zeitung in „The Reichenbach Fall" einen so großen Stellenwert erhält, mag der noch immer vorherrschenden Meinung geschuldet sein, dass analoge gegenüber digitalen Medien vertrauenswürdiger seien.[37]

So bedienen sich auch die anderen zum Einsatz kommenden konkurrierenden Erzählungen Moriartys traditioneller und wirkmächtiger Genres. Zunächst kommt in „The Reichenbach Fall" dem Motiv des Märchens mit seinem Anspruch an das Wunder(bare) als Konkurrenz zur aufklärerischen Perspektive Sherlocks große Bedeutung zu. Die Hinweise, die zu den von Moriarty entführten Kindern führen, sind Elemente aus dem Märchen Hänsel und Gretel. Zuvor schon betont Moriarty gegenüber Sherlock: „Every fairytale needs a good old fashioned villain." (RF: 22:37 min.) Die Rolle des ‚villain' hat Moriarty für sich selbst vorgesehen und weiß um dessen Bedeutung, wenn er zu Sherlock sagt: „You need me, or you're nothing. Because we're just alike, you and I." (RF 22:42 min.)

Im Allmachtsglauben, der den Zuschauer zunächst dazu verleitet,[38] von der Existenz eines universalen Computercodes überzeugt zu sein, spiegelt sich das metaphysische Bedürfnis nach dem Glauben an das Ominöse, Wunderbare, Allmächtige des Märchens und zeugt gerade nicht von einem aufgeklärten Umgang

---

36) Die Episode beginnt mit Johns Besuch bei seiner Psychotherapeutin und ist als Rückblende konzipiert. Nach dieser Einleitung können wir keinem der präsentierten Bilder mehr uneingeschränkt Glauben schenken. Dies ist sowohl dem Erinnerungsvermögen Johns, der durch die Rahmung zur perspektivischen Referenz für „The Reichbach Fall" wird und am Ende selbst hinfällt, bevor er den toten Sherlock erreicht, als auch der intradiegetischen Konkurrenz verschiedener medialer und traditioneller Erzählungen geschuldet.

37) Moriarty betont in der finalen Szene: „Genius detective proved to be a fraud. I read it in the paper, so it must be true. I love newspapers. Fairy tales." (RF: 01:11:39 min.), nicht ohne diesen Anspruch mit dem Etikett ‚fairy tales' wieder zurückzunehmen.

38) Scheinbar gilt das auch für Sherlock. Dies spielt er zumindest Moriarty bei ihrem letzten Aufeinandertreffen vor, was diesen zu der Aussage veranlasst: „I knew you'd fall for it. That's your weakness. You always want everything to be clever." (RF: 01:11:17 min.)

mit den technischen Medien.

Eine weitere Erzählung Moriartys beglaubigt sich durch den genrespezifischen Rückgriff auf die mittelalterliche Artusepik. Die „story of Sir Boast-A-Lot" (RF: 45:31-47:11 min.), stellt eine Parodie auf die Ritter der Tafelrunde dar. Sherlock muss die Erzählung auf einer Taxifahrt verfolgen. Dort ist nach der Unterbrechung des Shopping-TVs Moriarty zu sehen, der sich vor gemalten Wolken und Blitzen sowie einem Vorhang als Märchenonkel, wie sein *alter ego* Rich Brook als ‚story teller' präsentiert. Diese Szene wird in einer Parallelmontage mit Bildern von Lestrade, seinem Freund und polizeilichen Ansprechpartner bei Scotland Yard, durchsetzt, der im Begriff ist, der Rede seiner Mitarbeiter, Sherlock habe die von ihm gelösten Verbrechen selbst begangen, Glauben zu schenken. Derart von Moriarty seines Rufs und alternativer Handlungsmöglichkeiten beraubt, ist Sherlock gezwungen, seinerseits zu schauspielern, um in der finalen Szene[39] seinen eigenen Tod für und vor Moriarty, beziehungsweise dessen Scharfschützen, die auf John, Lestrade und Mrs. Hudson angesetzt sind, zu inszenieren. So überlistet Sherlock Moriarty mit dessen Methoden. Er trägt seinen Sieg über Moriarty jedoch nicht allein durch seine intellektuelle Unbestechlichkeit davon, sondern muss sich einer gegenüber Werten gänzlich indifferenten performativen medialen Inszenierungslogik bedienen, die Kognition und mediale Mimikry gleichermaßen vereint. Dem Zuschauer wird dadurch zum ersten Mal die Perspektive Sherlocks verweigert. Er ist auf sich gestellt und den durch die Episode installierten sichtbaren Ordnungen verschiedener medialer Diskurse und Erzählungen ausgesetzt. „The Reichenbach Fall" wird im wahrsten Sinn des Wortes zum unentscheidbaren Bilderrätsel.

„There are two types of fans" vs. #ibelieveinsherlock
Der radikalen Verunsicherung angesichts konkurrierender und manipulativer

---
39) Auf dem Dach des St. Barts Hospitals treiben Sherlock und Moriarty ihre gegenseitigen Inszenierungsdarbietungen auf die Spitze. So kommt es zu einer beinahe verbalen und physischen Verschmelzung beziehungsweise Ununterscheidbarkeit der beiden, wenn Sherlock auf Moriartys Vorwurf, ‚ordinary' zu sein, entgegnet: „Oh, I may be on the side of the angels, but don't think for one second, that I am one of them." (RF: 01:16:03 min.) Weiterhin betont Sherlock: „I am you. [...] You want me to shake hands with you in Hell? I shall not disappoint you." (RF: 01:15:44 min.) Diese stets aufs Neue suggerierte Identität von Sherlock und Moriarty wird schon durch Kitty Riley nahegelegt, die bei der Begegnung mit Sherlock sagt: „You're him." (RF: 00:12:51 min.), was zunächst als Identifizierung mit dem berühmten Detektiv Sherlock Holmes gelesen werden muss, gleichzeitig aber auch mit Kenntnis des weiteren Verlaufs bedeuten kann: ‚You're Moriarty!'

Wahrnehmungsordnungen tritt in der Realität eine Bewegung entgegen, wie es sie zuletzt vor 120 Jahren gab, als Arthur Conan Doyle die Figur Sherlock Holmes in den Reichenbachfällen sterben ließ: Das Sherlock-Fandom[40] begegnet dem manipulativen Bilderrätsel mit einem quasireligiösen Glaubensakt,[41] der sich aus Vertrauen und Liebe[42] speist: Mit Projekten wie *We believe in Sherlock*[43] möchte die Fandomgemeinschaft aktiv die Identität Sherlocks restituieren und für ihn einstehen, dafür hat sie ein starkes moralisches Korrektiv ausgebildet.

Glaube, Liebe und Hoffnung bringen das Fandom vor allem auf Plattformen wie Tumblr und Twitter zusammen, die trotz der prinzipiellen Offenheit des Internets hermetisch ist: Wer dort nicht medial unterwegs ist, kann den Fandomdiskurs nicht verstehen. Gleichzeitig kommt es jedoch immer wieder zu Übertritten in die Realität jenseits der Virtualität, womit der Fandomdiskurs in Auseinandersetzung mit dem Medium Fernsehen einen utopischen Charakter der Grenzüberschreitung aufweist: Fotografien von Bekenntnissen wie ‚Moriarty was real' oder ‚I believe in Sherlock' auf öffentlichen Toiletten und Mauern, Flugblätter,[44] die an Zäunen und Litfaßsäulen hängen, die Versammlung von Fans an Originaldrehorten wie Speedy's Café oder St. Barts Hospital zeugen davon.[45] Diese in die reale Welt übergetretenen Akte bleiben für den nicht Eingeweihten unverständlich und etablieren das Fandom als Geheimbund in einer realen Welt, der sich gegen die Fälschungen einer fiktionalen Welt auflehnt:[46] Der Kon-

---

40) Vgl. dazu Stein, Busse 2012.
41) Vgl. zum Glaubensakt in Bezug auf das moderne Kino, als das die Quality-TV-Serie heutzutage gilt: Deleuze 1997: 224.
42) Vgl. das *Project Fandom* der ‚Baker Street Babes', das in den letzten Wochen vor der Ausstrahlung der dritten Staffel initiiert wurde: <http://bakerstreetbabes.tumblr.com/post/71017532737> (Abgerufen am 31.12.2013). Fast alle Beiträge verweisen darauf, dass Fandom Familie und Liebe bedeutet, dies bezieht sich sowohl auf die fiktionalen Figuren als auch auf die reale Fandomgemeinschaft.
43) Vgl. <http://www.youtube.com/watch?v=Q0mnC3F7h5E> (Abgerufen am 31.12.2013). Die Projekte organisieren sich vor allem über Hashtags auf Tumblr und Twitter, in diesem Fall #ibelieveinsherlock.
44) Das Flugblatt als subversives, politisches Verbreitungsmedium von verbotenem Wissen und verbotenen Weltanschauungen zeigt den Gestus des Untergrundkämpfers an, der für eine gerechte Sache einsteht.
45) Auch die BBC und die Schöpfer von Sherlock nehmen an diesem medialen Spiel mit Realität und Fiktionalität teil: So wurde das Ausstrahlungsdatum der ersten Episode der dritten Staffel „The Empty Hearse" (S3.01) — auf welche Fans genauso lange warten mussten wie die Figur John Watson auf die Rückkehr Sherlocks in der Serie, nämlich zwei Jahre — mittels eines Leichenwagens bekannt gegeben, der im morgendlichen Berufsverkehr Londons an den signifikanten Drehorten Sherlocks vorbeifuhr und an dessen Seiten ein Blumengebinde in der Form eines Datums zu sehen war: 01.01.2014.

kurrenz medialer Wahrnehmungsordnungen wird damit eine reale Vertrauensordnung entgegengesetzt.

Bibliographie

Bochman, Svetlana: „Detecting the Technocratic Detective." In: Lynette Porter (Hg.): *Sherlock Holmes for the 21st Century. Essays on new Adaptations.* Jefferson 2012, S. 144-154.

Deleuze, Gilles (1995): *Das Bewegungs-Bild. Kino 1.* Frankfurt.

— (1997): *Das Zeit-Bild. Kino 2.* Frankfurt.

Hühn, Peter: „Der Detektiv als Leser. Narrativität und Lesekonzepte in der Detektivliteratur." In: Jochen Vogt (Hg.): *Der Kriminalroman. Poetik – Theorie – Geschichte.* München 1998, S. 239-254.

Illouz, Eva: *Konsum der Romantik. Liebe und die kulturellen Widersprüche des Kapitalismus.* Frankfurt 2003.

Knight, Stephen: *Crime Fiction 1800-2000. Detection, Death, Diversity.* Houndmills 2003.

Lahr, Sawyer J.: „Dark Rumors and Hereditary Tendencies." In: Josef Steiff (Hg.): *Sherlock Holmes and Philosophy. The Footprints of a Gigantic Mind.* Chicago 2011, S. 189-196.

Lavigne, Carlen: „The Noble Bachelor and the Crooked Man. Subtext and Sexuality in the BBC's ‚Sherlock'." In: Lynette Porter (Hg.): *Sherlock Holmes for the 21st Century. Essays on New Adaptations.* Jefferson 2012, S. 13-23.

Luhmann, Niklas (1982): *Liebe als Passion. Zur Codierung von Intimität.* Frankfurt.

— (1997): *Die Gesellschaft der Gesellschaft.* 2 Bde. Frankfurt.

— (2004): *Die Realität der Massenmedien.* Wiesbaden.

Michaels, Rachel: „Why Sherlock Is Like a Good Hip-Hop Song." In: Josef Steiff (Hg.): *Sherlock Holmes and Philosophy. The Footprints of a Gigantic Mind.* Chicago 2011, S. 287-295.

Otto, Daniela: „‚Brainy is the new sexy' – Zur Erotik des Denkens in ‚Sherlock'." In: <http://www.medienobservationen.lmu.de/artikel/tv/tv_pdf/otto_sherlock.

---

46) Die Frage nach der Fähigkeit der Fans zur Unterscheidung zwischen Realität und virtueller Fiktion zielt an den inhärenten Wirkmechanismen und Wechselwirkungen zwischen der Serie und dem Fandom vorbei, indem es ein moralisches Urteil — Virtualität gleich Simulation, Täuschung und daher immer schon schlecht — einer unvoreingenommenen, genauen Analyse vorzieht.

pdf> (Abgerufen am 31.12.2013).

Peirce, Charles Sanders: *Collected Papers of Charles Sanders Peirce.* Bd. 5. Hg. von Charles Hartshorne, Paul Weiss. Cambridge 1931-1935.

Schneider, Manfred: *Liebe und Betrug. Die Sprachen des Verlangens.* München 1992.

Sherlock. Mark Gatiss, Steven Moffat (Crs.). BBC, seit 2010.

Spangenberg, Peter: „Elektronisches Sehen – das Beispiel des Fernsehens. Über die technische, gesellschaftliche und psychische Organisation der Sichtbarkeit." In: Georg Stanitzek und Wilhelm Voßkamp (Hg.): *Schnittstelle: Medien und Kulturwissenschaften.* Köln 2001, S. 207-222.

Stein, Louisa Ellen und Kristina Busse (Hgg.). *‚Sherlock' and Transmedia Fandom. Essays on the BBC Series.* Jefferson 2012.

Taylor, Rhonda Harris: „The ‚Great Game' of Information. The BBC's Digital Native." In: Lynette Porter (Hg.): *Sherlock Holmes for the 21st Century. Essays on new Adaptations.* Jefferson 2012, S. 128-143.

Toadvine, April: „The Watson Effect. Civilizing the Sociopath." In: Lynette Porter (Hg.): *Sherlock Holmes for the 21st Century. Essays on new Adaptations.* Jefferson 2012, S. 48-64.

Zwischen Anziehung und Unbehagen: Überlegungen zu den Produktionsbedingungen im Quality-TV

Heiko Martens

„Die totale Erinnerung" —
Progressives Erzählen als Denkwürdiges aus Fern... und Nah

Aus der Sicht der hiesigen Produzenten — seien es Autoren, Regisseure, Produzenten, Redakteure oder die hierzulande eher unüblichen *Showrunner* — ist der Begriff *Quality-TV* ambivalenter Natur. Einerseits darf konstatiert werden, dass gerade im Zuge der medialen Diversifizierung das Fernsehen vor allem im Bereich fiktionaler Serien zu sich selbst, zu kaum erahnten und nicht selten erhofften Höhepunkten findet. Andererseits muss man mit einer Melange auch Frustration, Neid und Kampfeslust zur Kenntnis nehmen, dass die Entwicklung nicht nur in den USA ihren Lauf zu nehmen scheint, sondern auch in Ländern, deren Produktionsbudgets von denen des deutschen öffentlich-rechtlichen Rundfunks locker überboten werden.

Trotzdem findet in diesem Bereich eine Entwicklung statt, nur mehrheitlich ohne deutsche Produktionen. Für die Wissenschaft ist das noch zu verschmerzen — die reflektierende Auseinandersetzung mit entsprechenden Leuchtturmprojekten erzwingt *per se* den internationalen Blick, die kulturraumübergreifende Herangehensweise. Für die Produzenten hingegen ist es ein Dilemma, den Anspruch zwischen dem, was man selbst sehen wollte, und dem, was man machen darf, soll oder muss, immer weiter auseinanderklaffen zu sehen. Nicht zuletzt hieraus resultiert der Charakter dieses Aufsatzes, wissenschaftlicher Diskurs vielleicht, in jedem Fall aber auch essayistisches Plädoyer für eine neue Serienkultur auch hierzulande.

„Status Quo"-Serie und *Progressive Serial*
Als Colt Seavers im Jahr 1981 zum ersten Mal als *Fall Guy*, als unbekannter Stuntman, seine Abenteuer bestand, hatte das nicht nur etwas von einer mit dem Jahrzehnt wohl schmerzlich einhergehenden Coolness, sondern war auch Ausdruck einer erzählerischen Übermacht, die nicht nur in den USA vorherrschte, sondern durch die Einkäufe der öffentlich-rechtlichen Rundfunkanstalten auch in Deutschland Teil einer ausdrücklich formulierten Programmpolitik war: Die „Status Quo"-Serie definiert sich vor allem über den Grundzustand des Glücks, von dem ausgehend ein relativ kleines Ensemble in wenigen, wenn überhaupt parallel verlaufenden Handlungssträngen das kurzzeitig Chaos auslösende Ereignis dazu nutzt, innerhalb der Episodenhandlung in den wohligen Urzustand zurückzukehren, von dem aus etliche neue Geschichten erzählt werden können.[1]
Hauptsächliche Voraussetzung für dieses Erzählmodell ist die Nicht-Entwicklung der Figuren, um in Wiederholung und Variation das wiederkehrende Konfliktgefüge ausreizen zu können. Dies fällt umso leichter, da Zeit ohnehin nur während der Folgen zu vergehen scheint. Von einer Zukunft, auf die hin geplant werden kann, oder einer Vergangenheit, die bedeutungsschwanger in die Gegenwart hineinwirkt, sind diese Figuren meist herrlich unbelastet.
Der von Aristoteles hergeleitete Handlungsbogen, der aus zeitlich, örtlich und kausal verknüpften Handlungseinheiten noch aktgleiche Erzählpakete schnürt, ist in dieser seriellen Form noch deutlich zu erkennen, vor allem auch im Hinblick auf die Lösung des exponierten Konflikts am Ende der jeweiligen Episode. Lässt man die hiermit einhergehende Figurenentwicklung oder gar Initiationsmomente beiseite, sind insoweit die Instrumente struktureller Filmanalyse auch für die serielle TV-Fiktion anwendbar — und die sprichwörtliche Genese des Fernsehens als „Kleiner Bruder" des Kinos wird erneut greifbar.
Gleichzeitig darf konstatiert werden, dass das Fernsehen mit diesem „Kurzfilmkino" für die Mattscheibe weder als Medium spezifisch bedient wird, noch wird den Möglichkeiten der seriellen Form — und nicht zuletzt ihrer Stärke als *Franchise* — erschöpfend Rechnung getragen. Dies muss als knappe These genügen, denn weder war es die wachsende Unzufriedenheit der bis dato nur recht einseitig geforderten Autoren, die massiv zu einer neuen Auslegung seriellen Erzählens im TV-Bereich führte. Und auch beim Publikum war kein kollektiver Auf-

---

1) Vgl. Hickethier 2008: 198ff.

schrei anlässlich der ständigen Wiederholung des Ewiggleichen zu verzeichnen. Vielmehr hält das Goutieren der Variationen innerhalb des vertrauten Schemas bis heute an. Die „Status Quo"-Serie ist quicklebendig, in Deutschland zudem.[2] Daneben tritt aber schon bald die progressiv erzählte *Serial*, in Literatur und Kritik häufig genug mit dem bürgerlichen Roman gleichgesetzt, die das üblicherweise erzählte Ensemble vergrößert, sich durch mehrere parallel verlaufende Handlungsstränge auszeichnet und sich komplexe Figuren leistet, die sich dem reinen Schwarz-Weiß-Schema entziehen und die sich langsam, aber stetig weiterentwickeln dürfen.[3] Neben der Jetzt-Zeit der Episoden tritt eine Vergangenheit — vor und innerhalb der erzählten Zeit — sowie eine Zukunft, die das Handeln der Figuren beeinflusst.[4] Die Ellipse zwischen einzelnen Episoden kann nahtlos erzählt werden oder mehrere Jahre betragen.

Möglicherweise gibt es in diesem Erzählfluss einmal zu Beginn so etwas wie einen Grundzustand des Glücks — und manchmal nicht einmal diesen. Ganz bestimmt aber wird dieser Urzustand schnell in ein zunehmendes Chaos verwandelt, das sich im Verlauf der Erzählung nicht wieder auflöst, bis diese zu Ende erzählt wird — und mitunter nicht einmal dann.

Die einzelne Episodenhandlung ist mit der Akt-Struktur von Aristoteles fast nicht mehr stimmig zu beschreiben — vor allem weil der letzte Akt, die Lösung des Konflikts, scheinbar nie eintritt; und wenn, dann nur zum Schein, den Keim noch größerer Konflikte bereits in sich tragend. Ari Hiltunen konstatiert:

> Es heißt, Seifenopern hätten mit der aristotelischen Vorstellung gebrochen, wonach sich jedes Drama in drei Akten vollzieht. Das trifft nicht zu. Sie zögern den dritten Akt lediglich hinaus, manchmal jahrelang. (Hiltunen: 183)

Das Mäandern der Vorlieben zwischen eher episodischen und überwiegend progressiven Erzählformen ist nicht neu und auch nicht fernsehspezifisch. Als distinguierendes Merkmal fiktionaler TV-Serien und besonders seit der Festschreibung des Phänomens *Quality-TV* ist es dennoch vor allem in diesem Kontext Gegenstand zahlreicher (medien-)wissenschaftlicher Reflektionen geworden. Der vorliegende Band ist sicher nicht das letzte Indiz für diese Entwicklung — bemerkenswert aber auch der Nachweis, den Jede/r innerhalb dieser Buchdeckel führen kann: Die Zahl der deutschen Produktionen, die zum wissenschaft-

---

2) Vgl. hierzu die Summe der Betrachtungen in Schneider.
3) Vgl. Douglas: 11ff.
4) Vgl. Mikos: 137.

lichen Objekt der Begierde werden, hält sich in überschaubarem Rahmen. Die bereits angesprochenen Merkmale der Serienformen führen zunächst zu Vergleichen, die mehrheitlich der Literaturwissenschaft entlehnt sind, und innerhalb dieser in der Summe dazu, die „Status Quo"-Serie mit der Form der *Short Story* zu vergleichen, während die progressive *Serial* in der Tradition des bürgerlichen Romans gesehen wird.[5] Letztere entfalte ihre Geschichte und die Steigerung ihrer Konflikte über die Episoden hinweg wie eine Zwiebel und bewege sich konsequent einem Ende entgegen[6] — an den Episodenenden stünden eben keine Konfliktlösungen, sondern im Gegenteil Spannungshöhepunkte, die den Wiedereinschaltimpuls generierten.[7]
Dabei herrscht in den Darstellungen noch eine unterschiedliche Schwerpunktsetzung vor allem darin, zwischen den produktionstechnischen Erwägungen einer seriellen TV-Produktion und den erzählerischen Intentionen, episodisch zu erzählen, zu unterscheiden. Dem muss entgegengehalten werden, dass dem Rezipienten meist relativ egal ist, welche Produktionsbedingungen hinter einer TV-Serie stecken oder gar, welcher Sender hierfür verantwortlich zeichnet — und das ganz unabhängig davon, ob das Fernsehen überhaupt noch den primären Rezeptionskanal darstellt.[8] Das Publikum wird von erzählerischer Verve gefesselt — und die entspringt zuvörderst dem Konfliktreichtum immer komplexer werdender Figuren(-konstellationen). Man nehme sich einfach die Protagonisten von Serien wie *Breaking Bad*, *The Sopranos*, *The Wire*, *United States of Tara* oder aber auch *House M.D.* und stelle fest: Kaum jemals zuvor im seriellen Fernsehen wurden Figuren derart zwiespältig entworfen und vor allem weiterentwickelt, selten in der Qualität und ganz sicher nicht in dieser Breite.
Für die progressive *Serial* verrückt der Fokus damit weg vom Plot, der schlichtweg von austauschbaren Schablonen getragen wird, hin zu vielschichtigen Protagonisten, die sich ihrem Drama fast selbst genügen und somit „zum größten Vergnügen in modernen Erzählformen" werden.[9]

---

5) Vgl. z.B. Kozloff: 90.
6) Vgl. Creeber: 8.
7) Vgl. Hickethier 1991: 640ff.
8) Vgl. beispielhaft die 2013 von Kevin Spacey gehaltene ‚MacTaggart Memorial Lecture' auf dem Edinburgh TV Festival: <https://www.youtube.com/watch?v=oheDqofa5NM> (Abgerufen am 28.12.2013).
9) Chatman: 113.

Narrative Bögen

Beginnt und endet die „Status Quo"-Serie in einem austauschbaren Zustand des Glücks, der nur vorübergehend und nur innerhalb der Episodenhandlung aufgehoben wird, hat das sowohl für die Figuren wie auch die Rezipienten Auswirkungen hinsichtlich der Möglichkeit des Vergessens. An eine kurzzeitige Unterbrechung eines absolut beschwerdefreien Zustands muss und darf sich eine Figur einer solchen Serienform nicht erinnern — und für den Zuschauer ist diese Regel auch nur insoweit relevant, als dass ein wiederkehrendes Schema „Glück — Episodenfall — Lösung — Glück" in all seinen Variationen zur Erwartungshaltung bei der Rezeption gehört, insofern erinnert wird und auch nicht enttäuscht werden darf.

Bei der progressiven *Serial* kann schon der Beginn jeder einzelnen Episode von Chaos geprägt sein, das sich im weiteren Verlauf der Handlung regelmäßig vergrößert oder zumindest lebendig gehalten wird. Ein kurzzeitiges *Happy End* erscheint in diesem Kontext stets trügerisch.

Für die Figuren ist es selbstverständlich, dass sie den Vorlauf, der zu diesem Chaos geführt hat, in Erinnerung behalten. Das erlaubt nicht nur psychologisch völlig neue Charakter-, Handlungs- und Konfliktdimensionen, sondern nimmt die überbordende *Screen Time* einiger serieller Figuren im Vergleich z.B. zum Spielfilm auch unter den Aspekten des Realismus auf neue Weise ernst. Es gehört halt zum selbstverständlichen Vorwissen der meisten Rezipienten, dass Dinge erinnert werden. Figuren, die mit dieser Erinnerung leben und möglicherweise auch unter ihr leiden, erscheinen schlichtweg plausibler, lebensnaher — in welch fantastischem, absurdem und/oder dramaturgisch überhöhtem Kontext sie sich auch bewegen.

Hierbei ist ein verstärktes Erinnern natürlich auch dem Rezipienten abverlangt, möchte er die erzählerische Raffinesse in aller Detailliertheit genießen. Die Einführung einer kurzen *Recap*-Sequenz („Previously on...") zu Beginn einer *Serial*-Episode ist ein Eingeständnis an den Umstand, dass sich im Hinblick auf Erinnern und Vergessen ein Wandel in den Rezeptionsgewohnheiten vollzieht, der sicher noch nicht abgeschlossen ist. Das sogenannte *Binge Watching*, das Schauen mehrerer Episoden oder gar ganzer Staffeln am Stück, ist nicht zuletzt auch ein Ausfluss dieser Entwicklung. An dieser Stelle darf auch festgestellt werden, dass spätestens diese Rezeptionsform zwingend unabhängig von irgendwelchen Programmschemata verläuft.

Progressives Erzählen als Qualitätsmerkmal

Die Checkliste vom Politik- und Medienwissenschaftler Robert J. Thompson ist — obwohl schon über 15 Jahre alt — noch immer maßgeblich für eine definitorische Herangehensweise, ob und was unter Quality-TV zu verstehen ist. Von den von Thompson erarbeiteten Merkmalen bleibt eine bemerkenswerte Anzahl, die man ausschließlich progressiven *Serials* zuordnen möchte: Diese Serien hätten ein großes Ensemble, multiple Plots, multiperspektivische Erzählweisen; sie seien literarisch motiviert und autorenkonzentriert; sie besäßen einen ausgeprägten Anspruch auf Realismus und würden bei den branchenspezifischen Anlässen mit Lob und Preisen überhäuft. Vor allem letzteres lässt sich spielend nachweisen.[10]

Für eine Würdigung der Bedeutung von Erinnern und Vergessen bietet sich natürlich folgendes Merkmal herausgehoben an: Qualitätsserien hätten ein Gedächtnis. Wobei dies ungenau oder unzureichend formuliert ist: Denn auch die Figuren der Serien haben ein Gedächtnis; die MacherInnen der Serien haben eines — und die Rezipienten sind ebenfalls aufgefordert, ihres einzusetzen. Folgt man vor allem dieser Definition, kann Qualitätsfernsehen nicht hergestellt werden, ohne den Figuren ein Gedächtnis, eine Erinnerung, eine Entwicklung zuzugestehen. Das hierzulande noch immer geläufige Argument „Das verstehen die Zuschauer nicht" verkehrt sich ins Gegenteil: Wird ignoriert, was im Vorfeld der Episodenhandlung passiert ist, fühlen sich die Rezipienten zusehends unterfordert, weil sie in ihrer Begrifflichkeit von Realität und der Fähigkeit, fiktionale Welten parallel zur eigenen zu memorieren, unterschätzt werden.

Die Bedeutung des Seriellen, also die Auswirkungen seiner Dramaturgie, entfaltet sich nach Eder auf drei Ebenen: Zunächst auf der Struktur des Textes als solchem (Dem Autorenwerk), danach auf der Produktionsebene (Das Produkt als Resultat formaler Vorgänge) und schlussendlich als ein Analysemittel aus Sicht des Rezipienten.[11]

Auf der ersten, der Autorenebene, fließt der serielle Charakter wie ausgeführt in zahlreiche Entscheidungen ein, die sich im Zweifel in jedem dramaturgischen Bogen der Erzählung (Szene, Akt, Folge, Staffel, Serie) wiederfinden. In puncto

---

10) Vgl. exemplarisch bei Metacritic (<http://www.metacritic.com/feature/top-ten-lists-best-tv-shows-of-2012> oder die Serienjunkies-Seite (<http://www.serienjunkies.de/news/emmys-2013-gewinner-53417.html>); Abgerufen am 28.12.2013.
11) Vgl. Eder: 11.

Figurenentwicklung wird der Weg vom Hamsterrad hin zum Epos immer konsequenter beschritten. Und wie zuletzt vor allem *Breaking Bad* unter Beweis gestellt hat, ist die künstlerische Kraft eines Autors, der die Vision der Erzählung in sich trägt — und dem erlaubt ist, diese Vision auch einem geplanten Ende zuzuführen — für alle Beteiligten ein dankbarer Umstand.

Im Produktionskontext wird darüber hinaus immer wichtiger, dass sich die erfolgreichen Serien aus ihrem Versendungskontext der TV-Anstalten lösen und durch die Sekundärverwertungsketten, vor allem aber auch als Marke, als *Franchise* etablieren — und somit auch auf die produzierenden Sender wie auch auf das Medium Fernsehen als solches zurückstrahlen.[12] Bleicher stellt fest, dass diese Sendungen nicht aus dramaturgischen Gesichtspunkten gestaltete Träger bestimmter Inhalte seien, sondern vornehmlich Marken in unterschiedlichen Verwertungsketten.[13] Auch Wedel hält Serialität für das Organisationsprinzip kommerzieller Standardisierung und narrativer Schematisierung.[14] Dieser Aspekt mag für das Huhn hilfreich sein, wenn das Ei erst einmal in der Welt ist, dürfte in den meisten Fällen aber Kausalitäten und Motivationen vor allem der MacherInnen in der ersten Stufe verkennen und trifft auch nur noch bedingt für die sich fortlaufend weiterentwickelnden *Serials* zu. Allerdings: Dieser Punkt kann — möglicherweise heilsam — einer skeptischen Grundhaltung der Produktionsseite entgegengehalten werden.

Progressiv erzählte Serien scheinen derzeit die aus Rezipientensicht reizvollste und für die Produzenten vielversprechendste Kunstform zu sein, wenn auch mehrheitlich noch nicht in Deutschland (Von wenigen Ausnahmen abgesehen, vgl. z.B. *Im Angesicht des Verbrechens*, *Unsere Mütter, Unsere Väter* oder *Weissensee*). Seiler stellt für die USA in der Vergangenheitsform fest, was hierzulande noch anmutet wie Zukunftsmusik:

> Es war plötzlich, als habe die Kunst den Kommerz mit den eigenen Waffen besiegt: Die Avantgarde drang hemmungslos in den Mainstream ein, und der Mainstream sah sich gezwungen, dies nicht nur zuzulassen, sondern sich darauf einzulassen. (Seiler: 8)[15]

---

12) Vgl. Mikos: 123.
13) Vgl. Bleicher: 3.
14) Vgl. Wedel: 22.
15) Vgl. auch die Parallelen zum Film, wie Rothemund 2013 feststellt (Rothemund: 60) oder die Ausführungen von Eichner zu den dem Blockbuster im Filmbereich vergleichbaren Strategien von Quality-TV als Metagenre.

Vor allem aus Sicht der Rezipienten ist diese Entwicklung nur konsequent: In allen vornehmlich narrativen Kunstformen hat schlussendlich auch das serielle Format Einzug erhalten, seien es die mündliche Erzählung, Schrift, Film, Hörspiel — und auch für das Fernsehen als solches ist die Form hierzulande nicht neu. Man denke nur an die erzählerische Glanzleistung von *Kir Royal* oder die abenteuerlichen Prämissen von Mehrteilern wie *Silas*, *Jack Holborn* oder *Patrik Pacard*, alle rund 30 Jahre her.

Aktuell geändert haben sich die Produktionsbudgets, die handwerklichen Ansprüche aller Beteiligten, vor allem durch die international herausragenden Vorbilder, die Distributionsformen, der Kampf des Mediums in einer diversifizierten Medienlandschaft sowie die Rezeptionsformen und -gewohnheiten. All dies hat der progressiv erzählten Serie in die Hände gespielt und wird dies weiter tun. Fraglich bleibt, in welchen Kontexten diese Erzählformen in Zukunft produziert werden können — mit der Firma Netflix ist erstmalig ein nicht originärer Film- und Fernsehproduzent auf höchster Ebene in das Geschäft eingestiegen und der hierbei verzollte Erfolg mit Serien wie *House of Cards* oder *Orange is the New Black* verkündet, dass dies nicht das Ende der Entwicklung sein wird.

Für das Publikum ist das fast nicht mehr von Relevanz, zumindest wenn sich die Rezeptionskanäle nicht mehr am Sender als solchem oder gar der Urausstrahlung festmachen lassen. Festplattenrekorder und DVD- oder BluRay-Verkäufe sind für die Werbekunden nur von sekundärem Interesse, die Nutzung dieser Vertriebswege ist bei progressiv erzählten Formaten jedoch deutlich ausgeprägter — von den illegalen Angeboten im Internet ganz zu schweigen.[16]

In Deutschland hingegen scheint der Katalog der Eigenproduktionen noch im letzten Jahrhundert verhaftet, als die fiktionale serielle Narration bis in die 1980er Jahre hinein ausschließlich von den öffentlich-rechtlichen Rundfunkanstalten bestimmt wurde — einer Programmpolitik folgend, die auch in diesem Kontext vornehmlich das Resultat der Rundfunknutzung durch die NSDAP darstellte. Die Wiederherstellung von Harmonie und Ordnung am Episodenende war offiziell gewollt; der Zuschauer sollte das Gefühl haben, seine moralischen Werte vermittelt zu bekommen — und aus genau diesem Grund wiedereinschalten.[17] Dabei wird mitunter auch hervorgehoben, dass die US-amerikanisch-

---

16) Vgl. z.B. die Liste der *most pirated* Sendungen des Jahres 2013, angeführt von *Game of Thrones*, *Breaking Bad* und *The Walking Dead* — in den Top Zehn dieser Liste ist keine einzige „Status Quo"-Serie vertreten.

en „Status Quo"-Serien diese „Wohlgeformtheit" als Einklang zwischen dramaturgischer Abrundung und emotionaler Versicherung in Perfektion liefern.[18] Dieses Diktum passte hervorragend auf den Urzustand der Harmonie und des Glücks, lässt sich aber schwerlich transferieren auf die Mordarien eines Dexter[19], den moralischen Abstieg eines Walter White *(Breaking Bad)* oder die ethisch-politischen Abgründe in Westeros *(Game of Thrones)*. Das deutsche Dilemma findet sich hiernach auch wieder, wenn die Branche sich selbst feiert:

> Vielsagend ist aber, dass sich außer den Ausgezeichneten bald kaum jemand mehr an die Preisträger des Deutschen Fernsehpreises erinnern wird. Das deutsche Langzeitgedächtnis blendet großes Fernsehen aus und speichert stattdessen großen Kitsch. [...] Das wäre egal, wenn der Fleiß, mit dem dieser Quatsch hergestellt wird, nicht einherginge mit einer deutschen Kulturtragödie — der Verweigerung, im Fernsehen große Geschichten zu erzählen. (Gorkow)

Zum Gedächtnis von Medien

Der menschliche Erinnerungsspeicher wird erst dann zum Gedächtnis, wenn ihm die Fähigkeit des Vergessens eingeschrieben ist, schon um Selbstblockaden zu verhindern.[20] Das Fernsehen hingegen — wie z.B. auch das Radio — ist ein Versendungsmedium mit einem grundsätzlich angelegten, starken Zug zur Gedächtnislosigkeit, der lediglich durch die Permanenz des Sendens vergessen gemacht wird.[21]
Wenn sich das individuell rezipierte Programm aus dem Sendeschema löst und als Singular — in Form einer DVD-Box, einer Speichereinheit auf dem Festplattenrekorder, einem Order mit Video-Dateien auf dem Computer — konsumiert wird, löst sich diese althergebrachte Grundregel auf. „Ich sende, also bin ich" changiert zu „Ich habe Großartiges produziert — und das ist noch immer käuflich oder sonst wie erwerblich". Denn wer — auf welcher Seite auch immer — archiviert eigentlich den *Trash*? Denn eines ist heute deutlicher denn je: Je stärker das Label *Quality-TV* wird, desto klarer wird auch die Demarkationslinie, dass alles jenseits davon Müll ist, von vornherein hergestellt, um dem geplanten Vergessen auf allen Seiten anheimzufallen. Anstelle des von den *Cultural Studies*

---

17) Vgl. ausführlich hierzu Mielke: 504ff.
18) Vgl. Brandt: 72.
19) Ausführlich zur Figur des Dexter, vgl. Hagen.
20) Vgl. Ernst: 162.
21) Vgl. Ebd.: 164.

analysierten *Flows* tritt die interaktiv und *on demand* abrufbare Programmreserve.[22]
Sollten wir im Nachhinein das abstruse Bedürfnis nach einem Vollzugriff verspüren, bleibt womöglich nur der Anruf beim Geflecht US-amerikanischer Geheimdienste: Die beste Archivierung ist schließlich in der Regel noch immer die Überwachung durch den Feind — und das technische Vergessen ist keines, sondern meint den Akt des Löschens.[23] Da nach allgemeiner Ansicht unser eigenes, menschliches Gedächtnis aber immer in enger Korrelation zu gänzlich äußeren, materiellen Aufzeichnungs-, Aufschreibungs- und sonstigen Speichersystemen steht,[24] ist die Entwicklung hin zu speicherwürdigen Qualitätsprodukten — mehrheitlich aus dem US-Markt — von erheblicher Relevanz sowohl für die Bedeutung des ausstrahlenden und des archivierenden Mediums als auch für das individuelle wie das kollektive Bewusstsein unserer Gesellschaft.[25]
Die Erinnerung an Serien und deren aktuell relevanten Inhalt — etwa „Previously on *Lost*", Stand Staffel Drei, Episode 22 — ist aktive, gedankliche Konstruktionsarbeit der Rezipienten. Wenn das Bedürfnis nach umfassender *on demand*-Mentalität aber die ständige Verfügbarkeit der TV-Programme oder zumindest deren herausragender Beispiele nach sich zieht, antizipiert diese Verfügbarkeit nicht eine ähnliche Rezeptionsweise wie sie bei Büchern längst üblich ist — von akribisch zu flüchtig, von intensiv zu zerstreut?
Sicher ist: Der Rezipient möchte den qualitätsvollen Inhalt ungefiltert, nicht geschnitten und nur nach eigenem Gusto unterbrochen — wenn möglich auch ohne die nervigen *Recaps*, diese Relikte des wöchentlichen Ausstrahlungsturnus. Das Fernsehen muss seinen spezifischen Kern als Übertragungs- und Verbreitungsmedium[26] zum Bedürfnis nach Produktion und Speicherung qualitativ hochwertiger Inhalte in Relation stellen, endlich auch in Deutschland. Wenn sich unter diesen Inhalten dann zufällig auch deutsche Produktionen befinden sollten, wäre das überraschend, könnte aber schlussendlich wohlwollend zur Kenntnis genommen werden. Schließlich hätte die hierin abgebildete Realität — vermutlich — mit der hiesigen Befindlichkeit, den Werten, dem Informations- und Bildungsbedürfnis sowie den alltäglich gelebten Konflikten mehr zu tun als

---

22) Vgl. ebd. 186.
23) Vgl. ebd. 162.
24) Vgl. Engell: 115.
25) Vgl. einführend als nur ein Beispiel zur ‚Ökologie der Angst' in der US-Fernsehserie *24*: Koch.
26) Vgl. Engell: 117.

die Produktionen aus der Ferne. Und die zu Beginn angesprochene, bei den verhinderten Produzenten vorliegende Melange aus Frustration, Neid und Kampfeslust wäre zu zwei Dritteln abgebaut.

Serien
Breaking Bad. Vince Gilligan (Cr.). AMC, 2008-2013.
Game of Thrones. David Benioff, D.B. Weiss (Crs.). HBO, seit 2011.
House M.D. David Shore (Cr.). Fox, 2004-2012.
House of Cards. Beau Willimon (Cr.). Netflix, seit 2013.
Im Angesicht des Verbrechens. Dominik Graf (Cr.). ARD, 2010.
Jack Holborn. Sigi Rothemund (Dir.). ZDF, 1982.
Kir Royal. Helmut Dietl (Cr.). WDR, 1986.
Lost. J.J. Abrams, Jeffrey Lieber, Damon Lindelof (Crs.), ABC, 2004-2010.
Orange is the New Black. Jenji Kohan (Cr.). Netflix, seit 2013.
Patrik Pacard. Gero Erhardt (Dir.). ZDF, 1984.
Silas. Sigi Rothemund (Dir.). ZDF, 1983.
The Fall Guy. Glen A. Larson (Cr.). Fox, 1981-1986.
The Sopranos. David Chase (Cr.). HBO, 1999-2007.
24. Robert Cochran, Joel Surnow (Crs.). Fox, 2001-2010.
The Walking Dead. Frank Darabont (Cr.). AMC, seit 2010.
The Wire. David Simon (Cr.). HBO, 2002-2008.
United States of Tara. Diablo Cody (Cr.). Showtime, seit 2009.
Unsere Mütter, unsere Väter. Philipp Kadelbach (Dir.). ZDF, 2013.
Weissensee. Friedemann Fromm (Dir.). ARD, seit 2010.

Sekundärliteratur
Bleicher, J.K.: „,We love to entertain you' – Beobachtungen zur aktuellen Entwicklung von Fernsehformaten." In: *Hamburger Hefte zur Medienkultur* 8 (2006), S. 1-52.
Brandt, Ulrich: „Erzählmuster amerikanischer Fernsehserien." In: Schneider, Irmela (Hg.): *Serien-Welten. Strukturen US-amerikanischer Serien aus vier Jahrzehnten.* Opladen 1995, S. 52-73.
Chatman, Seymour: *Story and Discourse: Narrative Structure in Fiction and Film.* Ithaca 1978.
Creeber, Glen: *Serial Television. Big Drama on the Small Screen.* London 2004.

Douglas, Pamela: *Writing the TV Drama Series. How to succeed as a Professional Writer in TV.* Studio City 2007.

Eder, Jens: *Dramaturgie des populären Films.* Hamburg 2007.

Eichner, Susanne: „Blockbuster Television." In: Dies., Lothar Mikos und Rainer Winter (Hgg.): *Transnationale Serienkultur. Theorie, Ästhetik, Narration und Rezeption neuer Fernsehserien.* Wiesbaden 2013.

Engell, Lorenz: „Erinnern/Vergessen. Serien als operatives Gedächtnis des Fernsehens." In: Blanchet, Robert et al. (Hgg.): *Serielle Formen. Von den frühen Film-Serials zu aktuellen Quality-TV- und Online-Serien.* Marburg 2011, S. 115-132.

Ernst, Wolfgang: *Das Gesetz des Gedächtnisses.* Berlin 2007.

Gorkow, Alexander: „Fernsehen. Eine deutsche Kulturtragödie." *Süddeutsche Zeitung.* <http://www.sueddeutsche.de/medien/deutscher-fernsehpreis-fernsehen-eine-deutsche-kulturtragoedie-1.1782612> (Abgerufen am 28.12.2013).

Hagen, Wolfgang: „Dexter on TV. Das Parasoziale und die Archetypen der Serien-Narration." In: Blanchet, Robert et al. (Hgg.): *Serielle Formen. Von den frühen Film-Serials zu aktuellen Quality-TV- und Online-Serien.* Marburg 2011, S. 251-276.

Hickethier, Knut (1991): *Die Fernsehserie und das Serielle des Fernsehens.* Lüneburg.

— (2008): *Film- und Fernsehanalyse.* Stuttgart.

Hiltunen, Ari: *Aristoteles in Hollywood. Das neue Standardwerk der Dramaturgie.* Bergisch Gladbach 2001.

Koch, Lars: „,It will get even worse.' Zur Ökologie der Angst in der US-amerikanischen Fernsehserie ,24'." In: Seiler, Sascha (Hg.): *Was bisher geschah. Serielles Erzählen im zeitgenössischen amerikanischen Fernsehen.* Köln 2008, S. 98-115.

Kozloff, Sarah: „Narrative Theory and Television." In: Allen, Robert C. (Hg.): *Channels of Discourse, Reassembled.* North Carolina 1992, S. 67-100.

Mielke, Christine: *Zyklisch-serielle Narration. Erzähltes Erzählen von 1001 Nacht bis zur TV-Serie.* Berlin 2006.

Mikos, Lothar: *Es wird dein Leben! Familienserien im Fernsehen und im Alltag des Zuschauers.* Berlin 2006.

Rothemund, Kathrin: *Komplexe Welten. Narrative Strategien in US-amerika-*

nischen Fernsehserien. Berlin 2013.

Schneider, Irmela (Hg.): *Serien-Welten. Strukturen US-amerikanischer Serien aus vier Jahrzehnten.* Opladen 1995.

Seiler, Sascha: „Vorwort." In: Ders. (Hg.): *Was bisher geschah. Serielles Erzählen im zeitgenössischen amerikanischen Fernsehen.* Köln 2008, S. 6-9.

Thompson, Robert J.: *Television's Second Golden Age: From Hill Street Blues to ER.* Syracuse 1996.

Wedel, Michael: „Der lange Weg zur ‚Qualität'. Die Geschichte des Serienformats in Film und Fernsehen." In: *tv diskurs* 62 (2012), S. 22-27.

Sönke Hahn

Zwischen Stagnation und Progression:
Die Miniserie

Serials oder Hybride stagnierender und progressiver Fasson stehen im Mittelpunkt aktueller Seriendiskurse in Feuilleton und Wissenschaft. Die Miniserie wird, wenn überhaupt, nur am Rande einbezogen. Ihre Relevanz kann sie jedoch in Anbetracht der Entwicklungen in der US-amerikanischen Serienlandschaft, einer miniseriellen Tradition in Deutschland und bereits anhand der Definition dieses televisiven Typens im Verhältnis zur *Serial* entfalten.

Die Miniserie
Der Terminus ‚Miniserie' stammt aus den USA — als Teil eines in den 1970er und 1980er Jahren angestrebten *Rebrandings* der Fortsetzungsserie (Vgl. Creeber: 8f.). In Deutschland werden ähnliche Produkte als „Mehrteiler" oder „Fernsehfilm/spiel in X Teilen" bezeichnet (Vgl. Kließ: 144). Die Miniserie wird somit nicht nur als Serie, sondern auch als überlanger Fernsehfilm verstanden.
Die zwei bis sechs Folgen à ca. 90 Minuten, bzw. bis zu zehn oder zwölf Episoden à 44-60 Minuten umfassenden oder eine ‚Gesamtlänge von 150 Minuten' (Vgl. Academy of Televion Arts and Sciences: 54) aufweisenden Produkte werden in wenigen, oft hintereinander liegenden Abenden (Vgl. Hagedorn: 38), also in der ‚Primetime', ausgestrahlt. Somit fällt die Miniserie aus dem *Flow* des klassischen Fernsehens und seiner langlaufenden, beständig terminierten Produkte heraus (Vgl. Montgomerie).[1]

---

1) Vgl. zum Konzept des *Flows*: Williams.

Außerdem ist die Miniserie oftmals durch ein im Verhältnis zum übrigen Fernsehangebot außergewöhnlich hohes Budget gekennzeichnet (Vgl. Haedorn: 38) — die Höhe der Finanzmittel resultiert zum einen aus der für das Fernsehen unökonomischen Einmaligkeit miniserieller Werke.[2] Zum anderen ist die relative Höhe des Budgets das Ergebnis eines überdurchschnittlichen *Production Values* (Vgl. Hagedorn: 39).

Ein wesentliches Ziel miniserieller Produkte ist das Erreichen eines größtmöglichen Publikums. Die geschickte Programmierung der Miniserie ist unabdingbar, auch um die Produktionskosten decken zu können, weshalb Miniserien oft an Feiertagen (Vgl. Bonner: 13) oder in den „Sweep Periods" (Vgl. Hagedorn: 3) eingesetzt werden. Oder sie dienen als „Füllmaterial" (Vgl. Monaco: 503) in den nicht von traditionellen Serien abgedeckten 13 Wochen der (US-)Saison (Vgl. Andreeva). So etablierte sich etwa in den USA der Mehrteiler auch erst in den 1970er Jahren und im Zuge des erfolgreichen Importes britischer Miniserien (Vgl. Creeber: 9). Das Aufkommen der Miniserie fällt dort auch mit dem Beginn der Krise der drei großen US-*Networks* zusammen: Womöglich verbanden ABC, CBS und NBC mit ihren miniseriellen Eigenproduktionen die Hoffnung auf erneut gute Quoten.

Die narrative Komplexität, das Produktionsniveau und der Anspruch vieler Mehrteiler sind alsbald in regulären Angeboten verfügbar geworden, sodass die Miniserie (Zudem bedingt durch ein Überangebot dieser Formate in den 1980er Jahren) in den USA zunehmend an Bedeutung verlor (Vgl. ebd.: 39) — eine Entwicklung, die durchaus als Ausdruck des Paradigmenwechsels im Fernsehen gedeutet werden kann.[3]

Das Publikum der Miniserie solle die *„up-scale viewers"* (Hadedorn: 38) einschließen. Gerade diese, das Fernsehen ablehnende Zielgruppe, wird als anspruchsvoller, als einkommensstärker ergo werberelevanter betrachtet. Daher sind Miniserien auch häufig Vehikel für Literaturadaptionen: Das durch das Printwerk etablierte Publikum soll die miniserielle Umsetzung rezipieren (Vgl. ebd.: 38). So haben die vielen Literaturadaptionen dem televisiven Typus auch den Beinamen „Novel-for-Television" (Vgl. Monaco: 502) eingebracht.

Um den Anleihen bei einer etablierten Kunstform und dem Budget-/Erfolgsdruck zu entsprechen, werden für diese ‚Königsdisziplin des Fernsehens' erfahrene

---

2) Der Natur und Ökonomie des Fernsehens entsprechen längere Formate (Vgl. Mikos: 14.).
3) Vgl. weiterführend zur Krise und zum Paradigmenwechsel: Hahn.

Drehbuchautoren verpflichtet (Vgl. Bonner: 13f.). Der auktoriale Schaffensprozess wird außerdem im Marketing betont (Vgl. Montgomerie), wohl auch um die Miniserie dem negativen Renommee des Fernsehens zu entziehen.[4] Gleichzeitig ist mit den hochwertigen Produkten die Hoffnung auf ein Imagegewinn des ausstrahlenden Senders verbunden (Vgl. Hagedorn: 38), sodass seine Potenz optimalerweise anhand von Auszeichnungen und Preisen für das miniserielle Produkt sichtbar wird (Vgl. Janke: 60) und sich idealerweise eine langfristige Bindung an das übrige Programm der Sendeanstalt, über den Ausstrahlungszeitraum des Mehrteiler hinaus, anschließt (Vgl. Hagedorn: 39).

Fußen die miniseriellen Narrative nicht auf einer spezifischen literarischen Vorlage, sind sie mindestens epischer Natur[5] und rücken historische Epochen, familiäre oder einzelbiografische Schicksale in den Mittelpunkt (Vgl. Mikos: 8). Die historischen Bezüge und komplexen Schicksale werden dabei regelmäßig stark emotionalisiert und personalisiert inszeniert. Der Miniserie gelingt es so, anspruchsvolle Sachverhalte in komplexen dramaturgischen Strukturen auch einem breiten Publikum zugänglich zu machen (Vgl. Creeber: 43).

Die einzelnen Teile der Miniserie werden durch zentrale Narrative miteinander verbunden, in welchen sich Handlung und Figuren weiterentwickeln (Vgl. Montgomerie). Entsprechend sind die einzelnen Episoden offen gestaltet: Die Erzählung der Miniserie erfährt im Rahmen der begrenzten Folgenzahl eine Auflösung (Vgl. Mikos: 8). Der Abschluss des miniseriellen Werkes wird jedoch oftmals derart konzipiert, dass keine Fortsetzung vorgesehen ist (Vgl. Reinecke: 9).

Der US-amerikanische Begriff *Miniseries* ist in diesem Zusammenhang irreführend: Die Miniserie entspricht nicht — wenn sie denn als seriell verstanden wird — der Episodenserie, setzt nicht Folge für Folge die Handlung auf den Status Quo zurück, wie der Wortbestandteil *Series* impliziert, sondern dem Typus *Serial*. Mehrteiler werden entsprechend im britischen Sprachgebrauch nicht von fortlaufenden Formaten unterschieden (Vgl. Lückerath). Die Miniserie verfügt lediglich in Relation zu gängigen langlaufenden Fortsetzungsformaten über eine begrenzte Anzahl auf ein Ende hinsteuernder Episoden (Vgl. Creeper: 9).

---

4) Nicht zufällig wird der Begriff ‚Miniserie' in Deutschland wegen der mit dem Seriellen verbundenen Anrüchigkeit oftmals noch immer vermieden (Vgl. Kließ: 144).

5) Episch wird im Bezug auf Film (und Fernsehen) nicht im Sinne der literarischen Dreiteilung (episch, dramatisch, lyrisch) verstanden, sondern als ausladende Erzählung etlicher Handlungsepisoden — oft in historischen Epochen. (Vgl. Koebner: 143).

Annäherungen

Die Länge bzw. Kürze der Miniserie im Verhältnis zu anderen Produkten wird in den oben genannten Definitionen als Unterscheidungsgrundlage genutzt. Bereits als wenig trennscharf erweist sich die begriffliche Nähe der Miniserie zum Film: So werden im Diskurs langlaufende Serien mit durchgehenden *Story Arcs* (Z.B. *Lost*) als „Megamovies" (Vgl. z.B.: Reinecke) bezeichnet. Langlaufende Qualitätsserien werden zudem — nicht zuletzt auf Grund ihrer, durch die hochwertige audiovisuelle Narration bedingten Produktionskosten — zusehends kürzer: Waren bzw. sind ca. 22 Folgen pro Staffel in den USA üblich (Vgl. Lückerath), weisen viele Serien nur noch bis zu 12/13 Folgen à ca. 42-60 Minuten auf. Die in Großbritannien üblichen Serien mit Staffellängen von sechs bis neun Folgen à ca. 45-60 Minuten würden damit definitorisch der Miniserie entsprechen (Vgl. Montgomerie).

Die insbesondere auf langlaufende Serials bezogenen Kriterienkataloge der Qualitätsserie[6] und die vier bis sechs Merkmale serieller Komplexität[7] lassen sich in Miniserien ohne Weiteres beobachten — beispielsweise im Mehrteiler *Der große Bellheim*: In den vier Teilen der Miniserie (mit einer jeweiligen Laufzeit von 105 bis 120 Minuten) des Autors und Regisseurs Dieter Wedel steht ein Figurenensemble um die Hauptfigur Peter Bellheim im Mittelpunkt. Sein direktes (familiäres, freundschaftliches und geschäftliches) Umfeld und das jener nur indirekt an die Haupthandlung gebundener Nebenfiguren erhält Raum in eigenen Handlungssträngen. Das zentrale Narrativ — der Kampf um die Kaufhauskette Bellheim — wird anhand vieler, gegensätzlicher Perspektive geschildert (Finanziers, Banker, Familie, Angestellte, Konkurrenten) und am Ende zu einem versöhnlichen, aber dennoch ungewissen Ende geführt: Das Unternehmen scheint gerettet zu sein, doch ist es letztlich von einem Großinvestor geschluckt worden. In offenen Folgen werden die Handlung und die Figurenentwicklung fortgeführt. Ein kontingenter Raum voller Ungewissheiten wird in epischer Breite

---

6) Thompsons Kriterien beinhalten unter anderem: Qualitätsserien sind ‚kein gewöhnliches Fernsehen', haben große Ensembles, multiple Perspektiven und Plots, ein Gedächtnis, sind (selbst-)referentiell, komplexer verfasst, realistisch inszeniert, seien Gerne-Mixe und behandeln kontroverse Themen (Vgl. Thompson: 13ff.).

7) Nach Rothemund definiert sich serielle Komplexität beispielsweise durch: Vielfalt der Faktoren (viele Akteure, Orte), Facettenreichtum, Verbindung der Faktoren (figurale Netzwerke, episoden- und staffelübergreifend), Nichtlinearität (stattdessen Referentialität auch auf frühere Ereignisse), Offenheit der Narration (Bezüge auf andere Medien, Genre-Mix, offene Folgen), kontingente Möglichkeitsräume/Unsicherheiten (Vgl. Rothemund).

um die Figurenkonstellation aufgespannt. Wünsche und Hoffnungen beruflicher wie familiärer Art verschiedener sozialer Milieus und Einzelpersonen werden in Graustufen ausdifferenziert zum Ausdruck gebracht, manchmal nur angedeutet. Kontrovers und authentisch werden die Gier der Finanzwelt und die des ‚einfachen' Angestellten thematisiert. Dabei bedient sich der partiell an internationalen *Locations* gedrehte Mehrteiler verschiedener Genres: Elemente des Dramas, Thrillers und der Satire treten in Erscheinung.

Typische Serien im eigentlichen Sinne sind stattdessen Dauerserien, welche quasi auf Unendlichkeit hin ausgelegt seien (Vgl. Kließ: 144). Miniserien können diesem auf Fortsetzbarkeit bezogenen Verständnis entsprechen und zum Beispiel Staffeln ausbilden: Dies ließe sich exemplarisch an Dieter Wedels Mehrteilern um die Familie Semmeling erkennen: Auf Wedels Dreiteiler *Einmal im Leben* und dem darin thematisierten Hausbau folgt mit *Alle Jahr wieder* eine Geschichte um die Tücken des familiären Pauschalurlaubs. Der Sechsteiler *Affäre Semmeling* befasst sich nun, neben den Eltern, mit dem mittlerweile erwachsenen Sohn. Die miniseriellen „Staffeln" des Beispiels können jedoch gesondert rezipiert werden. Sie referenzieren zwar ansatzweise aufeinander[8] und führen die Probleme um das elterliche Eigenheim fort; die vorhergehenden Handlungsstränge/Staffeln sind allerdings nicht verständnisrelevant.

Dieser Modus des Erzählens — ein zentrales Narrativ pro Staffel zu nutzen, weitestgehend aufzulösen, die Serie als solches, möglicherweise mit einem neuen Rätsel, fortzusetzen — ist auch bei Produkten außerhalb des Labels ‚Miniserie' zu beobachten. In Produktionen wie *Die Brücke – Transit in den Tod* wird in jeder Staffel ein Fall bearbeitet und absehbar gelöst. *American Horror Story* präsentiert je Staffel nicht nur eine andere Geschichte, sondern ein gänzlich neues Figurenensemble. Diese Beispiele sind dem Prinzip der *Anthology Series* nicht unähnlich.

Der thematische Graben zwischen beiden seriellen Formen ist weit kleiner, als klassische Definitionen vermuten lassen: Wedels *Der große Bellheim* folgt keiner literarischen Vorlage, noch explizit historischen Ereignissen. Umgekehrt werden viele *Serials*, wie beispielsweise *Game of Thrones*, als Adaptionen literarischer Vorlagen produziert. Langlaufende *Serials* orientieren sich zudem, wenngleich grob, an historischen Figuren (Z.B.: *The Tudors*). Große Ensembles, multiperspek-

---

8) So betrachtet Vater Bruno Semmeling in *Affäre Semmeling* (Teil 2) wehmütig, den Verlust des Eigenheims fürchtend, Aufnahmen des Hausbaus aus der ersten Staffel.

tivische Betrachtungen von Sozialverbänden, Familiengeschichten und damit das im oben beschriebenen Sinne ‚Epische' sind der langlaufenden *Serial* (Vgl. etwa Hill) und der Miniserie (Z.B.: *Der große Bellheim*) gleichermaßen zu eigen: Beide Formate sind regelmäßig in Sinne der Sozialserie als Familienserie konzipiert.[9]
Nicht nur Miniserien, auch langlaufende Formate taugen zum Event: Die finalen Folgen des prestigeträchtigen *Serial Breaking Bad* konnten (Dank des Seasonsplittings der finalen 5. Staffel) die Zuschauerzahlen und den kommerziellen Nutzen des Produktes durch die Verzögerung des Endes steigern (Vgl. Bennett). Hinsichtlich des Eventcharakters und der absehbaren Ausstrahlung zeigt die Miniserie Überschneidungen zum Konzept der Eventprogrammierung — etwa wenn in wenigen Tagen alle Folgen der Staffel einer langlaufenden *Serial* ausgestrahlt werden (Vgl. Hein): Erfolgreich ist dies z.B. RTL2 mit *The Walking Dead* gelungen (Vgl. Sanchez). Gleichwohl kann durch die kompakte Ausstrahlung einzelner Staffeln einer solchen Serie keine Endlichkeit im Sinne der Miniserie erreicht werden. Der wochenlange Konsum, das Abwarten und das notwendige Erinnern der vielschichten, regulär im Intervall einer Woche fortgesetzten Handlung des komplexen Narratives wird jedoch minimiert. Begünstigt werden mag die Eventprogrammierung und das Bedürfnisse der Absehbarkeit durch ohnehin mit komplexen Serien einhergehenden bzw. zum Verständnis der Handlungs- und Figurenentwicklung nötig werdenden Distributionswegen und Sehgewohnheiten. Alleine oder in der Gruppe werden z.B. über ein Wochenende ganze Staffeln einer Serial rezipiert. Die Serien sind, optimal für das *Binge-Watching*, via DVD, Blu-ray oder über *On-Demand*-Plattformen zugänglich — bzw. dort sind sogar neue Staffeln eigenproduzierter Serien *ad hoc* vollständig abrufbar.

Potentiale der Miniserie

Der Einbezug der Miniserie in den Diskurs verweist zunächst auf ihre historische Einflussnahme. Ihre mögliche Instrumentalisierung während der Krise der US-*Networks*, des Paradigmenwechsels des Fernsehens sowie der Transfer einiger ihrer Charakteristika auf langlaufende *Serials* sind bereits angedeutet worden. Ein offener Diskurs erlaubt zudem, die Betrachtung der deutschen Serienlandschaft (zumindest teilweise) zu revidieren.

---

9) Vgl. Prugger zum Konzept der Sozialserie.

In Deutschland, so wird immer wieder argumentiert, habe sich keine Serienkultur ausbilden können, da Serien in den ersten 20 Jahren des Nachkriegsfernsehens im Verhältnis zu den USA einen geringeren Anteil der Sendezeit einnahmen (Vgl. Schneider: 118) und die *Soap*, als ein Wegbereiter der *Serial*, habe erst spät ihren Platz im deutschen Fernsehprogramm gefunden, wohl auch in Ermangelung *Soap*-ähnlicher, z.B. in den USA üblicher, Formate im Radio (Vgl. Mielke: 466ff.). Mehrteiler wie *So weit die Füße tragen* (1959) bis hin zu *Unsere Mütter, unsere Väter* (2013) sind allerdings, im Gegensatz zu den USA, kontinuierliche Bestandteile der deutschen Serienlandschaft geblieben.[10] So hat die komplexe Serialität in Deutschland ihre Ausdrucksform möglicherweise in der Miniserie gefunden.

Offenkundig erlaubt die Miniserie die erfolgreiche Ausstrahlung komplexer Narrative innerhalb eines für derartige Erzählungen häufig als problematisch geltenden Massenmarktes und ist daher nicht nur für die hiesige Serienlandschaft attraktiv.[11]

Potentiale scheint die Miniserie darüber hinaus angesichts aktueller Rezeptionserfahrungen zu entfalten: Das zentrale Narrativ vieler langlaufender Serien suggeriert ein Ende. Das Erreichen eines solchen Abschlusses lässt sich allerdings immer wieder verzögern. Die dennoch auf Seiten der Rezipienten kreierten Erwartungshaltungen können nach jahrelangem Konsum und anspruchsvoller Rezeptionsleistung hinsichtlich der komplexen Narrative, ihrer Dramaturgie und den Ausstrahlungszyklen in einer Enttäuschung münden. Die vielen negativen Reaktionen auf *Lost* belegen dies. Nicht weniger gravierend mag ein vorzeitiges Ende einer solchen Serie wirken. Schließlich sind selbst auf Unendlichkeit hin konfigurierte Serien *de facto* endlich (Vgl. Hickethier: 8). Der Ausstieg von Darstellern oder ökonomische Probleme (Budget und Quote) können einer Serie ein vorzeitiges Ende bereiten, sodass keine Chance eines narrativen Abschusses besteht. Nicht immer tritt dieses Ende mit einer Vorankündigung ein, um alternative Konzepte für die letzte Staffel zu entwickeln.

Wie schon die Kürzungen der Folgenzahlen langlaufender Serials haben staffelnarrative Konzepte ökonomische Ursachen. Derart konzipierte Staffeln eignen sich als Serientestfeld: Scheitert das Format in der ersten Staffel, kann die Serie

---

10) Allerdings darf die Betonung dieser Miniserialität nicht über den grundsätzlichen Mangel an längeren *Serials* in Deutschland hinwegtäuschen (Vgl. Mayer.).
11) Vgl. zur Problematik des Massenmarktes: Hahn.

als faktisch abgeschlossene und kurze Einheit/Geschichte vermarktet werden: *Political Animals* ist, mit der Option auf eine langlaufende *Serial* geplant (Vgl. Hammond), nach der ausgebliebenen Bestellung einer weiteren Staffel als abgeschlossene Miniserie verwertet worden.

Die mit dem aktuellen Boom der Qualitätsserien und mit den vielen, Finalität suggerierenden Serien einhergehende Vervielfältigung des Angebotes ziehe, so Sony America-CEO Lynton auf dem „Aspen Ideas Festival", eine Übersättigung des Marktes und der komplexitätsaffinen Zielgruppen nach sich:

> There is a point, in my opinion, where people — and it's already happening — where people are saying ‚Enough!' [...] And you say, ‚Am I really going to devote three, four, five years of my life to another show about another dysfunctional guy doing another thing?' (Transkript der Passage nach Delaney)

Die Miniserie kann durch ihren absehbaren Rezeptionsaufwand und ihr garantiertes Ende etwaige aus dem Überangebot und enttäuschenden Erfahrung resultierende Hemmschwellen abmildern.[12] Tatsächlich ist von einer Wiederkehr der Miniserie auf dem US-amerikanischen Markt auszugehen (Vgl. Aspen Ideas Festival). Exemplarisch scheint die Rückkehr von *24* diese Prognose zu bestätigen: Mit einem Staffelnarrativ versehen ist *24* ohnehin dem Konzept der Miniserie nahe (Vgl. Creeber: 10). Als *Limited Event Series* verfügt die Serie nun über ein reduziertes Episodenkontingent (Vgl. Goldberg).

Im Gegensatz zur langlaufenden komplexen Serien und ihrer Spartenpublika, sollen Miniserien bzw. *Event Series* in den USA nicht nur den großen *Networks*, aber diesen wieder als Quotengarant dienen (Vgl. Andreeva).[13]

Miniserielle Vorhaben erfreuen sich sowohl bei den Sendern wie auch auf Seiten der Schauspieler und Kreativen (des Kinos) großen Interesses (Vgl. Goldberg). Dieser Umstand verweist möglicherweise auf die steigende Relevanz der TV-Serie bzw. auf die Krise des Kinos. Für Kreative des Kinos bieten hochwertige miniserielle Vorhaben mehr Möglichkeiten als ein 120minütiger Film. Die Kürzung der Staffeln langlaufender Serials folge hingegen dem Wunsch vieler (televisiver) Kreativer, sodass sie das Anspruchsniveau der Serie besser konstant

---

12) Das Potential der Miniserie soll hier nicht mit einer Prognose zum Ende langlaufender *Serials* gleichgesetzt werden: Die Möglichkeit umfassenden Erzählens, der dauerhaften Bindung an ein Produkt, der langfristigen Immersion in eine fiktive Welt werden nicht durch die Miniserie obsolet, sondern graduell different/alternativ dargeboten.

13) Ob daher von einer erneuten Krise der großen *Networks* gesprochen werden kann, ist hier nicht umfassend zu klären. Die Hinwendung der *Networks* zu Eventproduktionen sei eine Reaktion auf wiederholt abstürzende Quoten (Vgl. Andreeva).

halten können (Vgl. Lückerath). Kürzere Projektbindung und kürzere *Story Arcs* offerieren zudem mehr kreative Abwechslung (Vgl. Delany/Aspen Ideas Festival). ‚Kleinere' Geschichten lassen ferner die Eigendynamik großer Narrative und ihrer diegetischen Welten für deren Schöpfer handhabbarer erscheinen.

Der Terminus *Limited Event Series* vereint die vorhegend beschriebenen Konzepte der Miniserie, der Staffelnarrative und der Eventprogrammierung in einem Begriff. Die *Limited Event Series* ist mutmaßlich mehr als ein bloßes *Rebranding* des mit „Eltern- oder Großeltern-Fernsehen" (Vgl. Lücherath) assoziierten Mehrteilers. Vielmehr könnte sich durch die Annäherung der Series, der *Serial* (mit und ohne Staffelnarrativ) und der klassischen Miniserie im Format *Limited Event Series* ein Kompromiss/ein Hybrid ausbilden, der absehbare Endlichkeit/Abgeschlossenheit mit gradueller oder zumindest möglicher Offenheit/Fortsetzbarkeit kombiniert. Diesem Hybrid kann es gelingen, sowohl komplexitätsaffine als auch Absehbarkeit bevorzugende Zielgruppen zu erreichen und dabei ökonomischen wie kreativen Interessen gerecht zu werden. Die mehrteiligen geschlossenen (und bei Bedarf wieder zu öffnenden) Formate können durch ihre Eventcharakteristik sowohl im *Flow* des Fernsehens als bewusste Anomalie eingesetzt werden wie auch moderner individueller Rezeption und Distribution gelegen kommen.

Ein offener Diskurs — ohne die graduellen Differenzen zw. *Serial*, Miniserie oder *Limited Event Series* grundsätzlich negieren zu wollen — scheint in Anbetracht der vielfältigen Überschneidungen und Potentiale sinnvoll.

Serien

24. Joel Surnow, Robert Cochran (Crs.). FOX, 2001-2010. Limited Event Series, seit 2014.

Affäre Semmeling. Dieter Wedel (Dir.). ZDF, 2002.

Alle Jahre wieder – Die Familie Semmeling. Dieter Wedel (Dir.). ARD, 1976.

American Horror Story. Ryan Murphy, Brad Falchuk (Crs.). FX, seit 2011.

Breaking Bad. Vince Gilligan (Cr.). AMC, 2008-2013.

Der große Bellheim. Dieter Wedel (Dir.). ZDF, 1993.

Die Brücke – Transit in den Tod. Måns Mårlind, Hans Rosenfeldt, Björn Stein (Crs.). SVT1/DR1/ZDF, seit 2011.

Einmal im Leben. Dieter Wedel (Dir.). ARD, 1972.

Game of Thrones. David Benioff, D.B. Weiss (Crs.). HBO, seit 2011.

Lost. J.J. Abrams, Jeffrey Lieber, Damon Lindeloff (Crs.). ABC, 2004-2010.
Political Animals. Greg Berlanti (Cr.). USA Network, 2012.
So weit die Füße tragen. Fritz Umgelter (Dir.). ARD, 1959.
The Tudors. Michael Hirst (Cr.). Showtime, 2007-2010.
Unsere Mütter, unsere Väter. Philipp Kadelbach (Dir.). ZDF, 2013.

Sekundärliteratur

Academy of Televion Arts and Sciences: „65th Primetime Emmy Awards. 2012-2013 Rules and Procedures." *Emmys.tv.* <http://www.emmys.tv/sites/emmys.tv/files/pte13_rulesandproced_rev7.pdf> (Abgerufen am 29.11.2013).

Andreeva, Nellie: „PILOT SEASON: The Rise Of Limited Series." *Deadline.* <http://www.deadline.com/2013/05/pilot-season-the-rise-of-limited-series/> (Abgerufen am 27.11.2013).

Aspen Ideas Festival 2013: „The Future of Your TV". *Aspen Ideas Festival.* <http://www.aspenideas.org/session/future-your-tv> (Abgerufen am 28.11.2013).

Bennett, Rachel: „Splitting the final Season: ‚Breaking Bad' did it, ‚Man Men' is doing it, but is it a good thing to do?" *Scottfeinberg.com.* <http://scottfeinberg.com/the-split-final-season-breaking-bad-did-it-mad-men-is-doing-it-but-is-it-good-or-bad> (Abgerufen am 25.11.2013).

Creeber, Glen: *Serial Television: Big Drama on the Small Screen.* London 2004.

Delaney, Kevin J.: „Why the Miniseries is the Future of Television." *Quartz.* <http://qz.com/99201/miniseries-are-the-future-of-television> (Abgerufen am 29.11.2013).

Goldberg, Lesley: „It's Official: ,24' Returning to Fox as Event Series". *Hollywood Reporter.* <http://www.hollywoodreporter.com/live-feed/24-returning-fox-as-event-521653> (Abgerufen am 27.11.2013).

Hagdorn, Roger: „Doubtless to be continued: A brief history of serial narrative." In: Allen, Robert Clyde (Hg.): *To be continued...: Soap Operas around the World.* London 1995, S. 27-48.

Hahn, Sönke: „‚Ich schaue kein Fernsehen, nur Qualitätsserien' – Hintergründe eines kontroversen Begriffs und Beispiele qualitativer, serieller Produkte und Tendenzen aus Deutschland." In: *Journal of Serial Narration on Television* 2 (2013), S. 11-26.

Hammond, Pete: „EMMYS: Basic Cable Miniseries Take Aim At HBO's Star-

Driven Movies." *Deadline.* <http://www.deadline.com/2013/07/emmys-2013-nominations-movie-minseries-analysis/> (Abgerufen am 28.09.2013).

Hein, David: „RTL 2: Warum die Event-Programmierung von ‚Game of Thrones' wegweisend sein könnte". *Horizont.net.* <http://www.horizont.net/aktuell/medien/pages/protected/RTL-2-Warum-die-Event-Programmierung-von-Game-of-Thrones-wegweisend-sein-koennte_106583.html> (Abgerufen am 22.09.2013).

Hickethier, Knut: *Die Fernsehserie und das Serielle des Fernsehens.* Lüneburg 1991.

Hill, Logan: „The 13 Rules for Creating a Prestige TV Drama." *Vulture.com.* <http://www.vulture.com/2013/05/13-rules-for-creating-a-prestige-tv-drama.html> (Abgerufen am 29.11.2013).

Janke, Hans: „EVENtuell. Über die Erfolgsbedingungen der Event-Produktion." In: Cippitelli, Claudia und Axel Schwanebeck (Hgg.): *Fernsehen macht Geschichte.* Baden-Baden 2009, S. 57-64.

Kließ, Werner: „Die Fernsehserie." In: Field, Syd et al.: *Drehbuchschreiben für Fernsehen und Film. Ein Handbuch für Ausbildung und Praxis.* München 2000, S. 142-152.

Koebner, Thomas: „Episch, dramatisch, lyrisch, dokumentarisch." In: Koebner, Thomas (Hg.): *Reclams Sachlexikon des Films.* Stuttgart 2002, S. 143.

Lückerath, Thomas: „Die deutsche Fiction und das Schubladen-Problem." *DWDL.de.* <http://www.dwdl.de/meinungen/40102/die_deutsche_fiction_und_das_schubladenproblem/> (Abgerufen am 28.09.2013).

Mayer, Jens: „Drei bis vier Folgen machen noch keine Serie." *Torrent – Magazin für serielles Erzählen.* <http://torrent-magazin.de/2013/06/22/drei-bis-vier-folgen-machen-noch-keine-serie/> (Abgerufen am 29.11.2013).

Mielke, Christine: *Zyklisch-serielle Narration. Erzähltes Erzählen von 1001 Nacht bis zur TV-Serie.* Berlin 2006.

Mikos, Lothar: „Fernsehserien. Ihre Geschichte, Erzählweise und Themen." In: *medien + erziehung. Zweimonatsschrift für audiovisuelle Kommunikation.* 1 (1987), S. 2-16.

Monaco, James: *Film verstehen. Kunst, Technik, Sprache, Geschichte und Theorie des Films und der Medien.* Hamburg 2000.

Montgomerie, Margaret: „Miniseries." *The Museum of Broadcast Communications, Chicago.* <http://www.museum.tv/eotv/miniseries.htm> (Abgerufen

am 22.09.2013).
Prugger, Prisca: „Wiederholung, Variation, Alltagsnähe. Zur Attraktivität der Sozialserie." In: Giesenfeld, Günter (Hg.): *Endlose Geschichten: Serialität in den Medien. Ein Sammelband.* Hildesheim 1994, S. 90-113.
Reinecke, Markus: *TV-Serien als Megamovies. Die US-Serie ‚Lost' als Beispiel einer neuen Seriengeneration.* Hamburg 2007.
Rothemund, Kathrin: *Komplexe Welten: Narrative Strategien in US-amerikanischen Fernsehserien.* Berlin 2013.
Sanchez, Manuel Nuenz: „Quotencheck: ‚The Walking Dead'." *Quotenmeter.* <http://www.quotenmeter.de/n/67166/quotencheck-the-walking-dead> (Abgerufen am 22.11.2013).
Schneider, Irmela: „Transkulturelle Wirklichkeiten. Zu US-amerikanischen Serien im deutschen Fernsehprogramm." In: Giesenfeld, Günter (Hg.): *Endlose Geschichten: Serialität in den Medien. Ein Sammelband.* Hildesheim 1994, S. 114-128.
Thompson, Robert J.: *Television's Second Golden Age. From Hill Street Blues to ER.* New York 1996.

Anhang

Die Autorinnen und Autoren

Julien Bobineau
(M.A.) Studium der Galloromanischen Philologien, des Öffentlichen Rechts und der Philosophie an der Julius-Maximilians-Universität Würzburg. Seit 2012 Doktorand an der dortigen Graduate School of the Humanities und Lehrbeauftragter am Lehrstuhl für Französische und Italienische Literaturwissenschaft.

Thomas Boyken
(Dr. phil.) Lehramtsstudium (Germanistik und Sportwissenschaften) an der Carl von Ossietzky Universität Oldenburg. Promotion über Männlichkeitsimaginationen im dramatischen Werk Friedrich Schillers. Von 2009 bis 2014 Lehrkraft für besondere Aufgaben am Institut für Germanistik der Universität Oldenburg. Seit 2014 Juniordozent an der Eberhard Karls Universität Tübingen.

Vera Cuntz-Leng
(M.A.) Studium der Film- und Theaterwissenschaften in Mainz, Marburg und Wien. Derzeit Gastwissenschaftlerin an der University of California, Berkeley und Abschluss ihrer Promotion über das *Harry Potter*-Franchise an der Schnittstelle von Genretheorie, Queer Reading und Slash-Fandom an der Eberhard Karls Universität Tübingen.

Sandra Danneil
(BA M.A.) Magister-Studium in Film- und Fernsehwissenschaften an der Ruhr-Universität Bochum und edukatives Bachelor-Studium an der TU Dortmund. Derzeit Abschluss ihrer Promotion über Humor und Sitcoms in spätkapitalistischen Mediensystemen.

Frederik Dressel

(BA) Bachelor-Studium der Allgemeinen und Vergleichenden Literaturwissenschaft, sowie Anglistik und Amerikanistik an der Universität des Saarlandes (Saarbrücken). Derzeit dort im Master-Studiengang der Komparatistik und Slawistik.

Kai Fischer

(Dr. phil.) Studium der Allgemeinen und Vergleichenden Literaturwissenschaft, Soziologie und Philosophie an der Ruhr-Universität Bochum und dort seit 2006 wissenschaftlicher Mitarbeiter am Lehrstuhl für Komparatistik. Promotion mit einer Arbeit über „Geschichtsmontagen" bei Walter Benjamin und Alexander Kluge.

Vincent Fröhlich

(M.A.) Studium der Allgemeinen und Vergleichenden Literaturwissenschaft, Neueren Deutschen Literatur und Islamwissenschaft in Bonn und Bayreuth. Mitglied am International Graduate Center for the Study of Culture (GCSC) und dort derzeit Abschluss seiner kultur- und medienübergreifenden Promotion zum *Cliffhanger*.

Julian Gärtner

Studium der Allgemeinen und Vergleichenden Literaturwissenschaft und der Germanistik an der Universität des Saarlandes (Saarbrücken) und der Università degli Studi di Bergamo.

Sönke Hahn

(BA MFA) Studium in Media Design an der Rheinischen Fachhochschule Köln, sowie der Medienkunst und Gestaltung an der Bauhaus-Universität Weimar. Seit 2012 Doktorand an der Bauhaus-Universität mit einem Projekt zur Ästhetik und Narration fiktionaler TV-Serien. Er arbeitet als Designer und Filmemacher.

Kathrin Kazmaier

(M.A.) Studium der Germanistik, Philosophie und Kunstgeschichte an der Goethe-Universität Frankfurt, wo sie seit 2012 über gegenwärtiges Erzählen vom Nationalsozialismus in Literatur, Film und Kunst promoviert. Lehrbeauftragte an den Universitäten Hildesheim und Frankfurt am Main.

Ruth Knepel

(M.A.) Studium der Germanistik, Anglistik und Betriebswirtschaft in Darmstadt und

Mainz. Seit 2012 ist sie Mitarbeiterin am Institut für England- und Amerikastudien der Goethe-Universität Frankfurt und arbeitet an einer Dissertation mit dem Titel „The Falling Man – Icons, Myths and Places of 9/11".

Solange Landau
(BA) Studium der Kulturwissenschaften mit Schwerpunkt Komparatistik und Religionswissenschaft an der Universität des Saarlandes. Dort ist sie wissenschaftliche Hilfskraft am Lehrstuhl für Allgemeine und Vergleichende Literaturwissenschaft und Mitarbeiterin im Forschungsprojekt „Serial Narration on Television".

Heiko Martens
(Dipl.) Drehbuch- und Dramaturgie-Studium an der Hochschule für Film und Fernsehen in Potsdam. Für seine Drehbücher in den Bereichen Film, TV und Hörspiel mehrfach ausgezeichnet. Derzeit Promotion zum „Verhältnis von Ästhetik und Technik innerhalb narrativer Audioproduktionen" an der HFF in Potsdam.

Jonas Nesselhauf
(BA MA) Studium der Allgemeinen und Vergleichenden Literaturwissenschaft und der Kunstgeschichte an der Universität des Saarlandes. Derzeit Promotion über den „Kriegsheimkehrer als Reflektions- und Sozialfigur in der Literatur des 20. und 21. Jahrhunderts" an den Universitäten Vechta und Saarbrücken.

Nils Neusüß
(M.A.) Studium der Allgemeinen und Vergleichenden Literaturwissenschaft, Neueren Deutschen Literaturwissenschaft und Neueren Deutschen Sprachwissenschaft an der Universität des Saarlandes. Seit 2012 arbeitet er dort an einer Dissertation zum transmedialen seriellen Erzählen.

Annemarie Opp
(M.A.) Studium der Germanistik und Theater-, Film- und Medienwissenschaft an den Universitäten Bayreuth und Frankfurt am Main. An der Goethe-Universität promoviert sie seit 2013 über „Liebe und Konsum in der Literatur vom Ende des 19. Jahrhunderts bis zur Gegenwart" am Forschungsverbundprojekt „Konsumästhetik".

Ivo Ritzer
(Dr. phil.) Promotion zur Dialektik von Genre- und Autorentheorie. Derzeit Lehrkraft für besondere Aufgaben am Medienwissenschaftlichen Seminar der Universität Siegen,

zudem Wissenschaftlicher Mitarbeiter der Mediendramaturgie/Filmwissenschaft an der Universität Mainz sowie Lehrbeauftragter für Medien-, Bild- und Kulturtheorie an der FH Mainz. Zahlreiche Publikationen zu medienwissenschaftlichen Themen.

Maren Scheurer

(M.A.) Studium der Allgemeinen und Vergleichenden Literaturwissenschaft, Anglistik und Psychoanalyse in Frankfurt am Main und York (UK). Derzeit wissenschaftliche Mitarbeiterin und Doktorandin am Institut für Allgemeine und Vergleichende Literaturwissenschaft der Goethe-Universität Frankfurt.

Markus Schleich

(M.A.) Studium der Allgemeinen und Vergleichenden Literaturwissenschaft, Anglistik/Amerikanistik und Psychologie an den Universitäten Saarbrücken, Athen und Paris (Sorbonne IV). Derzeit wissenschaftlicher Mitarbeiter und Doktorand am Lehrstuhl für Allgemeine und Vergleichende Literaturwissenschaft der Universität des Saarlandes.

Selina Semeraro

(BA) Bachelor-Studium der Allgemeinen und Vergleichenden Literaturwissenschaft, sowie Anglistik und Romanistik an der Universität des Saarlandes (Saarbrücken). Derzeit dort im Master-Studiengang der Komparatistik und Slawistik.

Torsten Voß

(Dr. phil.) Studium der Germanistik, Geschichtswissenschaft und Pädagogik an der Universität Bielefeld. 2004 Promotion zum Thema „Die Distanz der Kunst und die Kälte der Formen". Derzeit Habilitand an der Universität Bielefeld, sowie Postdoc-Stipendiat am Deutschen Literaturarchiv Marbach.

Register behandelter Fernsehserien

24 (Fox, 2001-2010, 2014)
67, 230, 288

30 Rock (NBC, 2006-2013)
121, 129

Alle Jahre wieder — Die Familie Semmeling (ARD, 1976)
285

Ally McBeal (Fox, 1997-2002)
195, 196

Alpha House (Amazon, seit 2013)
21

American Horror Story (FX, seit 2011)
20, 285

Anger Management (FX, seit 2012)
195

Arrested Development (Fox, 2003-2006 / Netflix, seit 2013)
122n

Bloch (SWR/WDR, 2002-2013)
196

Bones (Fox, seit 2005)
197, 198

Breaking Bad (AMC, 2008-2013)
11, 12, 15, 17, 51, 53, 56, 59-61, 95, 152, 227, 228, 232-235, 239, 270, 273, 274n, 275, 286

Boardwalk Empire (HBO, seit 2010)
11, 14, 106, 111

Bored to Death (HBO, 2009-2011)
17

Broen (SVT1, 2011) / *Die Brücke — Transit in den Tod* (ZDF, 2012)
285

Brotherhood (Showtime, 2006-2008)
17

Castle (ABC, seit 2009)
95

Cheers (NBC, 1982-1993)
126n, 128

CSI: Crime Scene Investigation (CBS, seit 2000)
93, 106, 110, 111-113, 115-117, 222, 230

CSI: Miami (CBS, 2002-2012)
113

Curb Your Enthusiasm (HBO, seit 2000)
121, 122n, 126n, 129

Dallas (CBS, 1978-1991)
32, 219

Dead Like Me (Showtime, 2003-2004)
181, 182, 186-191

Deadwood (HBO, 2004-2006)
68

Der große Bellheim (ZDF, 1993)
284-286

Der Tatortreiniger (NDR, seit 2011)
16

Desperate Housewives (ABC, 2004-2012)
17, 181-191

Dexter (Showtime, 2006-2013)
11, 61, 81, 85-90, 94, 181, 275

Die Affäre Semmeling (ZDF, 2002)
285

Doctor Who (BBC, seit 1963)
231

Dynasty (ABC, 1981-1989)
27, 32, 33

Einmal im Leben — Geschichte eines Eigenheims (ARD, 1972)
285

Elementary (CBS, seit 2012)
195

Engrenage (Canal+, seit 2005)
16

Enlightened (HBO, 2011-2013)
17

Falcon Crest (CBS, 1981-1990)
27, 29, 31n, 32, 35, 36, 38, 40, 41, 43

Family Matters (ABC, 1989-1997 / CBS, 1997-1998)
126n

Firefly (Fox, 2002)
221, 222

Forbrydelsen / The Killing (DR1, 2007)
16

Frasier (NBC, 1993-2004)
126n

Fringe (Fox, 2008-2013)
71-75

Friends (NBC, 1994-2004)
18, 126n

Full House (ABC, 1987-1995)
126n

Game of Thrones (HBO, seit 2011)
70, 160, 274n, 275, 285

Girls (HBO, seit 2012)
121, 129

Here Comes Honey Boo Boo (TLC, seit 2012)
122

Heroes (NBC, 2006-2010)
67

Hill Street Blues (NBC, 1981-1987)
13

Home Improvement (ABC, 1991-1999)
126n

Homeland (Showtime, seit 2011)
11, 15

Homicide: Life on the Street (NBC, 1993-1999)
15

House M.D. (Fox, 2004-2012)
19, 67, 199, 200, 201n, 270

House of Cards (Netflix, seit 2013)
14, 21, 274

How I Met Your Mother (CBS, 2005-2014)
19, 56-58, 93-101, 190

Huff (Showtime, 2004-2006)
195

Im Angesicht des Verbrechens (Arte/ARD, 2010)
16, 273

Inspector Montalbano (RAI, seit 1999)
16

In Treatment (HBO, 2008-2010)
195, 199n, 201, 202

Jack Holborn (ZDF, 1982)
274

Jericho (CBS, 2006-2008)
221, 222

Kir Royal (ARD, 1986)
274

Law & Order: Criminal Intent (NBC, 2001-2007)
231

Les Revenants (Canal+, seit 2012)
21

Lost (ABC, 2004-2010)
51, 67, 75, 165, 173-178, 181, 284, 287

Louie (FX, seit 2010)
121, 126n, 128, 129-131

Luck (HBO, 2011-2012)
14, 106

Mad Men (AMC, seit 2007)
11, 12, 17, 18, 51, 52, 61, 67, 69, 70

Married... with Children (Fox, 1987-1997)
142

Melrose Place (Fox, 1992-1999)
140

Modern Family (ABC, seit 2009)
129

Navy CIS (CBS, seit 2003)
181, 222

Necessary Roughness (USA Network, 2011-2013)
195, 196

Northern Exposure (CBS, 1990-1995)
15

Once Upon a Time (ABC, seit 2011)
195

Orange is the new Black (Netflix, seit 2013)
21, 274

Oz (HBO, 1997-2003)
17

Patrik Pacard (ZDF, 1984)
274

Political Animals (USA Network, 2012)
288

Pushing Daisies (ABC, 2007-2009)
181, 182, 188-191

Quantum Leap (NBC, 1989-1993)
190

Rome (HBO, 2005-2007)
111

Roseanne (ABC, 1988-1997)
142

Seinfeld (NBC, 1989-1998)
66, 122n, 124-129

Sesame Street (PBS, seit 1969)
69

Sex and the City (HBO, 1998-2004)
182

Sherlock (BBC, seit 2010)
219, 241-262

Silas (ZDF, 1981)
274

Six Feet Under (HBO, 2001-2005)
11, 134, 181, 182, 195, 204, 205

Skins (E4, 2007-2013)
20

South Park (Comedy Central, seit 1997)
67

So weit die Füße tragen (ARD, 1959)
287

St. Elsewhere (NBC, 1982-1988)
13

Star Trek: Enterprise (UPN, 2001-2005)
94

Star Trek: The Original Series (NBC, 1966-1969)
52, 231

Tatort (ARD, seit 1970)
16

Tell Me You Love Me (HBO, 2007)
195, 205

The A-Team (NBC, 1983-1987)
94

The Cosby Show (NBC, 1984-1992)
126n, 142

The Dick van Dyke Show (CBS, 1961-1966)
126n

The Fall Guy (ABC, 1981-1986)
268

The Following (Fox, seit 2013)
159-169

The Fresh Prince of Bel-Air (NBC, 1990-1996)
94

The Mary Tyler Moore Show (CBS, 1970-1977)
126n

The Office (BBC, 2001-2003)
67, 230

The Rockford Files (NBC, 1974-1980)
15

The Simpsons (Fox, seit 1989)
19, 20, 66, 68, 133-144, 157, 158

The Sopranos (HBO, 1999-2007)
9, 11-13, 17-19, 51, 58n, 68, 69, 74, 128, 134, 149-158, 195, 201n, 202, 203, 270

The Tudors (Showtime, 2007-2010)
285

The Walking Dead (AMC, seit 2010)
15, 94, 274n, 286

The Waltons (CBS, 1972-1981)
32

The Wire (HBO, 2002-2008)
11, 12, 15-18, 51, 65, 68, 122, 123, 134, 270

The X-Files (Fox, 1993-2002)
  196n

True Blood (HBO, 2008-2014)
  67

Twin Peaks (ABC, 1990-1991)
  105, 106, 134, 219

Two and a half Men (CBS, seit 2003)
  95, 195

United States of Tara (Showtime, 2009-2011)
  270

Unsere Mütter, unsere Väter (ZDF, 2013)
  273, 287

Wallander (TV4, seit 2005)
  16

Web Therapy (LStudio.com, seit 2008 / Showtime, seit 2011)
  195, 196

Weissensee (ARD, seit 2010)
  274

Will & Grace (NBC, 1998-2006)
  126n

Medien'welten
Braunschweiger Schriften zur Medienkultur
hrsg. von Rolf F. Nohr

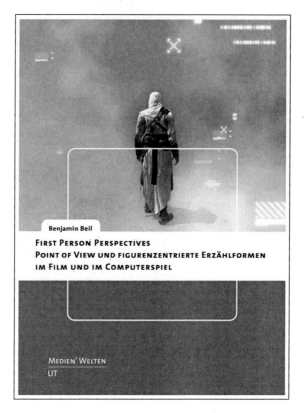

Benjamin Beil
First Person Perspectives – Point of View und figurenzentrierte Erzählformen im Film und im Computerspiel
An welchem Hebelpunkt kann eine Analyse der Wechselwirkungen zwischen zeitgenössischen Filmen und Computerspielen ansetzen? Existiert so etwas wie *Gamic Cinema* oder *Cinematic Gaming*?
First Person Perspectives ist ein formästhetischer Vergleich – entlang der Kategorie *Point of View* – zu einer Reihe zentraler Fragen zum intermedialen Verhältnis von Film und Computerspiel: Inwieweit sind die subjektive Kamera im Film und der First-Person-Avatar im Computerspiel vergleichbar? Wie beeinflussen sich filmische Dramaturgien und spielerische Funktionslogiken? Wieso funktioniert eine subjektive Perspektive einerseits als Spektakel, andererseits als reflexives Element?
Medien'welten, Bd. 14, 2010, 336 S., 29,90 €, br., ISBN 978-3-643-10788-6

LIT Verlag Berlin – Münster – Wien – Zürich – London
Auslieferung Deutschland / Österreich / Schweiz: siehe Impressumsseite